清水 展

出来事の民族誌

フィリピン・ネグリート社会の変化と持続

［新装版］

九州大学出版会

ピナトゥボ山系と伝統的な集落

ラジオと子供を抱いて山から下りてくる女

タロイモを持ち帰る集落のキャプテン，パン・メリシア氏

サン・ルイス農場で籾米の袋づめをする家族

カキリガン集落で米をつく家族

母と子

カキリガン集落でおもちゃの自動車を引いて遊ぶ子供

少女

目次

第二部　社会編成の動態

図表リスト

本書は1990年刊行の初版を新装版として復刊するものです。
本文で使用されている言葉は、すべて当時のままとしています。

第一章　序　論

本書は、フィリピン・ルソン島西部、ピナトゥボ山の南西麓一帯に住むアエタ族（ネグリート族）の経済・社会生活の動態的な編成をめぐる民族誌的考察である。筆者の関心は彼らの社会が、出来事と体系の相互作用のなかで、いかにある部分を変化させ、他の部分を変化させないできたか、そして総体的には現在に至るまで、いかに「冷い社会」（レヴィ＝ストロース 1976）のモデルに近似した姿を維持してきたかを分析し、論述するところにある。言い換えれば、出来事の受容、あるいは体系による馴化の過程を考察することを通して、出来事をめぐって浮きぼりにされてくるアエタ社会固有の存在様式を明らかにしようとするものである。

ここで言う出来事とは、一時的に安定して均衡と秩序のうちにあるが、ある意味では単調な日々の繰り返しであるようなアエタの日常生活に、何らかの衝撃を与え、それに対する人々の積極的な対処を引き起こすような事柄を指す。バーガー&ルックマン（1977: 41）の言葉を借りれば、日常的な現実の連続性を断ち切り、何らかの問題として現出する事態、それに対して人々が、既に没問題的となっている部門へ統合しようと努力するような対象として立ち現われる新事態を指す。具体的に取りあげる出来事は、第一に、ひとりの若者がまき起こしたアモック事件であり、第二に経済生活の再編を目的として援助団体によって持ち込まれた定着犁耕農業プロジェクト、第三には非日常的な体験としての病いと治病セアンス、そして第四はふたつの拡大家族を姻戚として結びつけ、双方の生活世界の交流を生み出す契機としての結婚、とりわけ駆け落ちの問題である。これらは、それぞれ主として彼らの社会生活、経済生活、宗教生活、および集団編成と社会構成の各局面に係わる出来事であり、そうした具体的な出来事の衝撃と受容の仕方を通して、出来事の背後に見いだせる織り地としての日常生活の成り立ちについて論ずるものである。(1)

ただし、筆者が最も深い関心をよせるのは、第六章以降で考察する結婚、駆け落ち、婚資（*bandi*）の授受、拡大家族の分節と融合等々、社会生活全般の編成に係わる問題である。そして、双系である彼らの社会の動態的な編成のされ方のなかに繰り返して現われる特徴的な形状、あるいは一貫して持続する体系を見いだそうとすることが、本書の最大の目的である。その意味では、第三、四、五章の、アモック事件および経済や宗教に関する論述は、出来事とその受容をめぐって各々それ自身で完結した内容となっていると同時に、彼らの社会をより良く理解するために必要な背景知識の説明ともなっている。また第二章では、出来事の受容をめぐる一般的な問題として、彼らの過去の歴史について概観した後、個々の出来事に対する彼らの認識、記憶、伝達の仕方について論ずる。

アエタの人々の生活世界の成り立ちの全体を理解するために、その生業、宗教、社会といった生活の各局面を考察と記述の対象として取りあげること自体は、伝統的な民族誌の手法に準拠している。しかし、出来事が投げかける衝撃が波紋となって生活世界の成り立ちの表層を波だたせ、揺り動かす一方で、その波紋がやがては吸収されて消えてゆく過程に着目し、出来事の展開の経緯に即して、それに対する人々の反応と対処、解決と総括、さらには出来事によって動揺した生活世界の再組織化のなされ方を明らかにしてゆこうとする筆者の分析と論述の戦略は、新しい流れに属するものである（関本 1988、マーカス&フィッシャー 1989、Clifford 1986）。

それはターナー（1981）が、社会的世界を生成しつつある世界であるとした上で、葛藤状態のうちに生じ、非調和とか不調和の過程を示す単位のことを「社会劇」と呼び、社会構造を動態的に捉えようとしたアプローチと近似している。しかしターナーが、「社会劇」の生成をひとつのまとまりのある集団の内部や、相互のあいだでの違反の発生を契機として展開されるとしているのに対して、本書で扱う出来事の含意はもう少し広く、日常生活の安定して継続的な成り立ちに何らかの支障や問題を引き起こすような事態を指している。むしろ、考察の焦点が当てられるのは、病いにしても、定着犁耕農業プロジェクトにしても、子供達の駆け落ちにしても、それらに係わる個々人の日常的な生活世界の外部に属する何者かによって引き起こされた出来事である。

言うまでもなく、「冷い社会」と「熱い社会」の二類型を弁別する必要を説いたのはレヴィ＝ストロースである。すなわち「冷い社会は、自ら創り出した制度によって、歴史的要因が社会の安定と連続性に及ぼす影響をほとんど自動的に消去しようとする。熱い社会の方は歴史的生成を自己のうちに取り込んで、それを発展の原動力とする（1976: 280）[2]。」ただしレヴィ＝ストロースは、こうした区別はそもそも索出的な目的から二つの異なったタイプの社会状態を定義しようとしたものであり、したがって実際にその二類型のいずれかに正確に適合するような社会はひとつも存在しないとことわっている（1970a: 220, 1976: 281）。あるいは、「あらゆる社会が歴史の中にあり発展してゆくものだということ…は自明のことである（1976: 281）」と認めている。

山下も言うように、どのような人々の文化や社会も、程度の差こそあれ、時間的、空間的な動態の中にしか存在せず、「社会の変化はそれゆえ、民族誌の最後に付け加えられるべき一章というより、むしろ人類学的な研究の与件、出発点としてある（1989: 5）」。したがって筆者が試みるのは、「冷い社会」と「熱い社会」という理念モデルの両極のあいだに様々に配置しうる人間諸社会のひとつとして、ピナトゥボ・アエタの場合を取りあげ、彼らがその固有の歴史のなかでいかなる発展をし、また同時にいかに固有の体系を維持してきたかを明らかにすることである。アエタ社会の特徴は、少なくとも筆者の調査時という民族誌的現在に至るまで、外部世界との接触によって直接的あるいは間接的に生じた様々な変化のきざしやうねりが、社会全体の成り立ちを根本から組み換えてしまうことがないよう、そうした変化の相を再び安定した持続の相へと組み込んでゆくことによって、結果として「冷い社会」の相貌を呈してきた点である。(3) それゆえ、ピナトゥボ・アエタ社会にあっても、「本当の問題は、社会が実際にどのような結果を獲得したかではなく、どのような持続的意図が社会を導いたかを知ること（レヴィ=ストロース 1976: 281—一部改訳—）」なのである。

ただしアエタの社会は、複雑な政治組織を発達させているわけではなく、また部族全体を統合するような指導者や意志決定の機関、あるいは強制力を発動する権力機構などを一切持っていない。諸制度を強固に組み合わせ、諸規範を人々の意識の隅々にまで浸透させることによって、彼らの社会生活を厳格に律したり、安定的に固定したりすることで「冷い社会」の相貌を維持しているわけではない。制度や規範の拘束力は弱くゆるやかで、むしろ行動の参照点という性格のゆえに、それらに対する無視や逸脱や違反は頻繁に生ずる。個々人の社会生活の成り立ちや社会全体の編成のされ方は、きわめて自由、柔軟かつ流動的である。すなわち社会過程一般は、制度や規範の忠実な遵守によって構成されるのではなく、具体的な問題が生じた際の個々の現実的な対応を通して、言わば様々な展開可能性のひとつを選びとることによって、即興的な組織化が繰り返されながら進んでゆくと見る方が適当である。個々人や個々の家族の選択可能性や、状況操作の余地がきわめて大きいのである。

それゆえ、個々人の社会関係を明確に位置づける制度や、強制拘束力のある規範が作り出す社会構造として、静態的で所与の実態であるかのようにアエタ社会を論述してゆくことは、読者に誤ったイメージを提供しかねない。そうした意味で、出来事に着目し、出来事に対して立ち現われてくる社会の一局面という視点からのアエタ社会論を試みる次第である。もちろん、そうした柔軟で流動的な社会編成にもかかわらず、なおかつ社会的、経済的な変化の相の背後に持続する、あるいは繰り返し現われる一定のパターンが確かに存在する。だからこそ長期的に見れば「冷い社会」の相貌を呈することになるのである。本書では、特定の出来事に関しては即興的で多様な対応がとられながらも、結果としては一定の持続的なパターンあるいは形相のうちに収斂してゆくような過程に、最終的な関心が払われる。

本書で用いた資料は、一九七七年七月の予備調査、および同年一〇月から一九七九年四月までの一九カ月にわたる本調査において、カキリガン（Kakilingan）集落を中心にピナトゥボ山南西麓一帯で収集したものである。また一九八〇年一二月と一九八二年四月に、それぞれ二週間ずつの補充調査をおこなった。南西麓一帯に住むアエタの人口は、麓に近い平地民の村に住む者も含めると二、〇〇〇人前後と推定される。

筆者が予備調査のために初めてカキリガン集落を訪れた時、ほとんどの男達はふんどしだけの半裸体で、腰にボロ（山刀）をつるして歩いていた。なかには弓矢を携える者もいた。素裸の子供も何人かいて、そうした光景に接した筆者は、彼らが外界とある程度隔絶された環境のなかで、ほとんど変わることなく固有の伝統文化を保持してきたに違いないと考えた。裸体と未開とを無意識のうちに結びつけるというきわめて単純な発想に陥った次第である。

集落は、山中で移動焼畑農耕を行っている彼らに犂耕農業の利点を説き、定着して村落に住むようにさせるために、キリスト教の援助団体がその前年に新しく開いたものであった。そこを初めて訪れた時に手にした、ザラ紙に印刷されたパンフレットには、「ジャングルから畑へ」というタイトルのもとに、定住と犁耕農業、および小学校教育を柱とするプロジェクトの概要が書かれていた。その説明を読みながら筆者は、プロジェクトによって引き起こされるであろう諸々の変化、すなわち熱い歴史の始まりを目撃できるに違いないという予想に軽い興奮を覚えていた。同時に、彼らの伝統文化や生活様式が衰退、変容する以前に記録をとどめておかなければならない責任があるように感じた。それまでは、北部ルソンの山岳州やカリンガ・アパヤオ州を中心に予備調査のための小旅行を繰り返していたのだが、その時の初対面の錯覚と誤解に基づく興奮や期待のゆえに、最終的にそこを調査地とすることに決めたのである。今から思い返すと、まったく気恥ずかしい思い違いであったが、それによって彼らに対する強い興味をかき立てられたことが、本書に至る研究の端緒となったことは否定できない。

したがって筆者の調査は、そうした先入観や誤った理解を、彼らとの日々の交流や観察から得られる新たな情報によって訂正してゆく過程でもあった。すなわちそれは、リーチ（1985: 182-185）が言うように、「ごちゃまぜの集合体」（muddling mass）として現われる現実に対して初期に描いた極めて粗雑な像を、幾度も修正し、時には新たに描きなおしてゆく試行錯誤の過程であった。本書で論述、考察するピナトゥボ・アエタ社会とは、そうした類の調査と帰国後の資料整理、研究を通して、ばらばらの情報や言説をつなぎ合わせ一定の秩序のもとに再構成した写像としての性格を持つ。それは現実理解のためのよりよいモデルとして構築されたものであるが、社会の実態と多少のずれを含むであろうことは否めない(4)。それゆえ、筆者以外の研究者によって将来新たな解釈や異なったモデルを作る試みが可能となるように、原資料としての彼ら自身の言説を、なるべく多く生の形で紹介するように努めた。

フィリピン各地に散住するネグリートに関する近年の調査、研究には、大きく分けてふたつの問題意識を見いだすことができる。ひとつは、主たる生業が依然として狩猟や採集である場合に、彼らが隣接する農耕民と結ぶ相互依存の関係（動物性タンパク質と炭水化物の交換）を明らかにし、そうした事例から人類史における農耕の開始、発展と、狩猟採集経済との長期にわたる共存共栄関係を推定、主張するものである。もうひとつは、そうしたグループにおいても、明白な文化、社会、経済変容が生じていることに着目し、その変容の具体的な内実や方向を考察するものである。

前者の研究には、たとえば、ルソン島北東部シエラマドレ山脈の東側海岸部に住むアグタ（狩猟採集民）とパラナン（農耕民）との間では、分業と交換（肉、魚↕トウモロコシ、イモ、米）によって双方がそれぞれの生業に専念でき、労働生産性を効率よく高めていること、さらには農耕民の焼畑地伐採によって生ずる‘edge’や‘ecotone’[5]が狩猟動物を招き寄せ、格好の猟場を提供してアグタの狩猟の労働効率を一層高めていることを明らかにしたJ・ピーターソンの研究がある（J. Peterson 1977, 1978a, b, 1981, 1982）。後者の研究には、同一グループにおいて見られるアグタ—パラナン関係の変質と、アグタの小作農化を考察したW・ピーターソンの研究（W. Peterson 1981）がある。

シエラマドレ山脈の内陸側に住むアグタ・グループを調査したライ（Rai 1982）は、開拓農民の侵入や土地収奪、商業的森林伐採などによって農耕民への依存の度合いが強まり、彼らが賃労働者化の途を急速に進んでいることを明らかにしている。ライはアグタと隣接農耕民との関係が、J・ピーターソンの言うように互恵的、共生的なものではなく、交換において、また賃労働においてアグタが経済的に搾取され、社会的に従属を余儀なくさせられていることを指摘している（*ibid*: 191–192）。パラワン島のバタックについてもエダーは、同様な傾向を指摘している（Eder 1977a, b, 1978, 1982, 1984）。バタックの場合、状況はより一層深刻であり、エダーは二〇年におよぶ彼らとの交流と研究の成果を集成した著書（1987）に『民族絶滅の途上にて』との題名を付し、バタックの固有文化、言語、生活様式が失なわれてゆく過程とその原因について、詳細な分析を行っている。

ピナトゥボ・アエタの場合でも、たとえば彼らの利用植物に関する莫大な知識を、西麓のビリエール村を中心に調査をしたフォックスの研究（Fox 1952）は、狩猟採集民としての伝統という視点に基づくものと言える。一方、東麓側に住むグループについては、クラーク米空軍基地に依存した経済への変容に関する研究がなされている（Gaabucayan 1978）。

筆者が調査した南西麓一帯に住むアエタは、移動焼畑農耕を主たる生業としているが、ふもと近くに住むグループのなかには、近年になって水稲耕作を試み始めているものもある。しかしながら、そうした変容のもっとも進んだグループにおいても、水稲耕作のみを行っているわけではなく、依然として焼畑農耕も重要な生業と考えて力を注いでいる。また彼らにしても、男達が集落の外に出る時には常に弓矢を携え、機会があれば鳥、コウモリ、蛇などを射て副食を得ている。すなわち、そうしたグループを含めて、生業あるいは経済の変容というものが、少なくとも南西麓においては、狩猟採集から焼畑農耕を経て常畑や水稲耕作へと至る、一方的で不可逆的な変化とはなっていないのである。[6] 戦争中には、野生ヤムイモ、野生バナナの採集や、川魚、鳥、コウモリ、昆虫などの捕獲が重要な食糧獲得手段となったし、現在でも焼畑の出作り小屋に住んでいる間は、そうした活動をしばしば行っているのである。

すなわち彼らにおいては、新しい生業手段の導入はそれ以前の生業を放棄させるものではなく、ひとつの有力な選択肢を加えるにとどまる。そうした幅広い選択可能性のなかから何を選んで力点を置くかは、その時々の状況によって柔軟に決定される。大林が東南アジア諸社会の歴史を通じて認められるパターンとして指摘した「重層的並存」（大林 1984: 11–12）という現象がひとつのグループ、さらにはひとつの家族のなかに見いだされるのである。

先にふれたカキリガン集落の定着犁耕農業プロジェクトは、それによって彼らの生業や生活を全面的に変えようとする援助団体の思惑に反して、ちょうど出来事が構造に吸収されるように失敗に終わったが、その最大の原因はこうした「重層的並存」という生業のパターンそのものにあると筆者は考えるのである。逆に見れば、このパターンによってこそ彼らは、隣接するサンバル農民との長期の接触や交流あるいは圧迫にもかかわらず、「生業の確保に最適度に適応することができ、…経済的には、かなり自給性を保ち、…農耕民との対決に持ちこたえて(大林 1985: 93)」自律性の高い独自の社会を維持することができたのである。しかも現時点においては、パラナン・アグタやバタックの人口が、政府センサスの示すところとは逆に実際には減少してゆく傾向を示しているのに対して (Eder 1977, 1982, W.Peterson 1981)、少なくとも南西麓アエタの場合には漸増しつつあり、[7] 将来にわたって彼らが固有の文化伝統を存続、維持してゆくための最大の強みとなっている。[8]

本書の中心的な論点である社会関係の動態的編成については、基本的な集団としての拡大家族が、いかに構成され、それが子供達の結婚に際して、いかに再編成されるかをめぐって論述を進める。その際、子供達同士が試みる駆け落ちという出来事の受容を通して、既存の社会関係と拡大家族の集団化 (grouping) が、いかに組み変えられてゆくかを中心に考察を加える。親達が望ましいと考える段取り婚は、既存の社会関係の網の目の中で取り結ばれ、それらを強化する働きをなす。言い換えれば、段取り婚は限られた日常世界の中の関係の凝集、内旋的な集団化の方向を導く。それに対して駆け落ちは、それまではそれぞれ別個の安定した社会関係のなかで日常生活を営んでいて、互いに交流のなかった人々を強引に結び付けることにより、外部に対して新たな社会関係の広がりを生み出す遠心力となる可能性を常に秘めているのである。

先にふれたパラナン・アグタでは血縁や姻戚関係のある者とはすべて結婚が禁止され、結果として親族関係の外部にある者との結び付きが自動的あるいは強制的に実現されている。そのため親族成員は広範囲に分散し、狩猟採集を生業とする生存の基本戦略として、異なる集団のあいだでの資源の相互的な有効利用が可能となっているのである（Headland 1980: 131）。同様にエダーは、バタックにおいても、理想的あるいは理念的には血縁親族との結婚が禁止されていることを報告している（Eder 1977a: 146）。しかしながら、ピナトゥボ・アエタの場合は、ごく近い親族との結婚が禁止されているだけであり、親達は、むしろそうした禁止が課せられない程度には離れているが、血縁や姻戚の関係によって結ばれているような間柄での結婚を段取りしようとする。その結果として段取り婚は、既存の関係の重複や強化による集団化の内旋を生み出すような求心力として働く。それに対して駆け落ちの試みは、当該拡大家族の生活世界の外部にあって、そもそも親達が避けたり嫌ったりするような、関係の疎遠な拡大家族の娘とのあいだで試みられるゆえに、好きな相手と結ばれたいという若者の個人的な情熱や意図を越えた次元において、外部にひらかれた関係を創出し、それによって二つの生活世界の交流を導くという媒介的な役割を果たしているのである。

筆者は、出来事の受容によって、それに係わる集団の編成を部分的に再編成しなおしてゆくようなアエタ社会の存在様式を論述することを通して、アエタ社会の固有な「冷さ」と「熱さ」の相互作用を明らかにするとともに、柔軟でありながら、同時に全体的な社会の構成においては一定の形状を保持するような、双系社会の動態的編成に関するひとつのモデルを提示しようとするものである。(9)

第一部　出来事の諸相

第二章　景観のなかの歴史

一　ピナトゥボ・アエタの概況

フィリピン、ルソン島の西部に位置するサンバレス州は、マニラ湾を抱くバターン半島の付け根から、そのまま北に伸びてリンガエン湾にまで至る、南北二〇〇キロ、東西四〇キロほどの細長い州である。西は南シナ海に臨み、海岸線に沿って国道が通じている。東は険しい山脈が南北に連なって州の屋根となり、中部ルソン平野との境界をなしている。そこからは幾つもの支脈が海岸にまでせり出して、ただでさえ海と山とに挟まれて狭隘な平野を寸断し、盆地のような形で孤立させている。かつてアエタの人々は、そうした海岸地帯の平野や河川沿いの低域に住んでいたのであるが、次第に後続のマレー系移住者に圧迫され、山間部へと追いあげられてしまったのである。第二次大戦の直後に物質文化に関する民族植物学の詳細な調査を行ったフォックスは、彼らが頻繁に利用し、深い知識を有する植物のほとんどが低域に生育するものに限られていることから、彼らは決して「森の民」の生き残りなどではなく、本来はふもとの平野部に住んでいたに違いないと強調している（Fox 1952: 184, 250)。
アエタ（Aeta）またはアイタ（Ayta）と自称する彼らは、低身長、縮毛、暗褐色の膚などをその身体的特徴とするネグリート系の人々である[1]。一九七五年の統計によれば、フィリピン各地に散在するネグリートの人口はおよそ二万人余であるが[2]、そのうちの半数以上は、バターン半島からサンバレス州にかけて連なる山岳地帯に住んでいる。そのなかでも特に多く集まっているのが、サンバレス州の南部にあって、東にパンパンガ、タルラック両州を見下ろすピナトゥボ山（一、六一〇m）の一帯である。

図1-1　フィリピン・ネグリート居住地域図

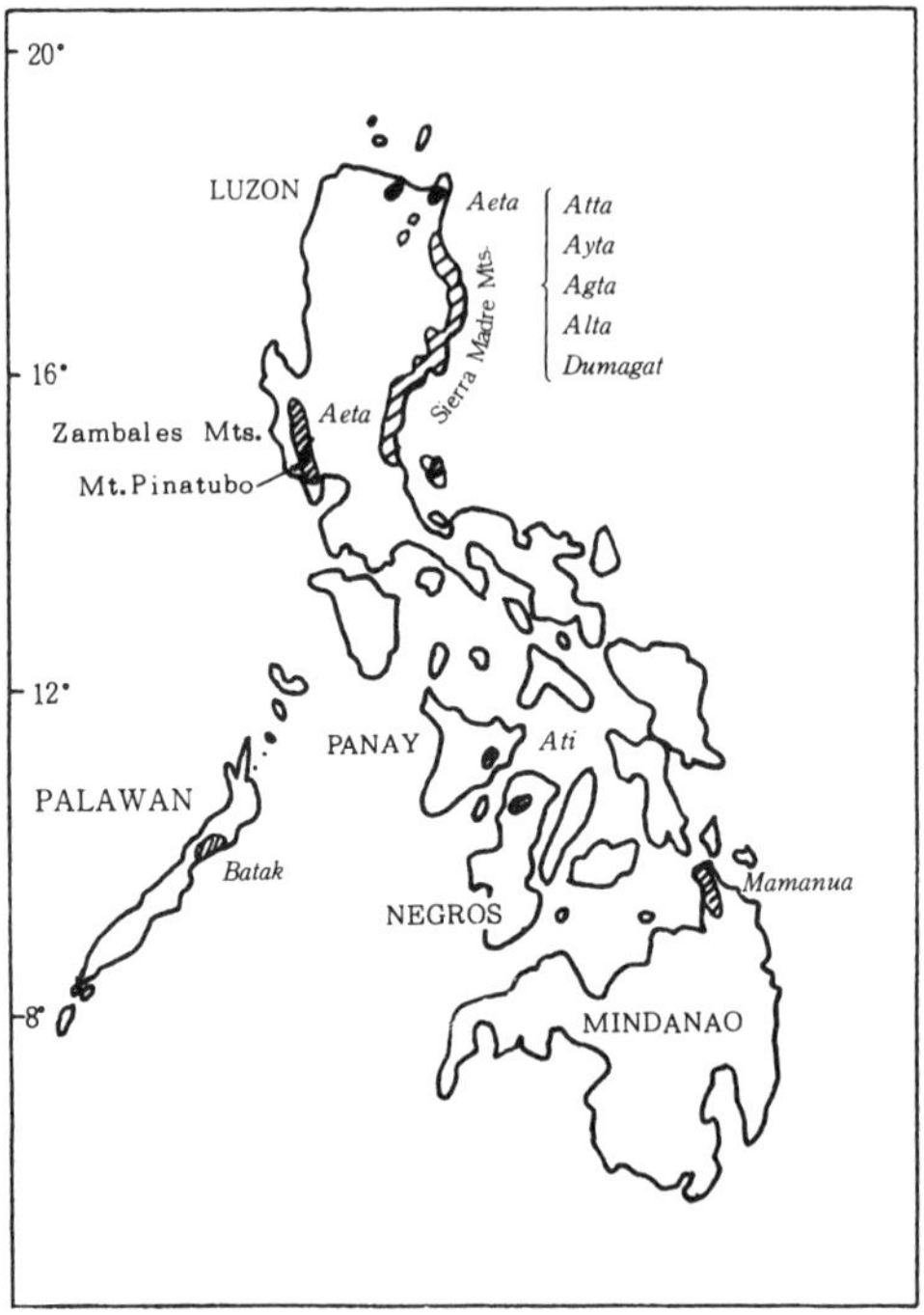

Aeta (Zambales)	14,970
Batak (Palawan)	370
Dumagat (Sierra Madre)	2,600
Mamanua (Mindanao)	240
Ngrito (Panay, Negros)	4,440
Totals	22,620

(*Philippine Almanac* 1976)

筆者が調査したピナトゥボ山南西麓斜面は、尾根によって東麓と西麓から隔てられており、南西麓アエタの人々は、東麓の側をパンパンガ（州名）、西麓の側をビリエール（中心的な村落名）と呼び、彼らとは異なったグループのアエタ達が住んでいると考えている。ただし、そうした地域と

図 1-2　サンバレス山脈地図

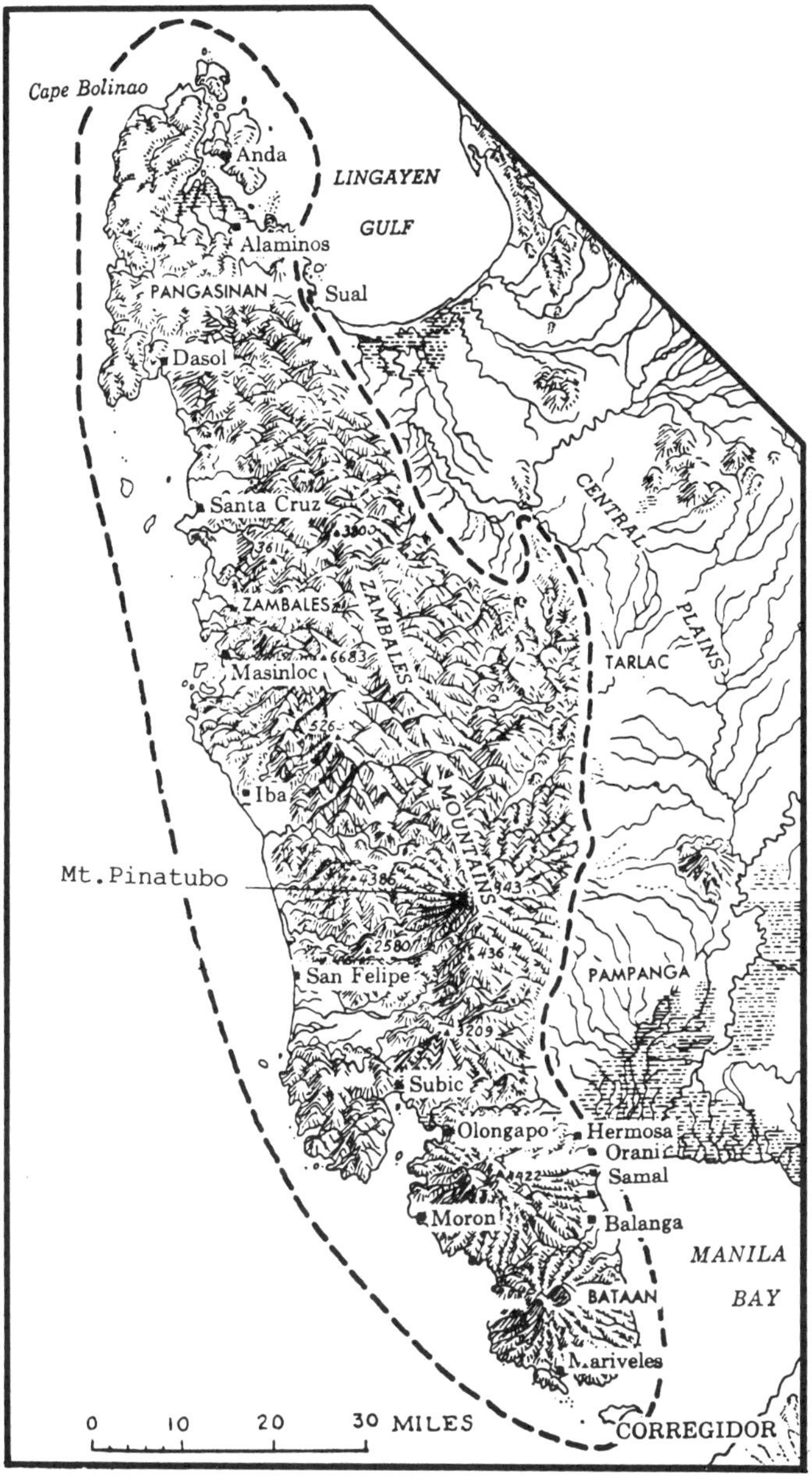

ピナトゥボ山を遠望する。

も現在では、通婚関係が幾つか見いだせる。南西麓に住むアエタのアイデンティティーが最も拡大された場合には、東麓や西麓のグループも含めてピナトゥボ・アエタとしての自覚を持つが、日常生活においては南西麓一帯が一つのまとまりを持つと考えられており、その中でも現在住んでいる特定の集落に一時的な帰属意識を持っている。

この南西麓斜面をほぼ含むように、ピナトゥボ山頂を頂点とするような三角形の形をしたリザベーションが、一九一七年にアメリカ植民当局によって設置された。総面積四、七二〇ヘクタールに及ぶこの山腹一帯は、現在に到るまでアエタ達のための専用居住地域として認められているのであるが、現実には、一九六〇年代に入ってから材木業者によって一部で森林伐採が行われたり、平地民の企業家がふもと近くの丘陵地帯で砂糖キビ・プランテーションを開いたりしている。

南西麓一帯には、およそ二〇ほどの小集落が点在しており、それぞれの集落には、二つから三つ、時にはそれ以上の拡大家族が生活の拠点を置いている。この拡大家族と筆者が呼ぶところの居住集団は、両親およびその結婚した子供達のそれぞれの家族が通常、二つから五つ集まって形成され、日々の生活や経済活動を共に行う単位となっている。正確に言えば、この大家族は、独立の家族が、親子、きょうだい関係に結びつけられて一緒になったのではなく、子供が結婚後も両親のもとにとどまることによって拡大したものである。集落にいる時は隣り合って作られた家に住むが、家族成員が少ない場合には一つの家に住むこともある。焼畑での仕事がある時には一緒に移動して互いに協力しあって働き、仕事が済むまでは畑の横に簡単な小屋を掛けて滞在する。常に、あるいはしばしば同じ炉で料理された食事を一緒に食べ、そうでなければ頻繁に食べ物を分けあっている。またそれは外婚単位となってバンディ（*bandi*──婚資）の支払いを共同で負担し、逆に受領したバンディをその内部で分配する。ただし、ひとつの「家族」としてのまとまりの強さは、各々の置かれた状況によって異なり、たとえばピナトゥボ山中の奥深くに住んで外界との接触のまれな拡大家族の場合は、それでひとつの共住と共食の単位となっており、逆にふもと近くに住んで平地民との接触が多くなるほどその絆は弱くなる傾向が見られる。

特定の拡大家族は、同一の集落や近隣の集落に住む他の拡大家族と血縁または姻戚関係によって、結ばれていることが普通であり、そうした近隣の二、三の集落を含めて、日常の生活圏を構成している。この生活圏のなかに住む拡大家族は互いに頻繁に顔を合わせる機会があり、また時には食物の贈与や助力の要請などが行われる。それらの拡大家族のまとまりは、集団とは言えないまでも、関係の網によって結ばれ、ゆるやかな集団化（grouping）の傾向を示している。ただし、他の拡大家族と不仲になったり、緊張関係が生じた場合、あるいは単により良い生活条件を求めて、そこから拡大家族がひとつ離脱して、他所へ移住してゆくことは珍しくはない。

拡大家族の移動のパターンは、基本的には集落と、毎年新しく伐採して開く焼畑の出作り小屋との間を往復するものである。彼らは、一定の地域をひとつのテリトリー（生活領域）と考えているが、隣接する集落がそのテリトリーを重複し合っているような場合も多い。焼畑地の循環は、その内部で数年から一〇年ほど休耕期間を置いて繰り返してゆく。そのため結果としては、集落を中心にした放射線状の移動となっている。ただし、その集落は、いつも一定の場所にあるわけではない。木または竹の柱、竹の床と壁、コゴン草の屋根といった作りの家は、簡単に作ることができる反面、破損の進みかたも早く、数年程度で壊れてしまうことが多いし、また、死者が出ればその家を捨てて他に新しく建てなおしたりする。病人や死者が頻出する場合には、古い集落を捨て、別の場所に集落を作って移住してしまうことも珍しくない。こうして、焼畑地の循環と集落自体の移動のために、南西麓アエタは、常に生活の場を変えながら移動しているという印象を与えるのである。さらには、居住する集落を変える拡大家族も少なくないし、そもそも集落などに住まず、焼畑近くのキャンプ地からキャンプ地へと移りながら暮らしている拡大家族もいる。フォックスが強調しているように、こうした居住地の頻繁な移動は、彼らが動植物の具体的習性、弁別的特徴、利用法等について詳細な知識を有することと共に[3]、アエタの生活を平地民のそれと決定的に違いづけるものとなっている（Fox 1952: 186-187)。

二　平地民との拮抗関係——外部の制限的導入

フィリピン・ネグリートの多くのグループは、既に指摘したように、近年その人口を減少させる傾向にある。たとえば、シエラマドレ山脈東側海岸部のパラナン周辺に住むアグタは、カキリガンで開発プロジェクトが始まった年と同じ一九七五年に、軍によって強制的に一カ所のキャンプに集住させられたために、コレラが大流行し、その人口がほぼ半減してしまった（約八〇〇人。W. Peterson 1981: 52-53)。あるいは、パラワン島のバタックでは、近年、狩猟採集による自給自足経済からマニラ樹脂の採集と換金、米や缶詰の購入という現金経済に組み込まれたために、単位労働時間あたりのカロリー獲得量が低下し、慢性的な栄養不良に悩み、人口が減少し続けて現在は二五〇人（混血も含めると三八〇人）ほどとなっている（Eder 1987: 105）。パナランよりさらに南のカシグランに住むドゥマガットを調査しているヘッドランドは、彼らの人口は現在六五〇人から八〇〇人で一九三六年当時の半分以下となっており、慢性的な栄養不良のために幼児死亡率が六〇％を越えて一層の人口減少が生じていることを指摘している（Headland 1975: 245-247）。フィリピン以外のネグリートを見ても、たとえばアンダマン島の場合、一九七一年にはわずか二五〇人が住むのみとなっている。特に大アンダマン島においては、一八五九年には四五〇〇人ほどであった人口が、白人との接触によってもたらされたインフルエンザ、はしか、梅毒などの彼らが全く免疫を持たない病気の蔓延のために、わずか二〇人ほどに激減してしまったのである（Bhowmic 1980: 193, Service 1976: 40）。

ピナトゥボ・アエタの場合、アンダマン島民のように民族の存亡に係わるほどに苛酷な歴史を強いられてきたわけではない。また他の地域に住むフィリピン・ネグリートのように、近年の外部世界との接触や圧迫によってその人口を減少させ、「絶滅の危機」（Eder 1987）に瀕しているわけでもない。むしろ逆に、わずかながらではあるが、人口は増加の傾向を示している。その要因は、ひとつにはピナトゥボ山の全域でおそらく六、〇〇〇～七、〇〇〇人ほどの人口を擁し、外界の圧力に十分に対抗できる勢力母体があったことであり、そしてもうひとつは以下に論述するように、排他的な固有の生活領域を常に確保し、維持し続けることにより、外界の直接的な影響が及ぶことを制限することができたためであると考えられる。

現在のピナトゥボ・アエタも、フィリピンの他の地域に住むネグリートと同様に（Noval-Morales and Monan

1979: 106-108)、すでに彼らの固有の言語を失っている。それにかわって用いられているのは、西海岸沿いの平野部に住み、人種的にもネグリートとは異なるサンバル人の言語、サンバル語の一方言である。[4] このことからもアエタとサンバル人との関係の長さと深さ、その間に生じたアエタ側の文化変容の一端をうかがい知ることができる。文献によれば既に一六〇〇年代の後半において、バターン半島に住むネグリートの中には、サンバル人のために森林伐採をして働く者がいたのである (Domingo-Perez 1680: 292-293)。またサンバル人以外とも、たとえば古くは一六〇三年のマニラにおける大虐殺を逃れた中国人が、ピナトゥボ山東南麓近くのグアグアに住み着き、ネグリートと交易をはじめたが、一夫多妻制と輪廻思想を教えたためにスペイン当局に逮捕されたことが記録にある (Larkin 1972: 48)。

言語を受容するまでに至ったアエタとサンバル(東麓側ではパンパンガ)との接触と交流の歴史は、おそらくスペイン来航以前にさかのぼると考えられる。ただし両者の関係を全体的に見れば、それはアエタがサンバルによって圧迫され、山中へ追われていった過程であることは既に指摘した。[5] こうした退却の主たる要因のひとつは、サンバル人および今世紀に入ってからはイロカノ人によるアエタの生活域への侵入と土地の収奪である。カキリガンの人々は現在でも、カキリガンに最も近い平地民のふたつの村、アグラオとサンタフェが、もともとは彼らの土地であったのに、平地民にだまされ、塩やタバコなどと交換に取りあげられてしまったことを次のように語り伝えている。この点については、リード (Reed 1904: 70) やロールズ (Rolls 1901: 4-5) が同様な指摘をしており、信頼できる話であると考えられる。

これはサンタフェの土地をめぐる我々の祖先の話である。サンタフェの土地の所有者は、もとはアエタの祖先であった。しかしその土地を取り上げられてしまったために、アエタは貧しくなってしまったのである。祖先達は、この土地をタバコの葉ひと巻と、この土地をボロ（山刀）一振りと、あの土地は稲穂ひと束と、という風にして、土地を売った。別の者達は、毛布一枚とひきかえに土地を売った。こうしてサンタフェの土地は取り上げられ、アエタは貧しくなったのである。それは、イロカノ人とフィリピン人達が我々をだまして、とても安い値段で土地を買ったからである。だからアエタは貧しさのために苦労するようになったのである・・・（by Po-olan, Kakilingan）。

ピナトゥボ山東麓側でも、パンパンガ人が一八世紀から一九世紀にかけてアエタを追い払い、米と砂糖キビのプランテーション用の農地を拡大していったことが報告されている。たとえば現在、クラーク空軍基地があることで有名なアンヘレス市も、もとは森林でアエタの領域であったところを、ドン・アンヘル・パンテレオンという男が、アエタを追いやって私有地とし開発を始めたものである（Larkin 1972: 73, Gaabucayan 1978: 53-54）。

アエタに加えられたもうひとつの圧迫は、サンバル人による頻繁な襲撃、誘拐、奴隷化などであった。古くは、サンバル人同士の殺人事件は原則として賠償金を支払うことによって解決されたが、それを用意できないときには、身内に報復されることを避けるために、アエタを捕らえて身替わりとして差し出したという。そうした際にはアエタ内部の敵対関係を利用し、征服、懐柔したグループを使ったのである。あるいはサンバル人の間では、殺人をしないと軽蔑される風があったために、奴隷のアエタを買い求めて殺したりもした（Domingo-Perez 1680: 310-311）。

アエタの誘拐と奴隷化については、今世紀に入っても多く行われていたことが行政官で人類学者のウォーセスターによって詳しく報告されている。一例を挙げれば、一九一〇年九月二〇日の昼下がりに、ライフル、ピストル各一丁とボロ（山刀）で武装した一五人ほどのフィリピン人（平地民）が東麓のキャンプ・ストッセンバーグ（クラーク基地の前身）から二マイルほど離れたアエタ集落を襲い、大人三人を殺した後、二人の子供を連れ去るという事件が生じた。そして後日、そのふたりの子供は、サン・フェルナンドの町で六〇ペソで売られていたところを発見されたという警察署の報告書をウォーセスターは紹介している。またバターン半島のネグリートが、マニラを通ってバタンガス市の市長にまで売られていったという報告もある。こうした子供達は、アエタ同士が互いに襲撃して誘拐したり、平地民が両親に酒を飲ませて酔わせてから安く買ったり、あるいはアエタの側で自発的に売ったりしたものという（Worcester 1913: 40-48, 95-9）[6]。

このような外圧に対して、スペイン政府の支配、管轄下に入ったグループ（*conquestados*）は、平野部に近い低域に住んで森の産物の交換などを通して平地民との接触を続けた。西麓のビリエールやポオン・バト、モラサなどの集落がそうであった。しかし平地民に対する抵抗の姿勢を捨てなかったグループ（*non-conquestados*）は、より山中深く後退しながら、時には平地民の集落を襲ってカラバオ（水牛）やその他の食糧を奪ったりしていた。それに対して平地民の側でも自警団（*guardia civil*）を組織して山中に遠征したりした[7]。スペイン政府は両者の敵対関係を取り除き、とくに平地民の側の被害をなくすために、一九世紀後半には西麓の町ボトランや南西麓の町サン・フェリペにアエタの人々を招き、贈り物や食糧、家などを用意して、定住、融和策を試みた。しかし、与えられた食糧が何カ月かして尽きてしまうと、アエタ達は再び山中に戻ってしまい、二〇世紀に入っても平地民と「非征服民」アエタとの緊張関係は続いたのである（Lesaca 1901: 3, Guido 1916: 2-5, del Fierro 1918: 1-3, Pascasio 1920: 2-3, Imperial 1924: 2)。

スペイン政府によるアエタ定住策の試みとその影響のパターンは、ちょうど筆者の滞在当時に援助団体が行った定着農業プロジェクトときわめて似かよっているため、ここにそうした働きかけの一例を紹介しておきたい。

自警団による鎮圧や、スペイン政府が試みたその他の様々な対策にもかかわらず、ネグリートによる襲撃は一八九四年までほとんど途切れることなく続いた。そして同年に当局は、ラヨスという名の長を会見のためにサン・フェリペの町まで下りてくるように説き伏せたのであった。実際にラヨスが下りてくると、町の当局者達は数多くの儀式と共に彼を迎えた。彼らは頭の天辺から足の爪先まで彼の衣装を整え、贈り物を用意し、数日にわたって宴を開いた。次いで、兵士の行進、トランペットの高鳴り、スペイン的な華麗さをもって、彼に紗の飾帯を贈り、キャプテン・ジェネラル・デル・モンテという名を与えた。彼はその地域のネグリート全員を支配する権利と統制を保つ責任を与えられたのである。その紗は安っぽいプリントものであったが、その目的に十分応えるものとなった。制圧されていない野蛮人に対する絶大な効果たるや想像に難くないであろう。ラヨスはいたく感激したのである。彼は新たな宝物と語るに足る経験を携えて山に戻っていった。それ以来、キリスト教徒に対する強奪と殺害は著しく減少したという。

同じ年（一八九四）には、ボトラン地域のすべてのネグリートに対して、山を下りて定住することを願って五～六カ月にわたり食糧が与えられた。しかし彼らは、なすべきことやいかに働くかについて何も教えられなかったために、食糧の提供が中止されると、それを確保する術を知っている唯一の場所である山中に全員で戻ってしまった。この経験は望ましい結果をもたらさなかったのであるが、おそらく良い影響を与えたであろうことは、この地域の人々が今日最も進んでおり、村落に住む傾向があることから推察される（Reed 1904: 70

-71)。

これと同じようなアエタ融和策は、以後も何度か繰り返され、そのたびにアエタ側の長と目される男に様々な称号が与えられた。次に紹介するのは、ラバウ・グループのキャプテンであるパン・メリシアが語ってくれたもので、彼の父親がいかに町の人々に恐れられ、それゆえに数多くの称号をもらったかという物語である。

ピスタイム(peace time; 平和の時代、戦前)の頃、我々がまだ幼なかった時、町の連中は我々の父親を非常に怖がっていた。なぜなら彼は、この山の中でとても勇敢だったからである。町の連中は誰ひとりとして、ここまで上がってくる者はいなかった。

ところが、サン・フェリペの町の役人に知恵の働く者がいた。だれかが父親に協定を結ぼうと説得し、それで父親は山を下りていった。山を下りてみて、彼は町の規則というものがよくわかった。彼が納得した時、彼らは彼に相談役という称号を贈った。次いで、警官、軍曹、チーフ、大統領という称号を贈った。しかしそれでも、父親は特別な力を持っていたために、町の連中は彼を恐れ、決してここまで上がってこなかったのである(by Pan Melicia, Kakilingan)。

このように、全体的に見れば山中への後退というアエタの歴史は、その過程で、ふもと近くに定着的な集落を作って平地民の支配を受け入れる者達を生み出す一方、逆に山中に逃れたグループには、そうした者達や平地民の村を襲って家畜や農作物を奪ったり盗んだりするという抵抗を続けさせた。一九〇〇年代初頭に、西麓から東麓にかけて踏破しながら二カ月の滞在調査を行ったリードは、平和時には山中に分散し、時に力ある長のもとに結集して隣接グループや平地民の村を襲撃するような「野蛮状態」にあるグループがいることを報告している（Reed 1940: 70）。ただし山中のグループも、前出引用中のラヨスやパン・メリシアの父親のように、山を下りて定住を促すような融和的な働きかけに対しては、敵対的な行動を控える柔軟な対応をとったのである。

すなわち彼らは、一方的に山中へと追われたのではなく、振り子が戻るように山を下りたり、逆にさらに山中に逃げ込んだりという移動を繰り返してきたのである。太平洋戦争中には、低域地帯に住む人々は集落を捨て、焼畑地も放棄してさらに山奥へと避難した。逆に一九六〇年代の初期には、カキリガン集落より上流にある現在のボワグ集落のあたりに小学校が建てられ、定住村を作る試みがなされて失敗に終わったことがあった。

こうした軋轢を伴っての押したり引いたりという関係を通して、アエタの側はサンバル語のみならず、焼畑農耕の技術を獲得し、それに伴う農耕儀礼を習得し、さらには精霊の観念や治病儀礼、埋葬の習慣などを受け入れてきたと考えられる。正確には、サンバル人をはじめとする平地民（東麓側ではパンパンガ人、西麓側ではサンバル人およびイロカノ人）の言語や儀礼や技術などを借用、咀嚼し、自分達の文化の一部としてきたのである。

そうした変容の過程で特徴的なことは、アエタの人々が平地民との敵対あるいは緊張関係を維持することによって、常に民族のアイデンティティーを確保し続けてきた点である。彼らは、外界からの影響によって自身の文化を失ったり、呑み込まれたりすることがなかった。確かに彼らも言語を始め、文化、社会の様々な面においてある程度の変容を経験してきたのであるが、そうした変容は決して平地民文化に同化し吸収されてゆく過程ではなかった。新たな文化要素を取り入れる場合には、自分達の既存の観念体系や世界観、あるいは生活様式を根底からくつがえすことのないよう、むしろ逆に新しいものが古いものに合致し間尺が合うよう、新しい要素の方を馴化し独自の解釈を加えて変質させたのである。

サンバル文化からの影響、時にはその積極的な導入にもかかわらず、民族の独自性と主体性を保ち得た理由のひとつは、彼らが固有の生活領域（テリトリー）を維持し続けることができたからと考えられる。もちろん生活領域が位置する空間自体は、海岸部から平野部、丘陵地帯、さらにはピナトゥボ山中へと移っていったが、排他的な生活領域自体は一貫して存在し、その小宇宙のなかで彼らは自律性の高い社会を維持し続けることができたのである。そうしたアエタ固有の領域は、パン・メリシアが父の思い出として語っているように、平地民の目から見ればまだ征服されていない野蛮な人々が住む危険地帯であり、あえてそこに入り込もうとする平地民はほとんどいなかったのである。一九七〇年代初頭においても、開発プロジェクトの予備調査のためにカキリガンあたりに住もうとした農業指導員は、友人達から危険だから止めるようにと何度も説得されたという。

もちろん、そうしたアエタに属する空間の周縁部に住んで平地民の村落と距離的にも近く、より多くの接触をもつグループでは、平地民から受ける影響も相対的に強く、変容の度合いも大きいことは疑いをいれない。しかし少なくとも南西麓においては、たとえば先に紹介したラバウ・グループのように、たとえ水稲耕作を行うようになっても、そのアイデンティティー、生活様式、宗教観念等は、依然として山中に住むアエタ達と本質的に何ら変わらないのである。南西麓に住むアエタ達の世界とサンバル人やイロカノ人達の世界とは明確に隔てられており、筆者が滞在中に目撃した空気銃やラジオフォノ（ポータブル・ステレオ）などの新しい文化要素も、姻戚関係を通じて西麓のビリエール村や東麓のマルコス村などから峠を越え、迂回してもたらされることが珍しくないのである。もちろん南西麓のアエタ達も近年では平地民、とくに商人や開拓農民達と直接の接触を保ってきたのであるが、両者の関係づけられかたは、後者から前者へと新しい文化要素が流入、受容される時、文化要素そのものがアエタ化す

サンチェス砦跡に座る筆者。後ろはピナトゥボ山頂

るような変換と制御を受けるという類のものであった。アエタ社会の独自性と自律性は、そのような平地民社会との空間的な距離、および敵対と切断を含みながら同時にねじれつつ結びつけられているという関係の特殊性によって可能となったのである。

ところで、外部世界との接触に関して、ピナトゥボ・アエタの場合とくに見逃せないのは、在比米軍との特殊な関係である。ピナトゥボ山は東麓にクラーク空軍基地、西麓にサン・ミゲル通信基地、そして南西に少し離れてスービック海軍基地を臨み、米軍にとってはアジア太平洋地域の戦略的要衝となっている。筆者の滞在中にも、しばしば上空を最新鋭戦闘機が飛びかい、また集落のすぐそばに、故障した大型ヘリコプターが不時着したこともあった。

最も「近代的」な装備の米軍と、最も「未開」といわれているアエタとの、一見奇妙にみえる結びつきをたどると、意外に古く、そして強いものであることがわかる。それはまず今世紀の初頭、ピナトゥボ山の東麓に接するパンパンガ州の平坦地に、クラーク空軍基地の前身となるストッセンバーグ砦が築かれたことにはじまる。そのとき東側斜面に住むアエタ達に対して、砦からの残飯あさりやごみ捨場から金属、廃品を回収する特権が与えられたために、一部の者達が砦の周辺に集落をつくり、定着しはじめたのである。さらに一九二〇年代の半ばには、ピナトゥボ山頂直下のサンバレス、パンパンガ両州を分かつ分水嶺にサンチェス砦が築かれ、偵察隊が定期的に駐屯したという。

太平洋戦争中には、ピナトゥボ山中に撃墜された十機ほどの米軍飛行機の搭乗員をアエタ達が救助してかくまい、それを追う日本兵を多数撃退したために、マッカーサーはその功をたたえ、彼らのリーダーを名誉陸軍大佐に叙した。そして、クラーク空軍基地内の自由通行および残飯あさりやごみ拾いなどの慣行的な特権を保証するとともに、基地周辺に住みつかず山中に残るアエタに対しては、古着、米、期限切れの戦闘食などの「レーション」を定期的に配布するようになったのである（黒田 1972: 304）。

さらにまたベトナム戦争中には、東麓に住むアエタの男たちを教官として、戦場へ送られるパイロットらのために、撃墜にそなえてのジャングル生存訓練が続けられた。野営のしかた、火の起こし方、煙を立てずに料理をする方法、木や蔓から水を採る方法、毒蛇に嚙まれたときの応急処置のしかた、身を潜めて追手から逃れる方法などが、ピナトゥボ山中で野宿しながら教えられたという（Cosme 1974: 277-300）。

ただし、こうしたクラーク空軍基地との関係は、東麓パンパンガ側のアエタのあいだでは大きな影響を及ぼしたが、筆者が調査した南西麓では、レーションの配布を除けば、おおむね東麓に住むアエタを通じた間接的なものにとどまった。

三　共時態としての過去認識——出来事の物語化と空間配置

前節においては、アエタではない筆者が、いわば外側から見た彼らの歴史の特徴を概観したのであるが、本節では、アエタにとっての過去の出来事のあり方、あるいは彼らの歴史に係わる認識の仕方の特徴について論ずる。言い換えれば、彼らが日々の生活において体験する様々な出来事のなかで、特定の事件が歴史的なるものとして取りあげられ、語り伝えられてゆく過程を、彼ら自身の意識の内側から明らかにしようと試みるものである。

ピナトゥボ・アエタ全体が共有する経験として、あるいは彼らの歴史を画する大事件として、今でも強烈な思い入れと、まるでつい最近のことのような現実感をもって語り伝えられているのは、先の太平洋戦争についてである。正確にいえば、戦争そのものではなく、ピナトゥボ山一帯を舞台にした一連の出来事が記憶されているのである。具体的には、日本軍が進駐してきたこと。日本軍を恐れて山奥深く逃げ込んだこと。食糧が欠乏して飢えに悩まされ、野生のバナナや野生のヤムイモを食べて命をつないだこと。また病気にかかる者も多く、死ぬ者があいついだこと。ピナトゥボ山中に撃墜された飛行機に搭乗していたアメリカ人パイロットを救助し、長期間かくまったこと。敗色濃くなってピナトゥボ山中に逃げ込んできた日本兵の多くが、毒イモを食べて死んだり、餓死したりしたこと。ときには、そうした日本兵を襲撃したこと。死んだ日本兵から、ライフルや短剣、鉄カブト、飯ごうなどを奪ったこと、等々。すべて彼らにとって、今でも忘れがたい大事件となっている。またそのような品々を現在でも保持し、使用している者達がいるのである。

こうした事件が連続して生起した時代は、パナオン・ニン・ゲーラ（*pana-on nin gera*）——「戦争の時代」と呼ばれており、それ以前の時代は、パナオン・ニン・ピスタイム（*pana-on nin pistaim*）―「平和の時代」と呼ばれている（パナオンは、時代、時期、陽気の意）。「平和の時代」は、その時間的な長さのあいまいなまま、始源の時とでも呼ぶべき、オーナイ・パナオン（*onay pana-on*）―「最初の時代」へと続いている。この「最初の時代」は、そこで生起する事件さえ事実であるか否かはっきりしない、むしろはっきりさせる必要のない別格の時間帯であり、いわゆる民話と呼びうるような物語の舞台となっている。そのため民話の冒頭は、ほとんどつねに、「最初の時代のことだが……」（*Hin onay pana-on*……）と語り始められるのである。

次に紹介するのは、彼らがなぜ現在、ピナトゥボ山域にすんでいるかを説明する物語であり、「最初の時代」の出来事として語られている。

これから話すことは、我々の先祖のことである。「最初の時代」の頃、水が消え失せてしまったことがあった。すべての河や小川から水が消えて、干上がってしまったのである。そしてすべてのアエタ達が生きられなくなってしまった。

ある日のこと、彼らは体が濡れている犬をみつけてこう言った。「この犬はどうして濡れているのだろう。」「そうだ、この犬の後を追って捜してみよう。」「そうだ、そうしよう。」彼らがその犬の後に従ってゆくとピナトゥボ山の西麓に着いた。するとその犬は鼻をくんくんやり始めたのである。

こうして彼らは、ピナトゥボ山の西側のカバイアンの所で、プチック川を見つけたのである。本当に、その犬だけが、この川の水は乾期の盛りにも決して枯れることのないのを覚えていたのである。その犬のおかげで我々の先祖達は生きのびることができ、だから犬は今日に至るまで我々の大切な友達なのである（by Po-olan,

Kakilingan)。

この短い話は、一読すれば明らかなように、犬の大切さを説明する由来譚の形をとりながら、同時に彼ら自身がいつか確定できぬ昔に、他所からピナトゥボ山へ移住してきたという民族の記憶を伝える物語となっている。このことは、彼らがもともとはピナトゥボ山の「山の民」ではなかったという客観的事実とも対応している。

いっぽう、「戦争の時代」の後には、特別な時代区分が設けられていない。いわば、民族全体の歴史の枠組みとしては空白の時間帯、言いかえれば諸個人の固有の体験の記憶によって意味づけられ、あるいは柄が描かれ彩色されるべき無地の時間帯となって、「現在」――ハパウグ（*hapa-eg*）に続いているのである。

始源のとき、あるいは最初の時代から現在にいたる切れ目のない時の流れを、このように「戦争の時代」によって区切るのは、ちょうど日本の「戦前」「戦中」「戦後」という時代区分の方法に似ている。しかもゲーラ、ピスタイム、という言葉は、アエタ固有のカテゴリーではなく、スペイン語のゲーラ（guerra）や英語のピース・タイム（peace time）が、平地民を通じて入ってきたものであり、ネグリート以外の山岳少数民族でも同様な区分が見られる(9)。また、平地民との接触の深い者のなかには、ピスタイムの前には「スペインの時代」――パナオン・ニン・カスティラ（*pana-on nin Kastila*）があったと主張する者もいる。

いずれにしても、彼らの歴史認識の枠組みは、「最初の時代」―（スペインの時代）―「平和の時代」―「戦争の時代」―（戦争の時代の後）―「現在」という順序で下から重箱を重ねたようにして存在している。そして各々の時代は、その中で生じた様々の忘れがたい出来事を収める器となっているのである。そうした出来事は、各時代内部における個々の出来事の先後関係がほとんど無視されたまま、それぞれ一回限りで完結する固有の物語として、各時代の箱に雑多に収められ、時に応じて取り出され、思い出されて語られるのである。そうした意味では、彼らの歴史認識は、出来事の連鎖や編年として過去を捉えるものではない。各々の出来事は、それが特に「戦争の時代」以前のものならば、おおまかな時代の枠組みを言及される以外には、それが生起した時点を特定されることがほとんどない。彼らは、各々の出来事の発生した時を示し、相互の先後関係を明らかにするような、通時的な時間軸というものを必要としないのである。

そもそも、ピナトゥボ・アエタは、自らをアエタ（*Aeta*）またはアイタ（*Ayta*）と自称し、平地民のことを一般的には「町の連中」（*bawbanowa*）あるいは「フィリピン人」（*Pilipino*）と呼んでいる。そして前節で述べたように、平地民に対して一定の距離と自律性を保ちながら、時には敵対する緊張関係を続けてきた。彼らは平地民と肉体的な外見が異なるばかりでなく、その生き方や慣習が全く異なっているという強い自覚をもっている。そして平地民と対抗する際には、強いわれわれ意識を持ち、「我々ピナトゥボ・アエタ」（*Poon Pinatubo Aeta*）という表現をしばしば用いる。しかしながら彼らは、後の章で詳しく見るように、幾つかの家族の集まりである拡大家族や、そうした拡大家族が幾つか居住地を共にして一時的に形成する集落のほかには、彼らを統合するような持続的な政治、社会組織を発達させてこなかった。さらには、民族の歴史として伝えるべき過去の栄華や、正当性の根拠を神話のなかに求めるような特定権威、あるいは「戦争の時代」以外に共有しうるような体験などをほとんど持ち合わせていないのである。

このように、発達した社会組織も、過去の栄華ももたないピナトゥボ・アエタの、個々人の歴史意識に即して歴史を見なおせば、彼らにとって歴史とは、その社会全体をおおう共通の枠組みとしては存在していない。それは、個々人の、あるいはそれぞれの核家族や拡大家族ごとの、きわめて私的で個別的な経験として、あるいはその記憶として存在しているのである。すなわち、彼らにとって意味ある歴史とは、「最初の時代」と「現在」とのあいだに生じた忘れがたい事件や印象的な出来事の束であり、本人が直接したのでなければ、その両親や祖父母などの身近な人間が経験し、語り伝えた事柄なのである。そうした個々人や各々の拡大家族の側から見れば、「戦争の時代」の後の無地の時間帯こそ、「戦争の時代」から四十年ほどをへて現在を生きる諸個人にとって、それぞれ固有の重みをもつ出来事があいついで生起し、濃密に配置されているがゆえに、もっとも意味ある時間帯となっていることはいうまでもない。

そうした過去の出来事を語るのは、自分が直接経験したことであれ、他から聞いた忘れられない話であれ、すべてイストリアウェン（*istoryawen*）という動詞で表される。直訳すれば、「お話（*istorya*）をする（*wen*）」という意味になる。イストリアとは「まとまりのある話」、あるいは「物語」であり、したがって過去の実際の出来事も、真偽のさだかでない民話も、何であれまとまった内容のある事柄を人に話して聞かせるという行為はすべてイストリアウェンとなる。遠い過去の事件ではなく、町へ行って、見たり、聞いたり、驚いたりしたことを集落に帰ってきてから話すのも、筆者の私生活や行動をおもしろおかしく話題にするのも、あるいは、焼畑でのキャンプ中や狩りに出て奇妙な体験をしたことを家に戻ってから語るのも、すべてイストリアウェンなのである。

そして、見たり聞いたり体験したりしたことに強烈な印象を受け、それを忘れがたければ、身近な人に話して聞かせようとするし、周囲の者も熱心に聞こうとする。娯楽の少ない彼らの社会にあっては、一日の活動を終えた後で、夜、イストリアを語りあうことは大きな喜びであり娯楽となっているのである。その日に何か特別な事件が生じたり、普段とは異なった体験や見聞をした場合に、それを人に語りたいと欲し、語ろうとする意志が生まれた時、それらはそれ自身として完結した「まとまりのある話」すなわちイストリアとして具体的な内容をととのえ、明確な像が描かれるのである。こうして、ある個人の体験がおもしろかったり、驚きであったりした場合には、本人が繰り返し語り、さらに人から人へと伝えられることで、周囲の者の皆が共有するイストリアとなり、またあるものは、歴史的な出来事として記憶されてゆくのである。もちろん、個々のイストリアを共有する人々の範囲は、それぞれが人をひきつける力によって異なり、出来事の衝撃に比例して伸縮することは言うまでもない。同様に特定のイストリアの生命力とも言うべきものも、それが伝える内容が人々の想像力と興奮を喚起する力によるのである。

逆に、彼らにとって歴史を語ることは、過去の忘れがたい出来事を語ることであり、民話や見聞を語ることと、語る（*istoryauen*）という行為の次元においては差異がない。それらはいずれも、他人に語り伝えたくなるような、あるいは語るに価すると思われるような内容とメッセージを含んでいる点で、すべて彼らにとっては同列のイストリアなのである。すなわち彼らの社会では、歴史は個別に一話完結の形で語られるべき過去の出来事の束として存在し、そうした個々のイストリアのなかに彼らの歴史的な認識が埋めこまれているのである。

そして実際に具体的な過去の事件を語るとき、彼らは、西暦の何年というような編年としては過去をとらえない。また、一年や二年程度の近い過去ならまだしも、それより以前のこととなると、今から何年前というような過ぎ去った時間の量として、過去の時点を特定することもしない。過去の出来事は、それが生起した場所の名前や関係の深い人の名前と結びつけて記憶され、語られるのである。たとえば、「以前、台風でバガン集落の崖が崩れる少し前の頃」、「我々がクワルテルと呼ばれる土地に住んでいたとき」、「長女のガタイがパンパンガにいる時に生まれてしばらくしてから」、というように過去は捉えられているのである。

そうした際に最も頻繁に言及されるのは、その時に住んでいた集落やキャンプ地の場所の名前である。彼らはその集落やキャンプの場所をしばしば数年、時には二、三年で移動してしまうので、かつての集落の場所を言及することにより、それぞれの時期をある程度まで特定することができる。さらに必要な時には身近な個人の生死や結婚などと組み合わせて、その時点をせばめることも可能である。しかしながら、過去の出来事の基本的な参照点となる集落やキャンプ地の移動は、戦後の場合なら強いて説明を求めれば、記憶の糸をたぐりながら各々の場所の先後関係をなんとか明らかにできるものの、それでも容易な作業ではない。戦前ならば、きわめて困難な作業となる。過去の集落の移動は、日常生活においては通時的な変化として連続的に意識されているのではなく、彼らを取りまく自然景観のなかに、それぞれ互いの先後関係から切り離されて位置づけられているのである。それらは喩えてみれば、過去の出来事を必要にふれて映し出す、マルチ映像スクリーンとして共時態のなかに存在していると言えるのである。

「戦争の時代」より以前のさらに遠い過去の出来事に関しては、そもそもおよその年代を特定する必要すらなく、ただそれが生起した場所だけがいっそう重要な意味をもってくる。年寄りが若いころの経験や見聞を語るとき、あるいは老人が昔その父親や祖父から聞いたという物語を話す時、「戦争の時代のこと」、「平和の時代のこと」と語り始めればそれで既に十分なのである。そうした出来事の舞台となった場所に今も生えている木が、あるいは岩が、彼の話にあたかも眼前に展開しているかのようなリアリティーと実際に生じたという証拠を提供し、聞き手の想像力の飛翔と共感的な追体験を呼び起こすのである。

古い新しいにかかわらず過去の出来事を語るとき、また始源のときに生じた民話を語るときは、話の推移、展開に伴ってその舞台となった土地の名を頻繁に言及しながら話を進めてゆくことが、語りの基本的なパターンになっている。そうした語りのスタイルによって、岩や木や川、その他さまざまな自然の地形が、かつてそこでなされた行為や出来事の物言わぬ目撃者として、過去から現在へという時の流れを越えて、歴史的なるものの実在をになっているのである。すなわち、ピナトゥボ・アエタの歴史認識に即して見れば、出来事は時系列に沿って連鎖的に編年されているのではなく、彼らの周囲を取りまいて、そこで生活が営まれる場となる自然景観の各所に、その目に見えぬ痕跡が刻みこまれているのである。それは「現在」を生きる人々の可視空間のなかに埋め込まれ、景観の背後に焼き付けられた印画紙のように、彼らの共時態として語り伝えられているのである。言い換えれば、過去の意味ある出来事は、書籍の活字や古文書の文言のなかにではなく、景観の内側に潜在して貯えられているのであり、そうした個々の景観に接して想起されるとき、あるいは実際に語り始められるとき、過去の特定の出来事や体験は現在の時空間のなかに、その姿を現わすのである。つまり彼らの歴史は、時間の蓄積としてではなく、空間のなかへ配置されることを通して、常に潜在的な同時代性を伴って存在しているのである。(10)

第三章　アモック事件をめぐる素描

一　エスト君の家族

ここで報告しようとするのは、筆者の家の隣に住んでいたエスト君という当時一五、六歳の若者の、いわゆる〝アモック〟と呼ばれるような一時的狂乱がまき起こした事件についてである。筆者は当時、彼の父親が新しく建てて未完成のまま物置代わりに使っていた家を、一カ月一〇〇ペソ（約三、〇〇〇円）で借りて住んでいた。したがって彼は、筆者の隣人であると同時に家主の息子でもあった[1]。

筆者は言語の研究を行う山下美知子氏とともに、六畳ひと間ほどのその小さな家のまん中をカーテンと衝立で仕切り、彼の二人の妹や、その他の少女達合わせて五人と一緒に住んでいたのである。もっとも家を完成させる際、その横に張り出して料理と食事ができるような土間を作り、そこにテーブルを置いたので、うさぎ小屋ならぬ鶏小屋風二ＤＫとなり、さしたる生活の不便も感じなかった。小さな家にそれだけの多人数で住んだのは、山下氏と二

食卓の風景。左手の階段の上に部屋がある。

人きりの生活よりは、子供達が多くいた方が、そのおしゃべりを聞いているだけで言葉の勉強になると考えたからであった。その上子供達は、集落の出来事を逐一知らせてくれるリポーターでもあった。もちろん、水汲み、たきぎ拾い、留守番、炊事、洗濯等々の家事のためにも、彼女達の助けが不可欠であった。

筆者はまた、事件のちょうどひと月半ほど前の一月初旬に、所用があって三日ほどマニラに出たが、その時、彼をマニラ見物と称して一緒に連れていっている。彼にとって初めてのマニラであり、映画を観たり、デパートを見物したり、街を歩いたりして、その時はたいそう喜んでくれた。しかしその経験が、その後の彼の〝アモック〟に何らかの影響を及ぼしたかもしれないことは、結果から見て否定できまい。その前にも何回か、集落の他の子供達を三、四人ずつマニラ見物に同行しているのだが、彼の場合は一人だけであったので、刺激と緊張が強すぎたのかも知れない。いずれにしても、良かれと思って行い、彼も望んだマニラ見物ではあったが、それが事件の遠因のひとつになっているかも知れないと思うと、やはり責任を感じ、心痛まずにはいられない。しかも、彼の父親から借りていた我家が、彼の狂乱のひとつの舞台となっており、筆者自身もその事件に巻き込まれた当事者であった。

そもそも、調査地にあって調査者は、無色透明な存在でいられるようなことはあり得ない。特に筆者が調査したような少数民族の、住民が二五〇人足らずの小さな集落においてはなおさらである。調査の前に何よりもそこでの日々の生活があり、人々との交流がある。そして筆者が彼らを観察する以上に、彼らは筆者達の生活を細部に至るまで注意深く観察し、話のたねにして楽しむ。調査者自身が異なった文化の中で驚いたり、腹を立てたりするのと同様に、逆に相手の人々も調査者のことを物珍しく思ったり、面白がったり、あるいはけむたがったり、インタヴューにいらだったりすることがあって当然であろう。そうした生身の人間同士の接触を通して、互いに影響を与えあっているのであるが、どちらかと言えば、調査者の側が与える影響の方が大きいかも知れない。缶詰や医薬品、その他の品々を彼らの農産物や採集物と交換したり、分け与えたりするほか、彼らの知らない世界について話したり、あるいは有用な技術（例えば山下氏は裁縫を教えて喜ばれた）を教えたりすることによって、新しい知識や情報を与えるとともに、彼らの生活や意識、欲望までも、わずかずつながら変えているかも知れないのである。そうした直接的な交流のほか、素知らぬ顔をしながら調査者の日々の生活を見ているだけで、集落の人々が何らかの影響を受けることもあり得よう。エスト君の場合も、今にして思えば、筆者達に対してさりげなく振る舞いながら、我々の生活や行動を常に意識していたに違いない。そして筆者達の存在そのもの、隣家に住んだという事実、日々の言動が、彼のアモックの原因に何らかの間接的な影響を与えた可能性は否定できまい。

このように筆者と個人的に強いかかわりを持つエスト君が引き起こし、筆者自身もそれに巻き込まれて他の人々とともに内側から体験した出来事のあらましを、どこまで客観的に報告し、分析できるか、はなはだ心もとない。

それをここであえて試みようとするのは、現在、急速に変わりつつあるピナトゥボ・アエタ社会がかかえる苦悩を、彼が先取りして敏感に感じ取り、それをアモックという狂乱的な行為によって顕現させ、表現しきっていると考えるからである。

彼の行為は、確かに彼自身の内面的な葛藤、主に恋愛の悩みのゆえに生じた、あくまでも個人的なものに違いない。しかし同時にそれは、平地キリスト教民が開拓農民として、あるいは商人として、彼らの伝統的領域に侵入してくるという脅威にさらされながら、一方ではその文化や生活様式に少なからぬあこがれと劣等感を持つ南西麓アエタの人々が、等しく感じて共有している葛藤に深く根ざしているのである。その意味で、彼が起こした事件を語り、それに至った彼の生活や精神の軌跡をたどることは、ピナトゥボ・アエタ社会全体が直面している変容の苦悩と、その渦中にあって多難な生を生きている個々人の葛藤とを同時に語ることにほかならない。彼の行為を理解するために、その背景として、特に南西麓アエタの人々が現在置かれている状況を明らかにする必要があるが、逆にそうすることによって彼らの社会の導入的な素描と現況の定位を試みるのである。

事件の主人公となるエスト君は、筆者の家主であるパン・フクリ氏の第二妻の長男で、四、五メートル離れた隣の家に両親と共に住んでいた。彼はラバウ・グループがカキリガンに移り住む以前、まだラバウ集落にいる時に、既に近くのイバッド集落にある平地開拓農民のための小学校分校に通って卒業しており、事件当時は平地民の村、サンタフェにあるバリオ・ハイスクールで勉強する高校一年生であった（フィリピンでは小学校の次は中高合わせた四年間のハイスクールとなるために、日本の中学一年生に相当する）。平日は村の知り合いの家に食物を持参して自炊しながら下宿し、週末になるとカキリガンに戻ってきていた。もっとも最初の一学期はかなりまじめに通っていたのであるが、二学期の途中からはだんだん休みがちになり、家に戻っていることの方が多くなっていた。

一九七九年二月八日に彼の義理の母親、正確には父親の第一妻が死んだのが事件の始まりであるが、事件の経過に立ち入る前に、ここでは、彼の拡大家族の構成とその義理の母親の病いについて説明しておかなければならない。彼の父親のパン・フクリ氏は、二人の妻を持っており、その妻同士は実の姉妹であった。筆者の調査当時、第一妻の方は長らく病い（おそらく結核）を患ってほとんど寝たきりとなっていた。パン・フクリ氏はこの二人の妻と、第一妻の娘夫婦、および第二妻の未婚の子供達と共に一つの家に住んでいたのである。その他の結婚した子供達は、父親の家の回りにそれぞれ小さな家を作って住んでいた。

ピナトゥボ・アエタの社会では、第六章で詳述するように、結婚に際して男側の拡大家族から女側の拡大家族に対して、バンディと呼ばれる高額な婚資を支払わなければならない。豚、鶏、米、布などが実際の支払いに用いられる一般的な品目であるが、最近では中古のラジオやポータブル・ステレオ、現金、さらにはカラバオなども要求されるようになってきている。いずれにしてもそれらの総額は、男側の拡大家族にとって非常に重い負担となっており、そのため一度に払えずに何年かにわたって支払ったりするのが普通である。むしろ、バンディの交渉の際に合意された全額を支払うことができずに男が女のところに婿入りし、その両親のために働くという妻方居住婚が多く見られるようになっている。

しかし逆にそうした高額のバンディを払いさえすれば、妻を迎えて夫方居住婚をすることができ、さらに余裕があれば二人、三人と妻をもらうことができるのである。エスト君の父親は、焼畑で商品作物の箒草を栽培したり、水稲耕作を試みたりすることにより、他に比べて豊かな経済力を有していた。ふもと近くに住んで平地民との接触も比較的多く、そうした新しい試みを取り入れやすかったことが、山中でイモ栽培による自給自足的な生活を送る拡大家族よりも、常に何歩か早い生業、経済生活の変容と、「豊かな」生活を可能にしたのであろう。それゆえに、氏の場合は（氏の兄のパン・メリシア氏も同様であるが）、二人の妻を同時に持つことができ、さらにエスト君を村のハイスクールに通わせることもできたのである。

ただしこの二人の妻とそれぞれの子供達は、夫であり父親であるパン・フクリ氏を中心に、常に生活の場を共にしていたが、お互いに必ずしも仲良く過ごしているとは言いがたかった。特にそれぞれの長女同士は仲が悪く、顔を合わせてもほとんど口をきかなかった。その裏には次に述べるようないきさつがあったという。

カキリガンに移住してくる以前、まだラバウに住んでいた頃（一九七四、五年頃）、パン・フクリ氏が重い病いにかかり、なかなか治らなかった。そこで子供達が相談し、皆でお金を工面しあって父親を町の病院まで連れてゆくことに決めた。その時、第一妻の長女であるインドン・バンウットが第二妻の長女であるインドン・ダワンに向い、お前の家は余裕がありそうだから、なるべく多くのお金を用意してくれるよう、少々いや味を交えて言ったそうである。するとインドン・ダワンは、それなら自分のところでお金は用意するが、以後父親は自分だけのものでお前には渡さないからそのつもりでいるようにと言い返した。そのこと以来二人の不仲が決定的になったというのである。

インドン・ダワンの夫のパン・ダワンは、ピナトゥボ山東麓にあるパンパンガ州マルコス村の出身であり、バンディとして三頭のカラバオを支払っていた。マルコス村はクラーク米空軍基地に隣接しており、基地内の自由通行とごみ拾いを許されているアエタは、まだ使用可能な様々な廃棄物を基地外に持ち出して売ることにより、かなりの現金収入を得ているという。いずれにしても三頭のカラバオは、筆者の調査した限りのバンディの最高額であり、インドン・ダワンはそれが父親の大きな助けになったと常々自慢していた。しかも結婚後の二、三年間を夫の村で暮らした後、夫婦でラバウに戻ってきたが、既にバンディの支払いを完了しているためにパン・ダワンは労働奉仕の必要もなく、経済的にある程度自立してかなり裕福であった。もちろん米やら他の食物やらをたまたま手に入れた時など、半分ほどを父親のパン・フクリ氏に分け与え、それをさらにパン・フクリ氏がその他の結婚している子供達や、兄のパン・メリシアに分配するのであった。

インドン・バンウットの結婚した相手は彼女の第二イトコであり（イトコ間の結婚の際は両親同士が近い血縁となるためにバンディの交渉が円滑に進められ、低額で合意されることが多い）、しかも両親を幼い時に亡くして孤児であったために貧しく、バンディとして小型の豚二匹を支払っただけであった。そのためインドン・バンウット夫婦は、パン・フクリ氏の家族と一緒に住んで、父親のために労働奉仕をしなければならなかった。その上二人は、数年間の結婚生活にもかかわらず子供が生まれなかったために、さらにその地位が弱くなっていた。またこの異母姉妹はほぼ同年齢でありながら、インドン・ダワンはおしゃべりであり、一方インドン・バンウットは無口というように、性格まで対照的であった。

そうした背景、すなわちインドン・ダワンの強気な態度とインドン・バンウットのそれに対する反発とで、二人は以前から仲が悪く、先に述べたような父親をめぐるやりとりになった次第である。幸い父親の病いはその後すぐに回復したのであるが、二人の異母姉妹の不仲は、それ以後悪くなる一方であったという。二人の不仲に引きずられるようにして、他の子供達もそれぞれ同腹の兄弟姉妹とより親しくするようになったのである。

パン・フクリ氏の第一妻であるインドン・ブーハイは、その言い争いの少し前に、当時一二、三歳であった末娘を病気で亡くし、その頃ひどく気落ちしていたという。その上異母きょうだい同士の子供達の仲が離れてしまったことにも心を痛め、以後あまり外にも出ず、家の中でふさぎ込んで寝ているようになってしまったという。そうなると夫は第二妻の方と一緒に行動することが多くなり、彼女をあまり省みないので、彼女はますます悲しく寂しくなった。もっともこれは後から聞かされた病いの経過に関する説明によるもので、当時筆者は、末娘を亡くした落胆の激しさが彼女の病いの原因であると、家族から聞かされていた。

ところが一九七八年の暮れ近くになって急激に彼女の衰弱が進行し、一月半ばになってから治病儀礼を行ったところ、巫者に憑依した精霊が、先に述べたような子供達の不仲と夫の冷たさをその病因として指摘した。そして病気を治すには子供達が仲直りをし、豚を殺して皆で一緒に食べなければならないと指示したのである。しかしながら豚を殺して仲直りをする前に彼女は死んでしまった。

二　事件のあらまし

一九七九年二月八日の午後二時過ぎ、隣のパン・フクリ氏の家から突然泣き声が聞こえてきた。急いで様子を見に行くと、パン・フクリ氏が片ひざを立てて第一妻の頭をのせ、後ろから彼女を抱きかかえるようにして座っていた。泣き声は、意識を失ってしまったインドン・ブーハイを、死んでしまったと勘違いした家族があげたものであった。しかしよく見ると、まだかすかながら息をしており、泣き声はすぐにおさまった。

一〇分ほどして実際に息をひき取ると、インドン・ダワン、インドン・バンウット、インドン・ガタイらの近親の女達が再び大声で泣き始めた。彼女らがひとしきり一斉に泣いた後は、続いて家族の者が次々に遺体に取りすがって泣いたのである。

ラバウ・グループの男達は、援助団体から鋸や金槌、釘などを借りてきて、さっそく棺を作り始めた。(2)夜になると、遺体は布で包まれて部屋の真中に横たえられ、その枕元には皿に盛ったごはん、コップに入れた水、ビンに油

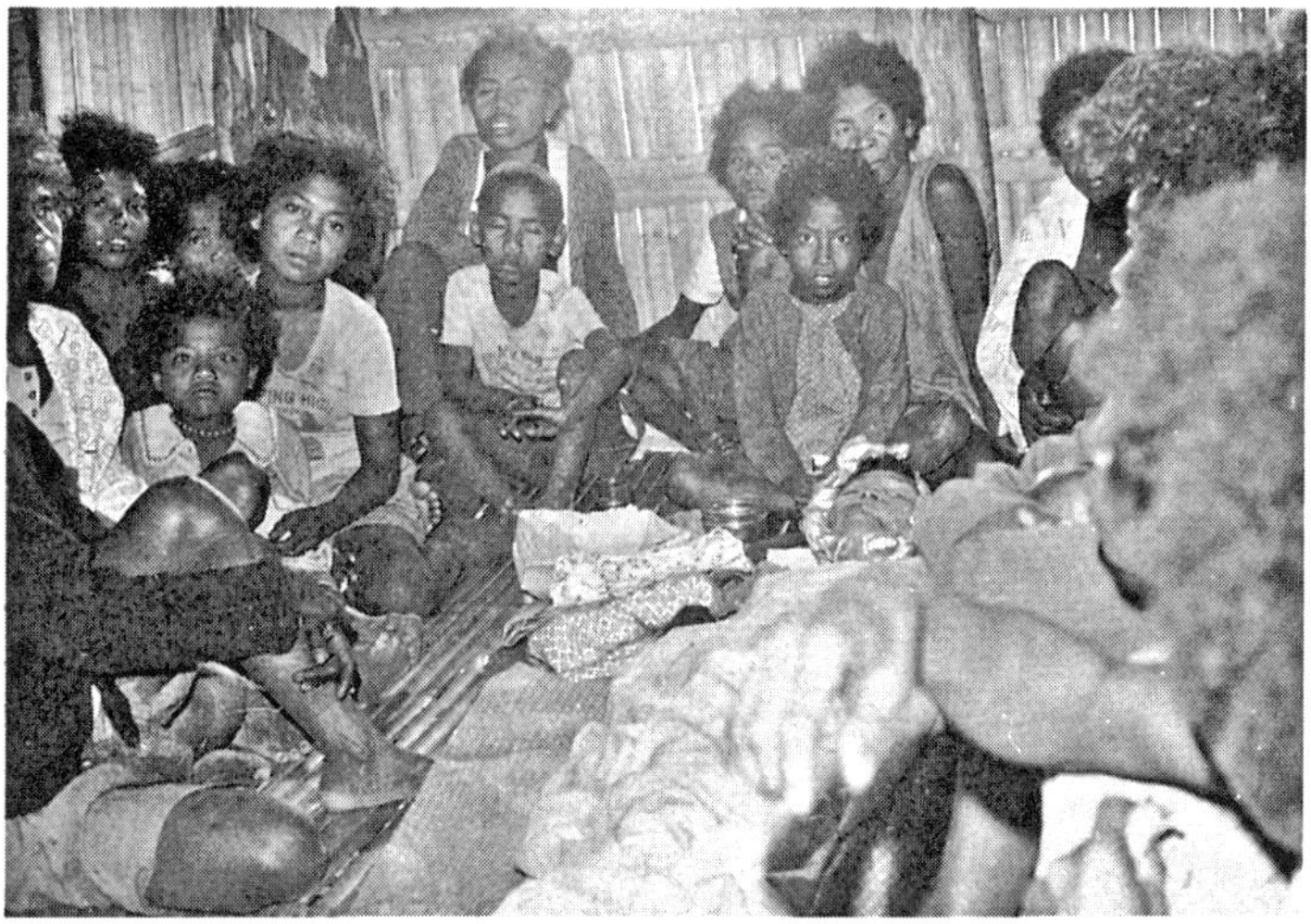

インドン・ブーハイの遺体のまわりに集まった女達

をいれてボロ布を芯としたランプの明りが置かれた。その際、たまたまカキリガンにやって来ていた平地民（イロカノ）商人の老女が、それらの配置の仕方について指示を与え、また死者のための祈りを捧げた。パン・フクリ氏の子供達や近い親族は遺体のかたわらに付き添って夜を明かした。その間、それ以外の特に子供や若者達は、家の外でたき火を囲んで丸く輪になって腰を下ろし、深夜まで歌を歌い続けた。たき火から燃えさしを取って隣の者に順々に手渡してゆき、それを手にしている時にちょうど火の消えた者が歌うのである。それらの歌のほとんどは、タガログやイロカノの愛の歌、流行歌の類であり、残された者の心の痛みや悲しみをいやすために歌うのであった。

翌日の早朝、ルミバオ集落から死者のきょうだい達がかけつけ、到着するなり遺体のもとに寄ってそれに取りすがり、号泣した。昼過ぎに棺が出来あがって遺体が納められた時、家族はもう一度最後の別れをするために遺体に近づき、泣いた。泣く時は誰もが大声をあげるのであるが、いっとき泣いた後は皆あっけらかんとして、いつまでも涙を見せる者はいなかった。

その日の午後、棺は窓から外に出され、男性親族の肩にかつがれて集落下流の川べりのやぶの中にある墓地に運ばれた。新たな死者が出た時以外には、人々が墓地を訪れることはないために、繁茂する草や蔓を切り開きながら墓地に入るのである。(3) インドン・ブーハイの棺は、他の墓と重ならないような地点を選んで、そこをスコップで一メートルほど掘り、埋葬された。棺を穴の中に下ろした後、土を埋めもどす前に参列者の全員がひとくれずつの土をつかみ、棺の上に投げ入れた。土を埋め戻した後は小石でふちどりをし、途中で摘んだ草花を植えると共に、持参した小さな木ぎれの十字架を立てた。援助団体は教育と農業指導の他は、宗教的な活動を全くやっておらず、カキリガン集落には洗礼を受けてキリスト教徒となったアエタは一人もいなかったが、それでも平地キリスト教民の影響が少しずつ入ってきているのである。アエタの側にも、平地民の葬送慣行をその形式だけでも積極的にまねしようとする意図が見られる。

集落に帰る前、パン・フクリ氏はマッチをすって墓に落とし、「戻ってきてはだめだよ」と二度叫んだ。死者の魂が悪霊となって戻ってこないように言いきかせたのである。そして墓を去る前に全員が地面を足で踏みならし帰途についた。それは体の中の悲しみを払い落とすための行為であるという。帰る途中の川で水浴びをしたり、手足と顔を洗ったりする者がいて、悲しみと汚れを洗い流すと説明されたが、それをせずに集落に直行した者も少なくなかった。

死後、九日目の晩まで、子供達や若者、娘達が死者の家に夜毎集まり、親族の悲しみを追い払うための歌を歌うとされているが、インドン・ブーハイの場合には、四日ほどで終ってしまった。二月一三日から一五日までの三日間、パン・フクリ氏の拡大家族は田植えのためにラバウの水田に行き、そこの出作り小屋で寝泊りした。その間エ

木製の十字架を先頭に遺体を運ぶ。右側の建物は援助団体の事務所

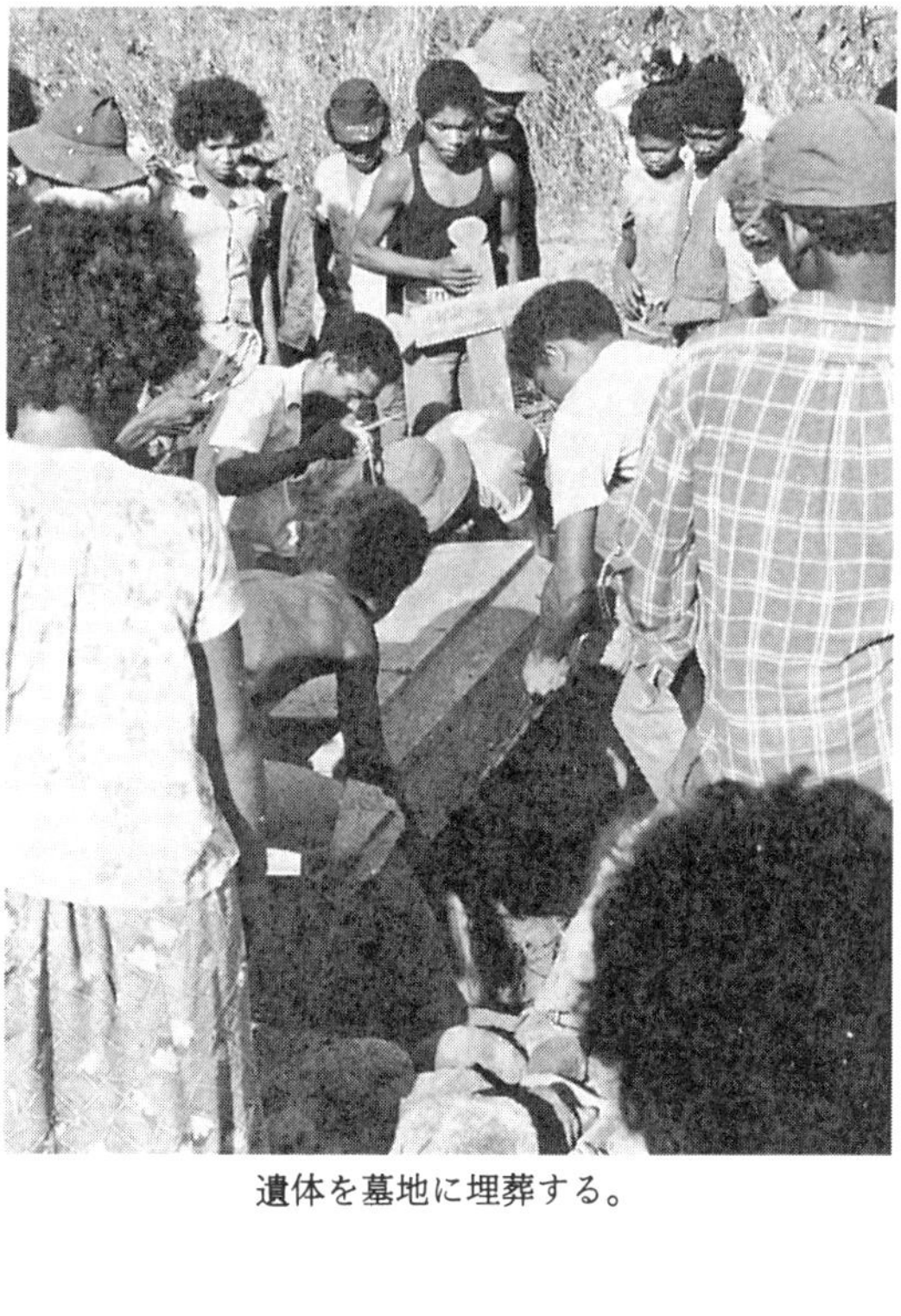

遺体を墓地に埋葬する。

着飾って踊るカップル

スト君と妹のマーリーの二人はカキリガンに残り、毎朝四時か五時頃になるとポータブル・ステレオのボリュームを一杯にして、レコードをかけ始めた。悲しみを忘れるために、古い流行歌の数少ないレコードを、何回も繰り返し聴いていたのである。

インドン・ブーハイが死んで九日目の一五日の夕方、パン・フクリ氏達はラバウから戻り、筆者の家の横の空地にパラパラ（*palapala*—竹の柱を立て、バナナの葉を並べた平屋根を載せた即席会場）を作り、パミサ（*pamisa*）の準備をした。本来パミサとは、平地キリスト教民が行う、死者の魂の冥福を祈るためのミサまたはそのレクイエムを指す。しかしアエタのあいだでは、そうしたカトリック儀礼の宗教的意味合いを抜きにして受容されている。すなわち彼らの間でパミサとは、死後九日目の晩に死者の魂を慰めるために、ポータブル・ステレオで愛の歌やディスコ音楽を流し、それがなければギターの伴奏で一晩中踊る、その踊りの催しのことを言うのである。[4]

亡くなったインドン・ブーハイのためのそのパミサの晩、

パラパラの中で人々が踊りに興じている時、ちょうど一一時頃であったか、突然エスト君が何か大声でどなったかと思うと、続いて女達の悲鳴が聞こえた。筆者はその少し前に部屋に引き揚げてそろそろ寝ようかと思っていた時であり、何事かと窓から外を見ると、パラパラに集まっていた者達が四方八方へ散り散りになって駆け出していた。エスト君はすぐ横の異母兄のパン・ベンドイの家に入ったかと思うと、弓矢とボロ（山刀）を持ち出してパラパラに戻り、まず、援助団体から借りて柱に掛けてあったケロシン・ランプをボロでこなごなにたたき壊し、柱にも切りつけてパラパラを倒した。そして逃げる人々の後を、ボロをふりかざして威嚇しながら追い回した。その追い回しをすぐにやめると、今度は彼が通っていたハイスクールのあるサンタフェ村からたまたま来合わせて、踊りに加わっていた平地民の若い男を捜し求めて集落中をあちらこちら駆け回り、行く先々で家々の柱や壁をボロで切りつけた。その間中、「プータンゲナ」、「プータンゲナ」（「こんちくしょう」、「こんちくしょう」）と大声で繰り返していた。

パラパラは、筆者の家の横の狭い空地に作られていたために、事件が起きると共に一〇人ほどが筆者の家に逃げ込んできて、部屋の中で息をひそめて隠れていた。その中にはサンタフェ村の若い男も混じっていた。集落中を捜し回って目ざす男を見つけ出せなかったエスト君は、最後には筆者の家にやって来た。はずむ息をころし、初めは冷静さを装ったていねいな口調で家の中に誰かいるかどうか尋ねた。筆者は、一緒に住んでいる子供達の中に彼の妹が二人いるし、彼にもよくしてあげているので、家の中で暴れることはないだろうと気楽に考え、いつも一緒の者以外は誰もいないよと努めてさりげなく答えた。土間にいて、いやそんなことはないはずだと言い張る彼と、部屋の中にいて他には誰もいないから別の場所を捜すようにと言う筆者と、二、三度押し問答を繰り返した。しかし狭い家なので部屋の中に人が大勢いる気配を察した彼は、突然怒り出し、土間の台所兼食堂の、机や調理台の上に置いてあったポット、水甕、食器、バケツなどをボロでたたき割り始めた。そしてあらかた壊しつくし、一層興奮が高まったところで部屋の中にあがり込んできた。サンタフェ村の男が二、三歩進み出て無理に笑顔を作ろうとしながら、「アミーゴ、アミーゴ」（「友達、友達」）とエスト君に話しかけようとしたが、エスト君はボロをふりかざして無言のまま彼ににじり寄った。しかし実際に切りかかることはせず、こらえきれなくなると、「プータンゲナ」と言って、壁や柱に力いっぱい切りつけたのであった。そうしているうちに隠れていた者達は次々に窓から飛び下りて逃げ出し、最後に筆者とサンタフェ村の男が続いた。

一緒に住んでいる子供達に連れられて、集落のはずれのやぶの中でしばらく潜んでいると、エスト君の声も聞こえなくなり、集落も静かになったので筆者達は一度家に戻った。遅れて他の人々も帰ってきて、パラパラの所に集まり、たった今しがた起きた事件について、熱心に語り合い始めた。筆者はそれを家の中から聞いていたのだが、再び無言のまま走り出す人々の足音が聞こえ、続いて何の物音も聞こえなくなった。エスト君が自分の家に戻ってきて、ボロを砥ぎ始めたのであった。筆者は逃げる機会を逸し、また一体何をしているのだろうと興味があって窓のはしからこっそりのぞいていた。しばらくすると友人のパン・ガタイ氏が反対側の窓の下に忍び寄り、ボロを砥いでいるのは誰かを殺すつもりだ、エスト君自身が何度もそう叫んでいた、だから早く逃げるようにと教えてくれた。あわてて貴重品と調査資料をバッグに詰め込み、山下氏や子供達と共に窓から抜け出し、彼の後に続いた。もっともエスト君の二人の妹は、第一回目の騒ぎの時にパラパラから逃げ出したまま危険を感じたのか家に戻ってきていなかった。他の人々がいつでも逃げ出せる用意をして外に出て話に熱中していたのに比べると、筆者はその時まで割合と気楽に考え過ぎていたようである。人々は、本当にエスト君が誰かを殺すに違いないと信じていた。案内されて着いた先は集落横の小高い丘の上で、登り口には弓矢や空気銃を持った数人の男達が見張りをしていた。丘の上には、ラバウ・グループの全員が、家財道具一切を持って避難しており、結局そこで野宿をして一夜を明かしたのであった。エスト君は翌朝早くイトコのエミリオに伴われ、パミサの客を接待するために用意してあった米を持ち、パンパンガ方面へ至る道を逃げていった。

この事件は、娯楽が少なくおしゃべりが大きな楽しみとなっているアエタの人々に、かっこうの話題を提供した。野宿の時に、そしてその後もしばしば、彼らはエスト君の狂乱について熱心に語り合ったのである。そして結局、その原因については、以前から二人の女の子に好意を持っていたのだがなかなか思い通りにならず悩んでいたこと、パミサの夜そのうちの一人に踊りを申し込んだのに断られたこと、そのすぐ後でその子がサンタフェ村の若者と一緒に踊ったこと、しかもその若者がアエタのことを見下すような、何かエスト君の気に障ることを言ったこと、というのが彼らの一致した解釈であった。

もっとも、そうした出来事はあくまで引き金にすぎず、ふだんはおとなしい彼がまるで人が違ったような暴れ方をしたのは、カマナ(*kamana*)と呼ばれる悪霊が取り憑いたからであるとも言いあった。さらには援助団体のスタッフの一人が、デーモン(悪魔)のなせるわざに相違ないと言ったとかで、エスト君をつき動かしたのは、彼らが知っているカマナなどよりももっと強力で邪悪なデーモンというものだったのかと少し納得したのであった。

ピナトゥボ山東麓のパンパンガ州側にある親戚の家に逃げたエスト君は、それから一〇日ほど経った二七日の夜、こっそりと自宅に戻り、筆者の家に住んでいる妹を呼び出して夕食の用意をさせた。翌日からは、朝早くどこかに出かけ、日が暮れて暗くなってから集落に戻るという生活をしばらく続けた。そのうち日中でも少しずつ姿を見せるようになり、集落の人々も素知らぬ振りでさりげなく彼を迎え入れたのであった。

しかし三月一七日、今度は我々に、より直接的にかかわる形でもう一度事件が起きた。その日の昼過ぎから、エスト君はラバウ・グループのキャプテンで彼にとってはオジに当たるパン・メリシア氏の家で（筆者の家から二〇メートルほど離れている）、イトコのエミリオや友達のダミロとともに、女の子三、四人を相手にビールとジンを飲んでいた。その前に筆者のギターを借りにきて、それを弾きながら歌ったり、おしゃべりをしたり、ふざけたりしていたのである。

突然少女達のはやし立てる声とすぐ続いて泣き声が聞こえてきた。外に出て見るとエスト君が筆者のギターを振り回し、あたりにたたきつけて壊し始めていた。山下氏が、「昼間から酒など飲んで酔っ払うから……」と言いかけると、それを聞きつけたエスト君とエミリオの二人は、「何を―」と言いながら、こちら側に走ってきた。そして手に持った空のビールびんを、土間の入口に立っていた山下氏と筆者の足元に投げつけた。昼寝から起き出したばかりのぼやっとした頭には、それまでの出来事が一瞬のうちに生じたようであまり現実感がなかったが、そのビールびんに驚いて山下氏ともども反対側の戸口から逃げ出した。すると二人もそのまま我々の後を追いかけてきた。山下氏はエスト君の異母兄の家に逃げこんだところをエミリオに追いつめられたが、彼は家の中のものを幾つか壊しただけで何もせずに出ていった。筆者はどの家にも入らずに走り抜けて逃げた。後を追いかけてきたエスト君は、途中で石を拾いながら投げつけてきたが、やがてあきらめてしまった。

エミリオとエスト君は、家に戻ったところを、騒ぎを聞いてかけつけたパン・メリシア氏とその息子に取りおさえられた。パン・メリシア氏が少しもひるまず、身構えるエスト君に向かってまっすぐ歩み寄ると、彼もほとんど抵抗しなかったのである。ただしエミリオの方は、パン・メリシア氏の息子の手をふりほどいて逃げ出し、弓矢を手に戻ってくると、矢をつがえてパン・メリシアに狙いを定めながら近づき、エスト君を放すように強要した。自由になったエスト君は、今度は自分が逃げずにその代わり、筆者達が家を出るように要求したのであった。そこで筆者達は、その日の夕方、さっそく荷物をまとめ、援助団体の成人教育担当の女性教師が職を辞すまで住んでいた空き家に移ったのである。彼の父親は、もし息子が誰かを殺すようなことがあった時には、自分が息子を殺すと繰り返し言っていたが、二度の事件のいずれの際も、またその後も何ら具体的な行動をとらなかった。

今回の騒ぎの原因は、エスト君自身がパン・メリシア氏に取りおさえられた時にした言い訳や、最初の喧嘩が起こった時にその場に居合わせた少女達の説明、さらにはそれらにもとづいて人々が合作した解説によれば、次のようであった。すなわち最初はいい気持で酒を飲んでいたのだが、ちょっとした事で一緒に飲んでいたダミロと喧嘩になり、ダミロがすぐに逃げ出したために、その後を追おうとして床に置いてあったコップをけとばして割ってしまった。すると少女達が「インドン・メリシアに怒られる」、「怒られる」とはやし立てたので、急にカッとなり、たまたま手にしていたギターを持って暴れ回ったのであると。パン・メリシア氏の妻はケチできびしい人なので、コップを割ったことを強く責められるに違いないから、その前に自分の心の内を熱く強くしておいたのであり、ちょうどその時に山下氏が横から口をはさんだのでつい向かっていったのであると。

その夜、エスト君はたまたま近くを通りかかったインドン・ガタイとインドン・カルブハイ（二人ともパン・メリシア氏の娘で彼の第一イトコ）に石を投げつけて軽いケガをさせた。インドン・ガタイがひるまずにつめ寄ると、彼は、皆は自分の狂乱を女のせいだなどと言っているが、そんなちっぽけな問題ではない。人を殺してこのボロがその血を見なければ決しておさまらないものなのだと言ったそうである。

その一週間後の二五日、インドン・ガタイ（強力な守護精霊の持ち主で、治病儀礼を行う巫者でもある）の強い勧めに従ってエスト君は川へ行き、取り憑いている悪霊を慰撫して追い払うための儀礼を受け、犬を殺して同行した者達にふるまった。筆者はそれに同行しそこなったが、その儀礼に参加したのは、ほとんどが彼と同年輩の若者達であった。

それからさらに一週間後、エスト君は援助団体のディレクターの所に行き、最初に暴れ回った時にたたき割ったケロシン・ランプや、スタッフの家々の柱などを傷つけたことの弁済として、代わりに団体のためにただで働きたいと申し出た。また村のハイスクールにも復学して勉強を続けたいので何とかとりはからって欲しいと言って、嘆願書を書いてくれるように頼んだ。そして四月末に筆者が調査地を引きあげる時点では、援助団体の新しいプロジェクトのための建築工事場でまじめに働いていたのである。

しかし一年半ほどして筆者がカキリガンを再訪した時には、その後似たような事件を二度引き起こし、仲の良かったエミリオとも喧嘩別れして、パンパンガの親戚の家に行っていた。パンパンガにいる時は、おとなしく、よく働くとのことであった。エミリオと仲違いした原因は、二人の娘のどちらも好きで一人だけを選べない、どうしようと悩んで相談しているのに、自分が本当に好きな方を選べばいいと素っ気なく突き離され、友達がいのなさに腹が立ったためであるという。

一九八二年の四月にもう一度カキリガン集落を訪れた際には、エスト君はビリエール村(5)で見初めたサンバルとの混血の娘と結婚して、ラバウ集落に住んでいた。けれども、他の拡大家族がそこで一カ所にかたまって家を建てているのに、彼だけは五〇〇メートルほど離れた所に住んでいた。その理由は他の男達が、たとえ自分の父親や兄達でも、妻に話しかけたりするのをひどく嫌い、そうした接触を避けるためであるという。そして妻が水浴びをする時にも一緒に付いてゆき、必ず自分の目が届くようにしているとのことであった。しかもかつての、着る服にも細かく神経をつかい、始終水浴びをして身ぎれいにしていた頃とは打ってかわり、やせてひげをのばし放題にし、常にふんどしをしめて腰にはボロをつるし、弓矢を持ち歩いているという。男のふんどしと弓矢は、いまだに山中に住むアエタ達の普通の格好であり、平地民化への円滑な適応に失敗し挫折したために、アエタ的伝統スタイルへ回帰したと見ることができるかもしれない。しかし、周囲の者の説明では、ふんどしに弓矢は、いつでも戦いの用意ができていることを意味し、本当に誰かを殺して血を流させることを考えているのだという。ただ妻に子供ができれば、彼の気持ちもなごむだろうから、それだけが頼りであるとのことであった。

三　早過ぎた変容の苦悩

筆者が直接かかわった最初の二回の事件は、いずれの場合もエスト君は酒に酔っていた。もともと酒を作る技術を持たず、伝統的に酒を飲む習慣のなかったアエタの男達が、酒を飲むようになったのはごく最近のことであり、特に援助団体が入り込んできてから急速に広まったようである。援助団体の各種プロジェクトに賃労働者として雇われて現金収入を得る機会に恵まれる上に、スタッフが個人的に経営しているサリサリ・ストア（雑貨屋）で簡単に買うことができるのである。援助団体は、アメリカ・インディアンやオーストラリア・アボリジニーに見られるような、飲酒がもたらす深刻な社会問題を防ぐために、ビール以外の強い酒類の販売や持ち込みを禁止している。しかし、乾期には毎週のようにやって来るイロカノ商人達が、アエタ側の希望に応じて安くて強いジンを持ち込むのに対抗して、スタッフのサリサリ・ストアでも陰でこっそり売っているのである。

アエタの男達は酒をコントロールして飲むことができず、もし十分な酒があれば酔いつぶれるまで飲んでしまうことが多い。もっともそれほど金に余裕があるわけではないので十分な酒を買うことはできず、また一本を大勢で飲むことが多いのでそのように酔いつぶれることは実際にはむしろ稀である。エスト君の事件にしても、二度とも彼は少々酒に酔ってはいたのであるが、筆者にはそれが、ただ酒の上で生じた突発的な事件とはどうしても思えない。さらにまた、それは単にエスト君という、恥ずかしがりで多少内向的な思春期の若者が、日頃うっせきさせていた個人的な欲求不満を発散させただけのものというようにも思えない。それはむしろ、遅かれ早かれアエタの人々全員がいずれは余儀なくさせられるであろう変容の苦悩を、南西麓地域で一番のインテリ青年がいち早く敏感に受けとめ、解決できぬままにふくれあがってとうとう限界に達し、ある日些細なことをきっかけに爆発させてしまったもの、というふうに思えるのである。エスト君は、たまたま変容の先頭を他の者より少し早く走り過ぎたために、目的地である平地民の生活様式や文化と、現在のアエタ社会の在り様とのあいだのギャップに足をすくわれ、そのアイデンティティーまでも引き裂かれてしまったと筆者は理解するのである。

エスト君が日頃感じていた不満の第一は、サンタフェ村における差別であった。もっとも差別はそれをする側の問題であるから、平地フィリピン人のあいだに見られる価値観について簡単にふれておく必要がある。

フィリピンでは、スペインとアメリカによる植民地支配の影響で、白人のように膚の色が白く、背が高いほど美男であり美女であると一般的に考えられている。一週間に五〇種類近く、およそ二〇〇万冊が発行され、一冊を平均六人で回し読みすると言われるコミック雑誌は(Estepa 1980: 42)、草の根レベルの大衆に大きな影響を与えているが(例えば国語であるピリピーノ語の普及に貢献している)、その主人公のほとんどは白人の特徴をもって描かれている。娯楽の少ないフィリピンで、コミック雑誌と共に人気を二分している映画においても、その主役はほとんどが白人との混血である。典型的なフィリピン人の顔立ちをした俳優は、ノラ・オノールなどのわずかな例外を除けば、せいぜい喜劇役者としてしかスターになれないのである。

こうした「白人こそが美しい」という美的観念や白人コンプレックスについてティオンソンは、フィリピンの演劇と映画に表れた価値意識を論ずるエッセイの中で、次のように自虐的に述べている。

白人に対する追従は、フィリピン人の間に、国民的劣等感、無意識ながらも非常に根深い確信——我々は醜い民族であり、スクリーンの上に登場して見られるに価せず、美しい白人種の横で写真を撮られるにはあまりに野暮で、せいぜい良くてエキゾチック（この言葉も白人からの借りものであるが）、悪ければ類人猿的であり、その肉体的欠陥は、気違いじみたように輸入されて我々に押しつけられてくる白人の美容技術による「メーキャップ」によってのみ矯正されうる——を植えつけたのであった（Tiongson 1982: 320）。

白人が富、力、文化、美しさ、というプラスのイメージの極にあるとすれば、その反対に貧しく、力なく、野蛮で、醜い、というマイナスのイメージの極に置かれているのがフィリピン各地に住むネグリートなのである。彼らは色が黒く、背は低く、鼻は平べったく、そしていまだにキリスト教を受け入れていない。平地民が白人を羨望して我身を嘆けば、その分、その劣等意識は裏返しとなって、そうしたネグリートの人々に対する露骨な軽蔑と優越感に変わる。

アエタの人々もそうした平地民の態度や視線を敏感に感じている。だからたまに町へ出る時には、馬鹿にされないよう一番上等の服を着て精一杯のおしゃれをする。けれどもそれらは、援助団体が配る古着で体に合わなかったり、あるいは商人が持ち込んだ派手な色柄の安物であったりして、どことなく不釣りあいな感じになってしまう。その上女達は、少しでも白く見せようと、ベビーパウダーの白粉を顔に塗ったりして、一層おかしなかっこうになってしまう。平地民の真似をすればするほど、よけいにぎこちなくなるのである。エスト君にしても、彼が最初に好きになったのは、一人はディレクターの家でメイドとして働く北部ルソンのカリンガ族の娘であり、もう一人はバリウェット集落からやって来て知り合いの家に下宿しながら小学校に通う平地民との混血の娘であり、どちらも平地民に近い容貌をしていた。そして実際に結婚した相手も混血の娘であり、彼が求めていた女性像もまた、彼を黒いゆえに見下していた平地民の美意識に強く影響されていたのであった。(6)

また彼は服装にも特に気を配って、ジーンズにTシャツという、当時はやりのスタイルでサンタフェ村のハイスクールに通っていた。がそれでもやはり、村人のあからさまな軽蔑や差別を受けていたようであった。下宿先の家でも学校に通う時以外は、その家の農作業や雑役に使われてばかりいると筆者にこぼしたことがあり、そのためか、半年で二度ほど下宿先を変わっていた。そうした悪条件で勉強に身が入らなかったのか、授業にもついてゆけなかったようで、二学期からはあまり学校にも行かなくなっていた。サンタフェ村で経験した差別や屈辱が大きければこそ、パミサの晩の踊りの時に、サンタフェ村の若者のちょっとした言葉に、あれだけ激しく反応したのであろう。

一方、カキリガン集落に帰れば、彼は一番の高学歴者で読み書きと簡単な計算ができ、外部世界の事情にも少しは通じているエリートであった。にもかかわらず、周囲の者は、そうした彼の教育やら知識やらを評価したり、尊敬したりはしていない。読み書きが必要な時に役に立って便利ではあるけれども、自分達と違い、旧来の習慣を捨てて別の世界に生きようとしている、それに何を考えているのかちょっとわかりかねるというふうな、多少うさんくさい目で見ていたのである。こうしたサンタフェ村での差別と劣等感、カキリガン集落での優越感とそれを正当に認めてもらえないいらだたしさ、その二つが入りまじって不満がうっせきしていたに違いない。

エスト君が日頃から抱いていた不満や悩みの第二は、思春期の恋心であった。彼は一五、六歳になっており、アエタ社会では既に男の結婚適齢期に入りつつあった。特に前年度の末頃に、彼の父親が以前バンディの支払いを助けてあげた親戚から、その見返りとして中古のポータブル・ステレオを手に入れて以来、乾電池を入手するたびにラブソングの古いレコードを繰り返しかけて聴いていた。その乾電池の多くは、筆者が民話の採録や書き起こしのためにテープレコーダーに用いた後、出力が弱ったものをゆずっていたのであった。また時には年頃の女の子達を誘って、何人かで一緒に近くの川に水浴びに行ったりしたこともあった。以前なら適齢期の青年男女同士でそういうことをすれば、ただそれだけで娘をかどわかしたとして女の拡大家族から賠償を請求され、大問題となっていた。しかし最近では小学校の行事として川原へのピクニックをしばしば行うので、そうしたことも大目に見られるようになっていたのである。

旧来の習慣では、彼が経験していたような異性に対する関心の高まりは、ほとんどがそのまま即結婚という形に結びつくものであった。好きな相手がいれば、男の方がその娘の両親に結婚を申し込んだり、あるいは当人同士が語らって駈け落ちしたりするのである。思春期に達する前に、親同士が子供の意思を無視して結婚を決めてしまうことも珍しくなかった。しかしながらエスト君の場合は、いまだ勉強中の身で父親の水田や焼畑を手伝うことも少なく、まだ一人前の男としての仕事をしていなかった。父親はエスト君の好きなようにさせていて結婚を強制することなど考えていなかったし、彼自身も平地民文化の影響や摂取を通して、まだ結婚には早過ぎると考えていたようである。もっとも結婚はせずとも、ガールフレンドが欲しい、そういう付き合いをしたいと望んでいたことは確かである。いわゆる一対一の男女の交際など、アエタ社会で許されるはずもなかったのであるが。

エスト君はカキリガン集落では、援助団体のスタッフの家からコミック雑誌を借りて始終読みふけっていた。おそらくサンタフェ村でもそうだったろうと思われる。コミック雑誌が扱う物語の主要なテーマは愛であり、そうした雑誌を通して、彼も様々な愛の世界を夢想したに違いない。真実の愛、偽りの愛、三角関係、報われぬ愛、愛ゆえの嫉妬、恍惚、幸福、等々、実に多様な形の愛がコミック雑誌にはふんだんに扱われており、彼もその世界に引き込まれて、時には物狂おしく感じたりしたのであろう。二度の事件の際に、「自分の暴れは皆が言っているような女のことなどといった小さなものではなく、人を殺してこのボロが血を見なければだめなのだ」と繰り返し叫んでいたことが、逆にそのこだわりようを自ら吐露していたと考えることができる。

コミック雑誌を通じて、また平地民との接触を通じて、そうした愛の世界に囚われたとしても、アエタの社会にあっては、結婚を前提としない男女の付き合いや恋愛関係などは存在し得ない。若い男女が二人だけで人目の届かない所に行ったとしたら、それだけでさっそく、結婚を前提としたバンディの額に関する話し合いがもたれるのである。たとえば、ふざけて娘の胸に触れた、手を握った、あるいは並んで腰をおろして親しげに話をしたというだけで、結婚を強制されたり、あるいは娘の拡大家族が賠償を請求して豚を得たなどという事例を数多く挙げることができる。恋心がかき立てられたなら、結婚を考える以外、その気持を相手に伝えることは難しいのである。子供から大人へという過渡期にある不安定な思春期に対して、アエタ社会はその衝動や動揺を発散、あるいは吸収するような文化装置を結婚という制度以外には用意していない。そうした社会にあって、恋愛の想いだけがつのって何もできないからこそ、エスト君の苦悩が深まったのである。

思春期の恋心は、少年ばかりではなく少女をも悩ませるものであるが、少女の場合、エスト君のように外に激しく出るのではなく、内にこもってしまうようである。筆者が調査地を離れてしばらくすると、農薬で自殺を試みることが、一時期、年頃の少女達の間ではやったそうである。援助団体が、殺虫剤としては効果があるけれども人間が飲んだら簡単に死んでしまうから注意して使うようにと、念を押して散布させていたフォリドールという農薬を飲んでしまうのである。もっとも実際に飲み込んで危険な状態となり、町の病院まで運ばれたのは一人だけで、残りの三人はほんの少量を口にしただけで恐ろしくなったり、吐き気を催したりして大騒ぎとなり、大事には至らなかった。彼女達が自殺を試みた理由は、嫌いな男と親に無理矢理結婚させられそうになった、嫌いな男に抱きつかれて体を触られた、あるいは好きな男とうまくゆかないというような、すべて男との愛情、純潔、結婚をめぐる問題であった。そこにもエスト君の場合と同様に、愛こそすべてであるという色調に彩られたコミック雑誌の影響と、思春期の衝動を結婚以外には他へ誘導できないアエタ社会の苦悩を見ることができるのである。

一方、そうした自殺の試みへと駆りたてられる少女達と対照的に、ボロを振り回して外に激しく現われたエスト君の行為は、アモックの一種、あるいは擬似アモックと見なすことができるかもしれない。フィリピン大衆文化を研究している寺見元恵によれば、アモックとは「マレー語のアモッグ（*amog*）から来た言葉で、ショッキングな出来事やストレスが重なって一時的に精神錯乱に陥り、相手の人間を殺したり、関係のない人を傷つけたりする状態を指す。やがてまわりの人々に取り押えられ、ほとんどの場合本人は殺されてしまう」（寺見 1981: 176）とされている。さらに寺見は、平地キリスト教民のアモックについて、次のように説明している。

……フィリピンでは人と人との関係を非常に大切にする。ワラン・ヒヤ（恥知らず──筆者注）でありたくない一方、他人の体面も傷つけたくない。そこで人に逆らわず、言いたいことがあってもグッと我慢する。人とうまくやってゆくことをパキキサマ（*pakikisama*）というが、それが美徳とみなされているこの社会では、怒り、欲求不満を表現する方法は限られており、アモックになることはその数少ない方法の一つであると言うこともできる。「あの人はとうとうアモックになっちまったんだよ」と言えば、それで殺人の動機は充分説明がつくし、同情さえされるのである。

この現象は低収入層、低学歴の男性に多く見られるが、その理由は、物質的富を持たない貧しい人々が、唯一の宝としているプライド・体面などを傷つけられた時のショックの大きさには測り知れないものがあるからだとされている。その上、直面した問題は、金のある人ならある程度金で解決できるし、教育のある人なら別の方法、例えば法の手による解決に頼ることもできるが、彼らにはそうした手段がない。またアモックが男性に圧倒的に多いのは、女性には声を張りあげたり、罵り合ったり、果ては髪の毛をつかんで転げ回ったり、怒りを表現する手段がいろいろ開かれているが、そんな〝めめしい〟ことは男にできないからだといわれる。さらに、ある学者によれば、アモックは子供の時のしつけに関係するという。フィリピン社会では、何か事が起きるとすぐ他人の責任にしてしまう傾向がある一方、パキキサマを大切にするので人を非難せず我慢せよと親は子に教える。その矛盾が積もり積もって爆発した時、「取り返しのつかないこと」になるというのである(*ibid*: 176-177)。

今まで見てきたようなエスト君の事例は、様々な欲求不満、苦悩、葛藤が積もり積もって爆発したもので、突発的な狂乱とそれに至る精神の軌跡は、アモックに極めて近似している。ただし最後の一線でふみとどまって、決して人を傷つけるということがなかったという点で、アモックそのものとは異なるかもしれない。アエタの語彙にもアモックまたはそれに類する言葉はなく、人々は彼の行為を、悪霊に取り憑かれた、気が狂った、頭が熱くなった、などという用語で捉えていたのである。

エスト君自身については、平地民の行動様式としてのアモックを知っていたのか否か定かではないが、筆者はおそらく知っていたのであろうと考えている。そのため、アモックに走れば周囲の者に殺されてしまうかも知れないという不安も感じていたであろう。だからこそ、最初はある程度抑えた興奮でも、ひとたびボロを振り回して暴れ始めれば、その後なされるかも知れない反撃から自分を守るために、より一層の激しい興奮へとあえて自分を駆り立てていったように思えるのである。

しかしながらアエタの社会は、本来は極めて平和な世界である。エスト君の事件も、それが稀であるからこそ取りあげてその意味を考察しようとしたのである。最初彼が暴れ回った時に皆が山中に避難したように、またその後何回か問題を引き起こした時に何の対抗処置や制裁が加えられなかったように、暴力に対して暴力で立ち向かうことはほとんどない。そもそも暴力事件が生じることさえ、めったにない。少なくとも筆者の滞在中に南西麓全体でも、そうしたことは一度も耳にしなかった。通常は暴力沙汰に発展する前に、どちらか一方が身をひいて別の所に移ってしまうのである。移動焼畑農耕を生業としているので、緊張に耐えて一カ所に滞まっている必要など全くないのである。

そしてもし何らかの問題が生じた場合には、その多くは結婚とバンディの支払いに関することであるが、関係する拡大家族同士が直接交渉して、話し合いと賠償の支払いによって解決をはかるのである。その際、第三者の長老が出席して意見を述べたり、仲裁に努めたりすることもあるが、それはあくまで当事者同士が合意に達するための助言の域を出ることはない。すなわちもめごとや問題を一任されて裁いたり、制裁を加えたりするような機関がアエタ社会には存在していないのである。集落のキャプテンというのも、サン・フェリペの町役人がごくまれにやって来て、行政上の必要から適当に指令する場合が多く、実質的な権限を持っていない。ラバウ・グループのキャプテンであるパン・メリシアにしても、米軍から与えられたタイトルであるために権威があると考えられているのであるが、具体的な強制力などは何も持たないのである。そのため結局エスト君の場合も、大騒ぎをした割には被害が少なかったためか、誰からも損害賠償の要求が出されず、また何の処罰も加えられなかったのである。

適切な制裁を加えられるような機関や権威が存在していないことは、単にエスト君の問題に対処する術がなかったというだけにとどまらない。それは同時に、忍びよる平地民の圧迫に対して、南西麓アエタの人々が一致団結して戦ってゆくようなリーダーと組織を欠いていることを意味している。そのために、かつては海岸沿いの平野部で暮らしていたものを、圧迫を受けるたびに次第に山中へと追いあげられていったのである。前章でみたように、現在は平地民の村となっているサンタフェやアグラオも、アエタの古老達の記憶によれば、一世代か二世代前に、タバコや塩や布などと交換に、実際には奪われるようにして平地民に取りあげられたのだという。

特に一九六〇年代後半からは、アエタに残された最後の領有地にも平地民の侵入と圧迫が続いている。ひとつは、材木業者による山林の伐採であり、そのために焼畑に用いる適地が激減してしまった。そしてさらに、限られた土地を短い休耕期間で再び使用せざるを得ないために、二次林が十分回復せず、土地の乾燥化が進みつつある。一方平野部に近い丘陵地帯には、貧しい平地農民が開拓民として入植してきたり、町の金持が砂糖キビのプランテーションを開いたりして、アエタの生活域をおびやかしている。

援助団体の定着犁耕農業プロジェクトは、そうした外圧に対処して生きのびてゆくための積極的な方策として試みられたものであるが、次章で詳しく検討するように、少なくとも八一年末までは完全な失敗に終わっている。教育を受けた人材を輩出することが外に打って出るためのもうひとつの戦略であり、援助団体も奨学金を用意して、ハイスクール、さらには大学まで勉強を続けることを奨励している。その先頭を走っていたのがエスト君であったが、変容の苦悩をただ一人で受けとめて挫折してしまったことは、以上に見てきたとおりである。彼が経験した差別や葛藤は、いずれ後に続く者達にとって、決して避けて通れぬものである。エスト君の例が、ただ単に早く走り過ぎた悲劇であってくれればよいと願っている。(7)

第四章　開発プロジェクトの併呑受容

本章では、南西麓アエタの経済生活の再編成に係わる出来事として、一九七〇年代半ばから始められた、定着犁耕農業を柱とする開発プロジェクトを取りあげ、その受容の仕方について考察する。移動焼畑農耕を主たる生業としながら、依然として狩猟と採集を補助的な食糧獲得手段としている彼らにとって、カラバオ（水牛）を用いて犁を引かせ、畑を耕して使うという農法は新しい試みであり、経済、社会生活の再編成をもくろんで外部から持ち込まれた企てであった。

そもそもプロジェクトを持ち込み推進した援助団体の思惑とは、犁耕農業という進んだ農法を教え、彼らの生業形態を全面的に変えることによって、その「遅れた」経済、社会生活を発展、向上させようとするものであった。おそらくは限りない善意に基づいて発案され、実行されたプロジェクトであろうが(1)、それがアエタの現状に対する誤解や無理解にもとづいたものであったことは否めない。結果として、第三節で詳しく検討するように、八年計画で自営自立農民を創出しようというプログラムの終わりに近づいても、ほとんど見るべき成果を挙げ得ないまま失敗に終わっている。開発プロジェクトの導入という出来事は、アエタ固有の経済編成を根本から変えるのではなく、逆に従来の体系によって馴化されるような形で取り込まれたのである。

ただし正確に言えば、出来事は何の痕跡も残さずに無化されたのではなく、多様な生業手段を最大限に確保し、活用するという彼らの生存のための基本戦略のもとで、犁耕農業に関する技術と知識が不十分ながらも修得、蓄積され、将来のいつの日かにそれを活用する可能性を残すという形で受容されたのである。焼畑農耕の利点が続く限り犁耕農業への移行に大きな抵抗があるにしても、現在の状況は、彼らが焼畑農耕を続けることに対する外圧が増大しつつあることを認めなければならない。それゆえ、表面的、あるいは一時的には失敗に終わったプロジェクトも、全く無意味な企てであったと言うことはできないのである。

以下、定着犁耕農業の受容をめぐって具体的な検討に入る前に、開発プロジェクトの推進のために作られたカキリガン集落の概況、次いでアエタの旧来の生業についてまず報告する。

一　カキリガン集落の出現

筆者が住み込んだカキリガン集落は、国道沿いの町サン・フェリペから東北に約二五キロ、ピナトゥボ山の南西に伸びる支脈が左右にひらいて平野を抱え込むような形となる、ちょうどその平野が山と出合う境の丘陵地帯に位置している。もともとは潅木と雑草のほか、キリンという竹の一種が多く生えているためにそう呼ばれていた土地を、キリスト教関係の援助団体が一九七五年に新しく開いて作った集落である。その目的は、ピナトゥボ山の南西麓で移動焼畑農耕を営んでいるアエタを定住させて犁耕農業を奨励し、子供達に学校教育を与えるためであった。

そもそも、そうした開発プロジェクトの最初の試みは、一九七一年に始まっている。当時、サン・フェリペ町に

カキリガン集落遠景。背後の斜面の下を川が流れている。

カキリガン集落近景。筆者の住んだ家は画面左半分の中央奥に見える。

住む有志、教会関係者、およびスービック海軍基地の奉仕活動家やマニラのU・S・AIDの幹部職員など、ピナトゥボ山南西麓に住むアエタ達の社会的、経済的停滞と貧困をうれえる人々が集まり、その発展と向上を図るために、Minority Development Committeeと称する組織を作ったのである。このグループは、まずカキリガンの地にモデル農地を開き、農業指導員を派遣した。そしてその近隣で移動生活をしているアエタ達に五頭のカラバオを配布するとともに、犁耕農業の利点を説き、定住生活を始めるように促したのである。

しかしながら、サン・フェリペ町に駐在する政府の少数民族担当機関の役人がアエタ達からカラバオを取りあげて勝手に連れ去ってしまい、また少額の基金のために間もなく活動の限界を露呈し、ほとんど何らの成果を挙げえぬままゆきづまってしまったのである。そのためにこの組織は、スイスに本部のあるWorld Council of Churchesに援助を要請してとりあえず五〇〇、〇〇〇スイス・フラン（約六、〇〇〇万円）の基金を獲得し、一九七四年にEcumenical Foundation for Minority Development Inc.（以下援助団体と呼ぶ）として拡大改組された。

この援助団体は、一九七五年から八年計画でプロジェクトを始めるにあたって、まず道を作り、次いでブルドーザーを用いてカキリガンの地を開き、近くの泉から簡易水道を引き、現地スタッフ（ディレクター、秘書、トラック運転手、成人教育担当教師、および二名の農業指導員）の家族が住む家を作った。小学校のためには、ブロック建て三教室の校舎を建て、二名の教師を確保した。また近くの平坦な土地には四〇ヘクタールほどの耕地を造成した。そうして一応集落としての基礎ができあがったところで、アエタの人々に犁耕農業と定住生活の利点や学校教育の必要を説き、定着を促したのである。山を下りてきた人々に対しては、一夫婦あたり一頭のカラバオ（水牛）と一ヘクタールほどの耕地を貸与し、種もみを与え、常畑の耕作技術を教えながら陸稲栽培を指導したのである。

このような援助団体の開発プロジェクトが与えた影響は、社会経済生活の全般にわたる多様なものであるが、何よりもまず、カキリガンに新しい集落が出現したことが、その目に見える最大の変化といえる。しかもピナトゥボ山中に点在するアエタの集落は、普通数戸から一〇戸ほどの家と数十人程度の成員から成るのであるが、カキリガンの場合、援助団体のスタッフとその家族を除いても二〇戸を越える家々と二五〇人ほどの人口を有し、伝統的な集落よりも格段に大きな規模となっているのである。カキリガンまでは、乾期ならば四輪駆動のジープで乗り入れることができるが、雨期になると途中の河川が増水、氾濫して町との行き来が途絶する。

カキリガン集落の形成以前の状況については、一九七〇年代初頭に Minority Development Committee の委託を受け、同地域の予備調査を行ったライス＆ティマが次のような報告をしている。

一九七一年五月にカキリガンと呼ばれている地域を第一次調査隊が訪れた時、道の西側に四つの家があって八家族が暮らしており、道の東側には明らかに放棄されたと思われる家が数戸あった。数カ月後（一九七二年二月）に別の調査者がその場所を訪れた時には、もはや一つの家も残っていなかった。かつての家々の跡を示していたのは、厚く繁茂した草や蔓に覆われたなかでやっと捜しあてた幾つかの竹の柱と朽ちた木片だけであった。その一㎞ほど先で、数家族が竹とバナナの葉で小さな差し掛け小屋を作って暮らしているのに出会った。差し掛け小屋は普通三角形をしていて、頂点を近くの木にくくりつけるのである。…三カ月後には、道の東側の放棄された家々があった場所に七つの家があり、一〇家族が生活していた。さらに調査を続けた結果、カキリガンの状況が決して特殊なものでないことが明らかになった（Rice & Tima 1973: 13)。

新しく作られたカキリガン集落へは、テリトリーを異にする二つのグループが移住してきた。ひとつはカキリガン周辺、およびその隣接地域で旧来の焼畑農耕を営みながら、移動生活を送っていた幾つかの拡大家族が、援助団体の提供する便宜と説得に応じて定着してきたものである。これを仮りにキリン・グループと呼ぶことにする。

もうひとつはカキリガンの横を流れる川をはさんで対岸の小さな谷間《たにあい》にあるラバウ集落から移住してきたものである。これはラバウ・グループと呼ぶことにする。当時のラバウ集落には次節で述べるように、互いに血縁関係で結ばれた五つの拡大家族が住んでおり、それらが皆、一緒に揃ってカキリガンへ移住してきたのである。このグループは、戦後だけでもエンタブラド→サワン（現在のサン・ルイス）→ラバウと、その居住集落を移動させている（これでも他と比べれば、移動回数が少なく定着的と言える）。特にラバウに移ってからは、雨期の天水と一部では乾期にも涌き水を利用して、水稲耕作を行い始めていたのである。カラバオの飼育は、既にそれ以前から行っていたという。水稲耕作の始まりについては、パンパンガ州側の既に水稲耕作を行っていた集落からラバウの娘と結婚して婿入りしてきた男が教えたとか、最初は平地民の知人に頼んで小さな水田を作ってもらったとか、自分達で平地民のやり方を見習って始めたとか、人によって多少説明の仕方が異なる。しかしいずれにしても、もともと山と平野の接する境のあたりに住んでいて、はやくから平地民との接触があったであろうことが、大きな理由となっていると考えられる。

このラバウ・グループが、せっかく造った水田をあえて放棄してまでカキリガンに移住してきた理由は、PC（フィリピン国家警察軍）の暴虐に対する恐怖であり、安全を求めてのことであった。たとえば一九七六年六月七日早朝のアエタ虐殺事件は、平地民の住むサンタフェ村の背後に位置するピマヤグ山でキャンプを張り、川で魚を獲っていたアエタのグループが、牛泥棒との疑いをかけられ、PC兵士に率いられた村の自警団に襲われて一方的な発砲を受けたものである。その際逃げ遅れた八人が殺され、四人がケガをした。また、共産ゲリラの新人民軍が潜伏しているという疑いを抱いていたPCは、その事件と相前後して山中の捜索活動を頻繁に行っていた。そしてゲリラの支持者あるいは支援者との疑いのあるアエタに対しては駐屯地まで連行し、拷問による取り調べを行ったのである。駐屯地まで連れてゆかなくとも、その場でライフルでなぐり倒し、殺してしまうという事件も発生していた。八月二五日には、ライフルを不法に所持しているとの平地民の密告がもとで、ラバウ集落も六人のPC兵士の捜索を受け、家の壁を壊されたり、暴行を受けたり、空気銃、弓矢、現金を奪われたりしたのであった。

カキリガン集落を構成している、キリンとラバウの二つの異なるグループは、集落の中心にある援助団体スタッフの家々をはさんで、上手と下手とに住み分かれ、双方の間での日常的な接触や労働協力などはほとんど見られない。しかも両グループは、カキリガンに定着、移住する以前に有していたキャプテンを、現在でもそれぞれのグループの長と認めている。ひとつの集落に二人のキャプテンがいること自体、援助団体によって新しく人為的に作られたカキリガン集落の、地縁集団としてのまとまりのなさをはからずも露呈しているのであるが、それぞれのキャプテン自身も、その性格のゆえに強力なリーダーシップを発揮し得ないでいる。

たとえば、キリン・グループのキャプテンとされるパン・ケイアン氏は、援助団体が本格的な活動を始める以前、一九七二年に一人の農業指導員を予備調査に送り込んだ際、既にチーフと呼ばれていたという。そこでその農業指導員が、半ば冗談で彼のことをキリン地域のバリオ・キャプテンに任命したところ、それ以後皆もキャプテンと呼ぶようになったそうである。それ以前、彼がどのような理由でチーフと呼ばれていたのか定かではないが、おそらく同地域に住むアエタの最長老であり、しかも健康で雄弁であることが重要であったろうと考えられる。しかしながら彼は、一九七八年五月まではカキリガン集落内に自分の家を持たず、ふだんは焼畑や貸与された常畑の横に簡単な小屋を掛けて住んでいた。集落に現われるのは、援助団体が何かの行事の際に外部から客を招いた時に歓迎のあいさつをするため、または開発プロジェクトの運営に関しての説明会や集会が開かれる時だけであった。しかもその後彼が家族と共に移り住んだ家は、一九七七年九月から一九七八年三月までカキリガンに駐在したPC軍曹のために人々が共同で作ったものを、その軍曹が引き揚げた後、勝手に占拠したものである。[2] そのような次第で、パン・ケイアン氏のキャプテンとしての威信は極めて低く、彼の言うことに耳を傾けるのはせいぜいその拡大家族の成員だけであると言われている。

援助団体を通して贈られた古着の
分配を指揮するパン・メリシア氏

一方、ラバウ・グループのキャプテンであるパン・メリシア氏は、彼の父親からその地位を受け継いだ。父親のアンヘル・メリシアは、第二次大戦中、ピナトゥボ山中に撃墜された米軍飛行機のパイロットを救助してかくまった功により、米軍から正式のキャプテン位を与えられたという（その称号をもらう以前は、平地民によって、プレジデント、チーフ、ポリスなどの称号が与えられていたことを、彼自身のイストリアとして第二章で紹介している）。パン・メリシア氏がその長男であったために、父親の死後キャプテンの称号を継いだのであり、ラバウ・グループのみならず他のグループからも一応の尊敬を得ている。しかしながらその性格は寡黙で引っ込み思案なため、自分の拡大家族グループの家長としての自覚と責任感は強いが、その枠を越えて機能するような強い指導力を発揮せず、またキリン・グループともあまり関与したがらない。

こうした二人のキャプテンの資質に関する問題のほか、キリン、ラバウの両グループは、互いに他方に対して強い「われわれ」意識と潜在的な反感とを持っている。一般にアエタの社会では、人間関係やグループの間での葛藤や不和をなるべくおさえ、もし生じた場合にはそれに直面して解決を図るよりも、当事者同士が互いに遠ざかって接触を断つことにより、それ以上の緊張を回避して問題の鎮静化を図るという傾向が非常に強い。カキリガン集落の両グループのあいだにある反目と不信も、一種の住みわけによって不必要な接触を避けているために、表だって問題となることはほとんどない。しかしながら、たとえばラバウ側は、キリン側の人々のことを怠け者であまり働かないと軽蔑しており、食物がなくなると援助団体に物乞いをしたり、中には自分達の焼畑の作物や鶏を盗んだりする者もいると言って、筆者に向かっては彼らに対する悪口や非難を隠さないのである。

一方キリン側は、以前は米軍が古着や米、期限切れの戦闘食などのレーション配布をしてくれたのに、それが数年前に中止されたのは、ラバウ・グループのある男のせいであると恨んでいる。レーションを運んできたトラックの運転手が川で水浴びをしている時、その男が靴とカメラを盗んだために、米軍が怒ってそれ以後レーションを中止してしまったと信じているのである。もっとも盗みは確かな事実であるようだが、中止の理由は、レーションをあてにしてアエタの人々が労働意欲を失ってしまうことを援助団体が危惧し、米軍に要請したためであった。

以上述べてきたように、援助団体の基金と指導による集落の成立と運営、二人のキャプテンの存在とその資質の問題、そしてキリン、ラバウ両グループ間の潜在的な反目のために、新しく出現したカキリガンは、ひとつのコミュニティーとしての統合に欠け、コミュニティーの意思を決定し、代表する機関を欠いている。(3) 援助団体は、定住村落の形成を進めながら、同時にその存在の大きさのゆえに、逆にアエタ自身によるコミュニティーの形成を抑圧するという逆説に陥っているのである。そのためカキリガン集落においても、社会生活や経済生活の実態を見れば、人々はおおよそ拡大家族ごとに集落や焼畑地のあいだを共に移動し、生活の場を共有しながら暮らすという旧来のパターンを存続させる結果となっているのである。

このように、カキリガン集落はひとつのコミュニティーとしての統合や連帯に欠けるために、現実の社会生活の中で様々な問題が生じている。その中でも特に大きな問題は、集落のための共同作業や労働奉仕がほとんど行われないことであり、そうしたコミュニティー意識の欠如の被害者として、一九七七年七月から小学校に赴任してきたコスメ先生の例を挙げることができる。それまでは援助団体ディレクターの夫人が一人で教えていたのが、生徒数が増えてきたために、もう一人先生を派遣してくれるよう町の教育委員会に要請したのであった。コスメ氏は西麓の中心的な村であるビリエール（既に戦前から農業学校が開かれて定着が進んでいた）出身で、自身も生粋のアエタであったが、宣教師の助けによってマニラで大学教育を終えていた。彼は集落の人々の冷遇に耐えかねて職を辞するまでの約二年間、イトコの家に居候を続けることを余儀なくされ、ビリエールに残してきた妻子を呼び寄せることもできなかった。援助団体のディレクターは、彼は政府の公務員であるから団体と直接的な関係はないとして、無償で家を提供したり、アエタの人々を指導して共同作業で家を作らせたりするような便宜をはからなかったのである。また彼自身も一年近くに及ぶ給料の遅配のために、自分で家を作ることができなかった。先に触れたPC軍曹のためには恐怖心から競って労力を提供したアエタの人々も、彼のためには何の助力も与えようとしなかったのである。

そもそも親達は、子供の教育に対して微妙な態度をとっている。積極的に教育を受けさせようとする者がいないわけではないが、そのほとんどは、学校の先生が勧めるから、あるいは子供が行きたがるので仕方なく、といった

コスメ先生の授業風景

ところが本音のようである。商人相手の取引で、計算ができないために時にはだまされて損をしたりするし、援助団体からカラバオや農具、肥料などの貸与を受ける時、契約書や借用書を作るので、読み書きと簡単な計算ぐらいはできた方がいいことはわかっている。けれども、そうした教育のプラス面を評価する反面、実際にある程度の教育を受けた者の中には、アエタ固有の習慣などを露骨に軽蔑し、親の言うことに耳を貸さない者が増えてきたために、教育のもたらす悪影響について心配しているのである。

子供達にしてみても、学校教育には好悪の入り混じった感情を抱いている。狭い教室に入れられ、特に乾期にはトタン屋根が熱せられて耐えがたい熱さとなるなかで、騒がず、動き回らず、じっと椅子に座っているのはたいへんな苦痛である。しかも教師ひとりで三学年ずつ同時に教えるので、とうてい個々の生徒にまで細かい配慮がゆきわたらない。そのため勉強がわからなくなると簡単に学校がいやになってしまうのである。こうして小学校には毎年二〇人ほどの新入生が入学し、他集落からの子供達はカキリガンに住む親戚の家に下宿をしたり、年長の者と簡単な小屋を作って一緒に自炊生活をしたりして通い始めるのであるが、二、三カ月もすると半数近くは脱落してしまう。けれども学校自体は同年齢の子供達が集まり、楽しく遊べる場として彼らを惹きつけてやまない。

そもそもアエタ社会における日常生活は拡大家族を中心に営まれ、血縁や姻戚関係を共有している間柄以外では親密な接触は持たず、逆に潜在的な不信感が見られることが多い。先に触れたようにラバウとキリンの両グループにしても、同一集落に住みながら大人達のあいだでは互いの交流がほとんど見られない。けれども、小学校に集まる子供達には親達が意識しているような明白な社会的境界は存在せず、すぐに仲の良い友達となる。旧来の道徳観では、血縁、姻戚関係にないような男女は、たとえ子供であっても親しく振る舞うことは忌避されるべきこととされており、特に体に触れ合うことなどは強い禁止が課されている。その侵犯に対しては、女側からランガッド(*langgad*)と呼ばれる慰謝料が要求される。しかし学校は、そもそも親達の監視の目が十分には及ばない上に、親達も自分達とは違った考えによって学校が運営されていることを認めているために、血縁や姻戚関係のないような男女が互いにふざけあったり、体に触れたりする行為が問題とされることはほとんどない。時には授業の代わりに河原へピクニックに行き、もちろん洋服を着たままだが一緒に水浴びをしたりすることもある。アエタ社会では結婚年齢が低いために、年頃近くの若者のなかには、授業には全く興味がないにもかかわらず、そうした女生徒との自由な交際をたくらんで入学を求めたり、実際に毎年のように入退学を繰り返したり、あるいは放課後に遊びに来りする者もいる。

学校がこのように少年少女達に自由な接触と交流の場を提供する最上の施設となっているために、そこを舞台とした恋愛事件がしばしば生じている。適齢期に達しつつあるような十代半ばの小学生が、学校で見つけた好きな相手との結婚を親に許してもらえなかったり、あるいは親に別の相手と無理矢理に結婚させせられそうになった時、かねて意中の者と駆け落ちを試みたりするのである。アエタ社会にあって学校という制度と場が、子供達の自由な交際と恋愛を助長している面を無視することはできないのである（恋愛と駆け落ちの問題については、第六章以下で詳しく考察する）。

なお援助団体の開発プロジェクトの柱である、定着犁耕農業の成否については、特にそれまで移動焼畑農耕のみを行っていたキリン・グループを対象にして、第三節で詳しく論じている。ここで結果のみを簡単に紹介すれば、除草に多大の労力を必要とするために、陸稲栽培は完全に失敗に終わり、八〇年代には代わってカッサバの植え付けが指導され、翌八一年には畑に何も植えられないまま放棄されてしまったのである。

陸稲栽培の失敗にもかかわらずキリン・グループは、そのままカキリガン集落にとどまっている。彼らは時々山に入って依然として旧来の移動焼畑農耕を行いながら必要な食糧（サツマイモ、タロイモ等）を確保する一方で、そうした援助団体の各種プロジェクトの施設作りのための労働者として、またスタッフの家々の雑役を手伝うことによって、いくばくかの現金を得て暮らしているのである。

一方、ラバウ・グループの一部は、筆者が八二年四月に再訪した際には既にもとのラバウ集落に戻っており、再びそこでの水稲耕作に力を注いでいた。カキリガンに残っているものは、その勤勉さのゆえに家畜の世話等、援助団体から優先的に仕事を与えられることが多く、またそれがカキリガンに留まる大きな理由となっているが、そのまま居続けるのか、あるいは再びラバウに帰るのかは不明である。

二　多角的な生業

――焼畑農耕――

ピナトゥボ山一帯は、幾つかの険しい尾根筋に分けられた狭隘な谷間《たにあい》を何本もの清流が走っており、ふもと近くに下るにつれて谷幅がひろがり、それらの渓流によって浸蝕、形成された河岸段丘と、割合になだらかな起伏の丘陵とが、特徴的な景観を呈するようになる。疑いなくかつては、その一帯が処女林に覆われていたのであろうが(Fox 1952: 183)、アエタ自身による焼畑農耕の活発化と、材木業者による不法な森林伐採のために、現在では、切り立った崖のような山頂周辺と、尾根筋の急峻な斜面にのみ原生林が残されている。森林が後退した地域のほとんどには、タイブ（*taib*—Saccharum spontaneum Linn.）やヤブット（*yabot*—Imperata cylindrica Linn.）などのカヤ系の強靱な雑草が繁茂している。先に触れたように現在のピナトゥボ・アエタは、移動焼畑農耕を主たる生業としているのであるが、焼畑の適地となるような二次林が近年急速に減少しているために、その休耕サイクルは最も短い場合では数年の間隔となっており、さらに短縮されそうな傾向を示している。

焼畑農耕がいつ頃から始まったかは不明であるが、ブロシウスによれば、スペイン来航以前に既に試み始められていた可能性もあるという。彼はそうした推定の根拠として、ピナトゥボ山一帯で広汎な森林の伐採が進んでおり、それらは主として長年にわたる焼畑耕作の結果と考えられること、既に一九〇七年にそうした伐採地を撮った写真が存在すること、また現在栽培されている作物の種類が多様なこと、さらには、彼らの焼畑農耕に言及したスペイン支配初期の古文書が存在していることなどを挙げている(Brosius 1983: 138-139)(4)。しかし彼はまた、アエタは農業を行っていないと記された別の文献も幾つか示している。したがって焼畑農耕への移行の過程は、ある時点で一挙に同時に進んだのではなく、ピナトゥボ・アエタ社会の全体から見れば周縁部に住み、「征服民」と呼ばれてサンバル人との接触がより頻繁なグループから始まり、長い年月をかけて徐々に山中に住む人々のあいだに広まっていったと推定される。そして少なくとも今世紀初頭には、筆者が本書で対象とするような、かつて「未征服民」と呼ばれたような人々も既に焼畑農耕を基本的な生業とするに至っていたのである（Reed 1904: 42-43）。しかし重要なのは、そうした焼畑農耕民化の進展にもかかわらず、後にみるように、彼らは現在に至るまで弓矢による狩猟や採集活動を断念したり、放棄したりはせず、補助的な食糧獲得の手段として活用してきたことである。

焼畑農耕と関連してピナトゥボ山地域で特徴的なことは、雨期（六～一〇月）と乾期（一一～五月）が明確な季節変化を示し、年間五、〇〇〇ミリを越えるような降雨のほとんど（九五％以上）が五月後半から一〇月までに降ることである。[5] したがって乾期は、ほとんど雨が降らず、高温と乾燥した日々が続くのである。

ピナトゥボ・アエタは、それぞれの拡大家族ごとに特定の集落と、その周辺の二～三㎞四方ほどの地域にローカル・アイデンティティーを有しており、通常はそうした域内で焼畑地を循環させてゆく。焼畑のための適地とされるのはバグバグ（*bagbag*）と呼ばれる叢林であるが、近年そうした適地は次第に減少してきているために、現在彼らが焼畑用地としているのは、主として野生のバナナと潅木とが混生しているような植生域、あるいは竹林である。ブロシウスの調査によれば、伝統的な集落の多くは、標高五〇〇～一、〇〇〇ｍのあいだに位置しており、したがって焼畑地もそうした地帯に集中している（Brosius 1983: 140）。

焼畑は前年度の収穫が終わった後、除草をして再びサツマイモやカッサバなどを植え付けることが可能である。しかしながら、そのための除草にかなりの労力を必要とする上に、一度開いた焼畑は第二年目になると前年度以上

野生バナナが主たる植物相の斜面を伐採する。

伐採後に放置・乾燥中の畑地

乾期の終わりに火入れをする。伐採した野生バナナから
再び芽が出ている。

炎上する焼畑。伐採せずに残した立木の根もとにはヤム
イモが植えられる。

に雑草が繁茂しやすく、また地味もやせてしまうと考えられているために、通常は一年ごとに新しい焼畑が開かれてゆく。

焼畑は、集落の周辺あるいは隣接地域のなだらかな斜面を、一月から二月にかけて伐採して開き、二〜三カ月間放置、乾燥させた後、三月下旬から四月上旬に火入れをして焼き払う。その際に延焼を防ぐための防火帯などは作らない。燃え残りを始末した後、イモ(サツマイモ、ヤムイモ、タロイモ、最近ではカッサバも)、豆類、トウモロコシなどを植える。伐採に限らず、焼畑農耕の各作業は拡大家族の労働協力によってなされることが多いのだが、その際焼畑所有者は、朝、昼、二度の食事を用意しなければならない。この食事には必ず米を出すことが期待されている。おかずとしては鶏、弓矢で射た鳥やコウモリ、あるいは町で買ったり商人と交換したりして手に入れたイワシやサバの缶詰などと、タロイモや豆などを混ぜたスープが好まれる。力が出るようにと、ごはんに食用油をかけることもある。逆にいえば、多人数をまとまって饗するだけの十分な米と副食とが手に入ったとき[6]、拡大家族成員やそれ以外の者の協力を得て焼畑作業を行うのである。ただし拡大家族成員以外から労働協力を求めた場合、反対に先方が食事を用意して協力を要請してきたら同じ員数だけの労働力を提供しなければならないとされており、明確な労働交換の意識がうかがえる。米を確保できない場合にはイモ類の食事となるが、そのような場合には拡大家族内の近しい親族だけの小人数で作業を行う。いずれの場合にもアエタの実働時間は短い。筆者が観察した限りではほとんどが日中の酷暑を避け、朝食後七時頃から一〇時過ぎまで働き、昼食をはさんでゆっくりと休養した後、午後三時近くになって再開して五時過ぎまで、合計で五〜六時間ほどであり、しかも作業中、三〇分おきぐらいに頻繁に休憩を取っていた[7]。また休憩時にはタバコを出されることがほとんどであった。

フォックスが先の大戦の直後に調査した際には、一年間を通じて摂取される食糧全体の七〇%近くを、サツマイ

表1　焼畑の農耕暦

	焼　　畑 I	焼　　畑 II
12月	適地の選択	〃
1	伐採	〃
2	放置乾燥	〃
3		
4	火入れ	〃
	清掃	
5	豆類，トウモロコシの植え付け	イモ類，豆類の植え付け
	除草	
6	陸稲の植え付け	
7		除草
8	トウモロコシの収穫	
9		イモ類の収穫，以後も適宜収穫
10	豆類の収穫	豆類の収穫
	陸稲の収穫	
	……………………………………	
11	除草	
12	イモ類の植え付け	

＊　焼畑の名称は，伐採から火入れまでが *gahâk*，それ以後は *ôling* と呼ばれる。また米の収穫後にイモ類を植え付ける場合は *ora-ân* と呼ばれる。

モ（五三％）とトウモロコシ（一四％）という新大陸から導入された二種の作物だけで占めており、他は肉類（八％）や野生の植物（五％）、タロイモ、ヤムイモ、バナナ（各五％）などであった（Fox 1952: 246-247）。当時、米の割合はわずか〇・五％に過ぎず、しかもそのほとんどは外部との交易によって持ち込まれたものであった。しかし現在では、米に対する欲求や需要がきわめて高く、各々の夫婦家族ごとに二枚以上の焼畑を持つことが普通で[8]、一枚には陸稲、もう一枚にはイモ類を植えるようになってきている。ただし、焼畑での陸稲の生産性は低く、その収穫が限られているため、依然としてイモ類を主食としていることに変わりはない。

陸稲を栽培する同じ焼畑には、トウモロコシとヤムイモを一緒に植えることが一般的に行われている。まず五月上旬から下旬にかけてトウモロコシ粒を二、三粒ずつ、一m程度の間隔を

陸稲の植え付け風景

あけてまばらに植え付ける。枝を払っただけで切り倒さずに残した立木の根元には、ヤムイモや時にアンタック豆（*antak*: lima bean—あおい豆）が植えられ、蔓が這いあがれるようにする。普通の豆類は焼畑の周縁部に播種され、周囲の潅木に這いあがる。トウモロコシの播種後一カ月ほどして苗が三〇〜四〇cmに成長し、雨期の到来が確かとなった頃に陸稲が播種される。いずれも男女が対となり、男が掘り棒であけた穴に女が種を落としてゆくのである。一枚の焼畑に、トウモロコシと陸稲とが一緒に植えられるのは、その成育時期が異なるために、畑地を二重に利用できるからであると彼らは説明する。

もう一枚（家族によっては、二、三枚）の焼畑にイモ類を植える場合にも、同様に立木の根元にヤムイモまたはアンタック豆、周縁部に他の豆類を植える。

上述の諸作物は、雨期と乾期の季節変化に応じて、前頁（表１）のような農耕暦に従って植え付け、収穫がなされる。[9]

焼畑での食事風景。バナナの葉を地面に置いて食卓兼食器とする。汁物はココナツの穀に入れる。

焼畑の横で休む夫婦。後ろのカゴには鳥を飼っている。

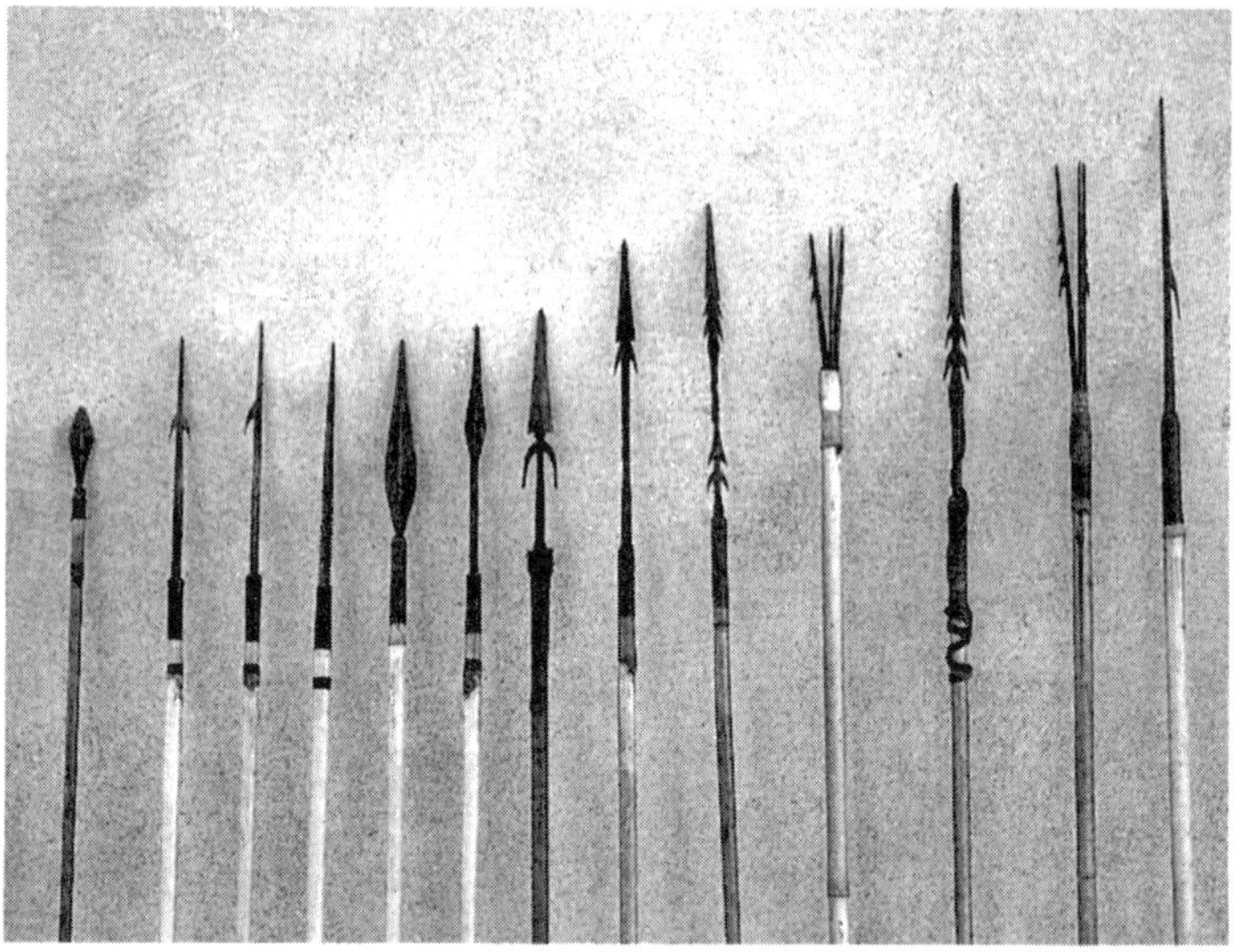

矢尻の形のバラエティー

――狩猟――

現在のアエタの食生活において、狩猟によって得られる動物タンパクの量はきわめてわずかである。しかしながらピナトゥボ山中に住むグループのみならず、ラバウ・グループのように低域に住んで定着的な生活を始めているようなグループのあいだでも、成年に達した男達は例外なく弓矢を所有し、出歩く際には常にそれを持ち歩く。その際えびらは用いず、二〜三本の矢と弓を一緒に片手で握って運ぶ。通常は矢尻の先が三〜五つに分かれた鳥射ち用のものと、戦闘用と称するものを携帯する。そして道すがら、鳥をみつけたら射落として、副食とするのである。

矢尻は、その用途と形状によって二〇種以上の異なったタイプがある。鳥射ち用のものは竹で作ることもあるが、他はいずれも平地民から入手する長目のクギで作られる。筆者の滞在中、狩猟を主目的として彼らが出かけたのは、鳥を射るためがほとんどであった。なかでも特に効果的であり、しばしば行われたのは、夜間に懐中電灯を用いて鳥やコウモリを射ることであった。そして実際に彼らが射止めた獲物の中で最も重量があったのは三mほどの錦蛇であり、他は野生の鶏であった。ただしそのいずれもが、二〇カ月の間に二、三度ずつというようにきわめて稀にしか獲れなかったのである。彼らの狩猟は、基本的には鳥類を対象にしたものであり、それが後述するように川魚とともに、貴重なタンパク供給源となっているのである。

鹿や野豚などの大型獣は、かつてはピナトゥボ山一帯に生息し、重要な狩猟対象であったが、戦後激減してしまった。現在では、ピナトゥボ山の北東域にごく少数が生息するのみとなっており、調査地域のアエタはこの十年ほどのあいだ、一頭も射止めていないという。

このように大型獣が激減した理由としてふたつの要因をあげることができる。ひとつはアエタ自身による焼畑農耕の活発化と、平地民の材木業者が一九六〇年代の末ごろに行った違法な木材の切り出しとによる、森林の後退である。それは大型動物の生息域をせばめるとともに、環境の乾燥化や焼畑農耕のための適地減少といった、より深刻な問題を引き起こしているのである。

大型動物が激減したもう一つの理由は、鉄砲を用いた効果的な狩猟方法の導入である。それはまず太平洋戦争の末期に、ピナトゥボ山中に逃げ込んだ日本兵を襲い、あるいはそこで餓死したり病死したりした者から銃を奪ったことにはじまる。ただしこれら日本製の銃は、一定期間使用した後、ともに奪った弾薬を使いつくしてしまうと新たな補充が不可能となり、放棄されたという。フォックスによれば、それに代わってパルティック（*paltik*）と呼ばれる散弾銃が北西麓に住むアエタの鍛冶屋によって作られたり、平地民によって持ち込まれるようになった（Fox 1952: 261）。しかし一九七二年の戒厳令以後、国家警察軍が集中的な山狩りを行い、それらの鉄砲はすべて没収されてしまったという。ピナトゥボ山中に潜伏した共産ゲリラに対して、アエタが積極的な援助をあたえることを恐れたのである。そのため現在では空気銃が少数流入しているのみで、弓矢がふたたび用いられているのである。(10)

こうした鉄砲の流入は、たんに効果的な狩猟を可能にして大型動物の乱獲を招いたのみならず、狩猟方法や社会生活にも大きな影響をおよぼしたという。すなわち、それ以前の弓矢を用いた鹿や野豚の狩猟は、そのマガホ(*mangaho*: 犬; *aho*＋動詞形を作る接頭辞; *mang*→「狩猟」、「狩猟をする」)ということばが端的に示しているように、何匹もの犬を使い勢子と射手とに分かれて集団で行う企てであり、多人数の参加と協力によってはじめて成り立ち得た。しかしながら、フォックスが強調するように、鉄砲を使いはじめてからは単独行動が可能となり、個人主義的な傾向を生みだしたのである(Fox 1952: 261)。

集団で行う狩猟に関しては、一九〇〇年代初頭に調査を行ったリードが、その狩猟方法や獲物の供犠、および分配の仕方についての詳しい記述とともに、以下に紹介するような印象的な報告を残している。[11]

> ネグリートは、普通、集団で狩猟を行う。彼らはあまりすることがないし、ほとんどいつでも鹿狩りに出かけることができるので、わなを用いたりすることはめったにない。三十人ほどの男たちが、背丈の二倍もあるような弓と手にいっぱいの矢を携え、早朝の太陽に裸の体を輝かせながら、集落の小径を一列になって出てゆくさまは、実に美しい光景である。彼らは腹をすかせた犬を数匹連れている。鹿の狩場、すなわち深い峡谷が切れこみ、やぶや潅木に覆われた下を幾本もの渓流が走っているようなテーブル状台地に到着すると、数名の少年が犬とともにやぶのなかに飛びこんでゆく。他の者たちは左右に分かれて台地のへりに沿って進み、けもの道の出口のところで腰をおろす。やぶに入った者は大声をあげながらあたりを[棒などで]打ち続け、一方犬たちは獲物の嗅いをかぎつけるまでは物音をたてない。突然、勢子たちの声がいっそうやかましくなり、出口で待ち伏せしている男達は緊張して待ち構える。峡谷に続く何カ所もの出口のひとつから鹿が飛び出してく

アントーコとビステで魚取りをする夫婦

るとそこで待ち構えていた男が矢を射かける。甲矢《はや》で倒れなければ、傷ついた鹿をどこまでも追いかける。鹿を射止めればとりあえずそれを木につるしておき、さらに狩猟を続ける。……魚網に似ているがそれよりもずっと頑丈で目があらいロープネットを、鹿の出てきそうな絶好の場所に、勢子たちが追い始める前に張っておくこともしばしば行われる。もっとも、網の所に逃げだしてくれば確実に獲れるのだが、なかなかそうはならない(Reed 1904: 47)。

——漁撈——

ピナトゥボ山麓には幾多の渓流が走り、川魚、エビ、ウナギなどが生息している。流れが速いために川魚のほとんどは、川底の砂利や水中の岩はだにへばりついている川アナゴやツバサハゼの類であり、またエビは手長エビの類が多い。これらの小魚、エビ、ウナギ等は、その種類こそ限られているが、鳥類とともに彼らの重要なタンパク源のひとつとなっているのである。ただし、雨期にはすべての渓流が一変して増水し、

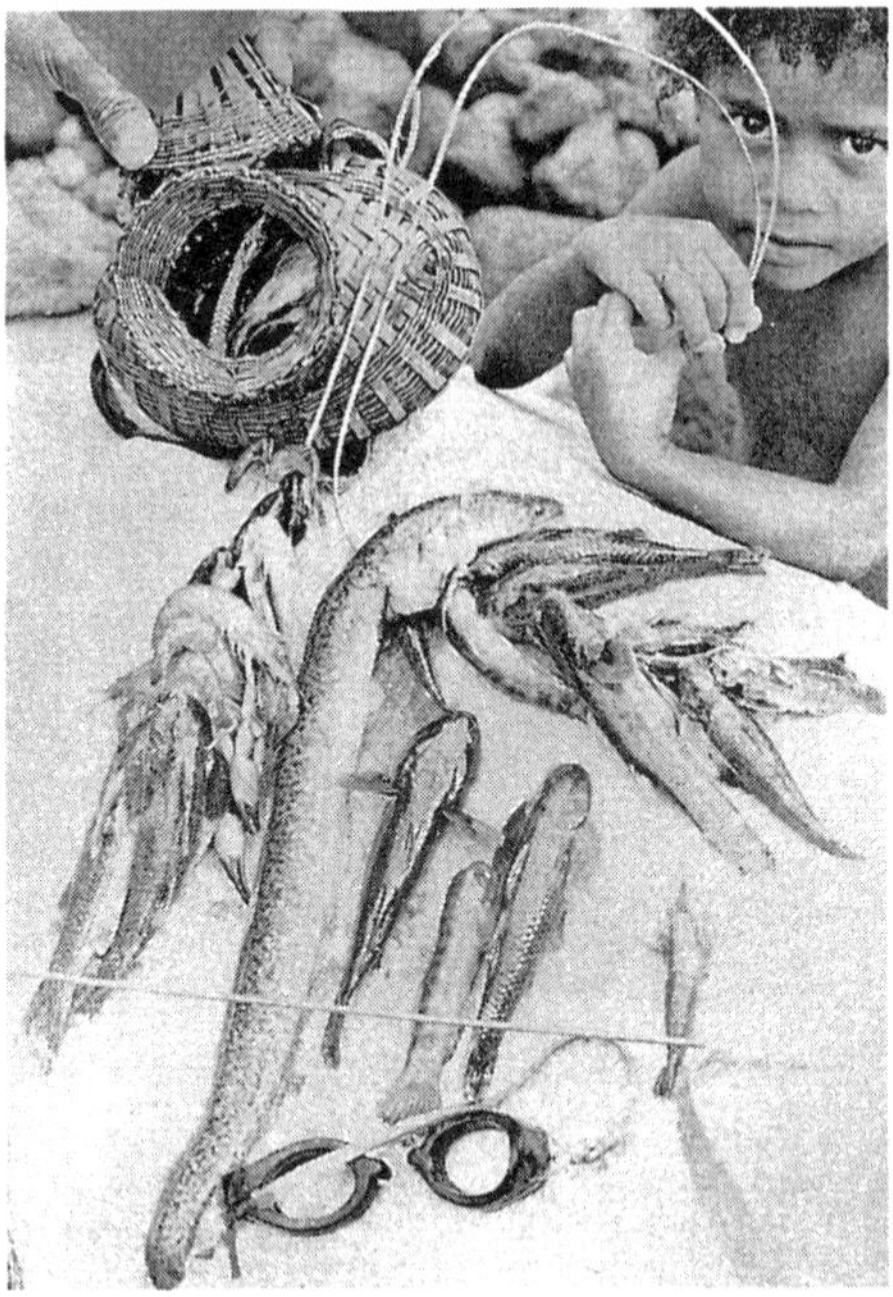

魚取りの成果

濁流となるうえに焼畑での仕事も多くなるために、魚取りが行われるのは主に一一月から五月頃までの乾期である。とくに三月から五月にかけての一番暑い時期は同時に水量が最も減少し、流れも澄んで魚取りの適期となるため、焼畑の準備作業の合間に、涼を求めて川原に移り住み、魚取りをして暮らすことも多い。あるいは乾期のあいだ中、毎日のように子供達が川原へ水遊びに出かける時や大人達が水浴びに行く時、そのついでに以下に述べるような道具を用いて魚取りをすることが頻繁に行われているのである。

現在最も一般的に行われているのは、アントーコ（*angtoko*）と呼ばれる手製の水中メガネを着用して渓流の深みにもぐり、あるいは浅瀬に立って水面に顔をつけ、ビステ（*biste*）と呼ばれるゴムバンド付きの小さなモリ（四〇～五〇㎝）で、魚やエビ、ウナギなどを突く方法である。左手でゴムバンドを握り、同時に人差し指を曲げてモリの本体を軽くささえ、その尾部を右手親指と人差し指で握って右目近くまで引き、狙いを定めるのである。アントーコの本体は、堅い材質の木をそれぞれの使用者の眼窩の形にぴったり合うように削って作り、レンズの部分には米軍基地や平地民の村で得たガラスや、あるいは割れた鏡の裏面の塗料を落としたものを用いる。レンズを本体に接着させるためには樹脂を使う。ビステには、傘の骨やスプリングを伸ばしたものを使う。双方に用いられるゴ

ママラ：川をせきとめ，流れを変えて水を干す。

ムバンドは、タイヤのチューブを細長く切ったものや、町で売られているものを使っている。

上述の方法のマガントーコ（*mangangtoko*; 動詞化の接頭辞 *mang*＋*angtoko*）とともに現在広く行われているのは、ママラ（*mamalah*）と呼ばれる、渓流の水を干すやり方である。前者の方法は水が澄んでさえいればいつでも可能であるため、乾期のあいだ中行われるのに対して、後者の方法は水量が最も減る四月、五月頃に多く行われる。水を干すには流れを変えなければならないが、新しい水路を作ることが困難なために、普通は流れが二筋に分かれているような地点で、その一方の流れをせき止め、他方にすべての水が行くようにして行う。このように二筋に都合良く分かれている地点は限られているため、通常は一定期間を置いて流れを交互にせき止めることをくり返す。流れが小さな場合は、まず川原の大きな石を水中に並べてその間に砂利を入れ、さらに土手の方から順々に野生のバナナの葉を何枚も重ねながら沈めてゆく。野生バナナの葉は水圧によって石と石の間にぴったりと押しつけられ、そのすき間をふさぐのである。流れが大きい場合には、流れに何本か太い杭を打ち込み、その周囲に石を置いて固定した後、その間に横木をわたす。その横木を支えとして、さらに何本か杭を立て、石を積み、そこにカヤやら小枝やらを沈め、砂利を入れ、最後に野生バナナの葉を重ねてゆく。こうして流れがせき止められ、河床が干上がったところを、手づかみで取るのである。ただし、完全に干上がらず、ダムのすき間からこぼれ出る水が小さな流れとなって残るような場合には、ビステを使って突いて取る。

なお、アントーコとビステを用いた魚取りの方法は、今から五〇年ほど前に導入されたものであり[12]、それ以前は、植物毒を流す方法や、簗などの仕掛けが用いられていたという[13]。また現在でも、雨期で水が濁っている場合などには、岩の下に隠れている魚やエビを手探りで取る（*gapawen*）ことが頻繁に行われている。

野生バナナを絞ったジュースを飲む。

ピナトゥボ・アエタの食生活は、上述のように焼畑から得られるイモ類を主食とし、最近の傾向としてはそれに米が加わり、時々の副食としてそれほど頻繁ではないが弓矢で射た鳥やコウモリ、渓流で取った魚やエビ、ウナギ、さらにはイモ類の茎葉などを食べている。また、特別な機会には飼っている鶏をつぶしたり、豚を殺して食べたりすることがある。と同時に、野生植物や木の実、カエル、昆虫なども季節の折々に採集されて食用に供され、きわめて重要な位置を占めている。彼らが採集し利用するそれらの野生植物や昆虫の種類は非常に豊富であるために、ここに逐一列挙することは不可能である。そこで本節では、その中で頻繁に利用されるものや、経済生活の中で重要な位置を占めるものについてのみ、幾つか挙げて簡単な説明を加えておきたい。

〈一、野生植物〉

アモカウ(*amokaw*: Musa errans Blco.)— 野生バナナ。茎も葉も実も、外見は普通のバナナによく似ているが、その実はちょうど日本のアケビのように多くの種を含んでいる。直接食べる時には、いちいち種を吐き出さなければならないため、通常は手で絞ってジュースにして飲む。まずバナナの葉を地面に広げてそこに皮をむいたアモカウを一〇個から二〇個ほど置き、両手で握りつぶすようにして絞る。絞った後は水を加え、数分間そのままにしておいてからその汁を飲むのである。熟していない場合は火で焼いて食べる。ピナトゥボ山中にはアモカウが大量に自生しており、しかもほぼ一年を通じて結実するので、休憩時にのどの渇きをいやしたり、あるいは緊急の場合の非常食として食せられている。アモカウがあるおかげで、戦争の時代を除けば彼らは飢えに苦しんだことはないという。

ポホ(*poho*)― 一般にバナナの花のつぼみをポホと呼ぶが、(14) 特にアモカウのつぼみは、皮をむいて切りきざみ、水にさらしてあくぬきをしてから塩でゆで、副食として頻繁に用いる。また平地民も同様の方法でポホを食用に供するため、一本が一五～二五センタボス(約五～八円、当時一ペソは約三〇円)で商人に売られ、アエタの重要な現金収入源の一つとなっている。

きのこ― きのこ一般にクワット(*kowat*)と呼ばれるが、特に重要なのは焼畑のために伐採した野生バナナの偽幹(茎)に生えるきのこ(*kowat nin amokaw*)である。野生バナナの偽幹は水分をたっぷり含んでいるために、伐採後二～三カ月放置して乾燥しただけでは火入れの際に燃え残る。それらを焼畑のなかの何カ所かに分けて積み置くと、雨期に入ってから大量のキノコが発生するのである。それらは、塩ゆでにされてその時期の主要な副食となる。

竹の子― 竹の子一般にラボン(*labong*)と呼ばれ、雨期の初め、六月から七月頃に生えてくるので、そのころ頻繁に利用される。薄切りにして塩ゆでにされる。

カロット(*kalot*: Dioscorea hispida.)― 野生のヤムイモの一種であるが、有毒なため、そのまま食べると死ぬこともある。毒抜きの方法には二種あり、一つは皮をむいて細かく刻んだ後にカゴに入れ、およそ三日間ほど流水にさらす方法であり、もう一つは同じく皮をむいて刻んだ後に水をかえながら鍋で三～四度煮たてることをくりかえす方法である。

〈二、昆虫、その他〉

アバウ（*abaw*: Lepidiota）― 体長三cmほどのこげ茶色をしたこがね虫の一種。三月から四月にかけての乾期の盛りにも、時たま夕立のような雨が降ることがあり、そうした雨の降った翌日の夕方にアバウが地中から這い出してくる。太陽が沈むと共に交尾の相手を求めて一斉に空に舞いあがり、相手を見つけるとタイブ（前出、カヤの一種）や他の潅木に止まって交尾を行う。そこを手でつかまえ、竹筒を口にしたカゴなどの容器に入れる。最初の雨、二度目の雨と、それぞれアバウが大量に現われる場所がほぼ決まっている。甲殻と肢脚を取り除き、塩ゆでにして食べるが、町のマーケットに持ってゆけば一ガタン（コンデンスミルクの缶一杯の容量で〇・三七ℓに相当する）五〇センタボスから一ペソ（一五円～三〇円）で売れるので、一人が一晩に五〇ペソ近く稼ぐことも可能となっている。ふもとの村で同じ容量の米と物々交換される事も多い。

カエル― 地中に棲む小型のカエルはウギック(*egik*)と呼ばれ、雨期に大雨が降ると大量に地表に出てくる。川に棲むカエルはパヒガ（*pahinga*）と呼ばれ、ともに食用に供される。

三　定着犁耕農業プロジェクト

援助団体が持ち込んだプロジェクトの最大の目的は、既に見たように、移動焼畑農耕を行っているアエタに対して定着犁耕農業への転換を説得、奨励し、それを援助することであった。団体のディレクターとして各種プロジェクトの計画立案に参加し、カキリガンにおいて実際にその運営に当たった責任者であったティマ氏は、プロジェクトの目的について次のように述べている。

このプログラムの基礎をなす想定というのは、ネグリートが平地犁耕農業のノウハウを獲得したならば、彼らも伝統的な焼畑農耕にとってかわる実行可能な道を理解するであろうということである。新しい技術の利点を知れば、より適応性のある変化の方を選択するであろう。さらには、彼らのコミュニティーが社会的安定性と新しい農業を営む能力を獲得するならば、彼ら自身で発展のためのプログラムを継続してゆくことが十分考えられる。もっと重要なことは、それによって攻撃的な平地民のグループの競争的な圧力に対抗してゆくことが可能になる点である（Tima 1975: 59）。

プロジェクトの背後にあるアエタの現状に対する理解とは[15]、ティマ氏が書いた別の文書によれば、「サンバレスにおいて…ネグリートは食糧不足、高い死亡率、文盲等に悩んでおり、それらはいずれもが、彼らの土地を狙っている攻撃的な平地民のかっこうの餌食に彼らをしてしまうのである。また、国の法律は彼らの伝統的な生業である焼畑農耕を違法と定めている」（Tima 1977, "Brochure of Ecumenical Foundation"）。すなわち援助団体の思想は、焼畑農耕が違法であり、技術的にも遅れているために、より進んだ犁耕農業の技術を教え、定住生活に入らせるのは善であり、そうすることによって彼らの社会、経済生活を向上させ発展させるとともに、彼らから土地を奪い取ろうとたくらんでいる攻撃的な平地民（開拓農民やプランテーション経営者）と対抗してゆくことができるとするものである[16]。

しかしながら筆者は、彼らの焼畑農耕の技術が遅れているとか、食糧不足に悩んでいるという認識を持っていない。むしろ彼らは所与の環境のなかで、その環境自体の変化にも柔軟に対応し、可能性を最大限に生かした適応をしていると考える。カキリガンに移住してきた人々自身、山に残っている人々はイモならばたくさん植えているから飢えることがなく、自分達よりずっと腹一杯も食べていると説明する。実際一九七九年四月に集団遺伝学の調査のためにカキリガンに来訪し、山中に残る人々も含めて一四〇例の血液サンプルを得てそれらを分析した尾本恵市東大教授によれば、彼らのほとんどが血清タンパク量について正常値の範囲内にあったという。またパラワン島のバタックで顕著に見られた貧血や栄養不良もほとんど見られないという。さらには、カキリガンのプロジェクトとは無関係に、山中にとどまって焼畑を中心とした多様な生業を維持しているグループを調査したブロシウスも、その結論として、「調査域内のネグリートが栄養的に自給自足している程度は驚くべきものである。…自給自足は将来にわたってほとんど無期限に維持することができるであろう。それが彼らの強さ、独立、そして存続の源泉である。彼らの前途にある日々は決して限られてはいない」(Brosius 1984: 144–145) と強調している。

以下に検討するようにプロジェクトは結果として失敗に終わっているのだが、その根本的な要因はブロシウスも指摘しているとおり、彼らの社会が食糧に関しては塩を除いてほぼ自給が可能で自足しており、そもそもプロジェクト自体が不要不急のものであったためと筆者は考える。援助団体は、アエタの側の要請に招かれて来たわけではなく、アエタでない人々の価値観と責任感にもとづいてやって来たために、いわば善意に満ちた無理解によって、彼らが必ずしも切実には望まない生業を強引に押しつけようとしたのである。犁耕農業は焼畑に比べて、むしろより多くの労働力投下を必要としており、必ずしも効率の良い農法でないことは具体的な資料によって以下で明らかにしてゆく。(17)

サン・ルイス農場を耕すカルブハイ氏と子供達

本節の主題であり、またプロジェクトの柱である定着犁耕農業については、まずカキリガンに隣接して二カ所、計四〇ヘクタールほどの耕地をトラクターで造成することから始められた。そして移住してきたアエタの家族には、一夫婦あたりおよそ一ヘクタールの耕地と一頭のカラバオ、それに各種農具や、種子、肥料などを貸与し、ふたりの農業指導員による講習会と実地指導のもとで推進されたのである。耕地やカラバオは、名義上は特定個人（夫）に貸与された形をとったが、実際には拡大家族内で自由に融通しあって使っていた。

そうした生産手段の貸与というのは、援助団体が自立自営農民の育成という基本方針をかかげ、カラバオの代金や耕地造成のために貸借したトラクター代金については、その応分負担額を毎年の収穫の中から返済してゆくという内容の契約を、各耕作者と個別にとりかわしていたからである。しかしながら、そもそもアエタのあいだには文書による契約という観念が希薄な上に、それは英語でタイプされていたため、彼らは援助団体側の説明を聞き、言われるままに母印を押しただけであった。しかもアエタ社会には、持てる者は持たざる者に分け与えるべしとして、分配と気前

表 2　カキリガン農場1976,1977年度収穫記録

耕　作　者	耕地面積（m²）	造成費用（トラクター借料,ペソ）	—1976年度砂糖蜀黍収穫— （収量，キロ）	（売却値，ペソ）	（種子，化学肥料代金，ペソ）	1977陸稲収穫（収量，カバン）
Pan Key-ang	7,275	662.89	1,111.4	831.82	200.31	0
Karison Tiglao	15,795	1603.53	（Pan Key-ang に合算）		344.51	0
Doy-oc	10,050	825.31	168.6	161.1	276.71	11.5
Pan Kerad	10,000	684.39	276.0	276.0	275.34	6
Tony Domingo	10,050	687.81	344.8	282.53	276.71	0.5
Taranta	10,000	849.39	835.9	808.45	275.31	3
Marcelo Romualdo	10,000	821.89	316.2	270.54	275.34	4
Garaogao	8,128	721.27	810.2	797.63	223.79	—
Seraan Manuel	10,050	852.81	736.6	583.99	276.71	0
Bisil	14,025	1143.18	647.4	604.05	386.17	0.5
Pan Daroy	10,080	863.61	759.3	596.95	277.54	11
Pici	10,200	973.08	633.1	583.15	280.85	4
Pan Bulanglang	10,070	872.48	324.6	314.8	277.27	8
Pan Miclan	10,030	878.94	446.0	446.0	276.17	2.5
Poolan Soria*	15,500	1308.30	652.9	598.33	426.77	—
Ricardo Gabino	10,024	851.03	574.0	519.17	276.0	1
Alfredo Balaoing	10,000	858.52	771.8	724.55	275.34	16
	181,277	15,463.43	9,408.8	8,399.06	4991.24	68

*　ラバウからの移住者であるが同グループ成員と不仲のため，カキリガン農場を貸与されている。（Foundation record より）

c.f. サンルイス農場
耕地面積：21.15ヘクタール
1977 年度陸稲収穫：287 カバン

の良さを強調するモラルがあり、そうした援助はもらって当然と考えて返済など意に介さない者も多かった。またカラバオをバンディ（婚資）の支払いのために用いたり、少額の借金の担保として平地民に取りあげられた者もいた。その上、実際に常畑耕作を始めても、後に詳しく見るようにきわめてわずかな収穫しか得られず、たとえ返済しようにもほとんど不可能であった。そうした意味では、賃貸契約書の存在にもかかわらず、カラバオも土地もアエタにとっては、持てる援助団体の気前良い無償配付として受容されたのである。

結果から見れば犁耕農業プロ

援助団体の農業指導員から馬鍬の使い方を習うラバウ・グループの男達

ジェクトは失敗に終わったのであるが、カキリガンに移住して来る以前、既に戦前から山間の狭隘な谷間《たにあい》でカラバオの飼育を始め、現在に至るまで焼畑農耕を続ける一方で、戦後は雨期の天水や湧水を利用して水稲耕作を行っていたラバウ・グループ[18]と、先に引用したライス&ティマの報告に見られるような移動生活を続けながら焼畑農耕と採集生活を行っていたキリン・グループとでは、プロジェクトが与えた影響について同列に論ずることはできない。したがって本節では、プロジェクトの柱である移動焼畑農耕から定着犂耕農業への転換にかかわる問題について、キリン・グループの場合を中心に考察を進めてゆきたい。

援助団体は、集落の上手と下手にそれぞれ開いたサン・ルイス農場（約二一ha）とカキリガン農場（約一八ha）のうち、キリン・グループに対しては後者の耕地と一一頭のカラバオを貸与した。初年度の一九七六年には砂糖蜀黍《もろこし》（sorghum: 穀実用モロコシ）の播種を指導し、表2にまとめて示したように、一八haの耕地から九、四

サン・ルイス農場に陸稲を散播する。

サン・ルイス農場の陸稲収穫風景。イネ科の雑草が繁茂
しているのがわかる。

表 3　キリン・グループ1978年度陸稲収穫記録

耕作者	カキリガン農場 (種籾, カバン)	(収量, カバン)	焼畑 (種籾, カバン)	(収量, カバン)	カラバオ
Pan Key-ang	¾	0	½	2½	援助団体
Karison Tiglao	1	2	¼	2	(Pan Key-ang)
Doy-oc	1	1	¼	1	援助団体
Pan Kerad	1	2	½	2	援助団体
Tony Domingo	1	0	—	—	(Doy-oc)
Taranta	1¼	1	1	½	援助団体
Bisil	1½	3½	—	—	援助団体
Manuel Romuald	½	½	—	—	援助団体
Pan Daroy	1	1	½	2	援助団体
Pici	1	¼	½	1	援助団体
Pan Bulanglang	1	2¾	¼	1	援助団体
Pan Miclan	¾	¾	—	—	援助団体
Pan Lupok	½	½	¼	1	
生産性	12¼ ⟶	15¼ × 1.2	4 ⟶	13 × 3	

c.f. 援助団体スタッフ			
Minor	(カキリガン農場)	¼	10½
Rose	(〃)	1	10
Andoy	(新しく開く)	¾	9
Tima	(〃)	2	20
		4 →	49½ × 11.6

表 4　ラバウ・グループ1978年度陸稲収穫記録

耕作者	サン・ルイス農場 (種籾, カバン)	(収量, カバン)	焼畑 (種籾, カバン)	(収量, カバン)	カラバオ
Pan Melicia	3	22	¼	1	自前
Pan Gatay	—	—	¼	2	—
Calubhay	2	12	¼	0	援助団体
Romulo Soria	2½	11	½	3	自前
Pan Dicano	1	4	1½	4	援助団体
Pan Bendoy	2¾	13	—	—	自前
Pan Bang-et	1	8	¾	5	自前
Pan Dawang	1	6	—	—	自前
Pan Yarak	½	2	—	—	(Pan Bo-et)
Pan Hi-ang	¼	2	½	1	(Pan Bo-et)
Pan Bo-et	½	3	—	—	自前
Gond Melicia	1	9	½	2	自前
Pan Tagalog	½	0	¼	2	自前
生産性	16 ⟶	97 × 6	4¾ ⟶	20 × 4.2	

〇八kgの収穫をあげ、それを売却して八、三九九ペソの収益を得た。ただし、種子と肥料の購入のためにその収益の半分以上、四、九九一ペソの経費を必要としたのである。もう少し詳しく考察するために一haあたりの平均収穫高を見れば五二二kgにすぎず、また一七人の耕作者の平均収支を算出すると、四九四ペソ（平均収入）—二九三ペソ（平均支出）で、およそ二〇〇ペソの利益にしかなっていない。当時、単純労働者の賃金が一日六〜八ペソであることを考え合わせると、数字の上で見る限り、初年度の砂糖蜀黍の生産は明らかな失敗であった。農業指導員もそれを認め、その原因として、アエタにとって新奇な商品作物を選択してしまったこと、播種時期が多少遅れたこと、そして播種後の除草が十分でなかったことを指摘した。

続く一九七七年には陸稲の播種を指導した。援助団体の記録によれば、耕作を放棄した二名を除き、一五・七haの耕地から六八カバン[19]の収穫をあげたのであるが、平均すると一haあたり約四・三カバンにしかならない。一方、その前年の半ば過ぎに、遅れてカキリガン集落に移住してきたラバウ・グループは、集落の上手にあるサン・ルイス農場を貸与され、その二一haほどの耕地から二八七カバンの収穫を得ていた。一haあたりでは一三・六カバンとなる（表2を参照）。

一九七八年は、台風の被害が甚大であったからとして、援助団体は記録を作成しなかったが、筆者の調査によれば、キリン・グループの一三人の耕作者は合計一二カバン余の種籾を播き、一五カバン余の収穫を得た[20]。一カバンの種籾あたり一・二カバン、一haの耕地あたり一・一カバンの収穫にすぎない計算となる。同様にラバウ・グループでは一六カバンの種籾から九七カバンの収穫を得た。すなわち一カバンの種籾あたり六カバン、一haの耕地あたり五カバン程度の収穫となっている。（当時サン・ルイス農場の一部はカキリガンの上流一kmほどの地点に新しく作られたバガン集落に移住してきた人々が使用しており、ラバウ・グループの作付面積は二〇ha弱となっていた。）

こうした援助団体の指導による常畑での陸稲散播とともに、多くのアエタ耕作者は、焼畑においても陸稲栽培（穴播）を行ったのであるが、キリン・グループの場合、合計四カバンの種籾から一三カバンの収穫、ラバウ・グループの場合、四・七五カバンの種籾から二〇カバンの収穫を挙げていた。一カバンの単位種籾あたりの収穫は前者で三・二カバン、後者で四・二カバンの計算となる（表3、4を参照）。

確かに一九七八年は稲の開花、結実期にルソン島西部を襲った二つの台風（九月二七日にUding、一〇月一〇日にYading）の影響を受けたのであるが、たとえばカキリガン農場の放棄されている区画を用いたり、あるいはその近くの藪地を開いたりして陸稲を栽培した四人の援助団体スタッフは、合わせて四カバンの種籾を播いて四九・五カバンの収穫を得ていた。一カバンあたりの単位収穫量は一二カバンの計算になる。したがってキリン・グループの収穫が少ない理由について、必ずしも台風のせいばかりとは言いきれない。

アエタ耕作者の不振の要因について考察するにあたって、まず常畑における陸稲栽培がいかなる手順によってなされ、そこにいかなる困難と問題が含まれているのか、ミス・ローズの常畑のケースについて検討してみたい。彼女は、カキリガン集落の下流一〇kmほどにあるイロカノ人の村サンタフェに住んでいる政府派遣の助産婦であるが、援助団体の依頼に応じて月に何日かカキリガンにやって来ていた。彼女は、パン・ガラオガオが一年間だけ耕作して放棄したカキリガン農場の一区画（八、一二八㎡）を用いて、一九七七年にはその一部でイモを植え、翌一九七八年には人を雇って全面的な耕作を行い、陸稲を栽培したのである。彼女は播種前の犁耕から、収穫に至るまでの農作業を、すべてアエタの人達の賃労働で行ったために、各作業に必要とした延べ労働日数と必要経費を算出することができ、考察の対象として極めて好都合である。詳しくは表5を参照されたいが、ブラグサック（*Bulagsak*）と呼ばれる品種一カバン（五〇ペソ）を種籾として散播し、一〇カバン（五〇〇ペソ）の収穫を得た。ただしその

表5　常畑陸稲耕作の収支（1978年雨期）

所在地：カキリガン農場
面　積：約1 ha（Pan Galaogoa が放棄した区画 8,128 ㎡＋その周囲）
種　籾：Bulagsak 品種 1 カバン
施　肥：化学肥料 2 袋（散播後および除草後に 1 袋ずつ）
収　穫：10カバン ……………………………………………………………**500**ペソ
支　出：種籾（50ペソ）＋化学肥料（160ペソ）＋人件費（118延べ労働日：1154ペソ）＋脱穀（50ペソ）……………………………………**1414**ペソ

人件費内訳

準備；犂耕―雑草除去―馬鍬かけを 2 回繰り返す ……………………				**412**ペソ
	犂耕	13労働日	×20ペソ	260 〃
	雑草除去	14　〃	× 8　〃	112 〃
	馬鍬かけ	2　〃	×20　〃	40 〃
播種；犂耕―散播―馬鍬かけ―施肥……………………………………………				**58**ペソ
	犂耕	2 労働日	×20ペソ	40 〃
	散播	½　〃	× 8　〃	4 〃
	馬鍬かけ	½　〃	×20　〃	10 〃
	施肥	½　〃	× 8　〃	4 〃
除草；除草―施肥 ……………………………………………………………				**588**ペソ
	除草	73労働日	× 8 ペソ	584 〃
	施肥	½　〃	× 8　〃	4 〃
収穫；刈り入れ………………………………………………………………………				**96**ペソ
	刈り入れ	12労働日	× 8 ペソ	96 〃

＊　脱穀はイロカノ商人のトラックを用いる。賃借料は 1 カバン。
＊　1 労働日の実労働時間は約 8 時間。

ための経費として、化学肥料二袋（一六〇ペソ）と一一八延べ労働日（労働内容によって異なるが、カラバオを用いた場合二〇ペソ、用いない場合は八ペソの賃金を払い、計一、一五四ペソ）を必要とし、出費の総額は一、三六四ペソに達したのである。[21]このほか、収穫後の脱穀のためにイロカノ商人のトラックを用い、ゴムシートを敷いて稲穂を広げた上を何回も往復させるという方法をとったために、その賃借料およびガソリン代として一カバン（五〇ペソ）を支払った。脱穀代も含めれば支出額は一、四一四ペソとなり、大幅な赤字となった次第である。必要経費から逆算すると三〇カバン以上の収穫を挙げなければ収支の帳尻が合わない計算となる。

農業指導員のミノール氏の話によれば、

必要な施肥と除草を行えば、一ヘクタールの常畑に一カバン弱の種籾を散播し、三〇から四〇カバン程度の収穫を挙げることは十分に可能であるという。実際に彼自身が、一九七七年にはカキリガン農場の横を新たに開いて¼カバンの種籾を播き、一〇カバンの収穫、すなわち単位種籾あたり約四〇倍の生産を挙げていた。他の三人の援助団体スタッフ（約一〇倍）やアエタ耕作者（ラバウ・グループで約五・六倍、キリン・グループで約一・四倍）と比較して格段に高い生産性の理由について、彼は、密植を避けるために面積あたりの種籾の量を減らしたことと、除草の時期および方法が適切であったことの二点を挙げている。すなわち、他のスタッフやアエタ達が、おおよそ一ヘクタールに一カバンの種籾を散播したのに対して、彼は〇・五ヘクタールほどの耕地に¼カバンを播いただけであった。しかも他の者が播種後一定期間放置した後、雑草がかなり繁茂し、強靭になってから除草を始めたのに対して、彼の場合は散播後まもなくして第一回目の除草を行い、さらにその後、二度にわたって早目の除草をくり返したのである。用いた肥料は二ガロンのみであり、他と比してむしろ少なめであった。

ミス・ローズの場合は、六月一四日と一六日に播種した後、二カ月近くを過ぎた八月一〇日より除草を開始し、それを終えるまでに延べ七三労働日を必要とした。それはトラックを用いた脱穀を除き、収穫までに要した全農作業、一一八労働日の⅔近くを占めており、除草がいかに大変であるのかを示している。同様に、ラバウ・グループのパン・ダワン夫婦の一年間の生活を日々調べた記録によれば、彼とその妻はサン・ルイス農場の一ヘクタール余の耕地に一カバンの陸稲を散播したのであるが、拡大家族成員の除草を手伝ったり、あるいは逆に手伝ってもらったりしながら、結局、延べ八一労働日を自分の常畑の除草のために投入していた。同様な調査を行ったキリン・グループのパン・ダロイ夫婦の場合、カキリガン農場とその外縁に新しく自力で開いた耕地の合わせて一・五ヘクタールほどに、一・五カバンの種籾を散播したのであるが、妻は産後の肥立ちが悪くて作業を手伝えず、また夫や娘は

表6　焼畑陸稲耕作の収支（1978年雨期）

所在地：Ondayon（0.3〜0.4ha）
種籾：Kalibo 品種½カバン
収穫：2カバン
投下労働量：延べ35労働日（1労働日の実労働時間は5〜6時間）

農作業内訳	
伐採：	8労働日
清掃：	6　〃
播種（穴播）：	8　〃
除草：	8　〃
収穫：	4　〃
脱穀：	1　〃

しばしば援助団体のスタッフに雇われて賃労働を行ったために、結局、自分自身の常畑の除草のためには延べ四一労働日を投入しただけであり、作付面積の半分の除草を終えることもできなかった。ミス・ローズの場合、午前中はだいたい七時から一一時半まで、午後は一時から五時半まで、途中の休憩を除いて正味八時間前後の労働を課しており、またパン・ダワンとパン・ダロイはカキリガン集落の中でも非常に勤勉で、一日平均して六〜八時間働いていた。したがって、一ヘクタールの耕地の除草をするためには、おおよそ七〇〜八〇労働日、あるいは五〇〇〜六〇〇労働時間を必要とすることがわかる。この作業は雨期の盛り、しばしば降りしきる雨の中でビニールを頭にかぶっただけで行い、かなり困難なものである。

常畑に比べると、焼畑の除草はそれほど困難なものではない。たとえばパン・ダロイ夫妻の娘のピイチャイは、野生バナナが主たる植物相の斜面をイトコのリトと共に伐採して開き（〇・三〜〇・四ha）、〇・五カバンの種籾を穴播して二カバンの収穫を得た。単位種籾あたりの収量は四倍と低いが、除草に要したのは八労働日、およそ五〇時間ほどに過ぎない。ミス・ローズが行わせた除草ほど完全ではなく、丈の高いものだけを取り除く粗雑なものであったが、それでも焼畑の除草は常畑に比べればかなり楽であるといえる。ただしそれは焼畑だからというよりも、焼畑であれ常畑であれ、新しく開いて一年目の畑は、雑草に侵食されることが比較的少ないためと考えられる。たとえばパン・ダワンが一九七八年に集落の近くのなだらかな丘を新しく開いて作った常畑は、一・五バルディ（3/8カバン）の種籾を散播して三カバンの収穫、すなわち単位収量八倍の生産を挙げたのだが、その除草は四労働日、三〇時間ほどで終了している。常畑の場合でも、一年目に生える雑草は少ないが、二年目、三年目となるにつれて急激に増えるという。焼畑農耕においては、この除草の問題を解決することが、一年毎に畑を放棄し、新しく別の場所に焼畑を開く理由のひとつになっていると考えられる。

　また焼畑農耕は、それに必要とする労働力を考慮した場合、単位時間労働あたりの生産性は常畑に比べて決して低いとは言えない。たとえば先述のピイチャイの焼畑では、〇・三〜〇・四ヘクタールほどの面積を伐採して、〇・五カバンの陸稲を穴播し、それを収穫、脱穀するまでに三五労働日を要したが（詳しくは表6を参照）、ミス・ローズの常畑と比べるため、仮りに一カバンを植えたとして換算しても七〇労働日にしかならない。しかもミス・ローズの場合、一日約八時間の労働を課したのであるが、焼畑における慣習的な労働は一日に五〜六時間程度である。焼畑の場合、粗放的であっても、食物の最低必要量を最も少ない労働で確保し得るという点において、極めて効率が良いのである。しかも陸稲栽培の場合にはある程度の除草を必要とするが、イモ類を植え付けた場合、頻繁な除草はなされず、その効率の良さはなお一層きわだっている。

　ピナトゥボ山一帯のアエタのあいだでの陸稲栽培は、フォックスが調査した一九四〇年代後半にはごく一部の文化変容の進んだグループを除いてほとんど見られず、食生活に占める割合もわずか〇・五％程度に過ぎなかった。しかもそれらのほとんどは、平地民との交易によって入手されたものであった（Fox 1952: 224, 246）。現在でも山

表7　サン・フェリペ地区稲作記録（1976年雨期）

	作付面積（ha）	収穫高（カバン）	単位面積収量（カバン/ha）
灌漑水田	4,042	197,494	49
天水水田	1,080	46,440	43
畑地	80	1,200	15
	5,202	245,134	

（Guanzon and Crispino, *Economic Survey of San Felipe, Zambales.* Table II Rice Production and Land Utilization より）

中に住むグループではイモ類のみを栽培している者も少なくないのであり、キリン・グループにしても、カキリガンに定着して援助団体の援助を受ける以前は、わずかしか陸稲を栽培していなかったという。そして現在、陸稲栽培を試み始めても、旧来の焼畑におけるイモ栽培と同様の粗放的な管理で、勤勉な除草を行わない者も多いのである。

以上の考察から、援助団体が犂耕農業の利点を強調するあまり、大量の労働力投入を必要とする除草の問題をほとんど考慮に入れず、一ヘクタールの耕地すべてに陸稲の散播を指導したことは、重大な誤りであったと言わざるを得ない。しかも多くのアエタが、援助団体の指導による常畑での陸稲栽培のほかに旧来の焼畑を維持し続け、その一部でも援助団体が配付した種籾を流用して陸稲を播種したことにより、限られた労働力を常畑と焼畑の双方に分散せざるを得なくなり、より一層除草が不十分となってしまったのである。

しかしながら、彼らにしてみれば、援助団体のたとえ善意にもとづく奨励や指導であっても、常畑における陸稲栽培にすべての労力を投入することを避けたのは、きわめて当然なことであった。それは単に新奇な試みに対する躊躇のあらわれではなく、何事であれ単一の生業にすべてを賭けることを嫌い、多様な食糧獲得手段を常に確保しようとする積極的な戦略の結果に過ぎない。生存のための最低限の保証を取り付けつつ、余力でもって新たな企てを試みることが、彼らがその生業において新しい文化要素を取り入れる際の方法なのである。しかも、そうした要素を受容した後でも、それ以前の生業手段を簡単には捨てないことは、弓矢による狩猟や川での漁撈、昆虫や野生植物の採集などを食糧獲得の重要な手段として現在に至るまで維持し続けてきたことを見れば簡単に了解できるであろう。あるいは焼畑農耕を取りあげてみても、そこで栽培されるのは、イモ類、マメ類、トウモロコシ、バナナ、陸稲、その他多様であり、イモ類にしても、家族によって比重の置き方が異なるが、基本的にはサツマイモ、タロイモ、ヤムイモの三種を栽培している。しかもその実際の栽培種を個々に見れば、フォックスの調査時において、各々少なく見積もってもバナナで一七種、タロイモは二二種、ヤムイモは二〇種、サツマイモは九種の異なった品種を利用しているのである(Fox 1952: 193, 222-226)。

すなわち、ピナトゥボ・アエタの生存のための基本的な戦略とは、その生業や食糧獲得手段における多様性を最大限に活用し、それによって危険を分散させ、必要最低限の食糧を常に確保するというものである。食糧獲得のための選択肢の幅をひろげ、それらを並置並存させ、各々の状況に応じて力点の置き方を変えながらも、いずれも最大限に利用してゆくことによって、彼らの社会は存続のために必要な柔軟さと強靭さとを我がものとしているのである。そうした視点から見れば、犁耕農業の失敗は、アエタ達の技術の未熟さや怠惰な労働によるものではなく、その試み自体がそうした多角的な生業の一部として位置づけられ、受容された過程の必然的な帰着であると言うことができるのである。

しかも、そもそも陸稲栽培については(22)、彼らなりに経験から得た知識にもとづいて、鳥害や虫害のほか台風にも弱く、したがって収穫がきわめて不安定なものであることを熟知しており、その一所専業を排したのは賢明で的確な判断であった。除草の困難さのほか、陸稲そのものがそれほど多くの収穫を挙げ得ない点については、サン・フェリペ行政域内の平地農民に関する一九七六年雨期の米作統計（表7）からも明らかである。それによると、八〇ヘクタールの陸稲耕地から一、二〇〇カバンの収穫を得ているが、それは一ヘクタールあたりの単位収量に換算すれば一五カバンに過ぎない。潅漑水田のそれが四八・八カバン、天水水田では四三カバンであることを比較すれば、あるいは先述のミス・ローズの陸稲栽培収支と考え合わせると、いかに効率が悪いか疑問の余地は全くない（先に成功例としてあげたミノール氏の事例も、一ヘクタールの単位面積に換算すればおよそ二〇カバン余りに過ぎないのである）。

筆者は焼畑農耕の有効性や優越性をいたずらに強調したり、援助団体のプロジェクトをすべて否定したりするものではない。焼畑は、虫害、鳥害、ネズミの害にさらされやすいほか、近年その適地が急速に減りつつあり、休耕サイクルも短縮化の傾向を示している。また平地開拓農民やプランテーション経営者によるアエタ・リザベーション内への侵入や土地強奪がこのまま続けば、アエタ達が旧来の焼畑農耕を継続して行うのが近い将来困難になるであろうことは、想像に難くない。したがって、定着犂耕農業を推進しようとする援助団体の存在とその意図は、十分意義あることと認めるのにやぶさかではない。しかしながら、焼畑農耕から常畑農耕への転換に際して、雑草に弱く管理の難しい陸稲の播種を奨励し指導したことは、その転換への第一歩として適策ではなかったのである。

こうして援助団体は、プロジェクトの失敗とさらにはスタッフ間の内紛、公金横領の疑惑による理事会とディレクターとの対立、八年分の予算をその半分の四年でほとんど使いきって資金不足に陥っていることなど、様々な問題をかかえ、筆者が引き揚げた一九七九年四月末までに三名のスタッフが去り、活動の停滞を一時余儀なくさせられた。しかし、その後新たな大口資金を得、一九八〇年には代わって換金作物としてのカッサバの植え付けが指導された。それらは援助団体が一括して買い上げ、サン・フェリペのデンプン製造業者に売却する約束であったが、市場価格の暴落を理由に業者が引き取りを拒否してしまったために、再度大失敗となった次第である。翌八一年には何も植え付けられないまま畑は放棄されてしまったのである。

そこで援助団体は、計画の全面的な手直しを行い、八二年からは新たに水田を造成し、水稲耕作を奨励するプロジェクトを立案して資金申請をするとともに、年間一五〇万ペソ（約三、〇〇〇万円）の予算資金を五年間分獲得し、肉牛、やぎ、豚の共同飼育や果樹栽培などを試み始めた。筆者が最後にカキリガンを訪れた一九八二年四月以降の経過に関する詳細は不明であるが、ひとりだけ残った農業指導員のフローレス氏が一九八四年の暮れ近く、サン・フェリペ町に出かけた帰りにトライスクル（オートバイの横にサイドカーを付け、人を運ぶ乗物）に乗ったまま以後その足取りが消え、行方不明となってしまった。共産ゲリラ（新人民軍）に通じているとの疑いをかけられ、国家警察軍によって誘拐され、殺害されたと言われている。

陸稲やカッサバ栽培の失敗のために、ラバウ・グループの人々は、勤勉さのゆえに家畜の世話等の仕事を援助団体から優先的に与えられる何人かを除いて、その大半が既に一九八二年の時点でもとのラバウ集落に家を作って生活の拠点をそちらに戻していた。一方、キリン・グループは、犁耕農業の失敗にもかかわらず、カキリガンにそのままとどまっている。彼らは、時々山に入って依然として移動焼畑農耕を行い、必要な食糧を確保する一方で、援助団体の各種プロジェクトの施設作りのための労働者として、またスタッフの家々の雑役を手伝うことによって、いくばくかの現金を得て暮らしているのである。そうした現金は、スタッフの経営する二軒のサリサリ・ストア（雑貨店）で使われ、スタッフの手元に還流しているのである（賃労働の機会提供も含めて、援助団体がキリン・グループの経済生活に与えた影響について、パン・ダロイ氏の家族を取り上げ、その一年間の食生活、収入、支出の細目を調査した。その詳細については付録パン・ダロイ夫婦家族の経済生活を参照）。

ただし最後に再び視点を変えてみれば、短期的には失敗であった犁耕農業プロジェクトも、長期的には必ずしも無駄な試みであったとは言えないであろう。援助団体側のもくろみは、犁耕農業による陸稲栽培を生業の根幹に据え、旧来の生活様式の全面的な変容を促すものであった。その限りでは上述のような不成功に終わり、結果として賃労働の機会を多く提供することによって現金経済への参入を促進した側面が大きいことを否定できない。しかしながら、逆にアエタの側から見れば、多様な生業の可能性のひとつとして犁耕農業という選択肢が加わったことはきわめて重要である。その技術の習得がいまだ不十分なものであったとしても、新たな食糧獲得手段の確保のための試行錯誤の過程においては、その場限りでは失敗に見えるいかなる企ても、まったくの無駄ということはありえない。つたないながらも彼らはカラバオを用いて犁で土を耕し、馬鍬をかけ、そうした農作業が終わればカラバオを川に連れて行って水浴びをさせ、草を喰ませた。それが自分達の畑であろうと、スタッフの畑のために賃労働者として雇われたものであろうと、そうした実践を通じて知識と技術を身につけたことは、将来に生ずるかもしれない、犁耕農業への力点の移動という新たな展開に備えた準備や布石と見ることができるのである。既に指摘したように、彼らの生業システムの特徴は、多様性の確保とその最大限の利用ということにある。そうしたシステムにとって援助団体のプロジェクトは、システム自体のあり方を変えることなく、ひとつの潜在的な選択肢の可能性を付け加えた、あるいはシステムの一部として受容されたと言うことができるのである。

第五章　病いの体験

本章は、彼らの宗教生活において特に重要な位置を占める治病セアンスを取りあげて、出来事という観点から病いとそれをめぐる対処について論ずるものである。出生、結婚、死亡等の人生の移行期において、あるいは植え付けや収穫などの農耕暦の節目において、ほとんど儀礼らしいものを行わないか、あるいは平地民の儀礼と同様なものをきわめて簡略に行うだけで、およそ儀礼的な行為を精緻化し発達させることに関心がないように見えるピナトゥボ・アエタ社会において、重病や長患いの平癒を願って催す治病セアンスは、例外的に複雑な手続と明白な目的を伴い、人々の強い関心をひきつけると同時に、それを積極的に表現し表出させるための場となっている。出来事としての病いと、その解決のための治病セアンスをここで取りあげるのも、それが彼らの社会における数少ない明確な儀礼的行為(1)となっているからである。

本章で事例として取りあげて具体的に論ずるのは、筆者の家の向いに住んでいたパン・ベンドイという男の病いについてである。特にその病いの原因を探り、それを取り除くために催された治病セアンスにおいて、マガニトと呼ばれる巫者に憑依した精霊と参集者とのあいだで交わされた会話を詳しく見ることを通して、病いの原因と経過、そして治癒に至る一連の過程について、人々がいかに納得可能な筋道の物語を共同で作ってゆくかを明らかにする。病いの体験と治癒という、言わば彼自身の個人的な体験であると同時に、その痛みが彼を取り巻く家族や親族によっても共有されているような社会的な出来事が、いかに人々に受容され、認識されるかを論ずるのである。

彼らにとって病いとは、具体的にはまず熱や痛み、脱力感などの身体の不快症状として現われ、それによって労働に携われないほどになると、深刻な問題として受け止めて何らかの対応措置を構ずる。日常生活を営めないほどの病いとは、それ自身が非日常的な出来事であるが、それを治すためのセアンスもまた、より一層きわだって非日常的な時空間となっている。そうしたアエタ社会における治病セアンスとは、まず巫者と病者と親族とが参加して行う、病いの原因を求めるための試行錯誤の過程であり、次いでそこで明らかにされた原因を巫者が取り除き放逐することによって病いが治癒されるという手続きから成っている。そして全体としては、病者が病いに導かれたのも当然と思えるような形で、彼（女）のそれ以前の経験の幾つかを有意味な連関を持って病いと結びつける、あるいは一度結びつけたものを再構成しなおす場となっているのである。すなわち治病セアンスは、病者の経験に関する病者自身と彼（女）を取りまく人々の理解や認識の枠組みの構成、並びにその再構成を集中して共同で行う場となっているのである。

さらには、そのようにして具体的な経験の幾つかとひと続きの因果関係で結びつけられた病いの体験は、たとえばパン・ベンドイの病いの物語（イストリア）として、彼の属するラバウ・グループの人々に共有され、記憶されることによって、過去の忘れがたい出来事を伝える物語の束のひとつとして受容されてゆくことになる。言い換えれば、本章は物語の生成と共有を、具体的な病いの事例を通して明らかにしようとする試みでもある。

近年、平地の開拓農民や商人、キリスト教の援助団体などにより、医薬品が紹介され、アエタの人々もそれがある種の病いにきわめて有効であると理解するようになってきている。重病の際には、病人を国道にある町の病院まで連れてゆくこともあるが、既に手遅れでそのまま息をひき取る場合も多く、逆に病院に連れてゆくと死んでしまうと恐れている者も少なくない。しかしいずれにしても、薬草や医薬品が効かずに病いが長びく時、あるいは精霊によって引き起こされていると考える時、現在でも治病セアンスを催して原因を究明し、その除去を行うのである。

フィリピンのいわゆるシャーマニズムについては、デメトリオが広汎な文献調査を行い、エリアーデの論考をふまえて、その位置づけを試みている。そしてその結論として、巫病や精神錯乱を伴う召命、成巫の過程、力の源泉としての水晶や魔法の石の保持、火の制御、等々、さまざまな側面において、インドネシアやマレーシアなどの東南アジア世界のシャーマニズムと深く通じている点を強調している。とともに興味深いのは、フィリピンのシャーマニズムに、脱魂型と憑依型の二型が存在していることを指摘している点である。前者の型については、ブレイヤー&ロバートソンの『フィリピン諸島誌一四九三―一八九八』に依拠しながら、スペイン支配初期の平地民（タガログ族やビサヤ族など）のあいだでは、シャーマンによる供犠、ドラムやゴングの伴奏によるダンス、震え、卒倒、口からのあわ、正気に戻ってからの託宣が、治病儀礼の基本的な特徴であったことを明らかにしている。また一九五〇年代のレイテ島における治病儀礼に際しても、その執行者であるタンバラン（*tambalan*）が、トランスにおいて精霊と交わした問答を、正気に戻った後で参会者に説明する事例を紹介している（Demetrio 1975: 695-698）。

現在では、北部ルソン山岳地帯に住むカリンガ族のあいだで、このエクスタシー・脱魂型シャーマニズムの典型的な事例が見られる。そこでは、祖霊や精霊などによって奪われた病人の魂を求めて、トランスに入ったシャーマン（*mangalisig, mandadawak, manganito* 等と呼ばれる）が村の周囲の精霊界を捜し回る。奪った精霊を見つけ出せばその理由を尋ね、魂を取り返す交渉をする。そうした霊界旅行から戻ってトランスから醒めると、そこでの体験を参会者に伝え、精霊を慰撫するためのしかるべき供犠を指示するのである（Dozier 1967: 59–62, Magannon 1972: 53–58）。

一方、フィリピンにおける憑依型のシャーマニズムについて、デメトリオはその存在を指摘しているだけで詳しい説明を加えていない。しかし現在の平地キリスト教民のあいだでも、たとえばラグナ州マハイハイ町でフォークカトリシズムについての調査を行った寺田（一九八三）は、新宗教運動の女性指導者が、集会において聖母マリアや幼きイエズスに憑依されて語る事例を報告している。本書で扱うピナトゥボ・アエタの場合も、そうした憑依型のひとつの典型と考えられる。

以下、パン・ベンドイの病いの事例を詳細に考察するが、その具体的な分析に入る前に、人間の霊魂と自然界の精霊とに関する彼らの観念、および治病セアンスの一般的手続について述べることにする。

一　霊魂と精霊

現在のピナトゥボ・アエタの観念によれば、人間の生命の根元は霊魂（*kaelwa* または *kalola*）である。この魂は、たとえば睡眠中に夢を見る時に一時的に肉体を抜け出すこともあるが、長期間離れたままでいたり、魂そのものが弱くなったりすれば、重病や長患いをする。魂が肉体を離れたまま再び戻ってこなければ死に至る。死後も魂は残ると考えられているが、魂の行方や死後の世界に関しては、あまり深い関心をもっていない。ある者は、死後の魂は天に上ると考え、別の者はピナトゥボ山の頂上にゆくと考えている。またある者は、タリペ・ダンス（アニト・セアンスの際の踊り）の上手な者の魂は上流のピナトゥボ山頂にゆくが、下手な者の魂はそれと反対方向で下流の丘陵地帯に突き出している小さな岩山のバガン山にゆくと説明する。(2) 魂の数にしても一つであると考える者がいる一方で、人間には五つの魂があり、そのうちの四つまでがなくなっても病気になるだけだが、五つ目がなくなると死んでしまうと主張する者もいる。

人が死んで土葬にされると、その肉は土になり、骨は火になると考えられている。また人が死んだり埋められたりした場所は、それ以後何年かは危険な場所となり、近くで焼畑を開くことや、狩猟、漁撈などをすることはタブー（*pamata*）となる。その理由は、悪霊（*kamana*）が必ずその近くを徘徊しているからだとされる。しかしその悪霊が死体に引き寄せられて集まってきたものか、あるいは死者の魂が悪霊になってそこにとどまることがあるのかについては、彼ら自身の観念もあまりはっきりしていない。

かつて死者が出れば、その家族は家を捨て、他へ移り住んだという（Fox 1952: 185-186）。現在でも死者が出た場合、あるいは病人が続出するような場合は、しばしば他に新しい家を建てて移り住むという例が見られる。病人が多く出るのは、そこの土地の霊（*laman nin lota*）が、人間が地上に住むことを嫌っていると考えるからである。ただし移住と言っても、焼畑地を循環させている一定の地域内に限られており、同一集落の別の地点ということも珍しくない。

生前の死者に対する記憶が薄れ、埋葬場所もあいまいになってくれば、また再びその土地を利用しても構わない。しかしたとえば死後数年を経ただけで、その近くに焼畑を開いたり、狩猟や漁撈をしたりしようとすれば、豚を殺し、その血と心臓、肉、皮のそれぞれの一部を生のまま、あたりの何カ所かに置いて、悪霊を慰撫しなければならない。

天に上った、あるいはピナトゥボ山に行った死者の魂は、やがて固有の死者の魂としては認識されなくなり、次第に死者一般（*minaci*）の範疇へと入ってゆく。死者は生者にとって基本的には危険なものであり、時には病いや災厄をもたらすと考えられているために、生者と死者が直接に接触することは、通常避けられている。[3] ただし死者は作物の凶作にも関与していると考えられており、陸稲の収穫後にはパータイ（*patay*）と呼ばれる次のような初穂儀礼を行う。[4]

初穂儀礼のためのアータン

筆者が目撃したのは、ラバウ・グループのキャプテンであるパン・メリシア氏が、その年の最初の刈り入れをした日の午後、その一部を集落に持ち帰り、行ったものである。彼は家の裏手、ピナトゥボ山の側の地面に一メートルほどの竹を突き刺し、その先端を割いてじょうごのような形にひろげた後、中にバナナの皮を敷いて炊きあがった米をひと握りほどの大きさに丸めて置き、その周囲には数本の稲穂を垂らした（このような供物はアータン——*atang*——と呼ばれる）。[5] そしてピナトゥボ山の側に向かって立ち、大声でこう叫んだのである。

（意訳）死んでしまっている方々、やって来て召しあがって下さい。このごはんはあなた方のものですから。この先の一年も、ネズミが稲を食べないようにして下さい。

ピナトゥボ・アエタのあいだでは、ネズミの害による不作は死者がもたらし、鳥の害による不作の場合には悪霊の仕業と考えられている。したがって供物の炊いたごはんは死者のため、周囲に垂らした稲穂は悪霊のためとされている。

以上簡単に見てきたように、人間の魂の数や、その死後の行方について、ピナトゥボ・アエタのあいだで意見の一致を見ることはない。そもそも死後の世界について、それほど深い関心や詳細な他界観などを発達させていないのである。しかしながら、後出の事例でも見るように、魂の衰弱や離脱を重病や死と結びつけて考えることは、広く共有されている認識なのである。そしてアエタ社会における死に対する人々の対応の主要な点は、まず第一にその死体を集落の外に埋葬し、そこから死者が戻って来ないようにすることであり、そして第二には生者達が感ずる心の痛みや悲しみ、喪失の意識をなるべく早く取り除く、あるいは追い払うことである。死後、その人の魂がどこに行くか明らかでないにしても、それはなるべく生者の世界とは離れて住み、生者の世界に干渉することのないように望まれている。霊魂として存在する死者や祖先が豊穣をもたらす源泉と考えられることはなく、むしろ逆に豊穣や健康に危害を及ぼすような存在と考えられているのである（c.f. Bloch & Parry 1982, Woodburn 1982）。

一方超自然的存在である精霊一般については、善霊のアニト（*anito*）と悪霊のカマナ（*kamana*）の二種類が存在する。

アニトは、人間を取り巻く自然環境のあらゆる場所に住んでいる。たとえば古木や特別の形をした木、竹やぶ、岩、ほら穴、小川などで、アニトはそれぞれ自分達の家族とともに、人間と同じような生活をしているのである。その性質は本来は善、少なくとも中立的と考えられている。しかし人間とアニトの住む世界が重複しているために、人間の日々の生活は、知らぬまに、あるいは誤って、アニトの住居や領域に侵入し、時にはそれを破壊し、危害を与えたりする可能性を常にはらんでいる。人間の側のそうした不用意な行為が彼らに危害を与えてしまった場合、彼らは怒り、人間に病いや災難をもたらすと信じられている。アニトもまた、後述のような人間の守護霊となるものを除けば、人間に対して一方的な恩恵を与えるものとは考えられていないのである。したがって、人間の側が環境に対して何か新しい働きかけを行う時、すなわち焼畑を開く時、木を切り倒す時、家を建てる時などは、それによって危害を及ぼすかもしれないアニトに対して、タバコや赤い布きれなどの供物を事前に供え、慰撫しなければならないとされている。こうした精霊と人間とが調和的に暮らさなければならないという世界観のゆえに、必要以上に焼畑を伐採したり、自然の恵みを不必要に乱獲したりすることが、注意深く避けられているのである（Rice & Tima 1973: 29-31）。

あるいは、日常の生活圏を離れて別の土地に足を踏み入れる時、たとえば象徴的境界となっている小川を越えたところで土くれをつまみ、鼻にあてて臭いをかぎながら、アニトの一種であるその土地の霊に侵入のことわりをし、危険を与えぬように頼まなければならない。そうしなければ病気になったり、目的地にうまくたどりつけず、同じ場所をいつまでもぐるぐると歩き回らされたりすることになる。

また筆者が、友人でかつインフォーマントの一人であったパン・ガタイと共に二月初旬にピナトゥボ山頂近くまで登った時、乾期の盛りの昼下がりというのに、突然東麓のパンパンガ州側から黒雲が押し寄せ、霧にまかれてしまったことがあった。続いて激しい雨が降り出し、我々二人は大岩の陰に逃げ込んで雨宿りをした。その時パン・ガタイは筆者の濡れたブリ帽子（ブリ—団扇ヤシ—の葉で作った麦わら帽子のようなもの）からブリの葉を一本抜き取り、自分のシャツでふいて水気を取った後、マッチで火をつけ、その煙をあおぎながら次のような言葉を二度真剣につぶやいたのである。

（意訳）アポ・ピナトゥボ、この煙をかいで、われわれを憐れんで下さい。どうか、雨を降らさないで下さい。
（アポは祖父母の親族名称であり、老人に対する尊称として用いられる）。

すると雨はしばらくしてあがり、偶然の一致に驚いた筆者に対してパン・ガタイは、彼の供物と祈りが通じたからであると強く主張した。この場合、ピナトゥボ山に住む多数のアニトではなく、ピナトゥボ山そのものが超自然的な主体をもった存在として見なされているのである。また、たまたま取りやすいということでブリ帽子の一部を燃やしたのであるが、身に付けているものや、身の回り品で燃えるものは何でも構わないという。その煙が重要と考えられているのである。(6)

人間とアニトとは同じ世界に住んでいるのであるが、人間の側はアニトを見ることができない。しかし、アニトに危害を与えることなく何らかの形で直接的に交流を持つ時、たとえば夜間あるいは昼間に直接アニトの姿を認めたり、あるいは夢の中にアニトが何度か現われたりすると、以後そのアニトは守護霊になってくれると信じられている。そうした場合、アニトは人間や動物の姿をして現われるという。アニトを守護霊として持つと、たとえば見知らぬ人に出会った時、その人が危険な人物である場合には気をつけるように教えてくれる。アニトが両肩のあたりにいて、心の中でささやいてくれるという。こうしてアニトとの直接的な交流によって、人間は個人的な守護霊を持つことができるのである。一人で二つ、三つのアニトを持つことも可能であるが、逆にアニトを持たない者も少なくない。また望めば、後述のアニト・セアンスにおいて、既にアニトを持っている者から譲り受けることができる。トランスに入った者が希望者の肩や腰のあたりを両手でつかみ、激しく震わせることによってアニトを送り込むのである。アニトが入れば体が自然に震え出すのであるが、一般に男の体は固くてアニトが入りにくいとされている。

一方、悪霊のカマナは、その性質が本質的に邪悪な精霊一般に対する総称である。アニトが特定の場所に住んで家族を持っているのに対して、カマナは姿形があいまいな上に決まった棲処を持たず、いつでもどこでも気まぐれにやって来て、たとえ人間の側に落ち度や侵犯がなくとも危害を及ぼすと考えられている。

善霊、悪霊一般としてのアニトやカマナのほかに、エンカンターダ（*Engkantada*）、バランダン（*Balandang*）、バランディン（*Balanding*）などの固有の名前を持った超自然的存在も見いだすことができる（Fox 1952: 305）。

二　アニト・セアンス

ピナトゥボ・アエタの人々も、咳や風邪、単なる頭痛や腹痛、皮膚病などの、それほど重くない日常的な病いに関しては、その原因を精霊の仕業と考えたり、何らかの超自然的な力と結びつけたりはしない。原因の特定に関心を向けるよりも、具体的な対症療法として、まず薬草の処方などを試みるのである。かつては狩猟採集民として、現在は移動焼畑民として、彼らの生活はその自然環境に強く依存してきているゆえに、彼らは薬草とその処方に関してきわめて豊富な知識を有している。ある種の症状に対して幾種類もの薬草が効果を発揮し得ると考えており、ある特定の薬草が効かなければ別のものをためしてみたりする。(7)

しかしながら、そうした薬草（時には市販の医薬品）を用いても何の効果もない時、軽いと思っていたものが案外長びいてなかなか治らない時、あるいは通常の病いとは違った特異な症状や経過をたどる時、人々は必ずその背後に何らかのしかるべき原因があると考える。ただし人知の及ぶ範囲は限られており、ましてその病いが精霊などの超自然的存在によってひき起こされている可能性が強い時、アニトの助けを借りなければ人は何も知ることはできない。そこで治病セアンス（*anitowan*—以後アニト・セアンスと呼ぶ）を催し、マガニト（*manganito*）[8]のアニト＝守護霊を呼び出して病いの原因を尋ね、それを取り除くように頼むのである。

アニト・セアンスは次のような手続きで行われる。

病いが長びいた時、重い時、あるいは何らかの超自然的存在の関与を示すような特異な症状を呈する時、病者の親族はマガニトのところに行き、アニト・セアンスを依頼する。マガニトは多くの場合、朝のうちに病者の家に行き、まず自分のアニト＝守護霊に病いの原因を探るよう口のなかで唱え、続いて病者の体に強く息を吹きかけてアニト＝守護霊を送り込む。その後しばらくマガニトは病者の家にとどまり、病者や家族と雑談し、病いの経過や特徴的な症状などについて尋ねる。その際、病いの症状に効くと思われるもので、まだ試していない薬草を使ってみるように勧めたりすることもある。

マガニトは、家に戻った後は普通の日常生活を続けるが、終日家の周りで過ごし、遠出をしたりはしない。病者の体に遣わしたアニトが帰ってくると、突然深い吐息が出始める。この時、マガニトは、思いあたる病いの原因についてアニトに尋ねてゆく。たとえば悪霊の仕業かと尋ね、それが当たっていれば吐息は止まる。問いが的を得ていなければ、それ以外の心当たりについて吐息が止まるまで続ける。病いが超自然的存在とかかわりがあるとされれば、アニト・セアンスを催す。

アニト＝守護霊が戻ってくるのは、このように日中の活動時間のこともあるが、夜になってマガニトが寝てから戻り、夢の中でしかるべき対応を教えてくれることが多い。夢はアニトとの交流の重要な手段と考えられているのである。夢の中でアニト・セアンスを行う、あるいは特定の薬草を処方する、豚を殺す等々を具体的に教えてくれるという。しかしながら、アニト=守護霊が夢の中でどのような形で現われ、どのように指示を与えるのか、筆者はマガニトから詳しい説明を受けることができなかったため、不明である。

原則としてはこのように、病者の体を調べたアニト=守護霊がマガニトに対してアニト・セアンスを行うように指示して初めて、マガニトはセアンスの必要を病者の家族に伝え、その準備を促がすのである。しかしながら、マガニトに診断を依頼し助力を願うのは、既に病いが長びいていたりして精霊の関与を疑わせるのに十分であるからであり、通常は次のアニト・セアンスに進むことがほとんどである。あるいは、アニト=守護霊を病者の体に遣わした後、それが戻って指示を与えてくれることを待たずに、そのままその晩にアニト・セアンスを行う場合も多い。

実際のアニト・セアンスは、夜になって夕食を終えて一段落した頃、病人の拡大家族のみならず時には集落の友人や知人らも病者の家に集まって始められる。病者の家が小さければ、別の家で行うこともある。人々は壁にもたれるように座り、真ん中の空間が踊りの場となる。アニトは最近普及してきているオイル・ランプ（空瓶に石油を入れ、布きれの芯をつめたもの）の臭いを嫌うので、あたりを照らすためには、みつろうで作ったろうそくを用いる。アニトの中には、人がタバコを吸うのや、笑い声をあげるのを嫌うものもあるという。またセアンスの前に「白い水」と称して、マガニトがジンを飲むこともある。

そのうちに手製の四弦ギターによる伴奏が始まる。ちょうどリズム楽器のように、数種類の和音を速いテンポで打ち刻んでゆくのである。単調なリズムの繰り返しが続き、興に乗って来た者が、タリペと呼ばれる、両足をすばやくステップさせ両手を激しく振るダンスを、ギターの伴奏に合わせて踊り始める。セアンスに参加している者は

娯楽のためのサヤワン（ダンスの集い）でタリペ・ダンスを踊る女

誰が踊ってもかまわない。一人が疲れるとまた別の者が踊り出し、切れ目なく踊りは続けられる。時には三、四人が一緒に踊り、次第にその場の興奮が高まってゆく。そのうち、マガニトも踊りに加わる。ときどきマガニトは踊りをやめて立ちすくんだり、突然腰が抜けたように床にくずれ落ちたりしながら、激しく踊り続ける。ギターの伴奏も、マガニトの動きに合わせ、その興奮をより高めるように緩急強弱のリズムをつけながら弾き続けられる。ダンスが長びけば、途中で奏者が交替する。周りを取り囲んだ人々も、ときどき高い歓声を挙げて、マガニトの興奮をあおる。

ギターの伴奏とタリペ・ダンスが始まっておおよそ三〇分から一時間ほどが過ぎると、セアンスの場全体の雰囲気とマガニト自身とが興奮の極に近づく。するとマガニトは、突如首を激しく振り、体を小刻みにふるわせながらトランス状態に入る。それはちょうど両肩のあたりに隠れているアニトが、熱を伴って頭の上の方へあがるようなものであるという。マガニトがトランスに入ると、ギターの伴奏は止まる。アニト・セアンスにおいて主導的な役割を果たすのは、既に病者の体にアニト＝守護霊を送り込んだマガニトであるが、アニトを守護霊として持っている者は誰でも、タリペ・ダンスを踊ることによってトランスに入ることが可能と考えられている。次節で見る事例においては、主導的なマガニトのほかに三人のマガニトがトランスに入っているのである。

逆にアニト＝守護霊を持っている者の中でも、セアンスの場において、ほとんど常にトランスに入る者だけがマガニトと呼ばれるのである。彼女達は「強いアニトを持っている」と考えられている。男でもマガニトになることはできるが、女がなることがほとんどである。マガニトは、セアンスの時以外は普通の人々と同様な日常生活を送っている。

完全なトランスに入ると、マガニトの震えは止まり、それまで興奮の極みにあったセアンスの場が一転して静かになる。マガニトの激しい息づかいのみがしばらく続き、出席者はそれを緊張して見守りながらアニト＝守護霊が語り始めるのを待つ。アニトが語る言葉は、マガニトの日常の声色とは全く異なって発せられる。

出席者は誰でもこのアニトに対して病気の原因について尋ね、実際にその原因を取り除いてくれるように頼むことができる。たとえば病気を引き起こしているものが、悪霊（カマナ）だったりすると、その悪霊を追い払い、魂を取り戻してくれるように頼む。アニトもそれに応じて病者の体から何かを引き出すような仕草をしたり、それを壁に打ちつけたり、窓から外に投げ捨てたりする。あるいは次節で見るように、アニトに頼んでその悪霊を捕まえてきてもらい、供物を与えて病者から立ち去るよう出席者が悪霊を直接に説得することもある。病気を起こしているものが、人間の側の不注意な行動によって被害を受けた自然界の精霊（アニト）である場合も、同様な直接交渉を行い、慰撫する。そうした場合、アニト＝守護霊は、いったんマガニトの首か肩のあたりにさがり、悪霊や精霊が逃げ出したりしないよう見張っていると考えられている。また、アニト自身が病気の原因を説明したり、しかるべき供儀を指示することもある。

ただし、こうしたセアンスの場に現われたアニト＝守護霊は、最初から病いについて語るわけではない。出席者との応答に導かれて病いについて語り始めても、その原因を明快に説明することは少なく、初めのうちは多様な解釈を可能にするようなあいまいな形で応答が進められてゆく。あるいは、まずアニト＝守護霊が病いの原因のひとつの可能性を示唆し、それについて出席者同士が意見を言いあったり、アニトにささやかな異議申し立てをしたり、さらに別の可能性について尋ねたりするのである。病者の家族や近い親族が多く発言するが、出席者は誰でもアニトとの応答に加わることができる。時にはアニトとの応答から離れて、人々は全く関係のない話題や噂話に興ずることもある。アニトの方もまた、一方的なメッセージを歌の形で抑揚をつけて語ることもある。セアンスの場の緊張がとぎれると、再びギターが激しくかき鳴らされ、場の雰囲気をひきしめる。その際マガニトが再び踊ることもある。いずれにしてもマガニトのトランスは一時間ほど続くことが普通で、その間、緊張と弛緩とが交互にアニト・セアンスの場を支配する。こうしたアニト＝守護霊との質疑応答のなかで、病いの原因とその対処法とが、出席者全員に納得できる形で明らかにされてゆくのである。(9) それが成功しなければ、アニト・セアンスは二晩、三晩と続けられてゆく。

三　事例研究

以下、本節と次節で報告しようとするのは、筆者の家の向いに住んでいたパン・ベンドイ氏の病いと、計五晩にわたって行われたアニト・セアンスの経過についてである。最後の晩に彼の病いの真の原因が明らかになった際、アニトと出席者とが交わした会話を録音することができたので、その中の最も主要な部分について訳出し、両者が病いをめぐる物語を共同で作りあげてゆく過程について考察する。そこにおいては、病いの原因を特定し、次いでそれを排除するというアニト・セアンスの核心部が、言わば即興劇として組織されていることを明らかにするのである。

まず、彼の病いと関係のある、その時にはそうは思わなくても、最終的には関係ありと意味づけられた出来事を、簡単に整理しておく。

パン・ベイドイ氏と子供

パン・ベンドイ氏は一九七九年当時二〇歳代の後半で、妻とのあいだに五歳くらいの長男、三歳くらいの長女、一歳足らずの次男があった。彼が病いへと導かれることになる物語のそもそもの始まりは、まだ彼が独身の頃、当時からさらに一〇年近くも昔にさかのぼる。

以前、彼の拡大家族がサン・ルイスに住んでいた頃、彼は父親と共にインタブラドの近くにコウモリ猟にでかけたことがあった。コウモリの狩猟は夜に行うのだが、その途中、葉のほとんどない大木の近くまで来ると、何者かに見つめられているような気配を感じた。顔をあげて見回すと、その大木のふたまたになった枝のところに、ちょうどアメリカ人に似た巨人（後出ビナグーナン）が座って二人を見下ろしていた。その髪は白っぽく、体全体も火

ナイフで削って尖らせた門歯を見せて笑うパン・フクリ氏

か光のようにぼんやり輝いていた。[10] 突然のことに驚き、思わず大声をあげてしまうと、その巨人は消えてしまった。

　それから一年か二年して、今度はボアグ（地名）の先で、果樹に集まる鳥たちを弓で射る狩をした帰り途、小川にさしかかると、体が子供のように小さく、髪を腰のあたりまで垂らした女が洗濯をしているのを前方に見つけた。不審に思ったが恐れずに近づいてみると、その女は一目散に逃げ去り、あとにはハンカチだけが残されていた。パン・ベンドイはそのハンカチを拾いあげ、家に持ち帰った。その後、彼の拡大家族はイバッドに移り住み、彼はブルブル集落の女と結婚した。しかし妻が三回続けて流産や死産を繰り返したために、マガニトに頼んでアニト・セアンスを行ったところ、そのアニト＝守護霊は、次のように原因を説明した。すなわち、彼の父親や祖父の行った殺人による汚れ（*domi*）[11]が、パン・ベンドイの体に受け継がれたために彼の血がにがくなり、一方、妻の血は甘いために、二人の血がうまく混じり合わず、結局胎児が死んでしまうのだと。そしてアニトの指示に従って豚を殺し、汚れを取り除く儀礼をしてもらったところ、それ以後に生まれてくる子供は元気に育つようになった。

儀礼の次第は以下のようであったという。まずマガニトがパン・ベンドイの肩にジンを垂らし、それが腕を伝って指の先から落ちるところをコップで受けながら、もう一方の手でボロ（山刀）を握り、その刃を腕に当てて削ぎ下ろすようにジンを拭きとる。これを両肩で行って体内の汚れを取り除いた後、コップにたまったジンに生米と殺した豚の血を加える。そうしてそのコップを川に持って行って流れの中に投げ捨て、そのまま後ろを振り返らずに帰ってきたのである。

しかしながら三人の子供が無事に生まれた後、一九七九年の初め頃から、彼の家族が次々と病いに伏した。とりわけパン・ベンドイの病いは重く、下痢が止まらず熱も下がらないために、焼畑と常畑の準備が進まなかった。いろいろと薬草をためしてみたがほとんど効果がなかった。それでマガニトにアニト・セアンスを頼んだのである。二月二日の朝、マガニトが彼女のアニト＝守護霊をパン・ベンドイの体の中に送り込み、それが戻ってきた時、彼女は強く息を吐き始めた。何か理由があって、アニト・セアンスをした方が良いのかと尋ねたところ、吐息が止まったという。そこでさっそくその晩、アニト・セアンスを行ったのである。

そのセアンスにおいてアニトは、パン・ベンドイの病いは、ずっと以前、彼がボアグの先で見かけた小人（後出パチアナック）の娘が、パン・ベンドイに忘れられてしまったことを悲しく思い、自分のことを思い出してもらいたくて引き起こしているのであると説明した。このような病いの解釈の背景には、小人の髪の毛を抜いて持っていれば、以後小人は常にその人とともにいて危険から守ってくれる。また逆に人間はその小人のことを忘れてはならないという信仰が見いだせるのである。[12] そしてアニトは、パン・ベイドイが今までその小人の娘のことを忘れたままなおざりにし、ひどく悲しませたことのつぐないとして、ダンスパーティー(*hayawan*)[13]を催し、彼女を楽しませてあげなければならないと指示した。そこで次の晩、パン・ベンドイは家の横の空地でダンスパーティーを開き、集まった人々に町で買った菓子パンとコーヒーをふるまい、陽気に騒いでもらったのである。

その後、パン・ベンドイの病いは少しばかり良くなったが、それでもすっかり治りきらないために、もう一度アニト・セアンスを行うことにした。四月六日の晩にそれが催された時、出席した者達は皆、病いの原因は小人の娘にあると考えており、そこでまず、その娘をパン・ベンドイの体から呼び出し、ダンスパーティーの後も何が不満でひき続き病いを起こしているのか、直接に確かめようとした。

三人のマガニトのうち、まず補助的な役割の二人、インドン・マリイットとインドン・ガタイがあい次いでトランスに入った。二人は出席者との会話をほとんどせず、パン・ベンドイの手を引いて立ち上がらせると、彼にもタリペ・ダンスを踊らせはじめた。彼をトランスに導き、体の中に入り込んでいる小人の娘を招き出すためであった。パン・ベンドイの手を握り、マガニトが軸になってその周囲をぐるぐる踊り回らせたり、逆に彼の周囲をはやし立てるように踊り回ったり、時には彼の両上腕部や肩をしっかりつかんで激しく揺すったり、さまざまなことを試みた。パン・ベンドイもそれに応えるように必死になって踊り、そのうち二人のマガニトは横にしりぞき、彼一人が踊り続けた。そして突然、足がもつれるようにして倒れ、うずくまると右手の人差し指がふるえ始め、それが上腕から肩へとひろがっていった。二人のマガニトは興奮をあおるように再び彼の周りを踊り始め、他の出席者も歓声を交互にあげてはやしたてた。二人のマガニトはパン・ベンドイの体に宿る小人の娘に対して、病いを引き起こしたことに怒ってはいないので、恐れず、恥ずかしがらず、出てきて話をしてくれるように説得した。

しかし、パン・ベンドイのふるえは肩まで上がったところで止まってしまい、彼は再び激しく踊り始めた。続いて、前二回のアニト・セアンスを行い、今回も主導的な役割を果たしているインドン・マコポイがタリペ・ダンス

インドン・マコポイと孫達

を本格的に踊り出し、トランスに入った。彼女も前の二人のマガニトと同様にパン・ベンドイの踊りを巧みにリードしたが、この時、パン・ベンドイは倒れるようにひざをつくと、肩を震わせ、首を激しく左右に振り始めた。ギターは強く、速いピッチでかき鳴らされ、周囲の者も声をあげて励ました。すると彼は突然立ちあがり、またしばらく一人で踊り続けた。再びくずれるようにひざをつくと、ギターの伴奏はさらに激しくなり、パン・ベンドイも前より一層鋭く、小刻みに両肩や上半身を震わせ始めた。突然その動きが止まると、それまで緩急をつけて興奮の極へ追い上げるようにして弾かれていたギターが止まり、一同は声をひそめてパン・ベンドイを見守り、小人の娘が彼の口を通して何か語り始めるのを待った。パン・ベンドイは床に腰をおろして座り、ひざを立ててそれを両腕で抱えるようにして頭をうずめ、肩で大きく息をしていた。それまでに一時間ほどが過ぎていた。しかしながら皆の期待に反して、そのまま彼は虚脱状態におちいり、何もしゃべらなかった。マガニトたちもそれ以上は踊り出さず、やがてトランスからも覚めてしまった。

翌晩、同じような経過のアニト・セアンスが行われたが、この時も小人の娘はパン・ベンドイの体から出てこないために失敗に終わった。

その次の晩にはパン・ベンドイもやっとトランスのような状態に入ったが、全く意味のわからぬことを少ししゃべっただけであった。この時になって人々は、病いの本当の原因は小人の娘ではないのかも知れないと思い始めた。

マガニトはトランスから覚めると、トランス中に自分が言ったこと、行ったことをすべて忘れてしまっているので、出席した人達からその時の様子を後で教えてもらう。この時、その解釈をめぐって人々と意見を交わしたり、人々の納得の仕方を受け入れたりして、次のセアンスに臨むのである。すなわち、一晩のセアンスで病いの原因が究明されない時、アニトが与えた示唆にもとづく人々の解釈を、逆にマガニトが究明のための重要な糸口として、次のセアンスで用いるという、相互作用が見られるのである。

こうして、パン・ベンドイがトランス様の状態の時にしゃべった意味不明の言葉、そしてそもそも小人は人間の守護霊にこそなれ、理由なく人間を長く苦しめたりするはずがないという信念、この二つがあいまって翌九日の晩のセアンスの際には、パン・ベンドイを踊らすことはなかった。その代わりに、インドン・マコポイのアニト＝守護霊がパン・ベンドイの体の中に再び入って病いの真の原因である巨人（ビナグーナン）を捕まえ出し、人々がそれを慰撫し、奪われていた魂を取り返したのである。

四　病いをめぐる即興劇

以下に報告するのが、その時にアニトと人々とのあいだで交わされた会話である。限られた紙幅の関係上、セア

図2　マガニトおよび発言者の親族関係図

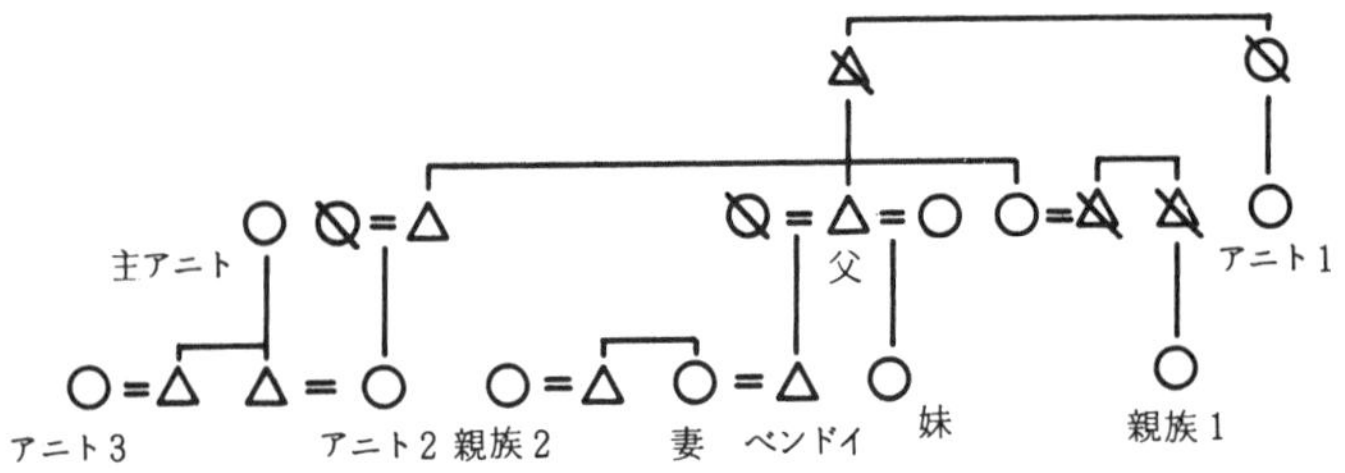

ンス全体の会話の中の最も重要な部分のみを、原語のニュアンスを損なわないようにして訳出した。会話に参加する人々、マガニト、および病者であるパン・ベンドイの関係は図2の通りである。

〈主導的マガニトのインドン・マコポイは、トランスの中で再びタリペ・ダンスを踊り始める。突然踊りが止まると、彼女はパン・ベンドイの体から両手で何かを引き出す仕草をし、そのまま床の上に仰向けに倒れる。パン・ベンドイの体から取り出した巨人（ビナグーナン）が逃げ出さないように、両手をしっかり合わせている。周囲の者が彼女を抱き起こして座らせるが、その表情は固くこわばっている。〉

ベンドイ　あれ（主アニト、同時にビナグーナン、の表情）を見てくれ。どうしてあんなに醜いのだろう。

父親　そうだ、確かにあれが息子に取り憑いていたものだ。ずっと一緒だったに違いない。

アニト1　その通り。あれが彼と一緒だったのだ。

アニト2　そう、あれが初めから彼に取り憑いているのだ。

親族1　（主アニトに向かって）私のアニト、どうかそれを彼から取り除いてあげて下さい。

父親　あれがいつも息子を病気にしていたのだ。

親族1　彼に取り憑いているやつを取り除いて下さい、私のアニト、それは性悪なのかもしれないですから。

アニト2　（主アニトに向かって）それが性悪かどうか調べてみて下さい。それが最初に彼に取り憑いたのです。

父親　それがいつも息子につきまとっているのだ。それは人間を食べてしまうのだ。

ベンドイ　そいつはビナグーナンだ！

〈この時点で初めてパン・ベンドイは、彼を病気にしているのがビナグーナンであると思い至る。〉

アニト2　そいつがそうなのだ。

主アニト　そいつを捕まえてこよう。

〈しばらくの間、主導的マガニトのインドン・マコポイは、アニトとビナグーナンの両方のアイデンティティーを有していたが、この後、アニトは首か肩のあたりに下がり、彼女はビナグーナンとして振舞う。インドン・マコポイの体は激しく震えている。〉

親族1　（ビナグーナンに向かって）お前はおとなしくしなさい。暴れてはいけない。おとなしくしなさい。お前を捕まえてきたのは、だいぶ年を取っているのだから、おとなしくしなさい。暴れてはだめだ。何か悪い目を見たわけでもないのだから、暴れてはだめだ。おとなしくしなさい。（インドン・マコポイの体を）揺り動かさないように、彼女の体がばらばらになってしまうから。もしお前が彼ら（パン・ベンドイの家族）から出て来たのなら、おとなしくするように。

アニト2　彼女（インドン・マコポイ）に取り憑いたのが、おとなしくなってもらいたいのだ。体を揺り動かしたりしないで。

アニト1　（主アニト＝インドン・マコポイに向かって）どうか彼（ビナグーナン）をおとなしく座らせて下さい。
〈ビナグーナンは怒って、インドン・マコポイの体を床の上に倒そうとしている。インドン・マコポイは再びタリペ・ダンスを踊る。〉
親族1　お前は彼女に怪我をさせたりしてはいけない。彼女の友達にならなくてはいけない。
アニト3　彼（ビナグーナン）とはうまく話さなければならない。
アニト1　彼はもう逃げ出すことはないから、しばらくの間、彼と話し合ってみよう。
〈インドン・マコポイは両手を強く合わせたまま腰をおろして座り、ギターの伴奏も止まる。〉
アニト3　お前（ビナグーナン）がここにやって来た時に、何も悪い目を見なくて良かった。
アニト1　だからお前を連れて来てもらって、うまく話し合いができるようにしてもらったのだ。
出席者（不明）　そうだ。
妻　そいつ（ビナグーナン）をよく見張っていて下さい。
ビナグ　ふぅー、ふぅー、ふぅー
アニト1　円満に話し合おう。もしお前がここで何かひどい目にあったのなら……。けれどもそんなことはない。われわれは皆、善人なのだ。
ビナグ　ふぅー、ふぅー、ふぅー
親族1　（既に平ざるの中に用意してあるのを指しながら）お前はあの布が欲しくないのかい？　彼（パン・ベンドイ）はハンカチを取ったけれども、あいつ（ビナグーナン）がその持ち主だったに違いない。

〈巨人と小人に出会ったパン・ベンドイの経験を、ひとつに結びつけて理解しようとしている。〉
ビナグ　ふぅー、ふぅー、ふぅー
アニト1　彼がお前の布きれを取ったのか？
ビナグ　ふぅー、ふぅー、ふぅー
アニト3　彼はどこで布切れを取ったのか？
ビナグ　ふぅー、ふぅー、ふぅー
父親　マカクハル（土地の名）でか？　あいつはマカクハルの霊だ。
妻　われわれのアニト、どうか調べてみて下さい。
父親　（部屋の中で立っている者達に向かって）おい皆、彼女（主アニト）の周りに座ってくれ。（ビナグーナンが暴れ出しても押さえられるように。）
アニト3　皆さん、座って。
父親　だから、座ってうまく話し合ってみよう。（ビナグーナンに向かって）お前がここに来た時、何も悪い目にあわなかったのだから円満に話し合おう。
親族2　お前は顔をそむけずに、われわれとちゃんと向き合ってもらいたい。
アニト2　もしお前がここで何か悪い目にあったのなら……。けれどもわれわれは善人だ。人々は善人なのだから、どうしてそんな風にするのか？
父親　お前、お前がずっと悪いのだ。けれどもわれわれは、お前のことを怒ってはいない。
妻　あいつはまちがいを犯しているだけだ。（誤って病いをひき起こしているのだ。）

ビナグ　ふぅー、ふぅー、ふぅー
父親　お前の性向はもともと良いはずだ。
ビナグ　ふぅー、ふぅーふぅー
親族1　あれ（主アニトがタリペ・ダンスを踊ったこと）が、あいつを怒らせているのだ。あなた（主アニト）があいつを踊らせたから、それが怒らせているのだ。
父親　お前はどうしてアニト達に姿を見せたのだ。私が望むのは、お前がわれわれに何かしゃべって、われわれがその通りにしてあげることだ。
ビナグ　ふぅー、ふぅー、ふぅー
親族1　お前は何かしゃべっているのか？　一体何が欲しいのか？
アニト1　何が欲しいのか全部われわれに言ってごらん。
ビナグ　ふぅー、ふぅー、ふぅー
父親　たぶんあの赤いやつ（布きれ）を取るだろう。
親族1　白いやつもきれいな布きれだ、あの赤いのではなくて。
ビナグ　ふぅー、ふぅー、ふぅー
ベンドイ　俺が取ったのは白いハンカチだった。
父親　お前が取ったハンカチをあいつに返してやりなさい。
ベンドイ　どうしてそのハンカチを返さなくてはならないのですか？
ビナグ　ふぅー、ふぅー、ふぅー

アニト3　それはあいつのハンカチなのだ。
アニト1　お父さんに聞きますけれども、あいつに対するあなたの答えは何ですか？　お父さん、あなたがそれを言わなければいけません。
アニト3　そうです、彼がまず言わなくてはいけません。
妻　そうです、彼女（アニト1）は実際、（ビナグーナンを見る）目を持っているのです。
父親　ともかく私が言いますけれども、私のアニト。けれども、あなたが話してくれた方がずっといいです。
アニト1　あいつは欲しがっていたものを与えられたから、もう戻ってくることはないでしょう。
ビナグ　ふぅー、ふぅー、ふぅー
アニト1　ハンカチの代わりにこのセアンスを催したのです。あなた（父親）は謝り方を知らないと、あいつが言っていた。彼（父親）は謝り方を知らないのだから。
アニト2　彼ら（アニトを持たない普通の人々）は、われわれが教えてあげなければ何もわからない。もしこの布きれでなければ、他に何が欲しいのか？　われわれはそれを捜し出して来たのに。
アニト1　ほら、ここに、これ（布きれ）を捜させたのはお前（ビナグーナン）だよ。そのことをよく考えなさい。あとでこの布を持たせてあげるから。もうこれ以上、われわれと約束したものはないはずだ。
再びわれわれのところに戻ってきてはならない。
父親　それ（ハンカチの代わりの布）をあいつに返せば、自分の土地へ帰ってゆくだろう。だから、お前（ビナグーナン）、自分の土地に帰りなさい。お前を連れてきたもの（アニト）が、お前を連れていってくれるから。

アニト3　もしそのひと（主アニト）がお前の尊敬するひとでないのなら、お前はその「肩に乗る」（憑依する）べきではない（自分の土地まで運んでもらうために）。
ビナグ　ふぅー、ふぅー、ふぅー
父親　お前は夢の中にも現われてはならない。
親族2　それが本当に小人（パチアナック）ならば、何か言うはずだ。
〈病気を起こしているのがビナグーナンであると全員が了解しているわけではなく、このように依然としてパチアナックの可能性を捨てていない者もいる。会話の進展に応じて、各自が納得するような妥当な解釈が作られてゆくのである。〉
アニト1　だからあなた（パン・ベンドイ）は、「私が取ったあのハンカチの代わりに、これ（セアンス）を催しているのだ」と言いなさい。
ベンドイ　はい。わかりました。
アニト1　だからあなた、「病気を引き起こす口実とならないように、私はその代わりをあげたのだ」と言いなさい。「もしお前が本当なら何かしゃべるはずだ」と言いなさい。
妻　そうです、あなた、言って、「もしお前が本当のアニトなら……」と。
ビナグ　ふぅー、ふぅー、ふぅー
アニト1　お前（ビナグーナン）、彼に姿を見せてあげなさい。
アニト3　もし彼女（パチアナック）が人間の体に宿っているのなら、彼女はわれわれを病気にしたりはしない。そしてもしお前が魂を取るとすれば……。

親族1　彼女（パチアナック）は魂を取らないだろうと、アニト達が言っている。
妻　たぶんお前は自分の姿を隠しているのだろう。
アニト3　たぶんふざけてわれわれをだまくらかしているのだろう、そうでしょう？
妻　食べ終われば、あいつは去るでしょう。
ベンドイ　お前が魔法をかけているから、俺はお前の夢を見るのだ。お前はたとえ首を切り落とされても、魔法をかけようとするだろう。
アニト3　どうしてなの、私はお前が魔法をかけている母親（マガニト）の娘（アニト）です。あんなに遠くに住んでいるのに、どうして呼ばれてしまったのですか？（彼女はピナトゥボ山の東麓側、徒歩で丸一日かかるパンパンガ州の集落から来ている。）
妻　実際あれ（ビナグーナン）は、自分を隠しているのだ。
父親　だからあいつが立ち去るように、何を欲しがっているか知ろうとしているのだ。あいつが病いを引き起こしに戻って来さえしなければ。あいつに善良になるように教えてあげよう。
アニト1　彼ら（ビナグーナン達、パチアナックも含めているのか否かは不明）が要求したから、この小さなセアンスが催されたのだ。
親族1　だから彼（ビナグーナン）は、「あなた方が全部（要求どおり）やったから、私の気持ちは善良になった」と言うのだ。
親族2　それだからあなた（パン・ベンドイ）も、「お前は善良にならなくてはいけない」と言いなさい。あなたは、「もうこれ以上われわれをしょっちゅう病気にしないで下さい」と言いなさい。

ベンドイ　あいつはわれわれの家族をもうこれ以上、しょっちゅう病気にしてはならない。俺が望んでそうやってもらいたいのは、あいつがもう誰も病気にしないことだ。
ビナグ　ふぅー、ふぅー、ふぅー
アニト3　お前は本当に善良な者か？
ビナグ　ふぅー、ふぅー、ふぅー
アニト3　あのネックレス、彼らが見せているあれ。
〈パン・ベンドイとインドン・ベンドイの夫婦は、平ざるの中のネックレスをビナグーナンに示す。〉
父親　あの赤い布とネックレス。
アニト3　あなた方アニトを持たない者はまだ見ることはできないが。
親族1　われわれのアニトはまだ新しいので、われわれは見ることができません。
アニト2　あなた方が最初に（贈り物を）見せた相手が、取り憑いているやつです。
親族1　（主アニトの）両肩にのっているやつがそうです。
アニト2　今、あなた方にしゃべっているやつが。
アニト3　そう、（平ざるの中のものは）お前に送り届けてあげるから。
アニト1　たぶんお前はそれが好きだろう。お前がここに戻らないように、われわれが贈り物をあげよう。
アニト3　あなた方アニトのない者達がそのように言わなければならない。そしてお前（ビナグーナン）は、もう既に支払いを受けているとしたら……。
アニト1　そう、われわれは既にお前に与えているとしたら……、もしもここに再び戻ってくる者がいたら、誰かがまた病気にかかるだろう。お前にはもうこれ以上だましたりして欲しくない。
ビナグ　ふぅー、ふぅー、ふぅー
父親　あれがお前のお弁当だ。もう既に十分だ。お前のものはたった一つ（のハンカチ）なのに、われわれはそれ以上のものを付け加えてあげた。お前のものよりもずっと多くのものを与えたのだから、もう不満はないだろう。
アニト3　あれはお前のものよりもずっと多い。
親族1　あいつは魂が欲しいんだ。
アニト3　私は、あなた方アニトのない者達が、あいつに（贈り物を）たくさん見せてあげてもらいたい。けれども、私はあなた方にそう言うのが恥ずかしい。
〈インドン・マコポイ（主アニト、同時にビナグーナン）は、オレンジジュースのびんを受け取り、それを飲む。〉
妹　私のアニト、恥ずかしがらないで下さい。
アニト2　あいつには食糧だけを与えなさい。
父親　たぶんお前は、ずっと長い間、魂を奪っていたのだろう。
アニト3　ずっと長い間。あなた方はあいつにうまく尋ねてみなさい。
〈インドン・マコポイ（主アニト、同時にビナグーナン）は、魂の隠し場所を教えるように、口をもぞもぞさせる。〉
父親　お前は嘘をついてはいけない。なぜなら魂は口のところにあるではないか。
親族1　お前はまだ行ってはならない。
父親　お前にあげたいものがあるから、まだ行ってはだめだ。

妹　あの白い布きれ。
父親　あいつが奪った魂はわきの下の所にもあるぞ。
アニト1　口のところにもある。
父親　あの赤い布とネックレス。
アニト2　（主アニトに向かって）あいつが逃げ出さないようにしっかりつかまえていて下さい。あいつはまた魂を奪うかも知れません。そうやってつかまえていて下さい。
父親　私のアニト、家族全員の魂を健康にして下さい。
ベンドイ　それらの魂を布で包んで下さい。
〈インドン・マコポイ（主アニト）は、自分（同時にビナグーナン）の体から魂を取り出して布の中に入れる仕草をし、布の口のところをつまんでおさえる。〉
父親　早く、全部の魂を取り戻して下さい。わきの下のやつも。
親族1　足の所にあるやつも。
父親　口のところにあるのも。
アニト2　お前、それを吐き出してしまいなさい。
アニト3　あなた方アニトのない者達、あいつには親切にしてあげなさい。
ベンドイ　まだ行ってしまうな。
ビナグ　ふぅー、ふぅー、ふぅー
ベンドイ　あなた（主アニト）があれ（ビナグーナン）に付き添って行って下さい。

妻　帰り道がちゃんとわかるように。

ベンドイ　本当にあいつは何の忘れ物もないか?

妹　魂、魂。

〈インドン・マコポイ(主アニト)は立ちあがって、魂の入った布をインドン・ガタイ(アニト2)に手渡す。そしてマカクハルの方角に向かい、両手をこすり合わせて打つようにして、ビナグーナンを投げ払う。〉

親族2　あいつ(ビナグーナン)がパチアナックのふりをしていたのだ。

〈その後しばらくして、インドン・マコポイはタリペ・ダンスを踊り始め、再び床の上に倒れて激しく震える。今度は先のビナグーナンの妻を捕まえてきたと解釈され、前と同様な会話のやりとりがなされ、贈り物が与えられた後、同じくマカクハルへと投げ払われる。そうして二人(夫婦)のビナグーナンを追い払った後、インドン・マコポイは取り返して布の中に入れておいた魂を、パン・ベンドイ、その妻、子供達一人一人の頭の上に置くようにして戻す仕草をする。〉

このアニト・セアンスの後、パン・ベンドイの病いは急速に快方に向かい、筆者が調査地を離れる四月末までにはほぼ全快していた。

――物語りの構築――

以上見てきたように、ピナトゥボ・アエタのあいだでは重い病いや薬草の効かぬ長患いなどは、通常、超自然的存在や力などによってもたらされると信じられている。したがってその具体的な原因を探り、適切な対処をするためには、それ自身が超自然的存在であるところの、マガニトが有するアニト=守護霊の助けを借りなければならない。

アニト・セアンスは、アニトが状況を規定する特別な時空間を現出させるために、争いを避け、安寧の維持を強調する彼らの日常生活において、普段は抑圧されているような不和や葛藤が取りあげられ、自由に論ずることが可能となっている。そのことが明確に示されたのが、第三章で触れたパン・ベンドイの母親の病いの事例である。それまで彼女の病いは、たいそう可愛がっていた末娘を数年前に病気で亡くして気落ちしたためであるとされていたが、アニト・セアンスにおいて初めて、異母きょうだい同士の不仲と、夫の関心の少なさが真の原因であることが明らかにされたのである。またフォックスは、西麓のビリエール村において、人に食物を分け与えたりしないために以前から欲張りだと陰口を言われていた婦人が、激しい頭痛に襲われてアニト・セアンスを行った際、彼女の強欲さが病いの原因であると指摘され、態度を改めたら治ったという事例を報告している（Fox 1952: 248）。

このようにアニト・セアンスにおいては、必ずしも精霊が病者の病いに関与しているとされるわけではないが、ほとんどの場合は、精霊によって引き起こされていることがまず疑われ、その精霊をアニトの助けを借りて特定しようとするのである。しかしながら彼らは、アニトの力とその人間に対する優越性を確信している反面、その一方では、アニトといえども、必ずしも万能ですべての事象を明晰に把握し、見通しているなどとは考えていない。実際、病者の体を調べて戻ってきたアニトは、セアンスの場において病いの原因を一方的に説明するわけではない。セアンスは単にアニトの託宣を聞き、それをかしこまって受け入れる場とはなっていないのである。パン・ベンドイの病いの原因を最初は小人の娘（パチアナック）としたように、アニトの見立てが間違えることもありうる。もちろんその場で誤りがわかるのではなく、その後も病いが続いた場合、別の可能性を求めて、あらためてアニト・セアンスをやりなおすのである。

すなわちアニト・セアンスは、アニトとの質疑応答の場であると同時に、アニトと人間とが協力して病いの妥当な解釈を求め、病いの原因を明らかにしてそれを取り除くための、試行錯誤の場となっているのである。人々は病いに関する疑問をアニトに尋ね、それに対するアニトの答えや指示は、時には明確ではあるが、多くの場合、多様な解釈を許すあいまいな形でなされる。病いの原因となっているものにしても、ほとんど常に代名詞で語られるために、それが具体的に何を示すのか、参加者がある程度自由な想像をすることが可能となっている。時には全く意味不明のことをしゃべったりもする。そうしたアニトの言葉を、出席者は自分なりに解釈し、それを隣の者と話し合ったり、あるいはその言葉を継いでもう少し話を先に進めてゆくような発言をしたりして、活発に反応してゆくのである。

こうしたアニトとの会話には、病者の家族のみならず、病いを憂え、その回復を願う人が誰でも自由に参加する。先の事例で見たように、巨人（ビナグーナン）が捕まえられて出てくれれば、出席者は何が欲しいのか尋ね、布やらネックレスを与え、病者の魂は口の中だ、わきの下だなどと、あたかも目の前で実際にその姿を見ているように対応する。実際にそう見えるのか、単なる素振りなのか、明快に断定することはできない。しかし少なくとも、病いに寄せる深い憂慮や関心と、平癒を祈る強い願望とが、出席者を意識的、無意識的に過剰な反応や真剣な振舞いへと駆りたてているのである。つまりアニト・セアンスは、病者を取りまく家族、親族、集落の人々などが、病者のためにその病いを憂え共苦する気持を、集中的に表現する場となっているのである。言い換えれば、病いが病者ひとりだけの重荷や苦痛になっているのではなく、その周囲の者達によっても共有され支えられていることが、出席者一人一人によって演じられ、確認される場となっているのである(14)。

ただし、この「演技」には初めから定まった脚本はない。それは通常、病者の未整理なままで雑多な過去の行為や経験の束と、周囲の環境に宿る無数の精霊とを何らかの形で意味あるものとして結びつけてゆこうとする、即興劇となっているのである。[15] この即興劇の進行の過程において、それまでの日々の生活の繰り返しのなかで、その時は気にも留めずに見過ごしていたような出来事や経験があらためて着目され、それを特定の精霊に対する（あるいは精霊からの）侵犯や干渉と捉えなおすことによって、病いに至る物語を皆が協力して作りあげてゆくのである。会話の展開は蛇行する川のように、その渦中にある時は行先が見えない。より妥当な解釈を求めながら会話を進める中で、アニトの示唆や出席者の疑念に触発され、別の物語を作ってゆく可能性を常に秘めているのである。そうした横道を常に意識しつつ、その時々で最も妥当な解釈と思われる方向に沿って会話が進展してゆくよう、各自がその場にふさわしい即興的な言動をおのずから選びとってセアンスは進行してゆくのである。

このように、多くの場合アニト・セアンスは、まず病いの原因となっている精霊をアニト＝守護霊が捕まえ、次に自身がその精霊となり変わることにより、それまで定かでなかった病いの原因が目に見え、声に聞くことのできる具体的な存在として実感される。そしてそれを慰撫し、あるいはアニトに追い払ってもらうことにより、または奪われている魂を取り戻すことにより、病いの原因と病いそのものとが病者の体から取り除かれたことを確認するのである。アニト・セアンスは、それまで熱や痛みや不調を訴えるだけで不鮮明であった病いの像を、病者の実際の経験と結びつけ、特定の精霊の仕業として明らかにすることによって、具体的な姿に凝縮してとらえ、次にそれを除去するという進行のみが定められた即興劇となっているのである。時には、パン・ベンドイの母親の場合のように、病者の体験が直接に病いの原因として取りあげられることもある。しかし、その場合でもセアンス全体の過程は、原因となった行為を特定するために、アニトと出席者とが協力して、全員が納得できるような物語を即興的に作り上げてゆくという点において、精霊を病いの原因として特定してゆく作業と何ら変わりがない。[16]

さらに言えば、それらアニト・セアンスは、即興劇であるとともに、憑依（トランス）＝「意識の変性状態」のうちにある人物（達）を中心として状況規定される時空間のなかで、「現実の変性状態」すなわち「もうひとつの現実」がその相貌を現わす、正確には構築される場なのである。そこでは唯一の真実や不動の岩盤のようなものとして現実があるのではなく、即興劇という装いのもとで、病者の過去の経験の幾つかの連鎖が一旦切り離され、別の形で関係づけなおされ、意味づけなおされることを通して、病いをめぐる物語が新たに紡ぎ出されてくるのである。そしてその物語によって、病者の過去の経験が再び一つのまとまりと意味をもったものとして形をととのえ、現実の表層に浮きあがってくるのである。

アニト・セアンスにおいて原因が明らかにされ、次いでそれが取り除かれた後にも病いの平癒が得られない場合には、後日あらためてアニト・セアンスを催し、前回とは異なった体験に着目して、別の筋書きの物語を即興的に演じながら作りあげてゆくことになる。ほとんどの病いは、こうした試みを繰り返すうちに回復し、最終的には、アニト・セアンスにおける病いの見立てと、精霊に対する処置は適切であったということになる。たとえ不幸にして病者が死んでしまった場合でも、アニト＝守護霊の非力や誤りが責められることはない。死という取り返しのつかない出来事に対しては、ただそれを現実に受け容れるのみであるが、その際も、悪霊の邪悪な力や善霊の怒りがそれほどまでに強過ぎたとして、それまでに作られた病いをめぐる物語の延長の上で納得されるのである。そうした意味でアニト・セアンスは、出来事としての病い、時には死を人々が納得し、理解し、受け容れることを可能にするような形での物語を彼ら自身が作ってゆくための、制度化された場であると言うことができるのである。

アニト・セアンスの場における、このような物語の構築による病いの像の明確化という作業は、たとえば黒沢明が映画「生きる」のなかで描いた、主人公の通夜の場面における友人達の会話の進行と全く相同である。そこでは、集まった友人達が、死者の生前の様々な言動のなかから、「そう言えば」と思いあたるフシを各々で少しずつ提供し合うことにより、主人公が既に死を覚悟し、それゆえに余命を生きることの意義を公園造りに賭けていたのだと理解する。主人公の死によって、その生前中の各々の時点では腑に落ちなかったり、見過ごしたりしていたような言動について、友人達はあらためて思い起こし、見直す機会を与えられる。そして死に触発され、通夜という共同作業の場を与えられることにより、友人達は、死の一点に収斂して了解可能となるような、彼の人生の最後のひと時の物語を協力して紡ぎ出し、彼の生と死の核心を把握したと思うのである。

ただし注意しなければならないのは、セアンスの場合における病いをめぐる物語の構築に際しては、病者の過去の経験が既に整除された所与のものとしてあって、それが着目され、選び取られるのではなく、むしろ逆に、経験そのものに関する共通の認識がその場において初めて形成され、獲得されてゆく点である。過去において病いに係わるとされる幾つかの出来事や経験は、個々に解釈されるべきものとして既に存在しているのではなく、日常生活における雑多で混沌として未分化な諸経験の在り様のなかから、病いを了解可能とするような認識の枠組みを作り上げる際に着目され、まとまりある経験として取り出されるのである。それは、一連の物語として構築された認識に具体的な内実を与えると同時に、逆にそうした認識によって意味を与えられるという相互作用のなかで、明確な形をとってゆくのである。(17)

第二部　社会編成の動態

第六章　社会集団の編成

本章では、ピナトゥボ・アエタ社会における、基礎的な集団であるところの拡大家族の構成と、その集団間での成員のやりとりとしての結婚について論述する。筆者が拡大家族と呼ぶ集団は、両親と子供達からなる単位家族（稀には一夫多妻もある）が二つから五つほど集まって生活の場を共にし、食事を一緒にしたり、あるいは食糧の分配や共同農作業などの協力と相互扶助を頻繁に行うことを通して、緊密な結び付きをもって形成する居住集団である。その構成は、多少の例外を含むが、基本的には中心となる夫婦とその未婚の子供達、および結婚後も両親のもとにとどまった子供達の単位家族とから成る。

また結婚は、こうした社会集団間で新郎新婦のいずれかを婚出あるいは婚入させることによって、拡大家族成員の移動と拡大家族そのものの編成に直接係わっている。同時に結婚は、双方をお互いの姻戚として結び付ける働きにより、拡大家族間にひろがる交流関係の網の編成と再編成を生み出す契機、すなわち、既存の社会編成を組み換えるような出来事としての衝撃力を大なり小なり秘めている。ただし論述の便宜のために、出来事としての結婚、とりわけその性格が明確に示される駆け落ちと、それによって導かれる社会関係の動態的な再編成の問題については、次章以下で詳しく検討する。本章は、そうした駆け落ちが生ずるような舞台、あるいは背景としての社会の体系と結婚の制度について論述するものである。

一 拡大家族の構成

筆者の調査当時、ピナトゥボ山の南西麓一帯にはおよそ二〇ほどの小集落が点在しており、それぞれの小集落には二つから三つ、時にはそれ以上の拡大家族が生活の拠点を置いていた。拡大家族は通常、二つから五つのいわゆる単位家族（核家族）を含み、一〇人から二五人ほどの成員を擁している。こうした状況から、南西麓一帯に住むアエタの人口は一、〇〇〇～二、〇〇〇人程度、山すそ近くに位置する平地民の村に住む者達も含めると二、〇〇〇人前後と推定される。このように彼らの社会組織は、単位家族、拡大家族、集落という三つのレベルに分けることができるが、フィリピンのその他の地域のネグリート・グループと比較して特徴的なのは、拡大家族の結び付きの強さである。単位家族という用語も、それが拡大家族を構成する単位となっていて自立、自足の度合いが低いために、あえて核家族という語を避けて意図的に用いているのである。

このような拡大家族の重要性という点に関しては多くの調査者が強調しているところであり（Fox 1952: 247, Brosius 1983: 135）、たとえばルソン島東部のシエラマドレ山脈に住むネグリート（*Agta*―アグタ）と著しい対照をなす。シエラマドレ・アグタの場合はいまだ狩猟採集活動の比重が高く、拡大家族に相当するような居住グループが形成されてその内部での食物の分配が強調されるものの、それぞれの核家族ごとに個々に小屋を掛けて料理をし、また自由にグループを離れることができる（Estioko-Griffin & Griffin 1981: 125-126）。それに対してピナトゥボ・

ピナトゥボ山系と伝統的な集落

焼畑の近くで食事をする娘達

アエタでは、以下に論述するように拡大家族が比較的に自律性の高い社会集団となっており、バンディ（*bandi:* 婚資）を支払う際には協力し合い、受領したバンディは分配し合っている。

彼らは拡大家族ごとにまとまって集落に住むと言っても、それらが一軒の家に共住する場合もあればお互いに隣接して別々の家に住むこともある。焼畑農耕を生業としているために、焼畑での仕事がある時には、ともに出かけて一緒に働き、その横に建てた出作り小屋で寝泊まりする。そして仕事が暇になったら集落に戻るのであるが、三月から五月にかけての乾期の盛りには、涼を求めて川べりに移動し、簡単な小屋を作って、魚をとりながら暮らしたりする。つまり彼らは、集落を中心にして、毎年新たに開く焼畑や、川べりのキャンプ地とのあいだを、拡大家族ごとに放射状に往復しながら日々の生活を送っているのである。

一般に彼らの地理的観念は、ある特定の集落を中心にして、その周辺地域をひとつのテリトリー（あるいは生活領域）と考えている。彼らは、たとえほとんどの日々を焼畑のキャンプ地で過ごし、集落で生活する期間がきわめて短い場合でも、遠く他所へ出かけた際に自分の帰属を説明するような時には、その集落名を名乗るのが普通である。ただし、互いに隣接するような集落のテリトリーの境界はあいまいで、重なりあっている場合が多い。そしてさらに、集落がテリトリーの中心とは言っても、それはいつも同じ場所にあるというわけではない。竹とクゴン草（カヤの一種）とで作られる家は、数年を経ずに壊れてしまうことが多く、また死者が出れば簡単に放棄されてしまう。そのため、古い家を捨てて近くに新しい家を作りかえるたびに集落が少しずつ動いたり、あるいは病人や死者が頻出する場合などには、まったく別の場所に新たな集落をつくって移動してしまうことも珍しくない。

さらには、ある拡大家族が同一集落の別の拡大家族と折り合いが悪くなったために、あるいはより良い生活条件を求めて、親族や姻戚を頼って他の集落に移り住んだりすることもある。あるいは妻方居住を行っているような場合、妻の両親が老いたり死んだりする頃には、逆に婚入している夫の力が強くなっており、それをきっかけにして夫が家族を連れて自分のもとの拡大家族、現在はきょうだい達が住んでいる集落に戻ったりすることもある。また山中の方が自然の食糧が豊富にあるとして、集落に落ち着くことを嫌い、キャンプ地からキャンプ地へと移動しながら暮らしている拡大家族もいる。

このように拡大家族は、その居住地に関して相当な流動性を持つとはいえ、カキリガン集落のみならず少なくともピナトゥボ山の西側斜面、サンバレス州側に住むアエタのあいだでひとしく見いだされる居住、同時に社会、経済単位であり、彼らの社会編成を理解する上で重要である。ただし、ここで注意すべきことは、拡大家族という学術用語に厳密な定義が与えられておらず、研究者によってその用いられ方が微妙に異なることであり（中根 1970: 39）、またアエタ自身も拡大家族そのもの、あるいはそれに相当するような用語を持っていないことである。本節におけるる論述の目的は、ピナトゥボ・アエタの基礎的な社会単位であるところの居住集団を拡大家族と呼び、その形態を明らかにすることである。

カキリガン集落やピナトゥボ山南西麓アエタのあいだで、最も基本的な社会・経済単位となっているものは家族＝「ミタタ・アナック」（*mitata-anak*）である。これは核家族と呼ばれているものにおおよそひとしいが、正確に言えばその含意は若干異なり、それ自身の自律性や自足性の程度はきわめて低く、通常は拡大家族を構成する分節単位となっているのである。「ミタタ・アナック」という語は、関係を示す名詞化接頭辞「ミタ」（*mita*）の複数形である「ミタタ」（*mitata*）に子供を意味する名詞の「アナック」（*anak*）が付いたもので、その正確な字義は、「両親と子供達」、「両親とひとりの子供」、あるいは「片親と子供達」というようにその者達が親子関係にあること、あるいはその関係によって結び付けられた者達の集まりを意味する。いずれにしても親と子の二者関係を示す「ミタ・

集落に建てられた家の内部

差し掛けた小屋で暮らす家族

アナック」（*mita-anak*）が親と子がひとりずつの場合のみに限って用いられるのに対して、「ミタタ・アナック」はその複数形で三人以上の関係を示す時に用いられる。したがって、***Mitata《ミタタ》-anak《アナック》 ya《ヤ》 hila《ヒラ》.***（「*ya*」は構造標識辞、「*hila*」は「彼ら」の意）と言えば、もちろん前後の文脈によって「彼らは家族である」という意味にもなるが、通常は「彼らは親子である」、「彼らは親子関係にある」と訳した方が、より正確なニュアンスを伝えることができる。名詞化接頭辞の「ミタ」や「ミタタ」は、「アナック」のほかにも「インド」（*indo*―母親）、「バパ」（*bapa*―父親）、「パテル」（*patel*―きょうだい）などを伴って、アナックの場合と同様に、言及されている者達のあいだの関係を示す。たとえば、「ミタ・インド」は母と子（ひとり）、「ミタタ・インド」は母と子供達、「ミタ・パテル」はふたりのきょうだい、「ミタタ・パテル」は三人以上のきょうだいの関係を示す。

ただし、「ミタタ・アナック」関係を軸として形成される家族のなかには、実際には一夫多妻でひとりの男がふたりの妻およびその各々の子供達とひとつの家に住んでいる事例があるし、近親ではあるけれども親子関係にはないような親族が同居している場合もある。筆者はそうした場合も含め、ミタタ・アナック関係を主要な軸として形成される家族を単位家族と呼んだのであるが、その特徴は、それ自身で完結、閉鎖した単位となっておらず、互いに濃密な血縁関係に結ばれた（この場合でも基本的には家長同士の親子関係）単位が幾つか集まって、筆者が拡大家族と呼ぶ有機的な経済・社会単位を形成していることである。

この拡大家族は、既に述べたように、生活の場を共にしながら移動を行っているのであるが、その内部で一緒の食事を食べたり、食糧の分配を頻繁に行っていることがひとつの特徴である。なかには、普段の食事は単位家族ごとに済ませているような事例もあるが、そうした場合でも子供達は両親とではなく、拡大家族を構成する他の単位家族のところで頻繁に食事をしているのである。また焼畑などで共同の作業をする間は、拡大家族は同一の炉で料理された食事を一緒に食べることが普通である。特に結婚したての若夫婦は、いずれかの両親の家に一緒に住んで、一緒に働き、一緒の食事をすることが常態となっている。きょうだいが短い期間に続けて結婚する場合などは、両親と子供達、および新婚の若夫婦達が同じ家に住み、一緒の食事を取るのである。結婚後一定期間を経て子供がひとりふたり生まれると、若夫婦は両親の家のすぐ横に自分達の家を建てて住むことが普通であるが、それ以後も両親やその他の家族と密接な行き来や協力、共食、あるいは食糧の分配を繰り返すのである。[1]

ただし先にも指摘したように、こうした拡大家族そのものを指すような用語がサンバル語には存在しない。日常的なコンテクストでは、たとえばパン・フクリという男を中心として形成されているような拡大家族は、"*Hila'y*《ヒライ》 *Pan*《パン》 *Hokli*《フクリ》" すなわち「彼らパン・フクリ」あるいは「パン・フクリのところの連中」というように、中心となっている人物に言及して、彼（寡婦の場合には彼女）が代表する集団を表すことが普通である。その拡大家族が、たとえばパン・フクリ夫婦および彼らの結婚した子供達の単位家族から成りたっているような場合、拡大家族全体の中心人物であるパン・フクリとそれを構成する各々の単位家族の中心人物とのあいだの親子関係に着目して、"*mitata*《ミタタ》*-anak*《アナック》 *ni*《ニ》 *Pan*《パン》 *Hokli*《フクリ》" と言い表すことも可能である。コンテクストに応じてそれで拡大家族全体を指すことも了解されるのであるが、しかし厳密に言えば、この表現ではパン・フクリの子供達のもとに婚入してきた配偶者や彼らの子供達、すなわちパン・フクリにとっての婿や嫁や孫達は除外されてしまう。パン・フクリと彼らとの関係やその集合を正確に言い表すためには、それぞれ"*mitata*《ミタタ》*-manuyan*《マヌヤン》 *ni*《ニ》 *Pan*《パン》 *Hokli*《フクリ》"（「*manuyan*」は義理の子供）、および"*mitata*《ミタタ》*-apo*《アポ》 *ni*《ニ》 *Pan*《パン》 *Hokli*《フクリ》"（「*apo*」は孫）と表現されるのである。

拡大家族が生活の場を共にしているという面に着目すれば、"*Mihay*《ミハイ》 *kalam*《カラム》*-wan*《ワン》 *la*《ラ》"(One companionship they / one companion group they) すなわち「彼らは一緒のグループだ」と表現されることもある。仲間を意味するカラモ（*kalamo*）にこの場合は集合体を意味する接尾辞のワン（*wan*）が付いて、ひとつのまとまりのある集団が、常に行動や生活を共にしているという含意である。あるいは“*mimihay*《ミミハイ》 *lamo*《ラモ》 *la*《ラ》 *nin*《ニン》 *mitata*《ミタタ》-*manuyang*《マヌヤン》 *boy*《ボイ》 *mitata*《ミタタ》-*anak*《アナック》 *la*《ラ》.”すなわち「彼らは実の子供達も義理の子供達も一緒に暮らしているひとつのグループだ」と言うことも可能である。しかしカラモは、「仲間」あるいは「一緒に何かをする者達」という名詞であり、拡大家族に限って用いられるわけではなく、広く一般的に様々なコンテクストのなかで頻繁に用いられている。たとえば前述の治病セアンスの事例では、病者に取り憑いた悪霊ビナグーナンがその病人のカラモと呼ばれる用法が見られる。また友達同士で「川に水浴びに行こう」と誘う時などに、“*Milalamo*《ミララモ》 *tamo*《タモ》 *nin*《ニン》 *malyo*《マリヨ》 *ha*《ハ》 *kaugan*《カウガン》.”（Let us go bathing to the river.）と言うように、語幹「ラモ」（*lamo*）に動詞化接頭辞の「ミ」（*mi*）を付けて、「一緒に〜をしよう」という意味で用いることが頻繁になされる。

拡大家族が血縁関係によって結び付けられていることを特に強調する場合には、“*mihay*《ミハイ》 *daya*《ダヤ》 *la*《ラ》, *ha*《ハ》 *mihay*《ミハイ》 *inapopo*《イナポポ》.”（One blood they, from one ancestor）すなわち「彼らは祖先が同じで同じ血だ」と表現されることも稀にはある。しかしながら、そもそも祖先（*inapopo*）の概念はきわめてあいまいで漠然としたものであり、いわゆる祖先崇拝やそれに係わる儀礼などはまったく見られない。人は死ぬと、残された生者や子孫のうちに彼（女）の記憶が依然あざやかなうちは個々具体的な死者（*minaci*）としてとどまるが、やがて忘れられて死者一般（*mawminaci*: *minaci* の複数形）となる。第四章で報告した陸稲の収穫儀礼において、初穂を料理して捧げた相手は祖先ではなく、不作をもたらすかもしれない死者一般であった。さらにまた、拡大家族を構成する重要な成員である婚入してきた配偶者は、こうした表現をメタファーではなく字義通りに解釈すれば、それが意味する集団から除外されてしまうことになる。

以上のように筆者が拡大家族と呼ぶ集団は、明確な集団として固有の指示語彙をもっていたり、あるいは厳密な居住規制や構成原理によって形成されているのではない。集団としてのまとまりを支えるのは、彼ら自身の説明によれば近い親族同士が一緒に住みたいという欲求、すなわち結婚しても子供は親元を離れずに暮らしたい、あるいは結婚後もきょうだいは互いに近くに住みたいという欲求であり、そして互いに助けあいながら暮らすべしという理念なのである。

こうした個々人の願望と、社会的、経済的諸条件の制約のもので、実際にカキリガン集落を構成している（一九七八年二月現在）中心的な拡大家族の血縁関係を図示すると別図3、4のごとくになる（図の簡略化のために一部を割愛）。

図3、4に抽出されている構成、および上述の注釈から明らかなように、カキリガン集落に住むアエタの、イデオロギーとしてではなく、生態学的な制約やその他の諸条件のもとで結果として表出され、筆者が拡大家族と呼んだ集団の形態は、おのおの多様な差異を示している。しかしながらその基本的な構成は、両親の単位家族＋結婚した子供達の単位家族である(例えば、II—i～iii、III—ii、iv、V—i～iii)。時には両親を亡くした孤児がオジやオバの拡大家族に養育されてその成員となることもある。この基本型が世代交替の過程において一時的に移行、拡大した形として、それに両親のきょうだいの単位家族が加わったもの(例えば、i、vi、vii)や、両親が死んできょうだいの単位家族から成る例（例えば、III—i）などが見いだされる。

いずれにしても、これらの拡大家族は既に見たように二つから五つの単位家族(稀には複婚家族)、一〇人から二五人ほどの成員から成り、居住、経済、外婚単位となっている。それは結婚の際には共通の利害を持つ集団で、バンディ（婚資）の支払いを互いに協力し合い、逆に受領したバンディをその内部で分配する。したがってバンディ

図 3　キリン・グループ拡大家族の構成

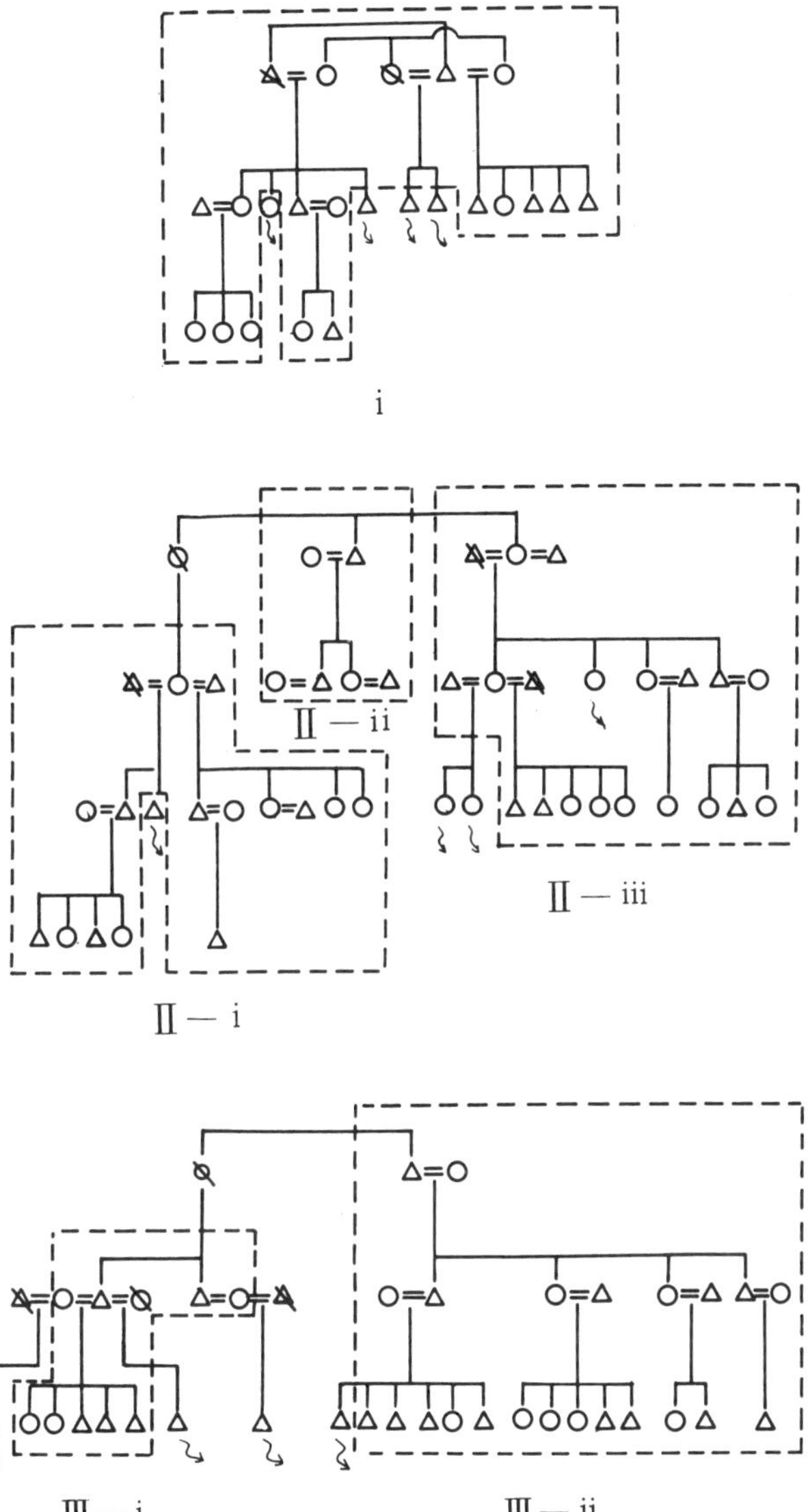

図4　ラバウ・グループ拡大家族の構成

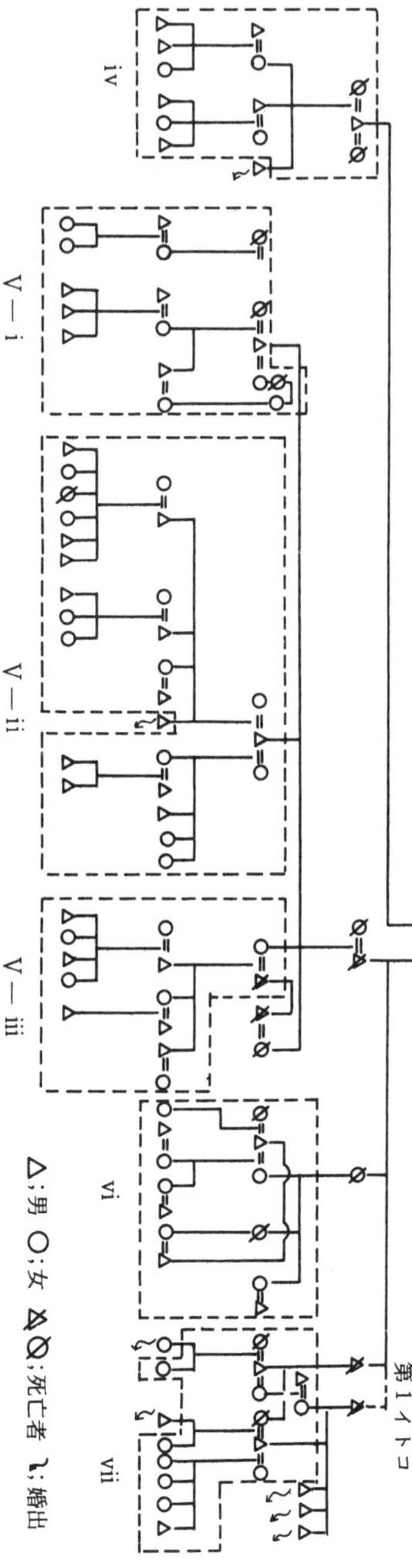

図3、4に関する注釈

一　ラバウ・グループの拡大家族は、一九七六年に共にラバウ集落から揃って移住してきたのであり、かつてはひとつの拡大家族であったものが、世代が下るのに応じて、それぞれ分節、分裂したと推定される。現在グループの中核となっているのは、家長どうしがきょうだいであるV—i、V—ii、V—iiiの三つの拡大家族である。

彼ら（V—i〜iii）は、雨期の湧水を利用した水稲耕作や、焼畑での商品作物（箒の材料となる草やバナナ）などの栽培を通じて、他の拡大家族よりも比較的に裕福であり、成員の数も多くなっている。すなわち、息子たちには婚資を払いきって妻を迎え入れ、逆に娘たちは婚資を十分に払いきれなくとも妻方居住の形で結婚を許し、あるいは婚資が支払われた後でも経済的な利点から妻方居住が選択されるという形で夫を吸収しているのである。それと同時に姻族を引き寄せる傾向も見られるが、しかしそのような姻族はラバウの水田を分与されず、また婚資の分担や分配にも関与せず、拡大家族のメンバーとは見なされていない。なお、八二年四月にカキリガンを再訪した折には、既に前年の一〇月にV—iの家長でもあるラバウ・グループのキャプテン、パン・メリシア氏が死に、息子がその跡を継いでいた。しかしV—iiはもとのラバウ集落に引き揚げており、再びそこでの水稲耕作に力を注いでいた。

二　拡大家族viは、およそ一〇年あまり以前に、スービック米海軍基地で荷役やゴミ処理等の雑役の職を得て、オロンガポ市郊外のネグリート集落（Cabalan）に移住し、いったんラバウ・グループから離脱した。しかし数年前に職を失い、再びラバウに戻ってきた後は、水田やカラバオを持たず焼畑農耕のみを行っていた。ラバウに戻ってからviとV—iiとのあいだに結婚が一例生じている。

三　同様に拡大家族viiもラバウ・グループに帰属意識を持ち、カキリガンへも共に移り住んで簡単な家を作ったが、ラバウに水田を持たず、また援助団体からカラバオと農地を貸与されていないために、依然として旧来の焼畑農耕のみに頼っている。したがって集落で生活することは少なく、他とはほとんど別行動をとっている。

四　拡大家族ivの家長のポオランは、V—i〜iiiと同一のグループとされながらも（V—i〜iiiと共にラバウに水田を持って定着的に暮らしていた）、互いに不仲であり、共同作業、食糧分配、婚資をめぐる協力関係などが見られない。とくにラバウからカキリガンへの移住に際しては、集落内に家を作ることはせず、一㎞ほど離れた湧水のあるナプヌグという土地に新しく水田をひらき、そこに簡単な小屋を作って生活していた。

　ポオランと特にラバウ・グループの長であるパン・メリシア氏との仲が悪かったのは、前者が社交的であると共に自我が強く、強欲と言われるほどに強い性格であるのに対して、後者がそのまさに正反対で、無口で恥ずかしがりであるという性格的な相性の悪さがひとつ、そしてもうひとつは抗日ゲリラ隊長であったアンヘル・メリシア（Angel Melicia）が、米軍から与えられた正式のキャプテン位の継承をめぐるオジ（half-brother of Angel Melicia）とオイ（eldest son of Angel Melicia）との葛藤が大きな要因であると推定される。

　一九七八年当時、ivは既にV—i〜iiiグループからあきらかに離脱の過程にあったが、一九八二年四月に筆者が再訪した時には、彼はカキリガン集落のスタッフの家々をはさんで住み分けられている、そのキリン・グループの側に家を作って暮らしていた。しかも娘がV—iiの少年に心を寄せて互いに手紙の交換をしていたことをちょうど筆者の滞在中に知って激怒し、親の知らぬところで娘に言い寄ったことに対する賠償として豚を得ると共に、もし結婚を望むならカラバオ六頭をバンディとして用意するよう要求し、結局二人の仲を引き裂いた（後述の事例研究一参照）。

五　キリン・グループのII、IIIも毎日の日常生活においては、それぞれII—i〜iii、III—i〜iiが別個に独立の単位となって生活を営んでいる。

の額や結婚までの段取りを定める交渉には、その主だった成員が参加することが普通である。バンディが高額な場合には、拡大家族を越える広い範囲の親族に助力を求めることも珍しくないが、その支払いに一義的な責任を負っているのは男の両親とその拡大家族なのである。

ただし、日常生活におけるひとつの「家族」としてのまとまりの強弱は、拡大家族の分節化や経済変容の程度とほぼ対応して多様な差異を示している。たとえばピナトゥボ山中の奥深くに住んで外界との接触の稀な拡大家族の場合、それでひとつの共食単位となっていることが多い。もっとも、彼らは移動の頻度が高いために、集団の規模は一般に小さめとなる傾向が見られる。カキリガン集落においてもキリン・グループでは、そうした共食的な場合が多い。たとえば日々の常食となっているイモなどは、拡大家族を構成するそれぞれの単位家族が別々に自分の焼畑に行って取ってくるわけではない。ある日、ある単位家族が自分たちの焼畑から多めに取ってきて、他に分け与えたり、料理して一緒に食べたりすると、次には別の単位家族がそのようにするのである。また、ある特定の焼畑にイモを取りに行く時でも、それを所有している単位家族の成員だけではなく、他の成員も同行して手伝い、戻って一緒に食べたり、自分たちの分を別に確保したりするのである。一方、ラバウ・グループでは日々の共食単位はおおよそ単位家族となっており、それがまた焼畑や豚などの所有単位となっている。しかしその「所有」は、そこから得られる食糧や肉の排他的独占権を意味してはいない。たまたま他より多くの収穫を得たり豚を殺したりした場合など、拡大家族を構成する他の単位家族にも気前よく分け与えられるのである。

二　結婚に関するふたつの言説

ピナトゥボ・アエタの人々にとって、結婚とそれに伴うバンディの授受は、きわめて重要な事件である。多くの場合、結婚をめぐって起きる様々な出来事は彼らの単調な社会生活に活気と彩りを与え、それに係わる人々を興奮に導く。それは日常生活のなかでは押さえられ隠されている怒りや葛藤があらわになり、男女双方の拡大家族のあいだに緊迫した関係をもたらす契機ともなるのである。

そもそも彼らの社会は、血縁や姻戚の絆によって結ばれていない者同士のあいだには不信感や潜在的な反目が見いだされるが、表面的には平穏であり、争いごとや暴力沙汰が生ずることは稀である。たとえそれが生じそうになっても、どちらか一方が別の場所に移り住んだり、互いに相手を避けてほとぼりがさめるのを待つことによって、緊張がエスカレートすることを防いでいる。移動焼畑農耕を生業としているために、緊張に耐えながら互いに一カ所にとどまって住む必要がないのである。それゆえ、ひとつの集落や、それまで生活の場を共にしていた拡大家族の集まりなどが、それこそ突然にふたつに分裂したりすることがありうるのである（Brosius 1983: 135）。

しかしながら、結婚とバンディの授受という一連の過程において、男女双方の拡大家族のあいだに反目や不信感、多少の緊張が生じても、それを避けて通ることはできない。親が段取りし、強制する結婚に子供が強く反発して問題がこじれたり、駆け落ちをめぐって女の家族が激しい怒りをあらわにし、バンディの額を定める交渉で双方が対立したり、あるいはバンディの支払いの遅れとその催促が、緊張を高めたりすることが少なくないのである。すなわち、結婚とバンディの授受は、彼らの絶えざる関心をひきつけ、彼らの社会生活の中心をなしていると言っても

1982年４月に再訪の折，それまで隠しておいたライフルを持ち出してポーズを取るパン・ガタイ氏（左側）

過言ではない。[2]と同時にそれは新婚夫婦の居住を夫方妻方のいずれとするかを決めることとも係わっており、社会編成の基本単位となっている拡大家族の構成や消長を決定することにも深く関係しているのである。

　現在、ピナトゥボ南西麓アエタのあいだで妥当と考えられている結婚の手続きについて、筆者のもっとも親しい友人のひとりであり、またインフォーマントでもあったパン・ガタイ（Pan Gatay）[3]氏は、次のように語っている（調査の中盤の段階でテープに録音した彼の説明と筆者の質問をそのまま訳出したものである）。ただし彼自身がふたりの娘をもつ父であるために、その言説が若者の側ではなく親の世代が一般に望ましいと思うところを代弁する結果となっていることを断っておかねばならない。

　たとえば、ピイチャイ（筆者の家に他の子供達四人と共に住んで家事を手伝ってくれていた娘）を例にとって、自分は男の父親だとして、ピイチャイを気に入り、義理の娘にしたい（息子と結婚させたい）と思うとしよう。まず私はバンディを貯え始め、たとえ一、〇〇〇ペソとまでゆかなくとも五〇〇ペソ分ほど貯まったら、私は娘の父親のところに近づくことができる。私がその娘の義理の父親になりたいので、息子ではなくて私なので、私が娘の父親の所にゆくのだ。我々（私と息子および拡大家族の主要成員）はバンディを携えて、娘の父親の所に行き、そして私が話をする。娘の父親の所にゆく口実は、たとえば焼畑をするための土地をあなたが私のために探してくれないか、あなたの土地を私にも分けて使わせてくれないか、というようなものである。もしあなたが同意すれば、私もあなたから知ることができる。我々は、（そうした申し出を）断ることができない。なぜなら土地はそこにあるのだし、誰が使ってもいいのだから。

そしてこうなれば、我々は娘についての話に進んでゆくことができる。そこで私は娘の父親に、土地を捜すふりをして近づいた本当の理由を話す。なぜなら私はあなたの娘が気に入って是非義理の娘になってもらいたいのだと。自分は息子の父親で、あなたの娘が息子と結婚してくれないかと。あなたの娘を息子に会わせ、二人が話をできるように許してくれないかと。そして娘の父親に、子供達が将来我々を責めないように、我々がその娘に話すことを許してもらう。我々と娘の父親だけの合意だけでは難しく、後になって娘が我々を責めることになるかもしれないが、（実際に）そういう習慣もある。（息子と娘の）双方の父親だけで話し、子供達には話をさせないような習慣である。ただしより良いのは、父親同士がまず話し合い、次に子供同士で話し合わせることだ。もしそれでお互いが好きになれば、双方の父親は感謝し、男の父親はバンディを贈り、スソン（*suson*—バンディ総額の交渉）の日、あるいは月を提案する。なぜならホゴ（*hogo*—求婚）が先で続いてスソンだからである。

そして彼らはスソンの日あるいは月を決める。もし日を決めるのなら彼らは何日後か数え、もし一カ月と言うのなら、新月が出れば彼らにとっての一カ月となる。もし二カ月後に（スソンのために）戻ってくるというのなら、一回目の新月はだめで、もう一回新月となれば出かける。スソンをするには、彼らは別のバンディを携えてゆく。先にたとえて言った五〇〇ペソに付け加えるのだ。そうすれば彼らは次に結婚式のことを話し合うことができる。

問(筆者)：けれども、もし女の父親がカラバオを要求したり、あるいは豚を二匹かラジオを付け加えるように要求したら、そうした話し合いは可能ですか。

答：そうだ、そうした話し合いは可能だし、豚やカラバオ、現金、布、ボロ(細身のナタ)、ラジオ、その他何でも必要なものがあれば、すべてスソンの話し合いによる。そうしたものを女の父親が要求するなら、男の父親はそれを与えなければならないのだ。

問：けれども、もし女側の要求するものが高ければ、全部を与えることなどできないでしょう。

答：たとえば女の値段が五、〇〇〇ペソなんかだったら交渉することができる。あなたが男の父親だったら、女の父親に向かって、「私のバライ（*balai*—夫婦それぞれの両親同士の呼称）、少しでもいいから（バンディの総額を）減らして下さい、あなたのバライである我々にどれだけの情けをかけてくれますか」と言って話し合うことができる。女の両親は、自分達のきょうだいや親戚が納得するかどうか話してみると言うかもしれない。そして女側、男側の（両親の）きょうだいや親戚が減らすことができるかどうか話し合って、娘の両親の子供なのだから、その両親に任せると言うかもしれない。そして両親は四、〇〇〇ペソに減らすかもしれないし、あるいはさらに五〇〇ペソ下げるかもしれない。彼（父親）が三、五〇〇ペソと情けを与えたなら、今度は男の父親がそれを与えなければならない。それを与え終われば、何の月、または年に結婚式をするか話し合う。

たとえば収穫の時、あるいは収穫の後ということになれば、その時に結婚式をする。稲の収穫を待つあいだ、彼らは必要なものを貯え、豚やたとえばカラバオなどが手に入れば用意する。収穫が終われば、彼らは（女の所に）出かける。そこではごはんやおかずの用意がなされ、そして女の親戚と男の親戚が揃う。女の両親は、事前に米は自分達で用意するが、肉は男の父親が用意するように、あるいは、女の父親が何も持っていなければすべて男側で用意するように言うかもしれない。あるいは、男側は自分達で自分達の分を料理し、我々（女の両親）は自分（夫）の親戚と妻の親戚の分を料理すると言うかもしれない。もし一緒がいいのなら一緒に料理するし、別々がいいのなら男側、女側が分かれて料理する。

そして料理が終わると、山地民（アエタ）流の結婚式ならば、男と女は向かい合って座り、そこにごはんを丸く盛り上げて置き、中には皮つきの豚肉を入れる。そして女も男も食物をつまみ、女は男の口に入れて食べさせ、男は女の口に入れて食べさせてあげる。二人で互いにそうした後、それぞれ食物をとってそれを食べ、二人は一緒になるのであり、互いの両親とは別れ、二人して女の家に入る。

問：男の家に行くのではないのですか。

答：女の家の中に入るのだ。まず女の両親の家だ。男の父親が息子と義理の（結婚した）娘を連れてゆきたいのなら、双方の両親がまず話し合わなければならない。女の両親は自分の所に何日かいて、続いて二人はあなたの所に行くというかもしれない。……

もし男と女が駆け落ちをしてしまったら、最初はまず女の父親は激怒するし、どうして駆け落ちしたのか理由がわからないから一生懸命に捜し出そうとする。駆け落ちした二人を（男の家で）見つけたら、もちろん女の父親達（オジや兄）はそこに近寄り、鶏や豚を本当に弓矢で射て、そこで目にするものを何でも全部取ってきて家に戻り、（食物は）料理してしまうのだ。食べ終わってから、彼らは再び男の父親の所に話をするために戻り、我々の子供が駆け落ちしたのだから、あなたは我々が怒らないように、そして我々の親戚が来るから、彼らもあなた方を怒らないように、我々の必要なものをすべてバンディとしてくれなければならないと言うだろう。

ここに紹介したパン・ガタイ氏の言説で注意しなければならないのは、推定や仮定の表現が多いことである。その理由は、そもそも結婚のきっかけから始まって最終的に安定した結婚生活と姻戚関係が築かれるまで、実際には事態の多様な展開がありうるために、単一の手続きとして語ることが難しいからである。事態の進展に応じて、各段階で多様な選択肢が存在することを常に含意しているのである。

ただしかつては、ほとんどの結婚が男女双方の両親によって段取りされ、強制されたものであったという。(4) しかも普通、夫婦となるべき当の男女がまだ幼い頃に決められることが多かった。もっとも、たとえ幼少時に結婚の約束がなされた場合でも、実際に同居と結婚生活が始められるのは思春期に達した後で、それまでは各々の両親のもとで育てられた。

今世紀の初頭に、ピナトゥボ山西麓および南西麓アエタのあいだで調査を行ったリードは、彼らの結婚に見られる特徴や、求婚と婚資の交渉の手続きについて、次のような興味深い記述を行っている。

ネグリートにとって娘は非常に価値ある財産であり、その対価が支払われるまでは手放さない。そして娘には夫を選ぶある程度の自由が許されているものの、通常その両親は、最高入札者（最高額の婚資を払う者—筆者注）との結婚を娘に強制するのである。

以下に述べるところが結婚への慣習的な手続きである。若い男が結婚を望むようになり、気に入った娘を見つければ、そのことを父親に告げる。それ以前に男がその娘と話を通じておくこともあるが、必ずしもそうすることが必要であるというわけではない。男の家族内で結婚についての話し合いが持たれる時、その主な関心は娘にどれくらいの値打ちがあるか、そして彼ら自身がどれほどを支払うことができるかという点にある。次に求婚者自身、または代理の親族が女の両親のもとに行き、結婚を申し出る。その求婚が認められれば、それから数日後に男の親族達は、タバコ、トウモロコシ、砂糖キビ、ナイフ、布、森の産物、その他彼らが持ち合わせているものは何でも贈り物として携え、女の両親の所に戻る。それらの贈り物が娘を手放すに十分なものとして父親が認めれば、結婚の承諾が与えられる。贈り物の額は娘の魅力によって決定されるが、同時に身体の健康さや頑健さによっても左右される。両親にとって娘は重要な働き手であるので、それらを手放す損失に対して十分な支払いがなされなければ結婚は取り行われない。これらの贈り物の額に関して、私は異なった集落でそれぞれ異なった情報を得たが、およそ二五ペソから五〇〇ペソの範囲であった。しかしネグリートの金銭感覚はきわめて漠然としたものなので、実際のところこの額は全く無意味である。しかし支払われる贈り物の総額は、若者とその家族のほぼ全財産であることは疑いを容れない。

娘を売るに等しいこのシステムは極端な場合、まだ娘が幼い頃にその両親が、同様に幼い男の子の両親と結婚の契約をし、以後二人は夫婦とみなされるようになる。もちろん思春期に達するまで、二人はそれぞれの両親と共に暮らすのである。その契約の最初の段階で全額の支払いが一括してなされるのか、あるいは手付金程度のものが支払われるのか、私には定かではないが、しかし確かなことは、この種の結婚がピナトゥボ・ネグリートのあいだで非常にしばしば見いだされることである。その理由として彼ら自身は、娘が近隣部族によって誘拐されるのを男の親族と女の親族が協力して防ぐことができるからと弁解している。しかしながらその実際の理由は、女の側にとっては娘が成長して適齢に達するよりずっと以前に贈り物を手にすることができるからであり、男の側にとっては適齢に達してよりもずっと安い値段で女を手に入れることができるからであると推測される（Reed 1904: 56-57）。

以上、パン・ガタイの言説とリードの報告を一読すれば、およそ八〇年近くを隔てても基本的には変わっていない結婚の手続きについて、おおよその了解を得られるであろう。そのなかで本書の論旨の展開と係わってとくに重要なのは、幼児婚や段取り婚の理由について、アエタ自身は娘が近隣部族によって誘拐されるのを互いに協力して防ぐことができるからと説明する、とリードが報告している点である。もうひとつは、逆に子供達が駆け落ちすると女の両親と親族が激怒し、男の家に行って豚や鶏やらに矢を射かけ、手当たり次第に物を取ってくるというパン・ガタイ氏の指摘である。

前者の点についてリードは、男側にとっては贈り物を安く済ませ、女側にとってはそれを早く得られることによって互いの利益になるからと説明しなおしているが、もちろん筆者はそうは考えない。そもそも贈り物、あるいはバンディという財を得るために子供達の結婚がとり結ばれるわけではない。話の順序は逆であり、女側にとっては娘の結婚によってもたらされる剝奪や喪失の痛手をなるべく少なくし、男側にとっては求婚の手続きにおいて不必要な緊張や対立を避けるため、すなわち、双方にとって、それまでの安定した日常世界と社会関係をひき続き維持してゆくためにこそ、そうした両親の段取りによる結婚が好まれるのである。

ただし、段取り婚に対立するものとして考えられている近隣部族の誘拐という問題について、男女双方の親族が互いに緊密に結ばれるように、第三者すなわち「外部」の敵を想定し、次にそれを排除すると捉えて、そこで考察をとどめてはならない（c.f. 今村 1982: 21-43）。次章で考察するように、他集落の娘を誘拐または略奪することが当時実際に行われていたのである。重要なのは、かつて、そして現在でも、一時的にしろ深刻な問題や軋轢を引き起こすために親達は難色を示す、そうした誘拐結婚や駆け落ち結婚が、結果として彼らの慣れ親しんでいる限られた生活世界と、その向こう側にひろがる「外部」の世界とを強引に結びつけ、既成の秩序と社会関係を再編する契機となっている点である。逆に言えば、彼らにとってそもそも血縁、姻戚関係のネットワークからはずれた「外部」は、潜在的な不信と、誤解や偏見を抱き合う互いに危険な世界であり、そうした危険を避けるために親達は既存のネットワーク内での結婚を段取りしようとするのである。

しかも、そうしたネットワークの内部においても、求婚に際して女側に不快感を与えないために、男側はその言動に細心の注意を払い、慎重に事を進めなければならない。娘を嫁に欲しいなどという類の直截な表現は、まるで娘を強奪されるような感覚をその両親に与えかねないために、断じて慎まなければならないのである。娘が両親にとって大切でかけがえのないものであることを深く認め、その気持を尊重するような形での婉曲な言い回しが望ましいのである。パン・ガタイ氏も、求婚の作法の第一は、まず娘の父親に彼の土地を使わせて欲しいと言って、焼畑のための懇願であるかのように装って接近するさりげなさであり、迂回的な話の運びであると説いている。フィリピン諸民族のあいだで、求婚の際に隠喩的な表現が用いられることが広く見られるが（Headland 1980: 130）、そうした作法は結婚に至る手続きを円滑、円満に進めるためであると同時に、逆に女側が求婚を拒絶する場合でも、それが男側の威信を傷つけることのないように、あたかも求婚と拒絶という出来事そのものが存在しなかったかのように扱うことを可能にしているのである。アエタ社会において特に土地というメタファーを用いて求婚が論じられる点については、シエラマドレ山脈に住むネグリート・グループのひとつであるカシグラン・アグタ（Casiguran

Agta）においても全く同様であり、ヘッドランドがその具体的なやりとりを録音した興味深いテープを紹介している（Headland 1980: 130）。

すなわち、以上に紹介したパン・ガタイ氏とリードの両者の言説が互いに相補って言及しているのは、結婚が娘の剝奪という側面を潜在的に有していることの危険性であり、したがって既存のネットワークによって結ばれた我々意識をもったサークル内での結婚の安定性と、それが親達にとって望ましいものであること。一方、若者は従来の通婚範囲をたとえ越えてまで魅力的な娘と結婚しようとし、駆け落ちや誘拐までも試みること。それに対して女側が激しく怒り、それをなだめるためにバンディが贈られるという重要な問題意識の連関であり、文化を通底する社会関係と結婚のダイナミズムの構図なのである。

この点に関してフォックスも同様な指摘を行っており、結婚は両親または保護者によって子供が幼い時、場合によってはまだ胎内にいる時にさえ契約されると述べた後、以下のように簡潔な言及をしているのである。

> 婚資の要求を若者とその家族が満たせない場合と、ある少年が既に別の少年と結婚を契約されている娘と駆け落ちした場合とが、ネグリートの家族および集団間の問題を引き起こす主要な原因となっている。バンディを貯えることが若者とその家族、親族の一番の関心となっている。……（それ故に）イトコ婚が普通となっている（Fox 1952: 189-190）。

三　望ましい結婚の手続き

パン・ガタイ氏の言説にもあるように、ピナトゥボ・アエタの社会において、親達の世代が望ましいと考えている結婚の手続きとは、ホゴ（*hogo*—求婚）、スソン（*suson*—バンディの交渉）、バンハル（*banhal*—結婚式）という三段階を順次経ることである。各々の手続きについて、以下に説明を加える。

㈠　ホゴ—男の側からの求婚。結婚は男が女を得ることと考えられているために、必ず男側すなわち男の両親、とくに父親、またはそれに代わる者が本人を伴って娘の家に行き、娘の両親に結婚の申し込みをする。もちろん、パン・ガタイ氏が説くように、双方の社会的な距離が遠ければ遠いほど、土地のメタファーを用いるなどして、婉曲かつ慎重に話を進めなければならない。その際、双方の親族の主だった成員が同席することが多い。本人を伴わず、両親や親族だけで出かけてゆき、結婚の申し込みをすることもある。ただし近年若い世代のあいだでは、本人同士が好き合って結婚の約束をし、その後に双方の両親や親族のあいだで正式の求婚をするのが理想的であると考えられており、親達もそうした希望を認めつつある。

そうした場合には、正式の求婚に先だって、男から娘に対しての求愛（*managarog*）が行われる。たとえば雨期が終わって乾期に入り、作物の収穫が一段落した頃、男達、特に若者達は他の集落に住む親族を尋ねて遠出する。それは婚出した兄や姉であったり、オジ、オバであったり、祖父母であったりする。とりたてて特別の目的や理由などなくとも、そうした遠方の親族のもとを訪れてしばらく滞在すること自体が、娯楽の少ない彼らの社会にあっては大きな楽しみとなっている。またそれは、魅力的な娘と出会える数少ない機会でもある。そうした親族の住む

スソンに臨む前に打ち合わせをする男達

集落で気に入った娘がいればしばらくそこにとどまり、何とかしてその父親に取り入って仕事を手伝ったり、あるいはこっそりと娘に言い寄ったりするのである。

しかしリードが指摘し、彼ら自身が認めているように、かつては双方の両親のあいだで幼児婚を含むところの段取り婚や、男が娘を見初め女の意志を無視して直接その両親にホゴを行うことが普通であったし、現在でもそのような例を幾つも見いだすことができる。パン・ガタイ氏が語っているように、男の父親が自分の気に入った娘を息子の嫁にしようとして、その父親に結婚の段取りを申し出たり、あるいは若者自身が遠出をした先の村で魅力的な娘に出会った時、彼女の気持を確かめたり意を通じたりすることなく自分の村に引き返し、父親にホゴをするように頼んだりするのである。

ホゴは男側が女の家に行き、必ず日が暮れてから始められるべきであるとされている。その際男側は、できれば豚と米を持参することが期待されており、結婚の合意がなされれば豚を殺し、米を炊き、双方の親族が共食する。その時、男側の持参した豚を殺さず、バンディの一部として女側が受領することもある。豚を用意できない場合は、鶏や他のもの、たとえばイワシの缶詰などで代用される。筆者が出席したカキリガン集落に住む者同士のある事例では、結婚の合意が得られた後、集落内のサリサリ・ストアで買い求めたビール、ジュース、タバコがふるまわれた。男側の求婚を女の両親が渋ったり、あるいは娘が嫌うのを説得しようとしたりする場合には、ホゴが長びいて徹夜となったり、さらには翌晩に持ち越されたりすることもある。また女側が求婚を受け入れない場合もある。

㈡　スソン―バンディに関する交渉。ホゴにおいて結婚の合意がなされると、日を改めてその数日後、または一、二ヵ月後に再び男の両親と親族が女の家に行き、バンディの品目と支払い方法についての交渉を行う。男の側にとっては支払うバンディの分担、女の側にとっては受け取るバンディの分配をめぐって、それぞれの拡大家族の利害が直接に関与するので、その額の交渉であるスソンには双方の主だった成員が出席する。ただしその具体的な交渉は、男女双方の父親、またはそれぞれの拡大家族の家長と目されているような者が中心になって行い、それ以外の者は交渉を見守りながら相槌を打ったり、加勢の野次を飛ばしたり、妥協の際の相談に参加したりする程度である。しかしたとえばその娘のオジなどが、娘の兄が結婚する時に多額の援助をしている場合などには、それを取り返そうとしてその分の確保を娘に対するバンディの中に要求することもある。核大家族を構成する単位家族の日常生活における結び付きが弱い時、あるいは異なる拡大家族間の協力などの時には、協力した分の返済をそうした機会に求める傾向が見られるのである。

交渉は小石を動かし、あるいは小枝を折って確認しながら、具体的にカラバオを何頭、豚を何匹、鶏を何羽というように、細かく品目を挙げ、さらには大きさを定めながら進めてゆく。カラバオの場合は角の長さ、豚ならば地面から背までの体高によって大きさが表される。総額についての合意がなされると、あるいは各品目の交渉と並行して、支払い方法や期限について話し合われる。現在ではバンディの総額がきわめて高額なものとなっており、男側がそれを一度に用意することはほとんど不可能となっている。そのためバンディは何度かに分けて授受されることが普通であり、スソンの最終的な合意も、たとえば今年の陸稲の収穫後に豚二匹とラジオ一台、布一巻、来年の収穫後に豚二四、再来年までに豚をもう一匹というように、品目の内容と期限を具体的に定めてなされる。ただし先のパン・ガタイ氏の言説にもあるように、最近では具体的な品目の代わりに、現金で何千ペソ、現物の場合は現金に換算して合計がそれだけになること、というように現金額で交渉が進められ合意されることもある。バンディの総額と支払い方法に関して最終的な合意が得られなければ、たとえホゴにおいて結婚の同意がなされていても破談となる。その際、既にホゴにおいてバンディが支払われているならば、女側はそれを返済しなければならない。それゆえ、結婚手続きの第一歩であるホゴの際にバンディを多く贈ることは、男側が女側親族の好意を獲得し以後の交渉を円滑に進める担保となると同時に、交渉決裂の際の既に与えられたバンディ返済の義務は、女側に妥当な額で合意することを強いるような負担となって働くのである。

スソンの後、あるいはスソンの前から、男が娘の両親の所に行って仕事を手伝うこともある。そうした労働奉仕は、マノヨ（*manoyo*）またはマガンポ（*mangampo*）と呼ばれる。その際、娘の家に泊まることも、また泊まらないで通うこともある。ただし、こうした労働奉仕の際にも、若者は必要もなく娘のそばに近づいたり、親しげに振る舞ったりしてはならない。そこに自分の気に入った娘が、あるいは近いうちに結婚することになる娘がいようとも、あたかも彼女が目に入らないように、無関心を装わなければならない。娘には目もくれないで、一生懸命にその父親のために働くことが、最も好ましい求婚者と考えられているのである。(5) またこの労働奉仕には、バンディの一部を労力の提供によって支払うなどという意識はなく、女側の好意を得るための、あるいは男側からの自発的な好意の表現と考えられている。

㈢　バンハル―結婚式。定められたバンディの総額を払い終われば、あるいは支払いの中途においても、双方が合意すれば結婚式、すなわち双方の拡大家族やそれ以外の親族、友人らを招いての共食のための集まりを催すことができる。ただし通常、結婚式の費用（米、豚、調味料等）は男側の負担とされることが多く、バンディ自体が男の拡大家族にとって多大な経済的重圧となっているために、実際に結婚式が行われることは極めて稀である。

カキリガン集落に住む夫婦の中で結婚式を挙げたのはただ一組あるのみで、しかもそれは筆者が住み込む以前であったために、調査期間中は残念ながら式次第を見聞する機会に恵まれなかった。集落の人々によれば、その結婚式（ラバウ・グループのキャプテンであるパン・メリシア氏の娘のためのもの）には双方の拡大家族、およびそれ以外の親族や友人、知人、さらには関係ない者までが多く集まり、カラバオが一頭殺されて料理され、米が炊かれ、皆で満腹するまで食べたという。なお全員が食べ始める前に花嫁と花婿が向かい合ってござの上に座り、二人の前に用意された食物をお互いに相手の口に運び、交互に食べさせてあげたという。

リードは、ピナトゥボ山の周辺では結婚式は行わず、スビックやオロンガポ地方では少し複雑な式が持たれると指摘した後、サンタフェ（カキリガンの下流一〇㎞ほどの所にある平地イロカノ民の村）の近くで出席した結婚式の様子を次のように報告している。

他の土地、特にサンタフェ近くのカバヤンやアグラオでは、当該男女のあいだで食べ物を交換することが、結婚式の欠くべからざる一部分を成している。

地面にござが敷かれ、その中央にごはんと他の食物を容れた皿が置かれる。男と女がその皿の両側に向かい合って座り、その回りを親族一同が取り囲む。男が食物をつかんで女の口に運んで食べさせ、女もまた同じことを男にしてあげる。この時、全員が歓声をあげて大喜びをする。時には女は立ちあがって逃げ出し、夫がその後を「止まれ」と叫びながら追いかける。しばらくすると女は立ち止まり、二人は一緒に戻ってくる。あるいは二人は、竹筒を持って川へ行き、他の人々のために水を汲んできて、結婚生活で最初の仕事を共同で行うこともある。

私は幸運にも、食物の交換がきわめて重要な意味を持つ結婚式を目撃する機会を得た。その時は、私があやうく投げ捨てようとしていたパンがウエディングケーキとして使われたのであった。少女はまだ幼い時にその両親により、自分の父親ほどの男と結婚することを決められてしまったらしかったが、結婚式の時に至って断固拒絶したのであった。二年間、彼女は一五歳のネグリートの娘からは予想もできないような強い意志の力で、結婚を納得させようとする親族たちのおどし、すかしをはねのけていた。その男は彼女のために大金を支払ったのに—彼によれば二〇〇ペソ—、娘の両親はそれを返さないでいた。もし我々が何らかの贈り物をすれば、彼女の気持ちを折れさせることができるだろうと示唆された。そこで彼女には十分な布と、鏡、ビーズが与えられ、それで彼女も最後にはしぶしぶ結婚に同意し、既に述べたような次第で式が取り行われたのであった(Reed 1904: 58)。

カキリガン集落およびピナトゥボ山麓周辺において、現在結婚式を催すことが望ましいとされていながら実際にはほとんど行われていないことについて、ふたつの解釈が可能である。ひとつは、かつては行われていたのに現在ではバンディが高額となってその支払いの負担が過重となり、結婚式をするまでの資力が残されていないため。もうひとつの解釈はその反対で、本来アエタは結婚式をする慣習がなく、平地民との接触、影響によってそれを望ましいと考えるようになったが、しかしいまだ実際に挙行することを強制するような規範とはなっていないためである。このふたつの解釈のうち筆者は後者を妥当なものと考えるのであるが、その理由は何よりもまず、実際に結婚式を行った事例がきわめて少なく、逆に結婚式を催すために最低限必要な食糧の余裕がありながら行わないという事例が幾つかあることを指摘することができる。また文献資料によって結婚式の報告が見いだされるのは、ピナトゥボ山域の平野部近くや、サンバレス州南部からバターン半島にかけての、平地民との接触の深いグループなのである（Garvan 1964: 98-100）。しかしながら、結婚式に相当するような儀礼が、簡単なものさえかつてはなかったと断言することは困難である。

現在、結婚式が望ましいとされながら実際にはほとんど行われていないために、結婚生活はなしくずし的に始められると言っても過言ではない。結婚をしたか否かを明確に区切るような儀礼や象徴的な行為が存在しないのである。通常はバンディの支払いが終わった段階で、あるいは一定額が支払われた後に女側が許して、式を挙げずにそのまま同居を認め、実質的な結婚生活へと入ってゆく場合が多い。しかしながら同居を始めても娘が幼かったり、あるいは親の強制する段取り婚のために相手の男を嫌い、疎んじて身近に寄ることを拒絶したりすることが珍しくない。当然性交は行われず、結婚生活というよりも結婚前の男の労働奉仕の形態に近似することになる。一方駆け落ちをして、何日かあるいは何週間か夫婦同様の生活をしたとしても、その後に双方拡大家族のあいだで結婚の合意が得られなければ、結婚したと見なされない。あるカップルが結婚しているのかいないのか、人によって判断が異なるというような事態も生じ得るのである。

そのため、結婚の合意が得られてから安定した結婚生活に至るまでの不安定な時期において、その娘に別の男が求婚したり、あるいは他の男と駆け落ちしたりすることが珍しくない。その場合、離婚なのか婚約破棄なのかを厳密に区別することは不可能である。重要なことは、前夫あるいは前の婚約者が支払ったバンディの全額をまず女側が返済しなければならないことである。もちろん女側は、新しく求愛、求婚してきた男にそれを要求し、男側が用意できなければもとの男との結婚を娘に強制する。そもそも結婚は、基本的には男と女の双方の単位家族および拡大家族にのみかかわる事柄であり、社会的認知や宣言などが必要であるとは必ずしも考えられていないのである。すべては当事者の話し合いと合意によって進められてゆく。

第七章　結婚をめぐるダイナミズム

本章では、前章で述べたアエタ社会の基礎的な成り立ちが、結婚という出来事を契機としていかに動態的な編成を遂げてゆくかについて、実際の事例と彼らの語るイストリアに即して考察する。その際、社会編成のダイナミズムを生み出す基本的な要因は、親達の世代と子供達の世代との思惑の相違や対立にあり、親達が望ましいと考えて子供達に強制しようとする段取り婚と、子供達が親に反対されても好きな相手と結ばれようとして試みる駆け落ちという、言わば集団化の求心力と遠心力とのせめぎあいにあると筆者は考える。もちろん、結婚に至る実際の過程は、そうした親達が段取り強制する結婚と、子供達の最終的な選択としての駆け落ちという、両極端が生み出す磁場のなか、あるいは力関係の綱引き状態のなかで、多様な経過をとりうることは言うまでもない。

そもそも結婚がふたつの拡大家族のあいだでの成員のやりとりであり、それによって双方の交流が促され、互いの生活世界を広げる可能性を秘めている点については既に触れた。ただし、親達が望ましいと考えている結婚とは、彼らの持つ既存の親族、姻戚、友好関係のネットワーク内で子供達の配偶者を選び、結婚を段取りしようとするために、そうした結婚は既存の社会編成の強化、あるいはそれと重複するような形での再生産という側面を強く持つ。

それに対して、子供達自身が彼らの情動にしたがって結婚を考える時、その相手は親達の持つ既存のネットワークの枠内の場合もあるが、その外側の場合には、親に反対されてあきらめることは少なく、逆に駆け落ちへと突き進むことが多くなっている。

前章冒頭で紹介したパン・ガタイ氏の言説にもあるように、駆け落ちは、特に女側に娘をたぶらかされたという怒りを呼び起こし、安定した結婚に至るまでには多くの困難を伴う。結婚に至らずに挫折することもある。しかしながら、男側が最大限の誠意を示し、高額なバンディの支払いによって女側の怒りをなだめ、懐柔することができれば、駆け落ちが安定した結婚へと導かれる過程で、双方の友好と融和も促進されてゆく。こうした若者の情熱や駆け落ちによる結婚は、それまで係わりのなかったような地理的あるいは社会的に遠く隔てられられた人々の集団を結びつけ、互いに接点のなかったふたつの生活世界の交流を促す。バンディの授受や人々の往き来によるコミュニケーションの回路が太くなれば、当初は対峙し緊張していたような双方の関係も、やがては互いを友好的な姻戚として自分達の生活世界の一部に組み込み合ってゆくことになる。すなわち、駆け落ちこそは彼らの生活世界の拡大と再編をもたらし、社会の動態的な編成を生み出してゆく革新的な契機となっているのである。本章では、駆け落ちのこうした側面に焦点を当てて論述を進めてゆく。

一　恋愛の試み

前節で説明したのは、子を持つ親達の世代が望ましいと考えているような結婚の手続きであった。しかし結婚式を催すことはきわめて稀であり、またホゴ（求婚）の際に娘の意志も尊重した上で結婚の承諾を考慮すべきであるというのは、むしろ若い世代の希望や主張である。親達は子供達も納得して結婚するのに越したことはないし、それが望ましいと認めるものの、両者の思惑が異なれば、子供の気持ちを斟酌せず、自分の考えだけで事を運ぼうとする。

一方、現在のピナトゥボ・アエタは特に一九六〇年代以降、開拓農民や商人との頻繁な接触を通して、平地民文化の影響を受けやすくなっている。(1)特に若者達のあいだでその傾向が顕著にみられることは言うまでもない。直接に平地民との接触や交流を通して彼らの結婚と恋愛の作法を見聞きしたり、あるいはラジオの連続ドラマやコミック雑誌の物語を通して間接的に平地民風の恋愛を学んだりすることによって、若者達は親達が考えるのとは異なった結婚を望ましいと考えるようになっている。ラジオの人気番組が始まる時、ラジオとまだ使える乾電池を持っているような数少ない家は、なるべく大きな音量を出して皆が聞こえるようにすることが期待されている。また文字が読める者達は、援助団体のスタッフの家から借りた読み古しのコミック雑誌を回し読みする。彼らに人気のあるラジオ番組は、だいたいが歌番組か恋愛と冒険の続き物であり、またコミック雑誌が扱う物語の主要なテーマは、様々な恋愛の形、たとえば真実の愛、偽りの愛、三角関係、周囲の反対と苦難を乗り越えて貫く強い愛、性愛、愛ゆえの嫉妬、恍惚、幸福、等々である (Estepa 1980: 42-46)。

ラジオ番組やコミック雑誌、あるいは平地民との接触を通して、そうした愛の世界に若者達があこがれたとしても、親達は結婚を前提としない男女の付き合いや恋愛関係などを認めない。若い男女がふたりだけで人目の届かない所に行ったりしたら、それだけで女側は早速に結婚を前提としたバンディに関する話し合いや、結婚を認めない場合にはランガッド (*langgad*) と呼ばれる賠償の要求をする。ふざけて娘の胸に触れたり、手を握ったり、あるいは並んで腰をおろして親しげに振る舞ったりするだけでも同様である。結婚の前に、若者と娘がいわゆる恋愛と呼

山から下りてきた男達

びうるような親密な期間を持つことは認められないのである。たとえ若者の慎ましく誠実な求愛とそれに並行して労働奉仕を行うことが許される場合でも、またその際に娘がその若者をどんなに好いていたとしても、ふたりが仲良く一緒に行動したり談笑したり、ふたりだけの時を持ったりすることを親達は決して許さないのである。

このように、ピナトゥボ・アエタ社会における結婚については、親達が望ましいと考える手続きと、子供達が理想とする形態とが一致しておらず、両者のあいだに大きなずれが生じている。援助団体の活動や学校教育によって、子供達がより一層平地民的な価値や文化に惹きつけられるようになったために、そうした両者の思惑の違いがより鮮明に現れるようになってきている。たとえば第三章で触れたように、筆者が調査地を離れてしばらくすると、娘達のあいだで、農薬で自殺を試みることが一時期はやったという。彼女達が自殺を試みた理由は、嫌いな男と無理矢理に結婚させられることになったり、嫌いな男に抱きつかれて体を触られたり、あるいは好きな男と結婚できそうになくて悲観したというように、すべて男との愛情、純潔、結婚をめぐる問題であった。

以下にまず紹介するのは、そうした農薬による自殺騒ぎを含むような、若者と娘の秘めた恋愛の発覚と親達の対応、そして挫折に到る顚末の物語（イストリア）である。その恋愛は筆者が本調査を終えて引き揚げた後に始まったものであり、再調査のためにカキリガンに滞在中に発覚して結婚の可否に関する話し合いがもたれた。そのすぐ後でパン・ガタイ氏が、そもそもの恋愛の発端にさかのぼって、筆者に話してくれたものである（テープに録音したものを、繰り返しや重複を除いて、ほとんど手を加えずに訳出した）。概して結婚に至るいきさつや事の始終に人々は強い関心を寄せており、それゆえ結婚にまつわる特徴的な事件によってその夫婦の通称が決まったりするのであるが（第五章注(2)参照）、このふたりの恋愛騒ぎは、とりわけ強い印象を人々に与えたようである。しかもそれは、彼らにとってのみならず、筆者にとっても、現在の若者のあいだで見られる恋愛の試みと親達との葛藤を理解する上できわめて興味深い事例となっている。

事例一　エミリオとカルメリータの恋愛

そもその始まりというのは、男がまず友達に託して手紙を送ったのだ。そうしたら娘の方も（友達を通じて）手紙を出した。そして男が毎回手紙を送るたびに、娘の方も返事を出し、男がまたそれに返事を出すというようにして手紙のやりとりが続いた（当時ふたりは、カキリガン集落の小学校を卒業して、その年からそれぞれ町のハイスクールと農業高校に通い始めていた。―フィリピンでは小学校の後は四年制の高校に進学する。―娘の方は、援助団体が町に持つ事務所で、小学校に通うディレクターの子供達の世話をしながら一緒に住み、若者の方は学校の寄宿舎に住んでいた。そのため、周囲の大人の監視の目もなく、そうした手紙のやりととりを行うことができたのである)。

そしてエミリオが病気になった時、彼は(今のではなく)以前に住んでいた家で死にそうになったことがあった。そこで娘が会いに来て、

「気分はどう」と尋ねた。

「相変わらずだよ」とエミリオが言った。

「けれども、この病気のせいで、どうも俺には運がないみたいだ。でも悲しまないでくれ」と。

娘の方は、「どうして、どうして、何を思っているの」と尋ねた。

「そうなんだ、お前も俺の病気のことは知っていると思うけれども、この病気がもっと重くなれば、俺はおそらく死んでしまうだろう」と男は答えた。

それで娘の方は男が死んでしまうものと思ったのだろう。「あなたが死にそうなら、自分の体をそう感じているのなら、今そんなことは言わないで。もっと気持ちをしっかり持たないのなら、私の方が先に死んだ方がましだわ」と言った。「もっと気持ちをしっかり持ってくれないのなら、私はもう知らないから。我々ふたりのうちで誰が先に死ぬにしろ、これが最後のあいさつだから」と言った。

そして娘は家に戻った。その翌朝、娘は私の所にやって来て、彼女の写真を一枚くれた。そして「これが私の記念ですから、時々見てね」と言った。それで私は、どうしてくれたのだろうと思った。(妻の)インドン・ガタイとふたりで、彼女は何をするのだろう、どんな理由があるのだろうと考えた。彼女は言わなかったけれども私に理由があるのだろうか、彼女はそれで何かを言いたかったのだろうかと思った。そしてその次の朝、インドン・ガタイと起きてみると、カルメリータが朝早くに病院に運ばれた、水場に行ってフォリドールを半

分も飲んでしまったのだ、ということを聞いた。
問（筆者）　誰のフォリドールだったのですか。
答　たぶんこの家からのものだったろう。いずれにしても、彼女は半分飲んでしまい、半分だけ残っていた。（ディレクターの）ティマ夫人が「半分しか残っていなかったから、彼女が半分飲んでしまったに違いない」と言っていた。そのびんは、あそこの水場の下で見つけたのだそうだ。

フォリドールを飲んだ後、彼女は水を飲み、家に戻った。家族の者が食事を用意した時、彼女は食べたがらなかった。彼女は、「何も食べたくない、体のなかがとても変な感じがする」と言った（家に戻っても中に入らず、外に置かれたカリソン―荷ぞり―に腰をおろして、もうろうとした状態になっていたという説もある）。そして彼女が激しく吐き始めると、吐いたものにフォリドールの臭いがした。そこで家の者がティマさんの所に行った時は、まだ起きていなかった。そこでティマさんの家の前（の広場）に車を持ってきて、それから彼女を病院まで急いで運んでもらった。……

（ティマ夫人が起き出して、砂糖水を飲ませるなどして吐かせた後、ＳＩＬ[2]スタッフのジープで町まで運んだのである。幸い数日の入院の後に彼女は退院してきたが、自殺の理由については何も語らなかった。そのため、自殺を試みた原因については、男が別の娘に手紙を出したことを彼女が悲しんだためと信じている者もいる。一方エミリオもその後、病気が回復した。）

彼女が元気になり、病院から山に戻ってきてからしばらくすると、ふたりは再び手紙のやりとりを始めた。そしてエミリオは、「お前に言ったように、そして神様の御加護で、俺はこうして生きているのに、それなのにどうしてお前はあんなまねをしたのだ。もしお前が死んでしまったならば俺には生きる望みもなくなってしまう。そんなことなら自分も死んでしまいたい」という手紙を書いて出した（エミリオにしてみれば、病気が回復せずにそのまま悪化すれば死ぬかもしれないという不安を語っただけで、必ず死ぬと言ったつもりはない）。

こうして、ふたりの手紙のやりとりがしばらく続いたのだが、やがて男の方は、この土地で妻を得ようとすれば、とても費用がかかってしまうと考えた。もし娘がずっと遠くの人間なら、そんなに費用はかからないと思った（その当時、エミリオの親族で一番の親友のエストが、カキリガンから徒歩で峠を越えて丸一日ほどかかる西麓ビリエール村に住むアエタと平地民との混血の娘と結婚したが、女側は、自分達は平地民の慣習で生きているからと言って高額なバンディを要求しなかった。アエタの若者達にとって平地民の娘は、色が白く髪がまっすぐな上にバンディを払う必要がないために、最も望ましい結婚相手と考えられているのである。ここで遠くと言うのは、バンディの授受を不可欠とするようなピナトゥボ山の中核地域から見れば周縁部に住んで、半ば平地民化しているような人々を指している）。

そこで男は、娘にあげた首飾りとネックレスを返してもらおうとした。けれども娘はそれを返すのを嫌がった。男が返してもらおうと思った理由は、娘の父親が（バンディとして）どのくらいを要求してくるか知ったからだった。けれども娘の方は、ふたりの仲がそのまま続いてほしいと思った。

先日、この家の裏手でそのふたりが座っていたのを知っているだろう。彼女が悲しそうにうなだれて地面を見つめていたのを（一九八一年暮れに再調査のために筆者がカキリガンを訪れた時、ラバウ・グループのカルブハイの家で、子供の病気が全快したことを祝い、精霊に感謝するための踊りが催された。その時、踊りに興ずる人々から少し離れた小岩にカルメリータとエミリオが並んで腰をおろし、深刻な顔をしたまま、ほとんど話をせずに座っていたのである）。その小岩から踊りの場の長椅子へと移るまで、彼女は本当に悲しそうな顔をしていた。彼女は、一体どうやったら彼女の父親をうまく説得し、良い関係を作って、ふたりの結婚を認めてもらうか考えていた（彼女の父親のポオランは、ラバウ・グループの一員であるが、キャプテン・メリシアおよび彼に従う他の成員達と仲が悪く、カキリガンへの移住の際も、ひとりキリン・グループの側に住んでいた。一方エミリオはラバウ・グループの一員である）。

その時エミリオが私（パン・ガタイ）に近寄ってきて、「おじさん、どうか彼女が悩みを忘れるように、彼女と一緒に踊ってあげて下さい」と頼んだ。彼女は本当に悲しそうな顔をしていたので、まずパン・バンウットが近寄って誘ったが、彼女はその誘いを受けなかった。その次に私が彼女のところに行った。

「さあ、一緒に踊ろうよ、カルメリータ」と言った。私は彼女と一緒に踊って、ふたりの問題が何なのかを全部聞いてみようと思った。けれども彼女は踊りたがらなかった。いつもこんな風で考えごとをしているようだった。

そして彼女の父親ときょうだいが、ふたりが話しているのを見たのだった。その様子は、本当にわけあり風だったので、彼らはふたりが既に何か話を決めているのではないかとその時初めて気づいた。それまでは、彼女がフォリドールを飲んだ時も、一体どうしてなのか彼らにはその理由や彼女の悩みがわからなかった。ポオランは、「何も知らなかった。もし知っていれば、自分の怒りはすべて口に出して彼らにぶつけていただろう。こんな馬鹿なまねはもうさせないし、良い振る舞いをしてもらいたいものだ」と言った。

そこで、エストの義母（妻の母）がやって来て、カルメリータに「さあ一緒に踊りましょう、そうすれば悩み事なんて全部忘れられるから」と誘った。けれども彼女が踊りたがらなかったので、「私と踊るのが嫌なら、私は死んだ方がましだわ。私はあなたに、孫（エミリオのこと—彼の父とエストが異母兄弟であり、したがってエミリオは姻族として彼女の孫の世代に当たる）の嫁になってもらいたいと本当に思っているのに。必ずふたりを一緒にさせてあげるから心配しないように。だから一緒に踊りましょうよ」ともう一度誘った。

カルメリータは「いいから放っておいて下さい。あなたではなく私が死んだ方がましだわ」と言った。彼女はエミリオが本当に彼女のことを嫌いなのかもしれないと思ったのだ。だから彼女も死ぬことを考えたのだけれども、その時はすぐにどうすればいいのかわからなかった。

するとさっきの女は、「お前が死ぬことを考えているなら、私が先に死んであげる」と言ってボロを抜いた。その刃は長く鋭いやつだったが、それで自分の首を切ろうとした時、彼女の後ろにいたエミリオが彼女を取りおさえてボロを奪い取った。そして、「おばあさん、俺が死んだ方がいいんだよ」と叫んだ。

それで私（パン・ガタイ）とパン・バンウットが、今度はエミリオの腕をつかんだり、後ろから抱きかかえて取りおさえようとしてもみ合い、最後は（平和部隊の）アメリカ人が助けてくれてボロを取りあげた。そのもみ合いの時、エミリオは手に怪我をして血を流した（ボロの奪い合いの様子はきわめて詳細であるが、ここでは要約して訳出した。この後カルメリータは筆者の仮住まいからナイフを持ち出して逃げたが、後を追った友達に、エミリオの傷はたいしたことがなく、また結婚に関する話し合いが行われると聞かされて再び集落に戻った）。

その夜に男側と女側の親族が皆集まって、結婚についての話し合いをした。私は（男側の親族のひとりとして）、カルメリータの父親に現金一〇ペソと鶏を渡した。女側は結婚を認めたのだが、そのためには、カラバオ五頭と現金一五、〇〇〇ペソを支払うように要求した。それに対して私の義父（パン・メリシア）は、「まず、我々のなかでそれだけの額が払えるかどうか相談してみるから、しばらく待ってくれ。その後でもう一度話し合いに行くから」と答えた。男側は今相談しているところなのだが、彼らの要求はあまりにも高過ぎる（by **Pan Gatay, Kakilingan**）。

結局、男側はカラバオを三頭までならば払えるが、それ以上は無理であること。また両人ともに学業を続ける希望を持っているので、しばらくは勉強に専念させて様子を見て、結婚とバンディの交渉はあらためて行うことを決めた。そして若者が父親の目を盗んで娘に言い寄り、今回の騒ぎやフォリドールによる自殺事件を引き起こす結果となったことに対するランガッドとして、女側の要求に応じてとりあえず豚を一頭支払ったのである。

女側と男側のグループのそれぞれの長であるポオランとパン・メリシアが、互いに腹違いのオジとオイという近い関係にありながら、このように高額なバンディを要求した理由について、ポオラン自身は、カルメリータが幼少の頃に病弱で薬代や町の病院に連れてゆくために使った費用と、この先ハイスクールを卒業させるまでに必要な費用とを確保するためと説明したという。しかしながら、町の病院で診察や治療を受けるのはアエタならば無料であり、またハイスクールに通学する経費については、援助団体が生活費を負担し、筆者が学費を送金していたのであるから、彼の要求は、実際はほとんど根拠のないものであった。

それにもかかわらず、こうした高額な要求がなされた理由については、筆者は両者の社会的距離の隔たりの大きさと、若者がしかるべき手順を経ずに求愛した不作法に対する女側の不快や怒りにあると考える。既に述べたようにポオランは、カキリガンへの移住に当たっては、キリン・グループの側に住み、ラバウ・グループとの労働協力などを全く行っていなかった。両者の不仲は既にその前から生じていたのであるが、ラバウ側の人々はその理由について、ポオランが自分のことばかり考えて自己主張が強すぎることと、再婚した相手が自分の妹の娘という極端に近すぎる相手だったことを挙げていた。一方、ポオランは、秘密の手紙のやりとり、フォリドール自殺事件、踊りの場での公然としたわけありの振る舞いといった一連の愚行（*kalokohan*; 語幹の「*loko*」には愚かな、悪い、狂ったという含意がある）に怒っており、子供達はもっと親の言うことを聞く良い子でなければならないのだと強調した。

エミリオとカルメリータの関係は、この後、まず若者の方が娘に対する関心を急速に失ってしまい、すっかり冷めてしまった。カルメリータは三年生になった時に、今度は別の若者と駆け落ちをしたが、結局その男とも別れてしまったという。

このように、恋愛の試みは若者の情熱がなせるものであるが、それが必ずしも安定した結婚へと至るわけではない。それが発覚した場合には、子供達と親達との世代の対立に加えて、女側拡大家族と男側拡大家族との対峙や対立が生ずるために、事態の進展は流動的となり、結果として複雑な様相を示すことになるのである。駆け落ちの問題については第五節で再び取りあげる。

二　出来事としての結婚

今まで述べてきたように、現在のピナトゥボ・アエタ社会では、旧来の慣習にのっとって段取り婚を強制しようとする親達と、そうした結婚を嫌い、自分達の好きな相手と結婚しようとする子供達との対立が避けがたくなってきている。実際にそうした思惑の相違のゆえに、親達と子供達とのあいだには様々な葛藤が生じており、結婚は世代間の思惑の違いと、それぞれが自分の意志を貫こうとする力関係のはざまにあって、前章で述べたような望ましい手続きから逸脱した多様な経過をたどる。そもそも前章の冒頭で紹介したパン・ガタイ氏の言説が仮定形で語られることによって、常に逸脱の可能性を示唆していたように、むしろ理想的な手続きを無視したような展開が現実の結婚の常態となっている。そうした多様性については、一般的な形態としてひとつにまとめることはほとんど不可能である。

言い換えれば、実際に生じている各々の結婚の過程は、いずれもが望ましい手続きから逸脱した、それ自身に固有で特徴的な事件や当事者の言動を含んでいる。その意味では、あらゆる結婚の過程が、イストリアとして語られるに値する一連の出来事の生起として捉えることができる。そして各々の結婚の実際の過程は、そうした出来事が理想型から逸脱した度合いの衝撃性と、既に過去において生起した様々な結婚の特徴的な経過との差異によって意味づけられ、それ自身の固有なイストリアを生みだしてゆくと言うことができるのである。逆に結婚にまつわる固有な出来事によって、その新婚夫婦の通称が決められてゆくことは既に指摘したとおりである。

本節ではこうした観点から、実際の事例に関するイストリアの幾つかを報告し検討することによって、具体的な結婚の過程の多様性を明らかにするものである。取りあげるのは、ラバウ・グループのキャプテンであるパン・メリシア氏の四人の子供達の結婚であり、語ってくれたのは、再びパン・ガタイ氏である。彼は長女のインドン・ガタイの女婿であり、自身の例では当事者として、また他の場合は拡大家族の一員として、各事例に直接に係わった内部の人間でありながら、同時に東麓側から婚入してきた者として外部の視点を合わせ持っていた。

前節で紹介したイストリアは、自身も巻き込まれたボロを振り回しての自殺騒ぎの直後に採録したために、彼の興奮もさめやらず、さらには継続中の恋愛に関する言わば生成中の物語として、荒削りな生のままの素材の提示という性格を持っていた。それに対して以下に報告するイストリアは、いずれも出来事の後に年月を経て枝葉の部分をそぎ落とし、彼（ら）にとって重要と思われる経過の骨組みがよく整理されている。彼のイストリアがそのまま実際の出来事や当事者の言動に過不足なく一致しているというわけではなく、また多少異なったヴァージョンも見い出されるが、基本的にはラバウ・グループの人々の理解の枠組みの代表例となっている。

事例二　長女の結婚

まだインドン・カルブハイの母親（パン・メリシアの二番目の妻）が生きていた頃、パン・メリシアは現在の妻に対してこっそりと求婚していた。そして彼の妻が死んだ時に、現在の妻と結婚しようとしたのだが、その時、彼女はまだ別の男と結婚していた。その男も死んだ時、彼はセルトンの母親（現在の妻）と結婚したのだった。

ふたりが一緒に住みはじめた時、パンパンガに住む女の親族がそのことを知ってやってきた（女は一度パンパンガの両親のもとから別の土地へ婚出し、そこからパン・メリシアの所に婚入してきた）。けれども男側（パン・メリシア）はバンディを用意できなかったのだろう。あるいはバンディは必要だから用意していたかもしれないが、いずれにしても女の父親は、もし男側が構わないのなら、女を交換することにしようと提案した。男側がバンディの支払いを嫌そうだったので、交換を持ち出したのだった。その時パン・メリシアは、「それでいいけれども、私が自分の妻を得るために代わりに娘を差し出すのに同意したことは内緒にしておいてくれ。彼女には、あなた方に任せるからうまく話してやってくれ」と言った。

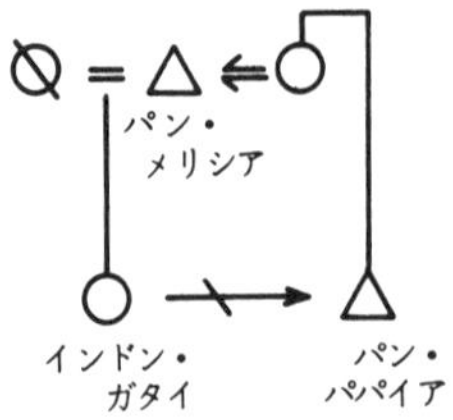

それなのに彼らは、インドン・ガタイに対して何の説明もせず、ただ彼女の手をつか

んで、パンパンガに連れて帰っていった。インドン・ガタイが何をしようとしても、泣いても、自殺したいと思っても、パンパンガに着くまで手をしっかり握って自由にさせないために、何もできなかった。

それから一カ月が過ぎ、男（パン・パパイア）の方はすぐにでも一緒になりたかったのだが、インドン・ガタイは男と一緒には住まなかった。男は、彼女がその気になるまでゆっくりやろうと思った。この慎重な態度で、男は一緒に住むようにもっていこうとした。けれども、女の方は、父親の妻の代わりになるのが嫌だったので、ひとつの計画、それは良くないものだったが、を実行しようとしていた。インドン・ガタイは心の中で、「お父さんが私を交換したのは、ちょうど娘の私がお父さんの妻になるようなものだ。だから、たとえお父さんが私を殺そうとも、こうしたことはしない方がいい。たとえどんな罰を受けようとも、正しいと思うことさえすれば、あとはお父さん次第だ」と考えた。

一方、男の方は娘に近づけないでいたが、しっかりやるように周りの者から強制された。その晩、その男は、友達とおしゃべりをしながら、夜中の二時か三時頃まで寝ないで待った。そしてもう娘が既に寝込んでしまったものと思い、彼女のところに忍んで行って抱こうとした。上掛けを取り、中に入り込もうとした時、ナイフのようなものが待ちかまえていたのだった。まさに中に入ろうとした時、彼は突き飛ばされてしまった。傷はちょうどこの胸のあたりだった。たったひと突きだったけれども男がすっ飛んでしまったのは、彼女がナイフを手にしていたからだった。娘はすぐに窓を飛び越え、走って逃げた。彼らも後を追ったが、つかまえることができなかった。夜が明けても追い続けてやっと娘をつかまえ、男の家に連れ帰ってきた。そこで彼らは、娘に結婚するのが嫌なのかどうか聞いた。

娘（インドン・ガタイ）は、「まるで私がお父さんと結婚するみたいだから嫌です。もし違う男の人だったらいいですけれども、お父さんと結婚するようなことは一番心が痛むことです。男の人に傷を負わせたことで殺されるなら仕方がないかもしれない。もし男が死んだのなら、今あなた方がここで私を殺そうとしても私にはどうすることもできません。けれども、彼が怪我をしただけで死んでないのなら、私を父の所に連れて行って、私に対する処罰は父に任せて下さい」と言った。

そこで男の親族達は彼女を父親に引き渡したのだった。彼女は、「夫を刺したのは、あなたの妻の代わりになるのが嫌だったからです。けれども私はあなたの娘ですから、何をしようとあなたの自由です。もし私のことを殺すつもりならば、おじいさんが埋められている所に連れていって殺して下さい」と父親に言った。けれども、マルティンの母親（パン・メリシアの妹）がこのことに反対した。もうひとりの妹も反対した。この姉妹が、「我々のこの娘を殺すつもりなら、我々ふたりも殺して下さい。そうすれば我々は一緒に土の中にいて、娘のことを思って悲しんだりすることがなくなるから」と言ったのだ。それで、父親の方も殺すことを取り止めたのだった。

この事件がかたづいた後、今度は私が彼女に求婚した時に、彼らは男の傷に対して支払うと約束していた賠償のカラバオを、代わりに私が支払うように要求した。そのほかに、インドン・ガタイの父親には、豚、ラジオ、現金、布などを支払った（**by Pan Gatay, Kakilingan**）。

パン・ガタイ氏は当時、ピナトゥボ山東麓側に位置するパンパンガ州のマルコス村（クラーク空軍基地のゴミ拾いなどの特権を得ているアエタ達が居住している）に住んでおり、親戚を訪ねて南西麓側に来ている時に、ラバウ集落の近くでインドン・ガタイを見初めたのであった。彼は基地でガードマンとして働いていたために、バンディに必要なお金を貯えており、要求されたものを買ったり、親戚から得たりして支払うことによって、自分の家に妻を迎えることができたという。要求されたバンディを全額払えば、普通は男側の家に住むことになるのである。

しかしパン・ガタイ氏がその後すぐに基地での職を失ったために、ふたりは新婚時代の二、三年間をマルコス村で過ごした後、パン・メリシア氏の経済力と土地を期待してラバウ集落に移住してきたのである。かつて基地で働いていたりした経験から、彼は外部世界の事情にもある程度通じた集落一のインテリであったが、農作業を嫌っているために皆から怠惰であると思われていた。彼はピナトゥボ山中で野生蘭を採集して基地や町で売って時々小金を得ているが、その収入だけで生計を支えるのは全く不十分なために、もっぱらインドン・ガタイが、拡大家族の助けを借りながら生活の基盤である焼畑の作業を行っていた。パン・ガタイ氏自身は、農作業が苦手な理由について、以前、蘭を採るために木に登っていた時に、そこから落ちて地面に腰を激しく打ったことがあり、それ以来、腰痛に悩まされているからと説明している。しかしパン・メリシア氏は、そもそも自分が段取りした結婚を嫌って勝手な結婚をするから、インドン・ガタイはそうした苦労をするようになったのであり、次に述べる次女の場合のように自分の言う通りにしていれば、何も問題はないのだと、しばしばこの結婚を引き合いに出して段取り婚の正しさを主張していた。

事例三　次女の結婚

まだカルブハイが独身だった頃、アグラオ村からひとりのイロカノがやって来た。そして、彼の父親にその男の家でカルブハイを働かせてみないかともちかけた。彼の父親は承諾してカルブハイに話した。そこで彼はその男と一緒にアグラオ村へ行ったのだが、理由は、一年間働けばカラバオを一頭くれると約束したからだった。けれども一年も経たないうちに、彼の現在の義父が来て、「他の連中のために働くのはよしなさい。お前の両親やオジ達のために働いた方がずっとましだよ、そうすれば我々だって同じようにお前のことを助けてあげるよ。たとえば、お前に好きな娘ができた時には、（結婚のための）費用は我々にまかせておきなさい」と言った。

カルブハイがだいぶ長いこと彼らのために働いた後、もうひとりのオジのコンシハル（パン・フクリ）が兄のカピタン（パン・メリシア）に、カピタンの娘をカルブハ

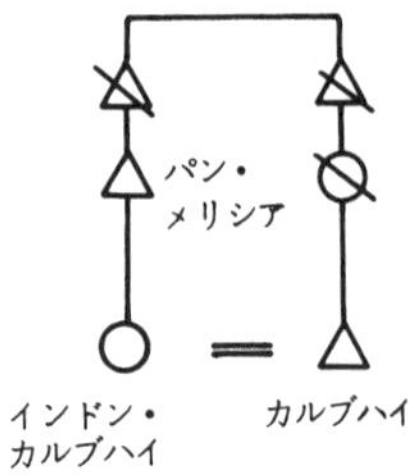

イにあげてふたりを結婚させたらどうかと相談した。けれども、もちろん娘には内緒であった。彼らはカルブハイに、「お前にまかせるから娘に結婚のことをうまく話してみなさい」と言った。それでカルブハイが打ちあけてみると、彼女は同意した。そして最後には結婚したのだった。

けれどもその結婚にはバンディが全然伴わなかった。なぜなら、彼らが彼の性格が良くてとても気に入り、しかも彼らの仕事を彼が色々やっていたから、言ってみれば結婚（にかかる費用）の助けとして直接に娘をあげたようなものであった。彼は色々と仕事のやり方をよく知っている働き者で、カピタンやコンシハルの仕事があればどこへでも行って手伝っていた。それで彼らはカルブハイのことをかわいそうに思い、自分達の娘を彼に与えたのだった。

しかし、インドン・カルブハイの方にしてみれば、結婚を強制されたのだから、一緒に暮らすまでにはそれから二年間もかかった。突然カルブハイと結婚しろと言われて、その場で返事を強制されたので仕方なく考えもせずに同意したのだが、その後でカルブハイはイトコだし、やはり結婚したくないと思ったのだった。しかし三年目になってから、彼女は他に行ける所もなかったので、彼と一緒に暮らすように再び強制されたのであっ

た。それに、彼女には既に夫があると皆が知っていたので、別の男が言い寄ってくるようなこともなかった。

ふたりが結婚した後も現在に至るまで、カルブハイは労働奉仕を続けており、たとえば米を一〇俵収穫したら五俵を女の父親に、五俵を自分達にというように分けていた。けれども、現在はもうそれも終わったかもしれない。彼らは自分達のための仕事をしているし、飼っている豚やカラバオなども自分達のものである（by Pan Gatay, Kakilingan)。

このふたりの結婚については、女側が望み、またそれまでの労働提供に対する見返りのような形で娘を結婚させたために、バンディの授受がなされなかった点できわめて特徴的である。ただし、カルブハイが行った労働奉仕については、いくら長期間にわたろうとも、バンディの代替になりうるとは考えられていない。また彼が何年かにわたり収穫の半分あるいは一部を女の父親に分け与えたことも、他のバンディを伴う結婚をして妻方の親族と共に住む新婚夫婦に共通して見られ、それがバンディの一部と見なされることはない。カルブハイ自身はバンディを支払ったことを筆者に主張したが、パン・ガタイ氏に限らず、他の人々もカルブハイはバンディを払わずに結婚したと考えている。

バンディを伴わないことのほか、人によっては、娘（インドン・カルブハイ）の方が全く知らないうちに盛大な結婚式の準備がなされ、否応なしに結婚させられたことを強調して語る者もいる（結婚式の時、パン・ガタイ夫婦はまだパンパンガに住んでいた）。すなわち、パン・メリシア氏が娘との結婚をカルブハイに勧めて決めた時、彼女はサンタフェ村の知り合いの家に下宿して、そこの小学校二年生として通学していた。それからしばらくして、父親の使いの者が迎えに来て連れ帰られると、既にパラパラ（竹の支柱を立ててその上に横木を渡し、バナナの葉をふいた屋根をのせただけの壁の無い建物）が作られ、結婚式の準備が進められていた。そのまま強制的に結婚させられたであるが、それ以後二年間は、カルブハイが自分の隣で寝たりするのを許さなかったというのである。

事例四　長男の結婚

今度はアレホとワルリタの物語だ。ふたりはボアグへ出かけたことがあった。そこから帰る途中、彼らは（砂糖キビ・プランテーションから）砂糖キビを取ってそれを噛みながら歩いていた。サン・ルイスまで来た時、アレホが噛んでいた砂糖キビをふざけて娘に投げつけたら、それがちょうど彼女の胸に当たってしまった。だからアレホはパン・オナス（*onas* は砂糖キビ）と呼ばれるようになったのだけれども、ふたりがラバウに戻った時、娘がその事を言いつけてしまった。それを知ってアレホはラバネスにいた私の所まで走って逃げて来た。我々は一体何が起こったのかさっぱりわからなかった。

翌朝、彼は知り合いのレイエス爺さんの所へ出かけたのだが、そのすぐ後に今度はカルブハイと（父親の）カピタンがやって来た。私が一体どうしたのだと尋ねると、「別にたいした事はない。ただお前の義理の弟のアレホが、ワルリタの胸に砂糖キビを当ててしまい、だからあいつを連れ戻してふたりを引き合わせ、本当に好きなのかどうかを確かめるために追いかけて来たのだ」と言った。ふたりがアレホをラバウに連れ帰り、娘に気持を尋ねると、娘は（解決のための）ランガッド（賠償）を受け取ることなどは嫌で、彼と結婚したいと答えた。アレホの方にワルリタを好きかと尋ねると、「我々はきょうだいみたいなものだから嫌だ」と答えた。

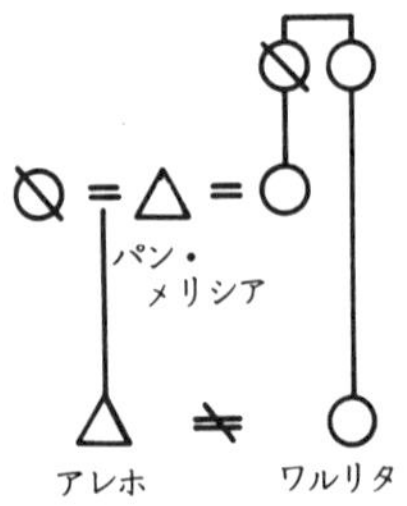

娘の方は結婚したいと言うし、男の方は嫌だと言うし、そこでアレホの父親がア

レホに向かって、「お前が嫌だと言うのなら、胸に当てたことに対してお前が払うべきランガッドはどこから持ってくるつもりなのか。お前が構わないのなら、お前にあげたカラバオで支払えば、結婚の必要はなくなるだろうけれども」と言った。そこでアレホは考えて、カラバオを手放すくらいなら、結婚した方がましだと思った。それでふたりは結婚をしたのだった。

けれども三カ月ほど経つと、彼も気が変わったのだろう。やはり娘は自分の妹みたいなものだと考えて、突然別居を始めてしまった(ワルリタを父の家に残し、自分はカルブハイの家に移り住んだのである)。それから彼女は三年間待ち続けた。彼女が言うには、「たとえ彼が私から去っても、私はずっと待っています。もし彼が他の女と結婚したなら、私も別の夫を捜します」とのことだった。

けれども彼女はアレホが結婚するのを待たずに、彼より先に結婚してしまった。彼女はコスメと駆け落ちして(コスメの実家のある)ビリエールに行ってしまい、既に今はそこで二人の子供ができている。カピタンは、ワルリタに支払ったバンディを返すように要求しているのだが、ポータブル・ステレオを一台くれただけで、それは四〇〇ペソぐらいに過ぎない。それでは全然足りないのだが、彼らはそれ以上、何も付け加えていないのだ。我々の支払ったバンディは、父親(カピタン)が豚を一頭、私が一頭、それにカラバオや、女側の親族がパンパンガからやって来た時の食べ物として米を一カバンと、鶏、それから豚も一頭殺している。だからステレオ一台では全然足りないのだ(ただしカラバオは、実際にはアレホがそのまま使用していたために、女側には、手渡されなかった)(by Pan Gatay, Kakilingan)。

ここで注釈が必要なのは、噛んでいた砂糖キビを投げつけて、たまたま娘の胸にあたったために結婚を迫られた事情についてである。アエタ社会では、娘の体に触れたりすることは厳に慎しまなければならず、特に下腹部や尻、胸には強い禁止が課せられている。故意または過失によってその禁止を犯してしまった場合には、ランガッド（賠償）を払うか、あるいは結婚をしなければならない。ランガッド自体が高額なために、男側はそれを無駄に払うよりは、バンディの一部として使って結婚する方がいいと考えることが多いが、結婚かランガッドの支払いによる解決かは最終的には女側の希望による。

また離婚の際のバンディの扱いについては、その離婚の決定的な要因をどちらが作ったかによって、女側の返済の責任の有無が決まる。単にふたりが別居したり、あるいはいずれか一方が実家に戻ったというだけでは、まだ離婚したとは考えられていない。別の相手と駆け落ちや同居生活を始めた段階で離婚が成立すると考えられているのである。その際、夫が先にそうすれば女側親族はバンディを返済する必要はなく、逆に妻が先に別の男と一緒になればバンディを元の夫に返済する義務が生ずる。

事例五　三女の結婚

これは、ルミバオ集落の男の話です。その男がカピタンの所に（労働奉仕のために）やって来る前に、まずウィニイと結婚したいと申し込んで来た。我々の方には何も異存はなかったので、「お前がそうしたいのなら我々も構わないけれども、まず最初に彼女の気持ちを聞いてみなければならない。彼女がそれでいいと言うのなら、我々も同意しよう」と答えた。それでウィニイに尋ねると、その時は彼女も承知した。だからその男も労働奉仕を始めたのだった。けれども、彼女はすぐに気持ちが変わったようで、その男が嫌いになって、彼が労働奉仕をしているのに何の関心も示さなかった。そして、最初は自分の気持ちで同意したのに、その結婚を無理に強制されたと言い出した。

そして結婚式のためにパラパラが作られ、客達がやって来た時、彼女は突然オロンガポをめざして逃げて行ってしまった。ワルリタ（アレホの妻）と一緒に逃げたのだが、めざす先が遠過ぎるので、サンタフェまで行って、そこのタラマホの家に泊まった。二日か三日後に、捜しにやって来た者達に見つかり、家に連れ戻された。（逃げだしたのは）どういう理由なのかと尋ねられた時、彼女は、「私は結婚を強制させられたのだから、あの男なんて必要ない」と言った。確かに彼女の口から結婚の同意が得られたのに、いったいどうしてあんなことをしたのだろう。最初は少しは好きだったけれども、後でそんなに好きではないと気がついたのかもしれない。

彼女（のバンディ）には、カラバオが全部で五頭の約束で、それまでに三頭が引き渡されていた。カラバオ一頭で二、〇〇〇から二、五〇〇ペソだから全部合わせると一〇《マ》〇《マ》万ペソぐらいになったろう。まったく恐しいような話だけれども、だから親達も、以前のように子供達に結婚を強制したりしない方がいいのだろう（by Pan Gatay, Kakilingan)。

この結婚話が破談となったために、父親のパン・メリシア氏はひどく怒り、もうウィニイには決して誰とも結婚を許さないと言ったという。けれども、そのパン・メリシア氏が一九八一年の秋に亡くなると、彼女はキリン・グループのトゥルリという男の求愛を受けて結婚した。彼はパン・メリシア氏の存命中にも一度結婚を申し出たのだが、その時は既に別の娘と結婚していながら第二妻としてウィニイを欲しいと言ったために断わられていた。しかもウィニイにも直接言い寄ろうとしたために、ランガッドとして豚を一頭支払う羽目になったのである。しかしパン・メリシア氏の死後、トゥルリはウィニイとの結婚をあきらめずに再び求婚し、彼の妻が怒って実家に戻ってしまったために、ウィニイもそれを受け容れたのである。ただし、パン・メリシア氏の死後から一年も過ぎていないうちに求婚し、結婚することになったために賠償としてカラバオ一頭を要求された。女側はそれを殺してその血をパン・メリシア氏を埋めた所に注いだという。

このように、結婚に至るまでの過程は個々の事例によって大きく異なり、きわめて多彩である。むしろ結婚の実態は、こうした個別の事例の独自性と全体としての多様性のなかに、混沌として存在していると言うことができる。それは単に望ましい結婚の道筋がひとつあって、それから多少逸脱した回り道が幾つかあるというものではない。結婚をめぐる現実そのものが、一般化の試みが困難なような錯綜した多様性のなかにあると言っても過言ではない。ひとつの事例を取りあげても、当事者のあいだでさえ、その解釈が異なっていることも少なくない。

しかし人々は、結婚までの移行的な過程がどれほど多様であろうとも、また個々の事例がいかに複雑な展開を示そうとも、そこから通常は三つの特徴的な出来事を取り出して、全体の経過に対して理解可能な枠組みを作りあげているのである。すなわち彼らが注目するのは、まず結婚へと事態が向かうことになった契機であり、次いで拡大家族間のバンディの交渉と授受、そして最後に同居生活の開始である。これらは各々、結婚に至る全体の過程のなかの、発端、移行、帰結として位置づけることができる。この三点を結んでひとつのまとまった物語を作り、錯綜した事態の展開に了解可能な認識を作りあげていったものが、以上に紹介したイストリアなのである。結婚をめぐって対峙し、様々な類の係わり合いをもつことを余儀なくさせられた当事者や周囲の人々は、その結婚にまつわる多様な経験と出来事の中から、この三つの節目を特に選び出してイストリアの核として置き、結婚の全過程にひとつの見通しを得るのである。そしてこの三つの節目が、各々ホゴ（求婚）、スソン（バンディの交渉）、バンハル（結婚式）という儀礼的行為によって明確に区切られることが、望ましい手続きと考えられているのであった。

こうした現実認識の仕方は、第三章で考察した治病セアンスにおける病いの原因の探究、およびその原因と病いの因果関係を説明する物語の構築の仕方にほぼ対応している。治病セアンスでは、病者の過去の特定の経験と特定の精霊との係わり合いを見つけ出して、病いに至る物語が即興的に作られていた。それに対して結婚の場合には発端、移行、帰結を画する特徴的あるいは印象的な出来事を取りあげて、物語が作られるのである。個々の結婚の過程を実態に即して虚心に見れば、様々な紆余曲折を経て、行きつ戻りつ蛇行しながら安定した結婚生活へと進んでゆくものであり、その過程は一直線の道筋としては捉えられない。しかし人々は、それに発端、移行、帰結という三つの節目を与え、ホゴ、スソン、バンハルという区切りと参照することによって、望ましい手続きからの逸脱の度合いや距離を測り、個々の事例の特徴的な経過とその全体の流れを理解するのである。

結婚の過程をこのように三つの節目で区切るのは、ちょうどファン＝ヘネップ（1975）が通過儀礼全体の基底に、分離、過渡、統合に係わる三つの小儀礼の配列を見いだしたこととも対応している。ただしアエタ社会においては、結婚式が特別に行われることは稀であり、結婚自体が発端に始まり帰結に終わるような長期にわたる移行の過程と考えられているのである。もちろん、この過渡期において、事態の進行をより早く同居に向かうよう促進したり、逆に破談に向かうよう反転させたりする様々な出来事を、各々の事例が個々に含んでいることは言うまでもない。またそうした長期の過程のどの時点で結婚が成立したかを特定することが困難である点については前章三節で指摘した。

今までに紹介した具体的な事例に関するイストリアを、こうした視点から整理しなおしてみれば、カルメリータの恋愛は、㈠手紙の交換で秘密裡に始まって踊りの場で発覚し、㈡高額なバンディを要求されたために、㈢破局に至った、という節目が見いだされる。パン・メリシア氏の長女インドン・ガタイの場合は、㈠父親が妻を得るための交換として結婚が段取りされ、㈡男の家に無理矢理に連れてゆかれたが、㈢同衾を試みた男を刺して逃げ、破談となった。次女のインドン・カルブハイの結婚は、㈠若者の結婚費用を手助けしてあげるからと言って自分の家で働かせ、㈡気に入ってバンディなしの結婚を娘と段取りし、㈢最初の二年間は娘が同衾を拒んだが、最後にはあきらめた。長男のアレホの場合は、㈠噛んでいた砂糖キビを娘の胸に投げつけて結婚を迫られ、㈡一度は逃げ出したが、ランガッドの支払いが惜しくて結婚し、㈢結局は二カ月ほどで別居した。三女のウィニイの場合は、㈠若者の求愛を受け、㈡バンディがたくさん払われて結婚式の準備ができた時に逃げ出し、㈢結局は破談となった、というような事態の経過、展開となっている。

ただし、個々の事例に即して詳しく見ると、おおよその節目と筋道については関係者の認識がほぼ一致しているものの、細部の経過となると直接係わった者達のあいだでもくい違いが生じて、異なったヴァージョンが語られることがある。特に親達と子供達、あるいは女側親族と男側親族というように、何らかの葛藤や利害の対立が見られる時、その違いが顕著に現れることになる。(3) たとえば、次女のリガヤ（インドン・カルブハイ）との結婚について、カルブハイ自身は豚やラジオをバンディとして払ったと主張しているのである。三女のウィニイの場合、パン・ガタイや父親は、ルミバオ集落からの若者が求愛した際に彼女の気持ちを確かめたところ、彼女もちゃんと承知したのに、その後で心変わりをして問題を引き起こしたと考えているのに対して、ウィニイ自身は、最初から父親に強制されたものであり、一度として本気で結婚したいと思ったりしたことはないと言う。真実は藪の中ということになるが、おそらくは、結婚の打診を突然されてウィニイは、嫌と言ったり、さんざん渋ったりした挙句、なだめすかされて繰り返し説得を受け、不承不承の同意を与えたものであろう。求婚の際に娘の同意を得るのが望ましいと最近では親達も認めるようになってきているが、その同意の得かたは、このように半ば強制的なものであることが多いのである。そのために、親達は合意を得たと思い、子供達は承知していないと言って、後に新たな問題を引き起こすことになるのである。

なお、パン・メリシア氏の子供達の結婚をめぐって見いだされるもうひとつの構図は、父親が段取り、強制、あるいは奨励しようとした相手が、彼自身のネットワークの内部に属する身近な人間であり、それに対して子供達は逆にその関係の近さのゆえに拒絶、反発するという、集団化の言わば求心力と遠心力とのせめぎあいのダイナミズムである。長女は父親の再婚相手の弟との結婚を強制され、次女の相手は第二イトコであり、また長男の場合は、きっかけこそ自分から招いたが、父親が奨励し離婚に反対した相手は父親の妻のイトコであった。次節以降の論述の主題は、この集団化のダイナミズムの問題についての考察である。

三　駆け落ちの実践とその意味

前節で取りあげて考察したのは、パン・メリシア氏の子供達に段取りされた結婚と、それに対する子供達の反発、そして安定した結婚に至るまで、あるいは逆に破談に至るまでの経過を語るイストリアであった。本節で論述し考察するのは、子供達の側の積極的な反発の形として、意中の者同士が試みる駆け落ち（*mipowayo*）である。子供達は、両親が段取りした結婚の相手を嫌って、それが強制される前に、以前から好いていた別の相手と駆け落ちしたり、あるいは好き合っている者同士がその結婚を認めてもらえそうにないと察すると、駆け落ちをして結婚の既成事実を作ろうとするのである。

しかしながら駆け落ちと言っても、彼らの生活圏は限られているために、どこか遠くに出奔したまま新たな生活を始めるということはない。親族や姻戚関係のない集落に住みつくことはほとんど不可能であり、平地民社会に入って暮らすこともきわめて困難である。そのため普通は、男の両親や親戚の家に身を寄せたり、あるいは焼畑の仮小屋などにしばらく身を潜めた後に戻ってくる、あるいは女の両親に発見されて連れ戻されてしまうのである。したがって駆け落ちは、ふたりが、あるいはどちらかひとりが、自分の親類縁者達との血縁、社会関係を断ち切って生きようとするような試みではない。むしろ逆に、そうしなければ結婚を許されないまま、互いに係わることを避け合っている双方の親族に、結婚を前提とした話し合いを強要するための暗黙裡に、もしくは不承不承に容認された制度となっているのである。駆け落ちの後には双方の親族が会して、そもそも結婚を認めるか否か、認める場合にはバンディの額についての交渉を行う。男側は、ふたりが互いに好き合っているのだから結婚をさせてあげようと主張することが多いが、それを女側が認めなければ、バンディではなく娘をたぶらかしたことに対する賠償として、ランガッドの額について交渉をする。以下に駆け落ちの具体的な事例をふたつ紹介する。

事例六　駆け落ちをめぐる葛藤

一九七七年一一月一二日の夜九時近く、ダニーとパシータは駆け落ちをしようとして家を出たが、行き先を決めかねてぐずぐずしていたところを、当時カキリガンに駐在していたPC（フィリピン国家警察軍）のエフレン軍曹に呼び止められ、その企てが発覚してしまった。ふたりは小学校で同級になって以来好き合っていたのだが、娘の両親に結婚を反対されていたため、あえて駆け落ちに踏み切ったのであった。娘の父親はカキリガンに住む唯一のアンバラ（Ambala―ピナトゥボ・アエタより南のバターン半島にかけての山岳地帯に住むネグリート・グループ）であり、キリン出身の妻の姻戚をたより、援助団体の便宜を求めて移住してきていたのである。しかし彼は協調性に乏しいとしてキリン・グループの人々から敬遠されており、彼の方も逆に彼らを嫌っていた。そのため娘がダニーと親しく付き合うことなどは強く禁じていたのである。その夜ふたりは、集落の人々がエフレン軍曹のために協力して建てた「バラック」（barracks）と呼ばれる二間きりの小さな家にとどめられ、翌朝パシータのみが家に帰ることを許された。

翌日の午後に、双方拡大家族の主だった者達が焼畑などからそのバラックに呼び集められた。まずパシータとダニーに結婚の意志が固いことを確認した後、バンディの交渉が行われた。交渉と言っても、娘の父親が、自分達はそもそも反対していた結婚なのに、男が言葉巧みに娘をたぶらかしたに違いないと怒って、一方的な要求をつきつけただけであった。バンディの具体的な品目についてマッチ棒をひとつひとつ動かしながら、男側親族に対し、時に周囲の見物人に向かい、身ぶり手ぶりを交えて声高にその要求の正当性を主張するのに対して、男の側はその気迫に押されてただ黙って聞いていた（バンディの交渉が白昼に公開で行われるのは例外的であり、この場合はエフレン軍曹が関与したためである）。調査を始めて間もない時期であったために、主張の内容は見物人のひとりからタガログ語で簡単に説明してもらっただけであるが、主張の根拠は簡明でしかも繰り返しが多かった。筆者が驚いたのは、論理的整合性よりもむしろ激しい怒りの表現によって自己の主張を通そうとする女側の態度であり、それに男側は何ら反論できないまま重要なことが決定されてしまう交渉の経過であった。それは交渉というよりも、女側の怒りをすべて放出させるための場という趣を呈していた。

パシータの父親が要求したものは、自分が結婚する時にカラバオを二頭支払って（実際は一頭と言われている）以後ひどく貧乏になったから、それを取り返すためにまずカラバオを二頭、そして娘を育てたことに対する感謝として豚四頭という多大なものであり、しかもカラバオ一頭と豚二頭は翌日までに引き渡すようにとの厳しい条件を付けたのである。そして要求通りのものが支払われなければ、娘を連れ戻して絶対に結婚させないと主張し、きわめて高圧的な態度を終始崩さなかった。母親の方は、娘にはずっと学校で勉強を続けて看護婦になってもらいたかったのに、と何度もぐちをこぼした。

そのやり取りを見守っていた見物の者達は、パシータにはまだ妹が二人いるのだから一度に二頭のカラバオを取る必要はないし、またダニーの拡大家族は貧しいのでそれだけのバンディを払えるはずがない、と暗に女の側の強欲さを批判していた。そもそもパシータの父親はアンバラなので、すぐ頭が熱くなって攻撃的だし、欲も深いと説明された。しかしバンディの交渉はあくまで当事者同士の話し合いに任されており、そうした部外者の意見は表だっては述べられなかった。

結局、娘の父親の一方的な要求を男の側が黙って聞き、そのまま反論もできずに押しきられて交渉は終わった。終わると、それまで交渉を見守っていたエフレン軍曹がその合意内容を確認書として二通作成し、娘の父親と男の長兄に母印を押させ、それぞれに各一通を手渡した。確認書が渡されると散会となり、パシータは焼畑へ戻るダニーの拡大家族の後を少し遅れながら付いていった。バンディが支払われないうちに女側が、そのまま娘が男と暮らすことを許したのは、ふたりの意志が固く、またバンディの要求がすべて受け容れられたためであった。

しかし一四日までに支払われるべき豚二頭とカラバオ一頭のうち、カラバオが引き渡されなかったため、女側の要求にもとづいて一六日に再びエフレン軍曹のバラックで交渉が行われた。今回は孫娘の結婚の報せを聞いてマカラン（Makarang）集落からやって来た祖父（父の父）が主として熱弁をふるい、約束通りにバンディを支払わないつもりなら、男の家族を全員自分の集落に連れて行って働かせると繰り返しながら、新たな要求を付け加えた。今回も男の側は黙って聞いているだけであった。男側はこの交渉の直後に、援助団体スタッフのひとりから豚一頭を借金で買って女側に引き渡し、女側はそれを殺して祖父らにふるまった。改めて合意されてエフレン軍曹が書き直した確認書の内容は、次のようなものであった。

カラバオ三頭（内二頭は年内、残り一頭は翌年の収穫まで）

豚三頭（既に支払い済）

一カバンの籾米(4)（一週間以内）

現金五〇ペソ（一週間以内）

しかしながら、この後筆者が本調査を終える一九七九年四月末までに支払われたものは、中古のラジオが一台だけであった。そのため、ふたりは、一度は男の側の拡大家族と共に暮らしたが、一九七七年の暮れ近く、既にその前にマカラン集落に戻っていた娘の父親の家へと移り住み、そこで彼らの焼畑の仕事を手伝い始めたのである。しかしながら約束のバンディが全然支払われないことから、娘の父親が過重な労働を強いたのに対し、ダニーがもともと怠け者であったために両者の折り合いが悪くなり、一九七八年の雨期が始まった頃（六月初旬）、ダニーは追い出されるような形で自分の家族のもとに戻ってきた。残されたパシータは九月に男児を出産したが、その時以来ふたりは別居したままであった。ダニーがパシータの所に帰れば結婚は継続されるというが、そのまま別居を続ければやがて離婚となり、娘が別の男と結婚することが可能であるという。その際、ダニーが自分で妻の家を出たことや、男側に約束のバンディの未払いという過失があることから、女側は支払われた分のバンディを返済する義務を持たないのである。

もうひとつの事例は、筆者の家にお手伝いのひとりとして一緒に住んでいたピイチャイという当時一三、四歳の娘の、恋愛から最終的には駆け落ちによって達成された結婚に至るまでのいきさつである。およそ二年間にわたるその経過のなかで、恋愛の試み、両親による別の相手との結婚の強制、そして元の相手との駆け落ちという、結婚をめぐって生じうる基本的な出来事のパターンと、それに係わる諸関係のダイナミズムが典型的に現われている。しかもこの事例は、筆者が最も身近に接していた者のひとりが主役となったために、事態の経過を詳細に追うことができたのである。

事例七　遠来の若者の強引な求愛と駆け落ち

一九七八年一二月一六日に援助団体の主催で、サン・フェリペの町やマニラに住む団体の関係者を招き、開発プロジェクトの成果を示すための収穫祭とクリスマス会が催された。援助団体の指導に忠実で、他よりも多くの収穫をあげた農民の表彰や(ピイチャイの父親もそのひとりであった)、小学生による学芸会風の歌や踊りの披露、そして川原へのピクニックなどが行われた。夕方には招待客達はジープやトラックに分乗して引き揚げ、夜には小学校の校庭でアエタの人々だけのために踊り(*sayawan*)が催された。援助団体から借りたケロシン・ランプが明るく照らす中で、ポータブル・ステレオの音楽に合わせて踊ることは、そうした行事の際の最大の楽しみとなっているのである。

その踊りに筆者は、一緒に住んで家事を手伝ってもらっている子供達とともに出かけたのであるが、ピイ

収穫祭・クリスマス会で踊る女生徒

チャイは途中ひとりで抜け出して家に忘れ物を取りに行こうとした。その時、家までのわずか一〇〇メートルばかりの小径の途中、薄暗闇のなかで彼女はダミロという名の少年に突然抱きつかれ、胸のあたりを触られたのである。ピイチャイは驚いてその手を振り払い、一目散に駆け出して逃げたという。ダミロは、収穫を終えて一段落した一一月の半ば頃に、分水嶺の向こうのパンパンガ州側の集落からやって来て、カキリガンに住む祖父のところに居候をしていた(彼の祖父のパン・タガログは、パンパンガ州側との結婚の最初の事例であり、ラバウ・グループの人々に犁の使い方などの技術を教えてくれたという)。

ダミロは、やって来た早々からピイチャイに目をつけて気のある素振りを見せており、彼女の方も悪しからず思っていたのである。ただしそれまで、ふたりはほとんど口もきいたことがなかった。ところがこの事件をきっかけに急速に親しくなり、夜ごとダミロは、夕食の後かたずけが済んだ頃を見はからってやって来て、家の外から口笛を鳴らし、ピイチャイを呼び出した。すると彼女は、一緒に住んでいた女の子をひとりかふたり連れて照れ笑いを浮かべながら出てゆき、二〇分か三〇分する

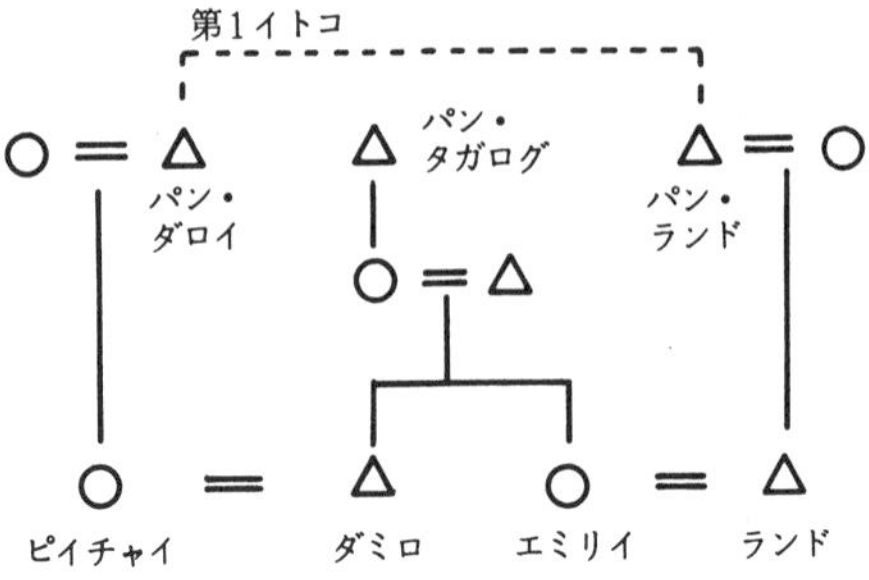

とまた戻ってきたのである。もし彼女が両親とともに住んでいたら、ふたりはそうした大胆な行動はとらなかったかもしれない。

一週間ほど過ぎてから両親は、ピイチャイが胸を触られた上に、毎夜密会を続けていることを知って怒った。その賠償（ランガッド）を求める話し合いが持たれた時、親代わりとして臨んだダミロの祖父は、ダミロが結婚を望んでおり、ピイチャイもそうしてもいいと言っているのだから、結婚を認めてもらいたいと主張した。当人同士がともに結婚を望んでいるのだから、バンディの交渉ならまだしも、ランガッドを払う必要はないというのである。これに対して女側は、父親のパン・ダロイが、ピイチャイはまだ子供（一三、四歳）でダミロの方も似たようなもの（一五、六歳）だから、今結婚を急いで考える必要はない。相手の男をよく知らないまま結婚して子供が生まれ、すぐに別れてしまったりしては、パシータ（事例六参照）のようになって困ると説明したのである。そして結婚のことは、二、三年様子を見てから考えることにして、今は胸を触ったことと、こっそり誘惑しようとしたことに対してランガッドを払えと主張したのである。

結局、最後には男側が折れ、中型の豚一頭と一カバンの籾米をランガッドとして支払うことに同意した。一二月三一日にその引き渡しがなされたが、男側は豚を用意することができず、代わりに犬一匹と中古のラジオ・フォノ（ポータブル・ステレオ）一台、それに籾米一カバンが支払われた。しかしラジオ・フォノは、パン・ダロイのイトコにあたるパン・ランドが譲り受け、自分の息子と一年ほど前に駆け落ち結婚した、ダミロの妹

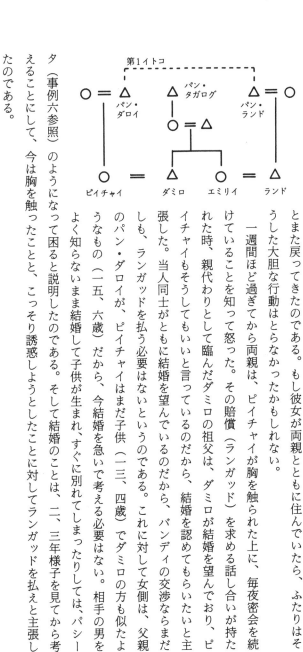

のエミリーに対するバンディの不足分として、再びパン・タガログのもとに返してしまった。[5] また犬は数日後に殺して料理され、キリン・グループの人々にふるまわれたのである。[6]

その話し合いの後、ダミロは二、三カ月のあいだパン・ダロイの仕事をよく手伝っていたが、[7] やがて手伝いをしなくなり、ピイチャイにも興味を示さなくなってしまった。

筆者が本調査を終えてカキリガンを引き揚げた後、ピイチャイの家族は、一九七九年の常畑での陸稲収穫がきわめてわずか（せいぜい二、三カバン）であったために、以前住んでいたカキリガンの下流二、三㎞に位置するゴンザレスという川岸の土地に簡単な水田を開き、そこでの水稲と畑作に力を入れるようになった。仕事がある時はゴンザレスに泊まり込み、時々カキリガンに戻るという生活を始めたのである。

一九八〇年初頭のある晩、両親がゴンザレスにいる時、ピイチャイの妹のコラソンがカキリガン集落にある留守宅でコリアノという少年とともに一夜を明かした。ただ何もせずに抱き合って寝たのであるという。当時ふたりは、ともに一二、三歳であったが、互いに近くに住んでいて親同士も仲が良かったために、ふたりを結婚させることが簡単に認められ、そのまま同居生活を始めることが許された。バンディとしてはラジオ・フォノ一台、大型と中型の豚各一頭、新品の服と布が幾つか与えられた（現金に換算して総額はおよそ一、〇〇〇ペソぐらいと説明された）。結婚の後、ふたりは互いの家を頻繁に行き来して、どちらの家でも食事をしたり泊まったりしていたが、畑仕事は常に女の父親の方を優先的に手伝ったという。

一方ピイチャイは、一九八〇年の七月にＳＩＬに所属する宣教師の夫婦がカキリガン集落に住み始めると、その家の通いのお手伝いとして働き始めた。その少し前から、母親の親戚に当たる三〇を過ぎたぐらいの男がボアグ集落からやって来て、家で居候をしながら畑仕事を手伝い始めていた。それから一カ月ほどして男が、ピイチャイと結婚させて欲しいと言って、両親に近づいた本当の目的を打ち明けたところ、両親は簡単に同意した。しかもピイチャイには、妹の方は既に結婚しているのだから、お前も早くしなければならないと説得したのである。しかしピイチャイはその男のことを嫌がって、なるべく顔を合わせないように避けていた。

ＳＩＬの夫婦の家で働き始めて一カ月ほど過ぎ、いよいよ本当に結婚させられそうになった時、それを知ったダミロは、その男が嫌なら自分と駆け落ちをしようと説得し、ピイチャイを伴ってパンパンガの自分の家に逃げた。行く先を心得ていた両親は、ふたりの後をすぐには追わず、一、二週間を過ぎてから出かけ、総額一万ペソのバンディで結婚の合意をしてふたりを連れ戻した。

その後実際に支払われたのは、カラバオの子供一頭、豚二頭、中古ラジオ二台、空気銃二丁、現金二五〇ペソであった。それらのうちカラバオは、援助団体からの借金の返済として七〇〇ペソで買い上げてもらい、豚は殺して食べた。ラジオは一台を手元に残したが、もう一台は母親のインドン・ダロイときわめて仲の良いインドン・ビシルが、ピイチャイの弟が結婚する時に必ず手助けするからと言って譲り受けた。空気銃はピイチャイの兄とオジがそれぞれ一丁ずつ取った。

一万ペソ分の支払いが終わるまでふたりは、パン・ダロイと共に住み、仕事を手伝うことになっていたが、たまたま再調査のために筆者がカキリガンに滞在していた一九八〇年の一二月三〇日に、ダミロが今度は別の娘と駆け落ちしてしまった。それを知るとパン・ダロイは、たとえ離婚になってもダミロの方が勝手に出て行ったのだからバンディを返す必要はないのだと筆者に力説した。しかしそれから一カ月ほどが過ぎると、ダミロは再びピイチャイの所に戻り、以後は安定した結婚生活を続けて子供も生まれたという。

このように駆け落ちは、そもそも男女双方の家族が血縁、姻戚関係になく、段取り婚を行いにくい場合や、親に結婚を反対されている場合、あるいは娘が既に他の男との結婚を決められているような場合などに多く生ずる。そのため往々にして双方の親族間に強い緊張関係をもたらし、特に女側の反発や敵意を引き起こしやすいのである。

それではなぜ駆け落ちによって、そうした緊張や女側の敵意、怒りが生ずるのかという理由を明らかにするためには、まず駆け落ちと訳出した「ミ・ポワヨ」(*mi-powayo*)の原義に立ち返って考察しなければならない。すなわちその語の構成(*mi*＋*powaya*)は、「駆ける」または「走る」ことを表す語根の「ポワヨ」(*powayo*)に、一緒に何かをすることを示す接頭辞の「ミ」(*mi*)が付いたものであり、その字義は正確には「(若者と娘が)一緒に駆ける」あるいは「一緒に駆け出す」という意味になる。ただし「駆け落ち」＝「ミ・ポワヨ」と言っても、必ずしも実際にふたりが走って逃げるわけではない。事例六のように駆け落ちの意志をもって家を出れば、たとえどこかに向かって走り出していなくても駆け落ちと見なされる。歩いて行っても駆け落ちになる。すなわち「一緒に駆ける」と言い表されるそうした若者と娘の共同行為とは、実際に駆けたり走ったりするという肉体的動作ではなく、結婚をめざして強引に事態を進めようとするふたりの性急な行為という、抽象的な次元に係わるものとして認識されているのである。あるいは、秩序立った世界の枠組みとその中での事態の安定的な進行を急激に変化させようとする行為として、彼らの世界観に係わる次元で捉えられていると言うこともできる。

親達の段取りに流されていれば、自分達の希望とは無関係に、たいして深くも知らないような、あるいは気に染まない相手と無理に結婚させられてしまうことになりかねない。あるいは既に好き合っている場合、もし双方の拡大家族の関係が疎遠ならば、親達にまかせている限り、結婚に向けて事態が早急に進んでゆくことは期待できない。このように親達の設定する時間の流れや、その中での事態の漸進的な推移にまかせていたら結婚への道のりがきわめて遠くに感ずる時、子供達はそうした事態の打破と変更を目ざして「駆け落ち」に走るのである。
もともと「ポワヨ」＝「駆け出すこと」、「走ること」という語には、アエタ社会においては単に肉体的な動作を示すにとどまらず、常にそうした既存の状況に対する異議申し立てとして、そこから逸脱、逃亡するような行為や、事態の進行を急激に変化させるような行為を含意しているのである。たとえば先の事例四でアレホが、胸に砂糖キビをぶつけたことを告げ口されて結婚を迫られそうになった時、あるいは事例五でウィニイが、結婚式の準備ができて結婚を強制された時、ふたりは各々他所に向けて「走り出す」ことによって事態の進行からの逸脱、あるいはその停止を試みたのであった。

こうした子供達の「駆ける」という行為、特に若者と娘のふたりが一緒に走り出す「駆け落ち」という行為は、親達から見れば、既存の生活世界のなかでのおだやかで秩序だった事態の進行を破綻させ、混乱させるような出来事にほかならない。それは構築された秩序や生活世界の成り立ちそのものを揺るがす激変あるいは破調として捉えられるのである。

そもそも結婚とは、アエタ社会においては女性の取得、あるいは奪取という性格を持っている。結婚するという行為は「ミ・アハワ」(*mi-ahawa*)、すなわち配偶者（夫または妻）を表す名詞の「アハワ」(*ahawa*) に先ほど説明した動詞化の接頭辞「ミ」(*mi*) が付いた語で表され、「連れ合いを得る」あるいは「夫婦になる」として捉えられている。しかし口語的な表現としては、「女を得る（取る）」(*kowen nin babae*) という表現が頻繁に用いられており、そこには結婚が、男側を主体とした女性の取得、あるいは奪取として認識されていることが明確に示されているのである。それは逆に女側の家族にとっては娘を奪われ、失うことであり、その生活世界にひとつの欠損の意識を生み出すものにほかならない。あるいはすべからく結婚は、娘の喪失や欠損という感覚を生み出すものであると言うことができる。だからこそパン・ガタイ氏が結婚の手続きのなかで強調していたように、円滑な事態の進展を図るためには、そうした奪取の性格が露骨に現れることを隠すための婉曲な表現や誠実な態度が不可欠となってくるのである（アエタ社会における結婚の本質が女性の労働力や再生産力の取得ではなく、そのセクシュアリティーの獲得である点については次章で改めて検討する）。

それにもかかわらず、若者と娘が突然に「駆け落ち」へと走ったような場合、女側はしかるべき手続きを無視して状況の激変をもたらし、生活世界の秩序を揺るがしたことに対して怒り、そうした事態を引き起こした若者とその家族に対する反感をつのらせる（生活世界の成り立ちの急激な変化や秩序の破綻が「怒り」の情動を呼び起こすことについても、次章で詳しく考察する）。たとえ仮りに娘の方が積極的に誘ったのであっても、結婚は男が女を得ることである以上、悪いのは常に男側にあることになる。そのためにバンディの要求からして高額なものがなされ、それを男側が受け容れなければ結婚は認められない。その場合、男側はランガッドと呼ばれる賠償を払わなければならないために、そして息子と相手の娘の望みをなるべくかなえてあげようとして、たとえ高額な要求であっても同意することが多い。ただしその後の実際の支払いに当たってしばしば滞納の問題を生じ、しかも双方が親しい関係になければそのままこじれて破談となってしまう例が少なくない。すなわち「駆け落ち」は、通常、当事者が思春期に達している場合がほとんどなので一応そのまま結婚が認められるにしても、パシータとダニーの事例のようにバンディの支払いをめぐる双方家族間の軋轢のために長続きしない例も多いのである。

しかし、ここであらためて強調しておきたいのは、乾期に親戚や知人を訪ねて遠くまで出かけ、その際に気に入った娘がいれば積極的に求愛求婚する若者の行動力である。本節で紹介した事例のダミロがそうであったし、先に見たパン・メリシアの長女に求婚した若き日のパン・ガタイも同様である。ふたりはともに、歩いて丸一日かかるパンパンガ州側の集落からやってきたのである。そして思いあまって試みる「駆け落ち」が結果として失敗に終わることがあっても、そうした若者の情熱と行動力は、いままで関係のなかった拡大家族のあいだに、すなわちそれまで交叉することのなかった血縁、姻戚関係のネットワークの外部に、結婚とバンディの授受によって新たなコミュニケーションの回路をきり開く可能性を常に秘めているのである。

言い換えればアエタ社会における「駆け落ち」とは、お互い同士が互いに外部として存在し合っていて、ほとんど接触のなかったようなふたつの世界に架けられたもろい橋である。最終的に結婚が認められなければ、娘をかどわかしたことに対してランガッドが支払われて、そのもろい橋は切り落とされ、双方の拡大家族は再び各々の世界に戻って以前と同様な暮らしを続ける。しかしながら結婚が認められ、バンディの授受や人々の往き来によるコミュニケーションの回路が太くなれば、当初は対峙し、緊張していたような双方の関係も、やがては互いを友好的な姻戚として、自分達の生活世界の一部に組み込み合ってゆくことになる。すなわち、「駆け落ち」こそは彼らの生活世界の拡大と再編をもたらし、社会の動態的な編成を生み出してゆく革新的な契機となっているのである。こうした社会関係の拡大や再編を結果としてもたらすものが、現在では「駆け落ち」であるのに対して、かつて第二次大戦の前頃までは略奪婚であったと考えられる。略奪婚については六節で考察を加える。

以上の論述から明らかなように、結婚に至る過程は多様である。一方の極には幼少時に親同士が結婚の段取りを決め、思春期になってからそれを強制する形態があり、他方の極には「駆け落ち」がある。その両極のあいだに若者が娘を見初め、その気持ちを獲得する以前にその両親に直接、または自分の両親を通して求婚するもの、あるいは本人同士が好きあってその後に男側から正式の求婚をして女側の承諾を求めるものなど様々な手続きが存在する。

しかも、両親によって強制的に結婚をさせられた後、本人同士の仲がうまくゆかずに別れたり、その逆に当人同士の自由意志による「駆け落ち」結婚が、バンディの交渉と支払いをめぐる双方家族間の葛藤によってその仲を引き裂かれたりするために、ある個人が安定した結婚生活に至るまでに二度、三度の結婚の試みがなされることが珍しくない。ただしそうした試みは思春期に達した早々から、女性の場合まだ初潮を見ぬうちに始められることが多いために、安定した結婚への試行錯誤の段階で子供が生まれることは少ない。

もし未婚のまま子供を生んだら、その女性はカトグ (*katog*) と呼ばれる。両親による段取り婚の場合は、結婚の段取りが先にできて実際の性交が伴わないことが多いので、たとえその後で破談になってもそうした問題は生じにくい。しかし「駆け落ち」や秘密裡の求愛時においては、結婚に先だって性交が行われることもあり得る。そうして女が妊娠した場合、女の父親は激しく怒るが、結局、既に済んでしまったことは仕方がないとあきらめるしかないという。父親にとっては娘をその男と結婚させるか、あるいは慰謝料を要求するかの選択が残されているのみである。未婚のまま子供を産んだ女が別の男と結婚する時にも、そうでない場合の時と同様な手続きとバンディの授受が必要である。ただし筆者の調査中、実際に未婚のまま妊娠したり、出産した事例はなかった。

四　コミュニケーションの陥穽と外部の危険

本節では、若者達が親達の生活世界の限られた範囲を越えて互いに結びつこうとする駆け落ちの試みにおいて、そもそも親達はそれまで互いに無関係であったような外部の世界とそこに住む人々をどのように認識しているのかについて考察する。特に彼らの語るイストリアに依りながら、外部世界に対する彼らの潜在的な意識のあり方を探るものである。

アエタの人々は、会話場面における言語的コミュニケーションから、コミュニケーションとしての結婚に至るまで、ひろく他者とのコミュニケーションが重要であると認識している。それと同時に、逆に重要であるからこそ、コミュニケーションにおける誤解の問題、あるいはコミュニケーションの失敗や不成立について、並々ならぬ関心を抱いている。

筆者の調査は、前半は互いに不十分なタガログ語を用い、また後半は彼らにとっては十分であるが、筆者にとっては拙いサンバル語を用いて行った。そのため、筆者は常に相互のコミュニケーションの不十分さや行き違いを否応なしに意識させられ、もどかしさやいらだちをぬぐい去ることができなかった。そのことは彼らにとっても同様であり、忍耐強くまた親切に筆者の質問に答え相手をしてくれたが、筆者の理解力の低さに歯がゆさを覚えることが多々あったようである。

そうした日常生活における体験とは別に、コミュニケーションの不成立に対する彼らの強い関心を痛感したのは、そのイストリアを採集している時であった。イストリアは、既に触れたように、話、物語あるいは民話とでも呼ぶべきものであるが、普通、我々が思い浮かべる日本の民話などよりは短く、語り手によってその細部が簡単に変わってしまうこともある。また親や年長の者から語り伝えられ、アエタの人々が共有する物語のほかにも、たとえば個人的に恐ろしい、あるいは珍しい、印象的な体験をしたことの話も、イストリアとなる。そのイストリアを採集、翻訳していて気づいたことは、コミュニケーションの不成立をテーマにしたものの多さである。筆者と共に調査を行った山下氏は、採録した一〇〇余りのイストリアの主要なテーマを整理して、一、狩猟、二、精霊とタブー、三、誤解、四、孤児、五、セックス、六、他地域アエタの習慣に分け（Yamashita 1980: 85-86）、それぞれ代表的なものを選んでそのテキストを編んでいる。それによって彼らの主たる関心の所在をおおよそ知ることができるが、ここでは、誤解に関する以下の三編を翻訳して考察を加える。

〈嫉妬深い男の話〉

昔、ある夫婦がいて、夫が妻と息子を残して別の土地へ出かけたことがあった。ある日、母親の目を蚊が刺した。息子が尋ねた、「母さん、目を刺したのは何。」「何てことだ、息子よ、蚊が目を刺した。」しばらくすると、父親が帰ってきた。「母さんが刺されてしまったよ」と息子が言った。「刺された／挿入された」と聞いて、男は妻をめった切りにしてしまった。息子がよく理解していなかったから、彼は妻をめった切りにしてしまうことになったのだ。

妻を殺してしまうと、彼ら(父と息子)は山に逃げ込んだ。山に着いた時、父親の目もまた蚊に刺されてしまった。「父さん、そんな風に母さんの目も刺されたんだよ。」自分の犯した誤りに気づいた時、その男はひどく驚いた。男は弓をいっぱいに引きしぼり、弓の端を鼻の孔にあてて弓の弦を切った。

彼はこうやって自殺してしまった。夫婦はこれでおあいこになった。夫婦のそれぞれの親族は、互いに痛み分けとなって、互いに何の不満も持たなかった (by Po-olan, Kakilingan)。

〈我らの蜂の子〉

昔、アブルン・アエタの夫婦がいて、焼畑で働いていた。男が妻に命令した。「婆さんよ、家に帰って蜂の子(*anak tayna*)を料理してくれ。」しかし女はちゃんと理解せず、(*anak tayna* のことを)「蜂の子」ではなくて「自分達の子供」のことだと思った。家に戻ると彼女は子供を殺してしまった。

少したって男も家に帰ってきた。そして子供はどこに行ったか尋ねた。「ああ、それならもう料理してしまったわ、私達の子供は。」「なぜお前は我々の子供を殺してしまったのだ」と男は言った。「俺がお前に料理するように言いつけたのは蜂の子だぞ。なぜ、それの代わりに我々の子を。」

そこでふたりは喧嘩に喧嘩を繰り返した。それでもお互いに理解できなかったので、男は妻を殺してしまった (by Berginya Magtanong, Villar)。

〈無邪気な娘〉

無邪気なふたりの娘の話です。昔、町でフィエスタがあった。ふたりの娘が言った、「母さん、母さん、私達も一緒に行ってフィエスタを楽しみたいわ。」父と母は、「まだお前達には穴があいてないから連れてゆけないよ」と答えた。父親と母親はフィエスタに出かけた。

しばらくすると、ふたりの若者がたまたまその娘達のそばを通りかかった。「兄さん、兄さん」とふたりの娘は呼びとめた。ふたりの若者は「一体何だい」と答えた。「私達に穴を作って下さい。穴がないので、フィエスタを楽しみに行くことができません」とふたりの娘は言った。娘の無邪気さのために、彼らは娘に穴の作り方、つまり愛し方を教えることになった。それは性交のことだった。ふたりの娘は、耳に穴をあけるべきことを知らなかったのだ。

さっそくふたりは父親と母親の後を追ってフィエスタに出かけた。両親は、「どうしてお前達がここにいるのか」と言った。娘達は、「もう穴をあけてもらったから」と言った。そこで母親がふたりの耳を調べてみた。「いったいどこに穴をあけたのかい」。ふたりは下腹部のあたりを指した。両親は言った、「何てことだ、性交してしまったのだ、恥知らずめが。誰がお前達に性交したのだ。」彼女達は答えなかった。なぜなら性交したなどとは思っていなかったからである。もちろん両親はたいそう激しく怒ったのだった（by Pan Amokaw, Bowag)。

これらの三つのイストリアは、多義的な言葉の理解のゆき違い、あるいはコンテクストの取り違いによって生じた悲（喜）劇的な事件についての物語である。すなわち最初のイストリアは、ある日蚊が母親の目を刺したことを、息子が父親に「母さんが刺された」(*Inyot ni Indo*) と言い、それを父親が男に「刺された／挿入された」、すなわち「性交した」と勘違いしたために生じた悲劇であった。普通、蚊に刺された時には、「喰われる」(*kinayat*) という語を用いるのであるが、子供であったために「刺される／挿入される」(*inyot*) と表現し、父親の誤解を生んだのである。このイストリアが別の側面で重要なのは、男が自分の誤りに気づいた後に自殺した点である。それによって当の夫婦は等しく死を受けたことになり、双方の親族が等しく痛手をこうむり、女側の親族は何の賠償も要求しなかったのである。(8) このことはバンディの授受によって女の性に対する接近が男に許されるだけで、結婚後も女の親族が娘の保護に関心を持つことを示唆しているのである。

二番目のイストリアは、男が妻に向かって、「家に帰って蜂の子を料理するように」と言ったところ、蜂の子を自分達の子供と誤解して（ともに「*anak tayna*」で、「*anak*」は子供、「*tayna*」には「蜂」および「我々の」という両様の意味がある)、子供を殺してしまった悲劇である。この物語が妻の殺された時点で終わっているのは、そもそも妻に自らの誤解で子供を殺してしまった過失責任があるからと考えられる。ただし物語の舞台は、ピナトゥボの北および北東に住むアエタ（アブルン）であり、しかも食人の問題を示唆している点が興味深い。また三番目のイストリアは、町のフィエスタに一緒に連れて行ってくれるように頼んだ娘に、まだ（耳飾りのための）穴があいてないからだめだと両親が言ったところ、両親の出かけた後に通りがかりの若者に穴をあけてもらった（性交した）話である。

こうした誤解あるいはコミュニケーションの不成立は、日常生活において多々見られるような、単語の解釈をめぐるコンテクストの取り違えだけにとどまるものではない。本書の主題と関連してより重要なのは、通婚というコミュニケーションの問題である。すなわち、アエタまたはアイタと自称してピナトゥボ山一帯に住むネグリートと、それよりも北側に住んでアブルンと自称するネグリートとのあいだで結婚が行われない理由について語る、次のイストリアの意味するところである。

〈カモコ狩り〉

サンバレスには、アブルン・アエタとピナトゥボ・アエタが住んでいる。お互いそれぞれの狩猟のやり方をもっている。ずっと昔にピナトゥボ・アエタの若者が、ターラック州との境あたりに住むアブルンの娘のところに結婚していった。アブルンの娘にいたく心を惹かれたのだが、しかし若者は、彼らの習慣を知らなかった。その地で結婚してから若者は彼らの習慣を学んでいったのだが、カモコ（*kamoko*）を食べるという習慣については知らなかった。カモコは小さいので、アブルン達はそれをごちそうとして食べるのだ。ピナトゥボ・アエタは野豚をごちそうとして食べるために、その若者は彼らの習慣がそのようなものだとは知らなかった。アブルン達は野豚に興味を持っていなかった。

ある日、若者の義理の父親が彼を狩猟に招いた。彼は同勢達がカモコを追いたてることを知らなかった。彼らは彼を（射手として）絶好の場所で待ち構えさせた。彼らは狩猟を始めると、犬を放した。犬は吠えたてた。「さあ行け、つかまえろ！　さあ行け、つかまえろ！」

さて、カモコ達がまるで人間のように抜きつ抜かれつしながらピナトゥボ・アエタの若者の所に来た時、彼は彼らを見逃してやった。続いて大きな野豚が現れた時、彼は矢を射かけた。野豚は死んだ。

さて、アブルン達は、彼らの義理の息子が獲物をとったので大喜びした。しかし、それが大きな野豚だったことがわかると、彼らはかんかんになって怒った。彼らは言った、「うーん、この野郎、この野郎めが、俺達が食べないものを獲ったのだ。」彼らの義理の息子は非常に驚いた。

そこで、彼の義理の父のアブルンは、怒って狩人全員を集めた。今度は、彼のことを彼らは犬に追いたてさせたのだ。しかし、彼がそのようであったにもかかわらず、夫に対する愛情から、妻は、彼が無事に逃げられるように食物をすべてかき集めた。そして彼にすべての食物を持たせてあげた。その若者がしたことというのは、彼らのところから逃れて危機を脱するまで、犬が近づいてくるたびに食物を落としたのだった。

今日では、だからピナトゥボ・アエタはアブルンと結婚したがらないのだ（by Angel Cosme, Villar)。

ここで語られているのは、アエタとアブルンという互いに近接して住んでいるふたつのネグリート・グループのあいだの習慣の相違、具体的には狩猟の対象と食習慣の違いであり、それゆえの通婚の不成立についてである。カモコとは、姿は人間に似ているが形はずっと小さく、髪は縮れておらず、しかも足は豚に似ているという。ほとんど水浴びをしないので汚く、皮膚の色もアエタよりもずっと黒い。洞窟に住み、衣服を身につけずに常に裸でおり、川の魚やエビを食べず、木の実、果実、ラタンや竹の若芽などの植物を食べて暮らしているという。ただしこうしたカモコと野豚との違いは、単に獲物とする狩猟動物の種類の相違ではない。カモコにはどこか人間に似たイメージを色濃く漂わせており、(9) 先に紹介した蜂の子の代わりに自分の子供を料理してしまったイストリアにも似て、アブルン達の食人習慣を暗に示唆していると考えられる。実際に食人行為をするしないという事実よりも、ピナトゥボ・アエタがアブルンとの差異を食人の有無に強く求めていることが、重要なのである。

現在のピナトゥボ・アエタの主たる生業は移動焼畑農耕であり、狩猟によって得られるのは鳥やこうもりが中心である。男達はいまだに集落を出る時には必ず弓矢を携えることを忘れないが、もちろんそれは、ひとつには道すがら獲物を見つけた時にはいつでも射かけることができるためである。しかしもうひとつの目的は、集落の外で血縁姻戚関係のない外部世界の他者と遭遇して危害を加えられるかもしれないという潜在的な危険から、いざという時に身を守るための用意である (Brosius 1983: 138)。実際そのために、戦闘用としての用途の定まった矢も携行している。またそれと同時に重要なことは、現在においても弓矢を携えることがアエタであり、アエタの男であることとの重要な徴となっている点である。髪が縮れ、色の黒いことが生得的な自然のアイデンティティーであるならば、弓矢は彼ら自身の文化的なアイデンティティーのひとつの拠り所となっているのである。援助団体の関係者がカキリガン集落を訪れる時、彼らがアエタ文化を表象する最たるものと考えてみやげに売りつけようとするものは、いつも弓矢なのである。

そして今日、大型動物が激減してほとんど姿を消してしまったとはいえ、いまだに野豚は最も望ましい獲物と考えられている。バンディの品目のなかでも、近年カラバオにその座を奪われつつあるが、かつては、そして現在でも、豚が重要であることに変わりがない。治病儀礼の時、喪明けの際、あるいは大がかりな焼畑伐採の必要があって広い範囲の親族や姻族の助力を頼む時、豚を殺して集まった者達にふるまうことが期待されているのである。南西麓に住むアエタにとって、アブルンは、単にその居住地域を、分水嶺をへだててピナトゥボ山の異なる斜面に住み分け、地縁的アイデンティティーを異にしているというだけではない。同じアエタ、ネグリートでありながら、アブルンが話す言葉は彼らのものとは多少異なり、しかも彼らは自分達の好む野豚を食べずにカモコを食べる。野豚とカモコの違いは、彼らの文化的アイデンティティーがいかに異なっているかを物語るひとつの象徴となっているのである。

したがって、たとえアブルンの娘に強く心を惹きつけられて結婚にまで至ろうとも、また娘がその若者を深く愛そうとも、そうした若者の情熱は相互のアイデンティティーと固有の居住領域の境界を一時的に越えてふたりを結びつけるにとどまる。時の経過とともに、ふたりの愛情だけでは習慣の差異の最も根本的なところ、アイデンティティーの問題と係わるような部分の問題を解決できない。習慣の差異とそれによって生ずる誤解は、相互に、少なくとも一方に敵意と、さらには殺意をも生じさせるものとなる。そうした時に若いふたりに残された道は、ただ結婚を解消し、愛する者を安全に逃がしてあげることだけであった。

一方、南西麓アエタの南に隣接して住むアンバラと呼ばれるネグリートに対しても、自分達とは異なったアイデンティティーと習慣を持つと考えている。少なくとも、彼らのことを自分達よりは野蛮で強欲で危険な人々と考えているのである。次のイストリアは、アンバラとアブルンの結婚への手続きが、かつてスペイン時代には自分達とは異なっていたことを簡単に語るものであるが、同時に、異なるゆえに通婚には多大な困難が伴うという深層の意識を読みとることが可能であろう。

〈アンバラとアブルンの習慣〉

これから話すのは、スペイン時代のアンバラとアブルンの習慣についてです。アンバラが結婚しようとしたら、まず台を作る。結婚式の前に台を作るのだ。たとえば明日が結婚式だとすると、彼らは娘が上るための台を今日作るのだ。話を先に進めて、その当日、多くのものが用意される。豚を料理する者がいる。ごはんを炊く者がいる。

そこで娘がその台の上に登る。若者は弓矢を持つ。地面にいる若者が弓矢を持っているのだ。彼の義理の父親になる男がその後ろにいる。若者と娘の親族はボロ（山刀）を持ち、新しく結婚するふたりを見守る。娘は節のない竹筒をわきの下にはさんで持つ。そして若者は、娘の持っているものを狙って矢を放つ。もし娘が傷つけば、もちろん彼らは若者に切りかかる。彼らは若者を殺してしまうのだ。スペイン時代のアンバラの習慣はこうしたものだった。

ふたりが死んでしまえば、両方ともに痛み分けということになり、双方の親族は何の不満も抱かない。アンバラのあいだには、頭痛になる者なんかいないのだ。そうした出来事が済んでしまうと、彼らは食事をする。若者と娘の親族は、用意した食物を食べ終わると、彼らは何事もなかったように家に帰る。

こうしたアンバラとはまた異なり、次に話すのはアブルンの祖先の昔の習慣、スペイン時代の習慣についてである。アブルンが結婚する時、アンバラと同じ点もあるが違う点もある。結婚式の時、アブルンが地面から台の上まで歩いてゆくのは、「鳥の木」（*ibon kayo*）と呼ばれる木を渡した上だ。もしその木がはずれてしまったら、たとえば折れてしまったら、もちろん彼らはその若者を殺してしまう。殺した後で彼らは、その仲間をごちそうとして食べてしまうのだ。まず頭をゆでる。中味と皮がはがれたら、彼らはそれを料理してスープにして飲んでしまう。

アンバラでは（殺した）若者を食べたりしない。彼らは（殺された）娘にひとしくその若者を殺すだけだ。しかしアブルンは、若者を殺す前にその娘も殺してしまうのだ。これは最もひどい習慣だ。マグビの習慣はまた違うというけれども、それについては知らない。もちろん彼らは若者を食べないけれども、彼らの習慣もきびしいものであるという（by Pan Bang-et, Kakilingan)。

ここに語られているのは結婚式前の試練あるいは難題と、それに失敗した場合の殺害、さらにアブルンの場合には食人という習慣についてである。語り手はスペイン時代のことと断っているが、果たしてかつて実際に行われていた歴史的事実か否かは確かではない。また死を賭した試練を強調するものの、式次第の詳細等については、この語り手もあまり深くは知らない。重要なことは、アブルンやアンバラについてこの語り手とひとしい認識を、少なくともカキリガン集落に住む人々が共有していることであり、自分達が彼らとは異なり、彼らほど野蛮ではないという強い自覚を持っている点である。

ここで習慣と訳出した「オガリ」（*ogali*）という語は、風俗、習慣という意味から、家族の気風、さらにはある個人の気性や性格、クセなどに至るまでも含む、広い概念内容を持っている。言いかえれば、特定の集団や個人を認識する際に思い描く特徴、あるいは他者と自己との差異が「オガリ」として強調されるのである。アンバラやアブルンは、風俗、習慣としての「オガリ」が異なるから、通婚関係を持とうとしたら、様々な誤解や反目、敵意が伴うことは避けられない。

また同じ南西麓に住むピナトゥボ・アエタであっても、血縁、姻戚関係によって結ばれていなければ、気風、性格としての「オガリ」が悪い可能性がある。たとえ良くとも、ちょっとした誤解が双方を離反させる危険を常に伴う。求愛とそれに続く求婚の手続きにおいて、いつ、どんなことに相手が腹をたてて激しく怒り出し、高額なランガッドやバンディを要求してくるかわからないのである。それゆえ、安定した結婚に至るまでの長期にわたる過程は、まず慎重でさりげない接近に始まり、徐々に事態を進めてゆくという用意周到さが不可欠となっている。そして、風俗、習慣、気風、性格としての「オガリ」が一致または近似して、互いのコミュニケーションが円滑に成り立つような場合、すなわち主として近い血縁関係や、良好な姻戚関係のあるあいだでのみ、安定した結婚への過程が円滑に進められる可能性が高くなっているのである。逆に円滑なコミュニケーションの回路を欠いたり、そもそも「オガリ」が異なれば、通婚というコミュニケーションが成立するための道のりはきわめて多難である。ましてやその時、待ちきれずに駆け落ちなどをしようものなら、女側親族の怒りをなだめて結婚にこぎつけるまでには、非常な困難、忍耐、経済的出費が必要となるのである。

五　危険の回避とイトコ婚への傾斜

一般にバンディの交渉とその実際の授受にあたっては、次章で見るように、互いに親しい関係にある拡大家族のあいだでの段取り婚を除けば、女側はなるべく多くのものを得ようとし、逆に男側はそれを少なくしようと試みる。しかし女側の方が、要求どおりのバンディが払われないならば結婚は認めない、あるいは結婚の合意を破棄するなどと言って、最後の切り札を示しながら圧力を加えることによって通常は交渉の主導権を握り、有利に交渉を進める。意図的でないにしても女側は、しかるべき手続きをふまえなかったことに対して怒ったり、あるいは働き者で気立ての良い娘を手放すことを残念がったりして強い感情を示すことにより、男側を常に威圧することになる。これに対して男側は、結婚の申し込み以前に若者がその娘に何らかの直接的な求愛を試みている場合、結婚が合意に至らなければ、その娘に対する結婚を伴わない不当な接近に対してランガッドを払わなければならない。そのため、高額なランガッドを無駄に払うよりも、それをバンディの一部として与え、結婚を認めさせようとするのである。そもそも本人同士が好き合っている場合でも、あるいは若者の親の方が望んだものにしろ、求婚が受け入れられた後のバンディの交渉では、男側はなんとか話をまとめたいと願う。女側もそう願うこともあるが、あえて破談となっても構わないと考えて交渉に臨むこともある。したがってスソンにおけるバンディの交渉は、女側の主導のもとで、男側が多く妥協することによって合意に達することが多い。

こうして合意されたバンディは、双方拡大家族の心理的、社会的距離が大きければ大きいほど、通常その総額も大きくなる傾向が顕著に見られる。それだけ男側が大きな妥協を強いられるのである。それはしばしば、男側の支払い能力をはるかに越えるものとなる。そのために、バンディの各品目は一年、二年、三年、あるいはそれ以上の長期間にわたって授受されてゆくことになるが、それでも支払いはしばしば遅れ、滞る。たとえば、ある年が不作で男の側に生産の余剰が少なく、したがってそれを商人と交換して豚や布などの要求されているバンディの品目を入手するという予定が不可能となったり、あるいはバンディのために育てていた豚が期待どおりの大きさに成長する以前に死んでしまったりということがしばしば起こる。そのため、約束の期限までにバンディの支払いを求める女側とのあいだに、新たな問題を生ずることになる。この問題を解決するため、バンディの授受が完了するまで娘を手放さずに妻方居住を行わせる傾向が強まっていることを次章の四節で明らかにする。しかし妻方居住によって結婚に伴う問題や葛藤のすべてが解決されるわけではない。事例六のように、妻方居住で結婚を許しながらも、約束のバンディが追って支払われなければ、男を追い出してしまうことができるとされているのである。

特に駆け落ちや子供達の主導による結婚の場合、まず女側はあまり親しくない、あるいは全く交流のないような拡大家族の男が、娘に勝手に近づいてかどわかしたことに怒っているので、スソンにおいて高額なバンディを要求することが多い。ただし子供達の主導による結婚であっても、事前に男側が正式のホゴを行って結婚の合意を得、さらにはその際にバンディの一部を既に送っていれば、それによって女側の態度をある程度まで懐柔、軟化させている上に、もしバンディの総額に関する合意が得られずに女側が結婚の約束を破棄する時には、それを返済する義務を課することになる。したがってホゴの際に贈られるバンディの一部は、スソンにおけるバンディの総額に関する交渉を、双方にとって妥当な額で妥協させるような保証財として作用する。しかし、ホゴを行わずに秘密の恋愛の発覚や突然の駆け落ちによって結婚の可否とバンディの交渉とが同時に行われる時、女側は結婚の不成立によってランガッドを得ることができさえすれ、逆に失うものはほとんどない。次に別の結婚の交渉がなされる時、以前の恋愛や駈け落ちによってバンディの額が低下することはないのである。したがって結婚とバンディに関する交渉が同時に行われる場合、女側はバンディの総額からして高額な要求を強硬に主張することが多いのである。

しかも、そのような結婚の試みは、通常、双方に血縁、姻戚関係がないので、男側にしてみれば、女側の憐れみや情けに訴えてその減額を交渉しようとしても、過去の友好関係や親族関係の絆を強調することができない。双方につながりを持っていて、互いの要求や主張をくんで妥当な折り合いをつけてくれるような者を見いだすことも難しい。結局のところ、女側の主張に沿ったような額で不承不承に合意せざるを得なくなる。そもそも女側の要求があまりに高過ぎて、結婚の合意が得られないかもしれない。また得られたとしてもそれが高額であるために、支払いは長期に及び、その途中でしばしば約束の期限に遅れることになる。その時点で結婚の合意が破棄されるかもしれないし、たとえ妻方居住によって結婚が許されていても、たび重なる催促をされた男が居づらくなって逃げ出すかもしれない。こうして、双方に親族、姻戚関係や、親しい関係がない場合の結婚は、求婚やバンディの交渉から実際の授受における過程で女側が抱く、よそ者による娘の剝奪という意識や怒り、不信等によって、結婚自体がしばしば不安定となってしまう可能性が大きいのである。

すなわち、近年では両親の段取り婚を嫌がったり、小学校での自由な接触と交流、交際から、子供達が秘密の恋愛や駆け落ちを試みたりすることが多くなっているのであるが、その後のバンディをめぐる双方拡大家族間の軋轢から、結婚を認められない、あるいは一時的に同居が認められてもやがて離別に追い込まれる例が少なくないのである。次章で考察するようにバンディの高額化は、一方では、夫方居住から妻方居住へと居住の形態と拡大家族の構成を変化させる動因となっているが、他方では、新しい風潮として自分の好きな者と結婚しようとする若者の試みに歯止めをかけ、親の意向と段取り婚の重要性を支える守旧の制度ともなっているのである。

このようなバンディをめぐる葛藤のゆえに、あるいはその隘路を避けるために、配偶者は第二イトコや第三イトコなどの遠い血縁親族、または既に通婚関係が結ばれて友好的な関係と頻繁な接触が保たれているような姻族から選ばれる割合が高くなっている。親が決める段取り婚の場合は当然そうした関係のなかで設定されるのであるが、本人同士の自由な意志や希望による結婚であっても、そのような組み合わせでの試みの場合が結果として安定した結婚生活に進みやすいのである。

カキリガン集落では、追跡可能な結婚四〇例のうち、第二イトコ婚と確かめられたものが五例あった。第三イトコ婚は、人々の記憶が定かでないために集計が不可能であったが、しかし第二イトコ婚よりもずっと多数にのぼることは確かである。[10] それ以外は、きょうだいなどが婚出したりして姻戚関係のある拡大家族や、同一集落や近隣に住んで接触、交流も頻繁で、互いに親しい拡大家族とのあいだの結婚が多くなっている。しかし、上述したような様々な困難にもかかわらず、若者の情熱がそうした通常の通婚圏を越えた異なる地域、すなわち遠く離れた集落や、ピナトゥボ山南西麓以外に住むアエタとの結婚を試みて、幾つか実際に成就させている点も留意しておかねばならない。

本節で強調しておきたいのは、第二イトコ、あるいは第三イトコとの結婚が、かつてはひとつで、それが世代交替とともに分節、分裂したようなふたつの拡大家族を再び緊密に結びつける絆となっている点である。もちろんイトコ婚においても、バンディの交渉と授受をめぐって緊張関係が生まれる可能性を秘めている。しかしそうした結婚では、そもそも両者の生活世界の隔たりや溝が小さいために、娘の剝奪という意識も希薄であり、また誤解や不信の生ずる余地も少ない。その上、双方の血縁関係を確認し、血縁親族間の友好と協力という否定することのできないモラルを強調することによって、潜在的な悪感情が発現することがおさえられるのである。こうしてイトコ婚は、容易に安定した結婚生活に入りやすく、それによって既存の友好的な関係をさらに強化するような絆を生み出すことになるのである。

既に触れたように、フォックスも主としてピナトゥボ西麓に住むアエタに関して「イトコ婚が普通であり、第一イトコも〝血分け〟の儀礼を簡単に行うことによって結婚できる（Fox 1952: 190）」との指摘を与えている。現在のカキリガン集落で見いだされる以上の高率でイトコ婚が行われていたと推測される。しかしながら第一イトコ婚に関しては、カキリガンや南西麓地域では避けるべきであるとする者が多く、実際にも一例も見いだせなかった。ただしなかには、それぞれの親同士がそれを好むならば、他の無関係な者がとやかく言うことはできないとする者もいた。(11)

このように第一イトコ婚を行わない、あるいはそれを嫌うために、現在の南西麓アエタの社会においては、生活の場を共にしている拡大家族が同時に外婚単位ということになる。なぜならば、適齢期に達するような第二イトコを含む拡大家族は、実質的には既に下位の分節ごとに分裂していることが普通であり、そのあいだの第二イトコ婚はバンディの授受を伴うのである。あるいは分節から分裂に至る漸次的な過程が、第二イトコ婚におけるバンディの授与によって、明快な切断が与えられると見ることができるかもしれない。こうして第二イトコ婚は、ひとつの拡大家族が成員増加から世代交替に伴う分節、分裂へと至る過程の完結を明示すると同時に、他方ではそうして分けられた集団を再び結婚の絆によって結びつける働きをなしているのである。

ただしカキリガン集落に見られる第二イトコ婚のうちの二例は、人によっては第一イトコ婚であると考えていた。当事者やその両親など血縁関係を知る者に確かめれば間違いなく第二イトコであるのだが、結婚に至る前の社会的関係が緊密であったために、それと無関係な周囲の者には第一イトコ婚のように映ったのである。しかしそのために中傷されたり、差別されたりすることはなかった。そもそも親族名称でイトコは第一、第二、第三にかかわらず、「ピンハン」(*pinhan*)であり、日常生活においてその親等距離が意識されたり、問題になったりすることはほとんどない。そして第一イトコ婚は望ましくないし、避けるべきでもあるのだが、その侵犯が社会的制裁やら災厄やらによって罰せられるとは明確には意識されていない。本人や両親がそれを好んだり認めたりすれば、それは当事者同士の問題であるから関係ない者があれこれ言ったり糾弾したりすることはできないというのである。

一方、平地民との接触の多いアエタのあいだでは、たとえ第二イトコ、あるいは第三イトコであろうとも、もし男と女が同じ苗字ならば結婚できないと主張する者もいた。しかしながら、南西麓アエタが苗字を用い始めたのは最近のことで、いまだ苗字を持たない者もいる。(12) より変容の進んでいる東麓側でも、子どもの苗字が兄弟でそれぞれ父と母から別々にとって異なったり(Cosme 1974: 100)、平地民の知人やコンパドレ(擬制的親族)の姓をもらって苗字を簡単に変えてしまうことが珍しくないという（*ibid:* 78）。すなわち苗字の継承が父系原理に基づいていないのである。苗字に限らず集団の編成も父系でないことは既に見た通りであり、苗字による結婚の規制が実効を伴っていないことは言うまでもない。

本当は第二イトコ婚でありながら、第一イトコ婚と見なされている二例のうちの一例の夫婦は、実際に周囲の者達からボウット夫婦（Pan & Indon Bo-et）と呼ばれていた。ボウット（*bo-et*）とは、筆者は架空の動物であると考えるのだが、アエタの人々は実在すると信じており、もし望むなら取ってきて見せてくれると強調した。その約束は一度も果たされたことはなかったが、実在の可能性はいずれにせよ、彼らの説明によればその姿形は野生の猫（*mohang*）、あるいは野ウサギ（*kuniho*）に似ていて色は黒く、上下に二本ずつ鋭い歯があるという。そして雌雄同体、すなわち自分の体に膣とペニスの両方があり、自分で自分と性交し、子供を生む。しかも自分の出した糞を喰うというのである。こうしたボウットという動物の特徴は、他とのコミュニケーションを拒絶するものの姿を端的に表現している。カキリガン以外の他の集落（ボアグ集落）において、第一イトコ婚をしていると考えられている夫婦は（血縁関係の確認はできなかった）、アホ夫婦（Pan & Indon Aho）と呼ばれていた。アホ（*aho*）すなわち犬は、親やきょうだいとも性交をするというのである。

第一イトコ婚、あるいはたとえ第二イトコであろうとも、一定の社会的距離を保っていないような近過ぎる間柄での結婚がボウット、あるいは犬と軽蔑の念を持って呼ばれ、避けるべきものとされているのはきわめて興味深い。バンディの授受をめぐる軋轢を避けるためには、より近く親密な関係にある者との結婚が好ましい。しかしながら、血縁的に近過ぎると、あるいは実際の血縁は離れていても社会的に密接な関係を保っていると、それは自分で自分と性交することに等しくなり、恥ずかしいこと、軽蔑すべきこと、避けるべきことになる。なぜ近親者との結婚がそうしたマイナスの感情を生むのかについては、彼ら自身も十分な説明を与えることができない。文化的存在としての人間の根源にかかわるもの、あるいはレヴィ=ストロース（1978）が自然と文化を分けるものと看破して重要視した、近親婚の禁忌と女性の交換の問題に結びついていることは確かである。しかしその問題を論ずるための十分な資料を、残念ながら筆者は得ることができなかった。したがってここでは、その理由についてアエタ自身がレヴィ=ストロースの洞察と全く同様に、他者とのコミュニケーションを拒絶するものであるためと認識していることをあらためて強調するにとどめる。

六　略奪婚が切りひらく地平

一九〇四年から一九二四年のあいだにフィリピン各地のネグリート・グループをほとんどすべて訪れ、調査を行ったガルバンは、ピナトゥボ地域における結婚について、何よりもまず略奪婚が特徴的であると指摘している。彼の知り得る限り、それはフィリピンのなかでもきわめて独特な慣行であるという。そして、そもそもピナトゥボ・ネグリートはその勇猛さゆえに隣接諸州に住む平地民や南側に住むネグリート達からひどく恐れられており、たとえばガルバン自身が初めてそこを訪れた際に最初の家に入ろうとした時、素早く弓矢を構えられたと報告している（Garvan 1964: 107）。

ピナトゥボ・アエタが勇敢で攻撃的であること、あるいは集落間や地域グループのあいだに潜在的な敵対関係があったらしいことは、第四節で紹介したイストリアのほか、多くの資料に見いだされるそうした言及からも明らかである。たとえばリードは、ピナトゥボ・ネグリートを征服されたグループと、されていないグループとに分けた後、[13]「野蛮状態にあるネグリートは、簡単な政治組織をもっているだけである。彼らはもっとも力ある人物をある種の首長と見なしてそのまわりに集結し、平野部あるいは隣接ネグリート集団への急襲を行う（Reed 1904: 70）」と報告している。リードはまた、捕らえた敵を杭につなぎ、周囲を一〇人ほどの男が踊り回りながら、だんだんと素早く激しい動作となって少しずつその体を切り刻んでゆく真似をする「拷問の踊り」を紹介しながら、それはかつて実際に行っていた頃の名残りであると説明している。

逆に最近では、筆者の引き揚げた後に、より山中に住むグループを調査したブロシウスが、カピタン（*kapitan*）と呼ばれるような集落の長の存在は、紛争と同盟とに直接関係していること、すなわち筆者の言うところの外部の危険とそれとのコミュニケーションの問題に密接に係わっていることを指摘している。そして現在でもアエタ達は、常に防衛のためというイディオムで語るのであるが、紛争のイデオロギーを信奉し続けていると報告している（Brosius 1983: 137）。伝統的な集落が血縁や姻戚の絆によって安全と友好が保証されている時、その長たる者の主な役割はそうした集団内の秩序や安寧の維持よりも、むしろ外部の集落との係わりに関係しているのである。

現在、そうした外部との新たな社会関係を生み出す契機のひとつが駆け落ちであるならば、かつては略奪婚がそうした関係を切りひらいていったと考えられる。現在のアエタ社会において、駆け落ちが行って戻らぬ出奔ではないように、かつての略奪婚もまた娘を奪って双方の関係が断絶し、敵対して終わるというようなものではなかった。たとえ女側に反目と敵意が一時的に生じても、必ず懐柔融和の道が探られるのである。駆け落ちと同様に一方では深刻な対立に至る可能性を秘めながら、他方、基本的には娘を得た後に女側親族の怒りをなだめ、良好な関係を築くための試み、具体的には多くの財が男側から贈られることが期待されているのである。

ガルバンが直接に質問した男たちのなかで、八人に一人の割合でそうした略奪婚によって妻を得ていたという。

以下にその具体的な手続きについて彼が報告しているところを紹介する。

誘拐の方法は簡単である。ある若者がどこかのキャンプで心を惹かれるような娘を見初めた。通常の手続きの後、その娘が結婚を嫌がったり、あるいは既に別の話が決まっていたりしたら、彼はひたすら好機の到来を待つ。それまでは、彼女の家の周囲を日が暮れた後にしばしば訪れてみるだけである。時たま娘自身がその企ての共謀者であるような場合を除けば、何週間も待つことになるだろう。そしてとうとう、その機会がおのずとやって来る―その娘がひとりで近くの小川に水を汲みに出かけたり、あるいは男達が出かけて留守になったりするのである。彼女は誘拐者とその仲間によって捕らえられ、急いで連れ去られる。娘の悲鳴が集落の動きを引き起こし、時には逃げてゆくところに矢が射かけられることもある。

誘拐者の家に着くと、娘は彼の女性親族の監督下に置かれるが、あまりに反抗的だと家の床につながれる。その後に続く日々のあいだ、誘拐者は仲介を通じて妻となるべき娘の父親と親族に贈り物を送り届ける。折りにふれ、娘の男性親族が懐柔されたと思われるまで、このようにして贈り物が届けられるのである。

もしも捕えられた娘が逃亡の意志のあることを少しでも見せるならば、しばらくのあいだ彼女は見張りを続けられる。彼女の淋しさをまぎらわし、その好意を得るために、あらゆる関心と親切とが彼女に対して示される。夫となるべき若者は彼女に食物を用意し、彼女のために狩猟をし、彼女のために歌い、そして彼女の前で粗末な口琴（jew's harp）を奏でるが、しかし濡れごとや性関係は試みられない。そうしたことはマカリリ（*makalili* 意味不詳）で、はかりしれない悪影響を及ぼすことになるのである。

この結婚前の期間に誘拐者の親族達は、蜂蜜やその他の森の産物の贈り物を少しずつ携えて花嫁を訪問し、彼女の前で踊りを踊る。これらの踊りのうちのひとつはハヤウ（*hayau*）と呼ばれる特別の儀礼的な模倣ダンスで、私の目の前で演じられた。女は家の戸口に腰をおろし、涙と悲しみの装いをしていた。将来の花婿が踊りながら彼女のところに近寄り、その足許にたきぎを一束置いた。続いて彼は三人の子供をひとりひとり連れて彼女の側に置いた。もう一方の側に戻ると、彼は火を焚いてバナナを何本か焼き、いまだうわべだけの花嫁に差し出した。彼女は周囲の者達の繰り返しの懇願の後もそれを受け取ることを拒み続けた。ひとたび彼女が受け取ると、認定の大歓声が生じた。娘が花婿から何かを受け取るやいなや、あるいは微笑みさえもが、それは彼女が「思いを寄せた」ことになるのだと説明された。すると花婿は戦いの真似をして元気よく跳び回りながら、想像上の敵に向かってボロ（山刀）を振り回し、今度は森の端まで走っていったと思うと次には花嫁のところに戻り、あたかも無数の敵から彼女を守ろうとするかのように手にした武器で切りつけ、突き刺した。……

ひとたび娘の合意が得られれば、そのことを両親に伝えるために使者が送られる。この時点において、娘を連れて別のキャンプに移ることが慣習的であるが、それは彼女の親族が娘の略奪に対して復讐を試みるかもしれないことを恐れるからである。私のインフォーマントのうち誰ひとりとして、そうした復讐が実際に生じたことを記憶している者はいなかったが、そうすることが慣習となっているのである。

使者が戻ると、花嫁の親族が莫大な結婚財――奴隷、豚、その他の品々――を要求しており、それらを得られなければ復讐を誓っていることが知らされる。期待できるよりもずっと多くを要求するのが適当なことであるらしい。

花婿の両親と親族が要求された支払いの多くを用意できたら、できるだけ早く花嫁側への訪問が行われる。多量の食物が与えられ、支払いの品々が手渡される。この出会いの興味深い特徴は、怒った素振りを見せることがひとつのスタイルとなっている点である。訪問する側はそれに先だって使者を送り、いつの日に行くかということを知らせておく。これに対しては威嚇をもって応えるのがよいと考えられている。花婿側の一団の到来が集落から認められるところまで来ると、彼らは矢の雨で迎えられるのであるが、しばらくするとそのまま近づくことが許される。

こうした種類の訪問は、支払いの品々がある程度手に入るたびになされる。花嫁はその一団に加わって出かけるが、また一緒に戻ってくる。支払いをすべて終えるためには何カ月も何カ月もかかるが、最後の支払いを終えた段階で結婚式の日取りが決められる（Garvan 1964: 107–109）。

ガルバンのこの報告ですぐに思い起こされるのは、第六章の二節で紹介したリードの言説である。リードによれば、こうした誘拐を男側と女側の双方の親族が協力して防ぐために幼少時の段取り婚を行うのであると、ネグリートの人々が説明しているという。逆にガルバンは、既に結婚を決められている娘に若者が心惹かれてしまった時、あるいは普通の手続きでは結婚の合意が得られないと見た時、誘拐が企てられると最初に指摘している。すなわちこの両者は、アエタ社会における結婚に至る手続きの多様性のいわば両極をそれぞれ描くことによって、あるいは表裏の一面ずつに着目することによって、互いに補完し合う形で結婚の実態を明らかにしているのである。言い換えれば、アエタ社会における結婚に至る多様な過程は、すべてこの両極のあいだに位置づけられることになる。一方では親達のあいだで、かつてもそして現在でも、親しい関係のなかで子供達の結婚を段取りしようという思惑がある。他方子供達にしてみれば、現在では駆け落ちによって、そしてかつては若者の側の情熱がなせる誘拐によって、そうした段取り婚の枠を打ち破って、たとえ社会的に遠い娘であっても結婚しようとする。この両極のあいだに、男側からの求婚とバンディの交渉によって合意される多様な結婚の形態があることは既に三節で見た通りである。

ガルバンも認めているように、誘拐による結婚が全体に占める割合は一割強に過ぎない。現在の駆け落ちの比率よりもずっと低い。しかしこの割合を単に量的に少ないからと見逃すことができないことは言うまでもない。現在のように、彼らを取り巻く平地民(フィリピン人、イロカノ人、町の連中などと呼ぶ)に対して、ピナトゥボ・アエタという集合的な自己意識を持ち、しかもさしたる危険もなくピナトゥボ山の一帯を自由にどこへでも動ける時代と比べて、かつて特に戦前までは、他集落に住む者や血縁、姻戚関係のない者に対する潜在的な敵意や不信感、つまり外部の危険はいっそう大きかったに違いない。それでもなお、一割強の略奪婚が試みられていたと考えれば、それは質的に大きな意味を持ってくるのである。たとえば幼児婚や段取り婚にしても、この誘拐の危険があるからこそ親達にとってそれを強制する理由が存在することになる。ただしリードも別の理由を推察していたように、果たして外部の危険があるからといって、それがアプリオリにそうした結婚の直接的な原因となっているとは限らないであろう。外部の危険を想定しなくとも、単に結婚へ至る手続きを容易に進めることができ、予期せぬ対立や葛藤が生じにくいゆえに、身近にある既成の安定した関係のなかで結婚が段取りされると考えることができるのである。幼児婚や段取り婚を行う実際の理由と、後からそれを説明し正当化するために用いる理由とは異なりうるのである。もっとも現実解釈のための操作として、あるいは望ましい結婚の反措定として誘拐が言及されることに重要な意味があることは言うまでもない。

ただし誘拐と言っても、連れ去った娘に対して何ら手荒な真似をするわけではない。心惹かれた意中の娘である以上、若者はできうる限りの親切と好意を示す。大事なことはたとえその身を拘束していようとも、娘を力ずくで我がものとすることをしない点である。若者が必死になって試みるのは、娘の淋しさを晴らし、その心をなごませ、自分の好意を受け入れてもらうことである。そして彼が求めるのは、娘が食べ物を受け取ってくれる、あるいは微笑みを見せてくれることなのである。若者本人のみならず、他の親族も娘を訪れる時には何らかの贈り物を携え、その淋しさを晴らそうとして踊りを踊って見せる。そうした振る舞いは、単に娘を若者が好いている、あるいは娘を自分達の一員としてやさしく迎え入れるためだけではない。それは何よりも、娘を奪われた側の親族がそれ以上に怒ることがないように、彼らに対する悪意や敵意から娘を奪ったものではないこと、娘の抗しがたい魅力に惹かれての所業であることを示すためにほかならない。その誘拐を契機としてこれから築かれる姻戚関係のより良い結びつきのためにこそ、娘に対しては細心の注意とやさしさをもって遇するのである。

誘拐による結婚の後にいかなる種類の姻戚関係が生ずるのかについて、ガルバンは何の言及も与えていない。しかし、こうした娘の扱いや以後の経過を見ても、新たな社会関係のひろがりとなり得ること、少なくとも一時的に生じた緊張をやわらげ、友好的な関係を作ろうとする試みがなされることは明らかである。ひとたび両者が安定した友好関係に入れば、続いて新たな結婚が段取りされたり、他の若者の自発的な訪問や求愛、求婚が行われる可能性が生ずることになる。そうした交流の積み重ねによって、社会関係の凝集化の新たな焦点となり得る選択肢が付け加わるのである。もちろん新たな選択肢をどれほど活用して社会関係の網を拡大するかは、その時々の状況によって左右される。しかし略奪による結婚が取り結ぶ新たな関係のひろがりを、友好的で頻繁な訪問や交流先のひとつとして、あるいは将来における配偶者捜しや、緊急事態が生じた際の避難先の可能性のひとつとして受容するであろう点は、第四章で考察した新たな生業手段の獲得、受容、保持の仕方と同様である。社会生活の局面においても、ひとたび確立された関係は、最適条件において最大活用されると考えられるのである。

それゆえ略奪の後には、娘のかたくなな心をひらかせようとする試みと並行して、その親、兄弟や親族に対しては、自分達に向けられている怒りを慰撫し、懐柔するために贈り物が用意され、何度にもわたって送り届けられるのである。略奪婚は、同意も得ずして強引に娘を連れ去るものではあるが、そのことによって生ずる女側親族の悪感情をなだめるために多量の贈り物が与えられて、平和的に問題を解決しようとする努力がなされる。女側にしても、娘を取り戻そうとしてすぐさま武力に訴えたりするわけではない。彼らは使者を介してまずは贈り物を要求するのであり、要求が満たされなければ復讐することを誓っていると脅しはするが、実際には、せいぜい男側と出会う時、怒った素振りを見せ、当たらぬような配慮をして矢を射かけるだけである。誘拐をきっかけにして実際に戦いが生ずるわけではない。その意味では、誘拐といえども、その後の問題解決の方法に至るまでの取るべき手続きや振る舞いがある程度は定まっており、勧められはしないにしても黙認はされている企てと見なすことができる。言い換えれば、かつての誘拐は現在の駆け落ちと同様に、不承不承に容認され、暗黙裡の了解のもとに制度化されている、女性の剝奪となっていたのである。

それは半ば制度化されているゆえに、以前は復讐の殺人や戦いに至ったかもしれないが、当時すでに実際の抗争や敵対に発展することはなかった。むしろその後の安定した結婚生活とさらには友好的な姻戚関係へと導かれることが期待されているのである。しかし誘拐にほかならないゆえに、それによって生じた女側の敵意や反発をなだめ、日常世界の秩序の乱れや両者の生活世界のあいだの亀裂を修復するために、多くの贈り物を用意して慰撫、懐柔に努めなければならないのである。そして男女双方の親族のあいだの関係の質や内実をそのように変換するものが、贈り物のもつ力だったのである。それをバンディと呼ぶか否かについては何の言及もなされていないが、その働きはまさしくバンディにほかならないと言えるのである。

このような略奪婚の試みにおける、多量の贈り物の譲渡による女側親族の慰撫という事後処理の手続きは、現在の駈け落ちをめぐる対処や解決の仕方と同一である。しかも集団編成のダイナミズムを生み出すものとして現在の駈け落ちが果たしている役割、すなわち外部の導入による生活世界の拡大と社会関係の再編という働きを、かつては略奪婚という結婚の形態が果たしていたのである。略奪婚は駈け落ちと同様に、社会関係の内旋化、つまり自閉的な集団化の進行に対する制御、反転の装置として、若者と娘を取り巻く親族を互いに新たな姻戚関係のなかに解き放つ働きを有しているのである。外部の危険に対して既存の友好的で安定した関係の内部で結婚を続ければ、血縁関係は互いに重複し、閉ざされた日常世界を形成することになる。それに対して略奪婚は、そうした社会関係の凝集化を、新しく外部に向けて拡散させてゆく働きを持つのである。つまり、略奪婚から駈け落ちという変化は、結婚の発端における当人同士の関係のあり方に相違が認められるが(男側の一方的な好意か双方の好意か)、関係の外延化というそうした結婚の社会的意味や役割には相同のパターンが見いだせるのである。

第八章　バンディ（婚資）——出来事の懐柔をめぐって——

本章では、結婚に際してなぜバンディが支払われるのかについて考察することを通して、それがアエタ社会の動態的な編成の過程において、出来事と体系の相互作用を媒介する役割を果たしていることを明らかにする。結婚に際して男側がバンディを支払う必要について、アエタ自身は、それがアエタの慣習だからと説明する。さらに説明を求めると、娘の父親が自分の結婚のために支払ったバンディを取り戻すためと言い、あるいは娘を育てたことに対する謝礼や養育費として説明する。しかし要求されるバンディの額や実際に支払われた額の多様性は、そうした理由だけでは十分に説明することができない。またバンディは結婚に際してだけではなく、第三章で考察した治病セアンスにおいては悪霊ビナグーナンに対して与えられた贈り物を指して用いられている。このことから、バンディの原義には荒ぶる精霊をなだめ、怒れる他者を鎮める「慰撫財」という性格があることを明らかにする。彼ら自身、バンディは結婚に際して女側の家族が怒らないようにするため、あるいは既に怒っている場合にはその怒りを取り除くために贈るとも説明するのである。バンディとは、象徴的な価値を持つ特定の財ではなく、慰撫と懐柔のために贈られる品々を一括して意味づけるカテゴリーとなっているのである。そのように見ればアエタ社会における結婚が、女側にとっては娘を奪われる出来事として捉えられていることと互いに呼応し、反照し合うことになる。

すなわちバンディの支払いとは、何よりもまず女側のそうした剝奪や喪失に対する慰撫のためのものである。そしてさらには駆け落ち等、結婚の過程における望ましい手続きからの逸脱や、ゆるやかで秩序だった事態の進行の破綻、あるいは侵犯によって既に引き起こされている女側の怒りを鎮めるためのものなのである。コスモロジカルな視点から言えば、結婚の企てという出来事によって生ずる男女双方の拡大家族の対峙が、破局に至ることなく、融和のうちに解消されて、新たな関係の秩序のなかで生活世界の安定が回復されるよう、両者の間に露わになった亀裂を埋め、関係の動揺や乱れを修復するのがバンディの重要な働きなのである。あるいは、結婚という移行的な過程、または変化の相を再び安定と秩序のうちに立ち返るよう、事態の進展に制御と変換を加えるのがバンディであると言うこともできるのである。

一　バンディの理由──慣習または養育費

本節では、結婚に際してなぜバンディが支払われるのかについてアエタ自身が与えている慣習または養育費という理由について検討し、それだけではバンディをめぐる多様な事象について十分に説明できない点が多いことを明らかにする。

そもそも結婚に際して、なぜバンディを男側が与えなければならないのかという質問に対して、彼らがその理由を明確に語ってくれることはほとんどない。通常返ってくる答えは「女は高い（*mabli*）から」、あるいは「アエタの習慣（*ogali*）だから」という簡単なものである。いずこの社会においても、慣行だからということで当事者がその存在理由を納得したり、正当化したりしていることは決して珍しくはないであろう。習慣である以上、アエタの人々にとってバンディの授受は、アエタがアエタであることのひとつの徴となっており、彼ら自身もそのことを強く認識している。バンディがアエタ社会に特有で、しかも結婚に欠くことのできないものと考えられている以上、彼らにとってバンディの理由をそれ以上に深く詮索する必要はない。結婚の際のバンディの授受は疑う余地のないほどに当然のこととされており、そのことに何らの疑念を持つことをしない。バンディに対する批判を耳にするとすれば、息子の結婚に際して高額なバンディを要求された時、その支払いの過重な負担をこぼし、相手方の強欲さと示された好意の少なさに不満を述べることがある程度で、バンディの制度そのものに懐疑の念がむけられることはない。したがって息子のために払うバンディの重さに不平を言う同じ人間が、今度は娘の結婚の時には当然のことのようになるべく多くのバンディを得ようとするのである。

しかしバンディの理由を、女は高いから、あるいは習慣だからというだけでは十分な答えとなっていないことは明らかである。そこでなぜ女が高いのか、なぜそれが習慣となっているのかという理由についてさらに尋ねると、たとえ即答できなくとも、しばらく考えた後にほとんど決まって返ってくる答えは、「赤ん坊の時から育てて、やっと働けるようになった時に手放すから」というものか、「父親が結婚する時にバンディを支払ったから、その分を取り戻すため」というものであった。前者は女が高い理由、後者は習慣のよって来るところを説明しようとしているのである。実際にこのふたつの理由は、女側が娘のバンディを要求する時にも、その根拠としてしばしば巧みな弁舌に彩られて繰り返される点である。しかしながらこの説明も、彼ら自身にとってはこれ以上何か言い加えることを必要としないほど自明であっても、筆者が収集した結婚の実態に関する諸事例に当てはまらない場合が多いのである。

まずバンディは養育費であるとする第一の説明について検討する。本章の四節で詳しく述べるように、理念としてはバンディをすべて払った後に、夫方居住で結婚生活を始めることが望ましいとされながら、実際には一定額のバンディが支払われた後、妻方居住によって結婚生活を始める場合が、カキリガン集落では過半数を越えている。そしてそのまま合意されたバンディ全額の授受を済まさずに、妻方居住が継続されることが多くなっているのである。このことは南西麓一帯の他の集落においても同様である。つまり結婚の実態は、彼らが望ましいと考える夫方居住ではなく、妻方居住の方がむしろ過半数を越える形態となっているのである。その場合、女の労働力はその両親のもとに残り、逆に夫という新たな生産力（労働力）が加わることになる。しかも生まれてくる子供が母方の親族のなかで育つという意味で、女の再生産力も妻方親族のもとにとどまる。

粗放的な焼畑農耕を依然主たる生業としているアエタ社会においては、スパイロ（Spiro 1975）が妻方居住制と婚資の併存している事例として取りあげた中央タイの場合とは生産手段の所有状況が大きく異なっている。中央タイでは、婚入してきた夫はそれによって妻方の土地や農具等の生産手段の使用権、あるいは所有権を獲得するが、アエタ社会ではそうした権利は生じない。そもそもアエタの農作業に必要なのはボロとよばれる細身のナタであり、各個人が所有している。焼畑についても、通常は居住地に近接している地域に開かれるが、必要ならば夫方、妻方の居住形態にかかわらず、婚入した配偶者の拡大家族が住む地域に開くことも可能である。つまりスパイロが妻方居住制と婚資の併存の理由として挙げた、対価を払うに値するような婚入する男自身の経済的メリットは、アエタ社会では何ら見いだせないのである。そこでは焼畑作業に投入できる労働力の数が生産を左右する重要な要素となっており、妻方居住によって男が婚入してくることは、女側にとって大きなプラスとなりこそすれ、決してマイナスとならない。すなわち理念としての夫方居住(妻の生産力と再生産力の夫側への移行)を前提として、バンディを女の養育に対する補償とみるこの説明は、実際に多く行われている妻方居住におけるバンディの授受についてその理由を明らかにすることができない。これは理念と現実の異なる次元のギャップとして説明したり、変容期の過渡的な形態として見過ごせる問題ではない。

そもそも養育費に対する支払いということであれば、子供達の養育にかかる費用は主として食糧であり、自給自足でしかも経済分業と階層化が進んでいない彼らの社会にあっては、そうした養育費に顕著な差異が生ずることはないはずである。それにもかかわらず、バンディの要求額や実際に支払われた額には、個々の事例で大きな差異が認めれるのである。既に紹介したように、今世紀の初頭においてさえも、リードは、「これらの贈り物の額に関して、私は異なった集落でそれぞれ異なった情報を得たが、おおよそ二五ペソから五〇〇ペソの範囲であり、……疑いなく男側の家族の全財産に相当していた (Reed 1904: 56-57)」と報告している。リード自身が認めるように、現金相当額が正確さを欠いているとしても、既に当時からバンディが高額であり、しかもその総額に多様な差異のあったことが推察されるのである。

バンディがもし結婚時における労働力の移譲に際して、それまでの養育と今後失われる労働力の損失に対する補償として支払われるのであるならば、初めから妻方居住で結婚が合意される時には、妻方拡大家族の側から夫方へという逆方向のバンディ、すなわち花婿代償あるいは婿資 (groomwealth) が支払われなければならないことになる。しかしながら実際には、そうした結婚においても妻方からバンディの要求がなされ、財が授受されるのである。

前章の事例三で報告したパン・メリシア氏の次女の結婚に際して、彼が娘のバンディを要求しなかったのは、妻方居住のためではなく、女側の若者に対する好意のゆえと見なされている。そのかわり、夫となった若者は、結婚前に長期の労働奉仕をした上に、結婚後もパン・メリシア氏の畑仕事を手伝い、また自分の焼畑の収穫の半分ほどを彼に与えていたのである。パン・メリシア氏の弟であるパン・フクリ氏の長女と結婚した孤児のパン・バンウットは、初めから永続的な妻方居住の合意であったにもかかわらず、豚二頭と空気銃をバンディとして支払い、義父の家族と同居して仕事を手伝っている。つまり基本的には居住形態のいずれであるかを問わず、結婚に際して女側親族はバンディを要求することができ、実際に見られるバンディの財の流れも、常に夫方から妻方へという一方向のみに限られているのである。彼らの認識とは異なり、バンディが養育費に対する補償でないことは明らかである。

次に父親が結婚に際して支払った分を、娘の結婚の時に取り戻すためというバンディの第二の理由については、受領したバンディの分配に妻方（娘の母方）親族が参加することが多いという事実から考えて、必ずしも十分に説得的とは言いがたい。もしバンディの理由が父親による取り戻しであるならば、娘の父親がバンディの全額を取るはずであるが、実際にはそうなっていないのである。確かに娘の両親が結婚する時に合意したバンディの授受が完了していなければ、その娘が成長して結婚する際に得るバンディから、その母方親族は父親が払うべきであった不足分を優先的に取ることができるとされている。したがって、本来は父方親族がすべて取ることができるバンディのうち、父の未払い分を母方が得ることが、あたかもその場限りのバンディの分配のように見えると考えることができるかも知れない。しかしながら、バンディをすべて支払った後の夫方居住による結婚においても、姻戚関係が良好である限り妻方親族も相応の取り分を得ることが普通である。

またその反対に、過半数を越えるような妻方居住の場合、娘のバンディは娘の父親が中心になって交渉し父親が得るとされているにもかかわらず、妻方親族が夫方親族よりも多くを得ることが少なくないのである。しかも何人か娘がいる場合には、いずれの結婚の際にもバンディを分配されることによって、母方親族は父親が払うべきであった未納分以上に多くのものを得ることが普通である。父親の方もまた、自分の未納分を妻方に引き渡した後、ただちに自分の拡大家族のもとに移り住んだり、以後の娘達のバンディをすべてひとり占めにしたり、あるいは自分の血縁親族のみに分配するようなことはしないのである。

夫方居住にしろ、妻方居住にしろ、あるいは合意されたバンディを払い終えているか否かにかかわらず、バンディの分配先をアプリオリに決めるような定まった規範は存在しないのである。結婚年齢に達するような娘を持つ単位家族は、既に安定した結婚生活を長く営み、新婚早々の夫婦とは異なって一定程度の経済的な自立を有していることが普通である。さらには、夫婦各々の拡大家族も互いに友好的な関係にあることが多い。そうした場合、通常は娘の両親が話し合って、以前に協力を得て貸借関係の意識がある親族にその分を返したり、身近な親族で、駆け落ちなどをした息子のために緊急にバンディを必要としている者などに優先的に分配したりする。各々の拡大家族のその時々の状況によって、獲得したバンディの分配の仕方や用いられ方が異なるのである。

そもそもアエタ社会は双系であり、娘のバンディに関して明確な権利を有する出自集団やコーポレート・グループなどが存在しない。娘と血縁をたどって関係する者、すなわち母方の親族と父方の親族は、ともにバンディの分配（ハンボン—*hambong*）を主張する潜在的な権利を持つのである。その権利を強く主張できるか否かは、その娘のために何をしてやり、どれだけ深く係わってきたかと関係している。それゆえ実際は、その娘と生活の場を共にし、その養育により深く関与した側、すなわち両親が夫方居住なら娘の父親の、妻方居住なら娘の母親の拡大家族が多くを得ることになる。ただし先に見たように、養育に関与するということは単に経済的な負担を負うことを意味しない。それは親として、または拡大家族の一員として、あるいは友好的な親族として、その娘を育て、成長を身近で見守り、深く接してきたという結びつきの自覚と関係しているのである。しかも重要なことは、居住形態がいずれの場合でも姻戚関係が良好ならば、他方の側の拡大家族にも分配がなされる点である。以上に述べたような分配の仕方の多様性は、バンディが父親の払った分を取り戻すために要求されるという説明とは大きく異なっているのである。

また、もしそうしたバンディの説明が正しいのならば、父親はたとえ何人の娘を持とうとも、ひとりの娘の結婚で自分が払ったバンディの分を取り戻せば、残りの娘の結婚に際してはバンディを要求する必要がなくなる。しかし、いずれの娘の結婚に対しても同様に高額なバンディが要求されていることは言うまでもない。さらには、近年の多くの事例に見られる総額の急激な高騰や、そもそもなぜ最初にバンディが与えられたのかという初発の動機について、そうした説明は何ら明らかにすることができないのである。バンディの現象は、単に支払ったものを取り戻すということの繰り返しや、均衡のとれた単純な循環ではなく、それ自身の論理によって財の授受の拡大再生産を続けているのである。

ところで、ほとんどすべての結婚において、バンディの授受は不可欠のものとして分かちがたく結びついているのであるが、何らかの理由でバンディを伴わない結婚が、先に触れた事例三以外にも幾つか存在している。以下にそれらの事例について簡単に報告し、逆にバンディが支払われない理由を考察する。

事例八　バンディを伴わない結婚

①ピーシー夫妻　—　ふたりはカキリガン集落に移ってくる以前、オロンガポ市郊外のカバラン集落に住んでいた。既に先妻、先夫と死別してひとり身であったふたりがそこで知り合って結婚した時、女側はバンディの要求をしなかった。その理由は、女がサン・フェリペの北にある国道沿いの町カバンガン近郊の出身であり、

そこに住むアエタのあいだでは既にバンディの慣行が消えつつあるためという。

②パタワリン夫妻　—　女が拡大家族とともにラバウ集落を一時離れてカバラン集落に住んでいた時、サマール島出身の平地民の男と知り合い結婚した。女は初婚であったが男は再婚であった。男の主張によれば、アエタの結婚の慣習に従って何百ペソかにおよぶ現金を何度かに分けて贈ったというが、女側はその額はせいぜい一〇〇ペソ程度で、とてもバンディとは言いがたいものであると筆者に説明した。バンディをほとんど得られなかったために、娘が両親に"*Patawarin ninyo ako*"（「私を許して下さい」「ごめんなさい」）と言い、それ以後ふたりは Pan & Indon Patawarin と呼ばれるようになった。

③ピディンとガリエダ　—　（この夫婦は援助団体の供与する便宜を求めてカキリガンに住み着き、小さな家を建てたが、キリン、ラバウ両グループのいずれとも親族、姻戚関係を持たず、また援助団体からもカラバオや耕地の貸与を受けられなかったために、一年間ほどで去ってしまった。）女はミンダナオ島の少数民族ブキドノン族の出身であり、若い時にマニラに働きに出てきたが、その後オロンガポ市のナイトクラブのホステスとなった。その時、米軍水兵と知り合って一時は一緒に暮らしたこともあったが、男児ひとりをもうけた後、父親の水兵は米本国に帰ったまま音信不通となってしまった。そこで子供を連れてクズ拾い、行商などをしながら生計をたてていた時、サンタフェ村でアエタのピディンと会い、結婚した。男は自分はアエタであるからちゃんとバンディを払いたいのだが、払いたくても相手（妻の親族）がいないので仕方がないと説明した。

④フェルナンドとペルリタ　—　（この夫婦は援助団体からカラバオと耕地を貸与されているが、下流にある平地民の村サン・ラファエルに家を持ってそこに住んでいる。フェルナンドはスービックの米海軍基地で働いているため、夫婦は週末や農繁期にカキリガンに来て集中的に農作業をするのみで、集落の住人とは言いが

たい。）男は純粋のアエタであり、女はアエタとイロカノとの混血である。ふたりが基地の仕事場で知り合って結婚を決めた時、アグラオ村に住んでいた女の両親はイロカノの生活様式と習慣に従って暮らしていたので、バンディを要求しなかった。その代わり、男側、女側がそれぞれ豚と米を持ち寄り、村の教会で簡単な式を挙げた後、双方の親族と知人を招いて川原でピクニックをした。

ここに取りあげた各事例は、カキリガン集落およびピナトゥボ山麓周辺のみで生活していた者達の結婚ではない。そもそも結婚相手がアエタではなかったり、またその生活史を見ると、たとえ一時的にせよ平地民社会との色濃い接触を指摘することができる。すなわちアエタの伝統的な規範からある程度自由になっている、あるいはそれを遵守できない状態にあると言える。

しかしながらバンディの授受を伴わない理由について注意して見ると、何にもまして女側がそれを要求しなかったからなのである。先に触れたパン・メリシア氏の次女の場合のみが唯一アエタ同士で、しかも伝統的なアエタ文化の中で生きる者の結婚であったが、その際にバンディが支払われなかったのは、女側が要求しなかったからであった。女側が要求しないのは、その事例では結婚自体を女側が望み、段取りしたからであったが、他の場合では、女側が平地民の文化を受け容れたり①、女とその家族が、平地民としての自己認識と文化的アイデンティティーを有しているために④、バンディの慣行を放棄していたからである。カキリガン集落以外で見られる平地民との通婚の場合、男が平地民で女がアエタであることが多いが、それでも事例②のようにバンディを要求しないことが普通である。その理由についてアエタ自身は、互いに習慣が違うので仕方がないと説明するが、その背後には両者の社会的地位の懸隔と力関係の落差が存在し、劣者であり弱者であるアエタの側が自らの文化の論理を主張できない事実を見逃すことができない。アエタの側が男であっても女側がアエタではない場合は、そもそも女側からバンディが要求されないのである（③）。

二　バンディの意味――怒りの慰撫、他者の懐柔

バンディの授受に対してアエタ自身が挙げている、父親の支払ったバンディや娘の養育費の取り戻しという理由では、バンディの額の多様性や受領したバンディの分配、さらには結婚後の居住形態等について必ずしも十分な説明が得られない以上、本節ではその語の原義にたち返って考察を進めることにする。アエタ自身バンディの授受の理由について、「女は高い」または「慣習」ということから導かれる説明の系を用いる一方で、バンディによって女側親族の怒りが取り除かれる、あるいはバンディを贈ることによって女側親族の怒りの発動をおさえ、求婚から結婚に至るまでの手続きを円満に進めることができると強調する。バンディは「怒りの除去のために」（*emen maalih ya huluk*）贈られるというのである。アエタ社会では、そもそも「女は高い」あるいは「習慣」としてバンディの授受が結婚に際しての当然な手続きとして措定されているために、バンディを用意することなしに結婚の企てをすることは、それだけで女側親族に対するぶしつけで挑発的な行為として怒りを招く。そうした不必要な怒りを回避するために、婉曲な表現による求婚とバンディの贈与とが重要となっているというのである。したがって、逆に言えば、結婚の申し込みの際に上手に話を切り出し、相手の機嫌をそこなうことのないよう慎重に話を進めて結婚の合意を得、その時同時に相当額のバンディを与えるならば、後日のスソンにおけるバンディの総額に関する交渉を友好的に進め、結果として支払い可能な範囲内で円満な合意に至ることが容易であるという。

筆者は今まで、バンディを婚資(bridewealth)と同義なものとして、結婚に際しての財の移譲というコンテクストのなかでのみ考察してきたが、怒りの除去と直接に係わっているバンディの贈与については、先に第五章で取りあげたパン・ベンドイの治病セアンスにおいて、そうした用例を見いだすことができる。それは、病いを引き起こしているものの正体を突き止めた際、その悪霊(ビナグーナン)の理由なき怒りをなだめ、奪っているパン・ベンドイの魂を返してもらおうとして与えた贈り物を指して、出席者達がバンディと呼んだのである。この治病セアンス全体の経過については、既に詳しく報告したので詳細の繰り返しを省き、本節ではバンディの語が発せられた部分について初めに取り挙げ、考察を進めてゆく。

事例九　治病セアンスにおける贈り物としてのバンディ

〈セアンスの後半部に入ってベンドイ夫婦は、平ざるの中の布とネックレスをビナグーナン(悪霊)に示す〉

父親　あの赤い布とネックレス。
アニト3　あなた方アニト(守護霊)を持たない者は、まだ(ビナグーナンを)見ることができないが。
親族1　われわれのアニトはまだ新しいので(霊力が弱く)、われわれは見ることが出来ません。
アニト2　あなたが最初に(贈り物を)見せた相手が、取り憑いているやつです。
親族1　(リーダーのアニトの)両肩に乗っているやつがそうです。
アニト2　今、あなた方に(ふおーと)しゃべっているやつが。
アニト3　そう、(平ざるの中のものは)お前に送り届けてあげるから。
アニト1　たぶんお前は、それが好きだろう。お前がここに戻ってこないように、われわれはバンディ(贈り物）をあげるのだ。……

〈贈り物を与えてビナグーナンを慰撫し、奪われていた魂を取り返した後、ビナグーナンがもともと棲んでいた土地に追い払う。続いてリーダー格のマガニトは再びパン・ベンドイの体から何かを引きずり出すような動作をして後ろに倒れる。今度はビナグーナンの妻の方を捕らえ出したと見なされて、同様な慰撫と魂の取り戻し、追放の所作が繰り返される〉

父親　あれは女だぞ。

アニト1　円満に話し合おう。

ビナグーナン　ふおーふおー

アニト2　これはお前達（ビナグーナン夫婦）へのバンディ（贈り物）だ。

父親　お前（息子のパン・ベンドイに向かって）、これらがみんな支払いだ（*imbayad*）と言いなさい。みんなお前（ビナグーナン）へのバンディ（贈り物）なのだと。

ベンドイ　お前の夫は死んではいないよ。死んでない、死んでない(自分の土地に帰っただけだ)。あれはお前へのバンディ（贈り物）だよ。お前の夫はあそこに行っている、彼は先に行ったのだよ。

そもそも治病セアンスにおける悪霊への対処の仕方は定まっておらず、その時々の状況に応じて、贈り物を与えて理由なき災厄をやめるようになだめたり、あるいはマガニトが戦って殺したり、力ずくで追い払ったりする。この事例の場合、ビナグーナンを殺したりせず、贈り物を与えた後にその棲み家までマガニトが送り出したのは、計五回にわたって続いたセアンスの初めに、パチアナックと呼ばれる小人の善霊が病いをもたらしていると、マガニトから説明されていたことと関係があると思われる。以前パン・ベンドイが、果樹に集まる鳥を小屋に隠れて射る狩りをした帰り途の沢でパチアナックに出会ったことがあるが、その時、驚いたパチアナックが逃げ出した後にハンカチ（白い布）を置き忘れていったために、パン・ベンドイが拾って家に持ち帰った。そのことをパチアナックが怒っている、あるいはパチアナックに会ったことすら忘れてしまっていることを悲しんで、思い出してもらおうとして病いを引き起こしていると初めのうちは考えられていたのである。最後の晩に病いの正体がビナグーナンであることが明らかになった後も、依然パチアナックである可能性を残して応対していた参集者もあった。そのため、守護霊に憑依されているマガニトや普通の参集者達は、善霊、悪霊のいずれであっても問題のないような対処を、いわば無意識の了解事項として演じたのである。

通常、治病セアンスを始める前には、病いを引き起こしている精霊に与えるために、布や豚などを用意しておく。セアンスにおけるマガニトの語りや、あるいは参集者との問答を通して初めて病いの姿が明らかになり、それを引き起こしているものの正体が特定されるために、それが善霊であるのか悪霊であるのか事前には不明である。善霊の場合は病人の側の不注意や過失によって危害を及ぼしたことが、そして悪霊の場合は常に獲物を求めているそれに運悪く遭遇してしまったことが、病いの原因となる。そして病いは、そうした精霊が魂に取り憑いて弱らせたり、あるいは魂を奪ってしまったために引き起こされると考えられている。したがって治病セアンスの過程は、病いの正体を特定した後、善霊ならばその怒りを、悪霊ならばその邪意をなだめて、魂を取り戻し、病人から去ってもらうところに儀礼の核心がある。もちろん性の悪い悪霊で贈り物による慰撫に効き目がなければ、マガニトが戦うのであるが、まずは慰撫と懐柔の試みがなされることが普通である。

先の事例では、ビナグーナンが何故パン・ベンドイに病いをもたらしているのかについての理由は、以前に彼が父親と一緒に夜のコウモリ猟をしていた時、たまたま枯れた大木の枝に座っているビナグーナンに見つめられたことがあるという経験を参照するのみで、それ以上の詳しい説明は与えられていない。治病セアンスの多くの場合、アニト＝守護霊に憑依されたマガニトが病いの原因を説明したり、あるいはマガニトに捕らえ出された精霊がマガニトの口を借りて直接にその怒りなどを説明するのであるが、ここでは参集者がその理由を聞き出そうとしても、ビナグーナンは「ふおーふおー」と息を吐くだけで何も語らない。しかしたとえ理由を語らなくとも、そもそも理由などなくとも、病人の病いを治すにはビナグーナンが奪っている魂を取り戻す必要がある。つまりビナグーナンの邪心や理由なき怒りをなだめなければならないのである。そのため、ビナグーナンが捕らえられて出てきてから参集者達は、「自分達は善人だ」、「お前もこのセアンスの場に出てきて何か悪い目に遭ったわけではないだろう」、「円満に話し合おう」、「お前の性向はもともと良いはずだ」等々と言い、また後には、「全部（要求どおり）やったのだから〝私の気持ちは善良になった〟と言いなさい」と言ってしきりに好意を強調し、友好的な関係を結ぼうと説得している。そうした働きかけのひとつとして、平ざるに用意してある贈り物を示し、全部お前にあげると言うのである。

この時に用いられているバンディという語を、筆者は先のテキスト（第五章四節）の中で贈り物と訳出した。婚資と訳すのが不適切であることは明らかであるが、この場合のバンディの含意は単なる贈り物とも異なる。通常一般に用いる意味での贈り物、つまり与え手と受け手との間に少なくとも悪感情がなく、友好的な関係の維持か発展を意図するような財の授受に対してはレガロ（*regalo*）という語を用いる。(1) しかし、先の治病セアンスで見たバンディの授受の背後にあるのは両者の緊張関係であり、相手の側には悪意、敵意、邪意、怒りなどの否定的な感情が認められる。したがってこのバンディという語には、相手の怒りを鎮め、その敵意や邪心をなだめるための贈り物という含意がある。それによって奪われている魂を円満に引き渡して返してくれるように、あるいは魂への執着を捨てて自分の棲んでいた土地へ帰ってゆくように懐柔しているのである。

怒りの慰撫という点に関しては、ランガッドもまたバンディと同様に怒りを取り除くためのものであると説明される。既に述べたように、女性の体の性に係わる部位に男が触れたりするなどの、結婚を伴わない性的接近や侵犯が生じた場合にランガッドは要求される。また暴力によって人を肉体的に傷つけたり、あるいは悪口や悪意の噂話によって人を精神的に傷つけた時にもランガッドが要求される。そうした際には加害者の側の明確な侵犯行為が意識され、被害者はその侵犯に対して怒り、その怒りをなだめるためにランガッドが支払われるのである。また治病セアンスにおいて、病いを引き起こしている精霊に与えられる品々も普通はランガッドと呼ばれる。特に人間の側がその過失によってアニト（善霊）に対して何らかの危害を与え、それに怒ったアニトが病気を引き起こしている場合にはランガッドとなる。すなわちランガッドは、バンディと同様に怒りの除去のために与えられる財であるが、バンディの場合よりも一層明確に加害者の側の侵犯や落度が意識され、言わば罰金や慰謝料というような含意を有するのである。

それに対してビナグーナンの事例のように、バンディでは、相手方の怒りや悪感情に説明可能で正当な理由があると否とにかかわらず、既に存在してしまっている、あるいはこれから生ずるかもしれない怒りや邪意を慰撫し、懐柔するという側面が強調されるのである。たとえば先に紹介したガルバンの報告の中でも、「(娘の略奪後）花婿の両親と親族が要求された支払いの多くを用意できたら、できるだけ早く花嫁側への訪問が行われる。多量の食物が与えられ、支払いの品々が手渡される。この出会いの興味深い特徴は、怒った素振りを見せることがひとつのスタイルとなっている点である（Garvan 1964: 104)」と述べられており、略奪後の贈り物が女側の怒りに向けられて与えられることが象徴的に演じられることが指摘されている。

また、この治病セアンスのテキストの中で、出席者達がビナグーナンの夫婦に与えた贈り物を指してバンディと呼ぶ一方で、パン・ベンドイの父親はそれをバヤッド（支払い）とも言い換えている。すなわちバンディとバヤッドも互いにその意味領域の一部が重複し、関係し合っているのである。しかしバヤッド本来の語義は「支払い」または「代金」であり、日常生活においては、商人から物を買ったり、付け買いの借金を清算する時に用いる。また殺人事件が万一生じた場合、それを解決するために支払われる賠償もバヤッドと呼ばれるという。すなわち商取引の売買、あるいは殺人という行為によって、前者では物品、後者では命という、彼らにとって明確で具体的なものが与えられたり奪われたりする。その欠損を補塡するために与えられる金銭や財がバヤッドとされるのである。治病セアンスの中でバンディをバヤッドと言い換えたのは、ビナグーナンが魂を返してくれることに対する補償、あるいはもしそれがやはり万一にもパチアナックであった場合には、パン・ベンドイが奪ったハンカチに対する支払いという側面が強調されているのである。

殺人事件の賠償の際に支払われる財は普通バヤッドと呼ばれるが、次の事例ではバンディの語が用いられており、バンディとバヤッドの意味領域の相違を考察する上で興味深い。それは、平地民の自警団による襲撃、発砲を受けて八人のアエタが殺された事件の報告書であり、サン・フェリペ町に駐在するパナミン（PANAMIN―少数民族援護局）の係官が作成したものである。その中に殺人の賠償としてバンディが要求されていることが記されているのである。

事例一〇　殺人の賠償としてのバンディ

この手紙は、八人のネグリートがPC-CHDFチームによって殺害された事件について、パナミンの中央ならびに地域事務局に報告し、指示を仰ぐものである（PCは国家警察軍、CHDFは自警団）。

一九七六年六月六日の夜、PC軍曹一名と、サン・フェリペ町サンタフェ村の自警団員一六名が、家畜泥棒に関するサンホワン・デ・パブロ氏の報告を受けて、ピマヤグ山の山狩りを行い、翌朝七時と八時の間に山地民の一団が食事をしたり談笑したりしているところを突き止めた。その一団は女や子供達を含んでいた。自警団や他の情報によれば、その山地民達はその場所に一週間ほど滞在していた。

自警団員のうちのふたりの情報によれば、彼らがそこに着くとネグリートのなかのひとりが気づいて、男達に弓矢を取って戦うように大声をあげた。PC-CHDFの側には負傷者がいなかった。

自警団を指揮していたカダワスPC軍曹によれば、彼らが正午前に現場を引き揚げる時、ネグリートの死体は八人を数えたという。生き残ったのは、一〇才から一二才程度の少年二人のみで、何人かは逃げ去った。少年二人のうち、負傷していた者はサン・フェリペ町の救急病院で治療を受け、もうひとりの方はオロンガポ市マキナヤにあるPC駐屯地へ連れてゆかれた。……

現在の問題は、(1)事件に対して復讐の企てが試みられる恐れがあることであり、最も危惧すべきは、彼らが同地域に頻繁に出没する不法分子（共産ゲリラ）に加わることである。(2)ネグリートの長老達は、その場に殺されていた家畜の数よりも殺された人間の数の方が多いのだから、誰がバンディ（*bandi:* balance）を払うべきか決定されなければならないと主張している。……

この手紙では、殺されたアエタの一団が牛泥棒であったかのように書かれているが、援助団体の別の報告書によれば、彼らはそこで一週間程キャンプを張って狩猟と魚取りをしていたのであり、女や子供達も一緒であった。実際、殺された八人のうち四人は女性であり、カキリガンのアエタ達も、もし彼らが本当に牛泥棒ならば、どうして女や子供達を連れてゆくのかと言ってその嫌疑を否定している。また病院に収容された少年から援助団体が簡単な調書をとっているが、彼もまた牛泥棒の事実を強く否定している。

殺人事件がもし生じた場合には、被害者の親族が加害者またはその親族を殺すことができるとされている。両者がともに同量の被害を甘受することによって被害が相殺され、タブラ（*tabla*―均衡、釣り合い）の状態を取り戻し、双方が等しく痛み分けとなって解決が達成されるのである。タブラの回復による解決法については、たとえば前出イストリアの〈嫉妬深い男の話〉の中で、妻が別の男と性関係を持ったと誤解した夫が、妻を殺した後に自分も自殺した時、「夫婦はこれでおあいこになった。夫婦の親族は互いに痛みわけとなって、互いに何の不満も持たなかった」（*Napitabla hilan mi-ahawa. Ayin anan kamat ya hatoy ma-in tawo ta napitabla hilayna.*）というように語られているのである。同様に〈アンバラとアブルンの習慣〉の中にも、結婚の試練に失敗して若者が娘を弓で射て殺してしまった時、若者も娘の親族の手で殺されることにより、「ふたりが死んでしまえば、両方ともに痛み分けということになり、双方の親族は何の不満も抱かない」（*Hapa-eg, no maci anay mi-ahawa ayin ana nin kamat hatoy tawtawo nin lalakiyan boy babayiyan ta tabla hilayna lowa*）という用例が見いだせる。すなわちタブラには、互いの損失や欠如の分量が等しくなって均衡が成立し、双方の側に不平不満が残らないという意味がある。

そうしたタブラの達成をめざす復讐の企てに対する恐れから、先のアエタ虐殺事件の後、カキリガンに住むアエタの男達は、平地民スタッフの家々で数週間にわたって不寝番を続けたのである。しかしながら、殺人に対して被害者の側が報復殺人を行う権利を持つとされながらも、同時に財または金銭の支払いによって問題を解決することが可能なこともアエタ自身が認めている。だからこそ虐殺事件に対してアエタの長老達は、バンディの支払いが早急になされるよう、責任の所在を明確にしてくれることを要望したのである。ここでバヤッドの代わりにバンディの語を用いているのは、賠償を支払うことによってタブラの状態が回復される側面よりも、それによって被害者の親族の怒りをなだめ、復讐や攻撃の意図を溶解する側面に力点が置かれているからである。また筆者の友人のパン・ガタイ氏も、彼が妻との結婚に際して高額なバンディを要求され支払ったことに関係して、だからたとえ彼が妻を殺したとしても、妻の親族は自分を殺すこともバンディを要求することもできないのだと説明した。しかしそのことについて他のアエタ達は、結婚のために支払ったバンディは、その妻を自由に殺してよいためではないと強く否定した。結婚の際のバンディの授受は、殺人の賠償としてのバヤッドとは明確に異なると言うのである。

このようにバンディは、何よりもまず結婚に際して男側親族から女側親族に与えられるものであるが、治病セアンスにおいては悪霊に対する贈り物として、また殺人に対する賠償として支払われる財を指しても用いられる場合があることは大変に興味深い。そのことは、レヴィ=ストロースがアフリカのバンツー諸社会におけるロボラ(*lobola*—婚資)を、女の一般交換が順次実現されてゆくための象徴的債権と結論づける前段階の考察において、ロボラの内容が家畜から成っていることに注目し、「家畜は人間集団のあいだのすべての儀礼的関係の本質的媒介者(Hoenle 1925: 481)」であることを指摘している点と合致している。レヴィ=ストロースは、ロボラとして支払われる家畜が、殺人の補償および清めという形で生者の集団のあいだの、次いで犠祭の供物という形で生者の集団と死者(祖霊)の集団のあいだの、さらには婚姻に参加する二つの集団のあいだの、それぞれ仲だちを務めることを強調している。すなわち、家畜の授受は、明確に異なり、対立し合うような二つの集団や世界を結びつける役割を果たしているというのである（1978: 808）。

それと同様にバンディの授受も、結婚に際して男側と女側の、殺人に際しては加害者と被害者の、そして治病セアンスにおいては人間と精霊の、それぞれ対峙し合う二つの集団や世界のあいだを結びつける役割を果たしている。しかしながら正確に言えば、バンディの授受がなされる以前に、既にこうした二つの集団や世界は、結婚の試みや殺人や病いという出来事によって否応なしに関係づけられてしまっている。しかもその関係は、緊張と対立をはらむものである。

そもそも結婚の本質は「男が女を得る」ことと考えられているために、女側にとって結婚とは娘を奪われることである。なぜなら、常に結婚は日常生活の場を共有して頻繁で親密な接触を保っているような拡大家族、あるいは親族サークルの外部の者となされなければならないからである。結婚の本質としてかけがえのない者の剝奪という一面があることについては、ガルバン自身が出席したバターン半島北部に住むネグリートの結婚式の報告によって明らかである。ガルバンによれば、ピナトゥボ山からサンバレス州南部、そしてバターン半島北部にかけて見られる結婚制度の特徴は、略奪婚の存在であり、既に報告したように、ピナトゥボ山の周辺ではガルバンの調査当時も実際に誘拐が企てられていた。しかしバターン半島の北部では誘拐は既に行われなくなっており、代わってそれが儀礼化されて演じられるような場としての結婚式が催されるようになっていたのである。

したがってそこでの結婚式は、花嫁を奪われまいとして彼女の周囲をかためる親族と（最初は女性親族、二度目は男性親族）、そうした防御を突破して彼女のもとへ行こうとする花婿との互いに踊りながらの模擬戦となっている。花婿はボロを振り回しながら何度も突撃の真似を繰り返すが、そのたびに追い払われる。それと並行して花婿の女性親族は花嫁側に様々な贈り物を与える。そして最後に花婿が武器を捨てた時、花嫁のもとに走り寄ることが

許されるのである。(2)

時には殺人も伴ったという実際の誘拐から、このような演じられた強奪という儀礼への移行は、実際に生じた変化であると彼ら自身が認めているという(Garvan 1964: 101)。しかし筆者は、単に誘拐の名残りとしてそうした儀礼が行われているのではなく、むしろ結婚の本質に娘の剝奪を認めるからこそそれが真剣に演じられると考える。たとえば結婚式の始まる前には花嫁の女性親族は皆泣いているが(*ibid*: 98)、それはかけがえのない者をこれから失うことに対する心の痛みのゆえにほかならない。結婚のなかに女性の剝奪を見るから悲しいのである。しかも一九〇〇年代の初頭のサンバレス州南部からバターン半島にかけては、花嫁の集落でこうした結婚式を行った後、花嫁は花婿の集落に行って住まなければならなかったのである(Reed 1904: 59-60)。ピナトゥボ山一帯においても、結婚式こそ催されなかったが、当時は通常、夫方居住婚が行われていた点で(*ibid*: 70)、同様に結婚を女性の剝奪と見ることができるのである。

現在では/でも、先に述べたように血縁的、社会的に近過ぎる者との結婚はボウットとひとしく恥ずべきこと、忌避すべきこととされている。バンディの支払いを必要としないような、言い換えれば剝奪や喪失の意識を伴わないようなきわめて親密な関係での結婚は、まさにボウットが自分で自分と性交するようなもので、あり得べからざる結婚なのである。それゆえ、あらゆる結婚において、男女双方の拡大家族のあいだには必然的に一定の距離や空隙が存在することになる。たとえ両者の関係が険悪ではなく、また段取り婚による時でも、結婚によって娘を失い、かけがえのない者の喪失という痛みを感じることは避けられないのである。

バンディが、剝奪や喪失の意識と結びついていることを逆の面から示す例としては、筆者がパン・メリシア氏に、彼の娘が彼の弟(パン・フクリ)の息子と結婚するとしたら、バンディはどれくらいを要求するのかと尋ねたところ、バンディの必要はないし、身内からバンディを取ることなどは恥ずかしくてできないと答えた。そして、そのような近い結婚は良くないと付け加えたのである。すなわち略奪や駆け落ちとは反対に、剝奪や欠損の感覚が生じないような結婚においては、そもそも結婚自体が先に見たようにボウットとして忌避すべきものであるが、もし試みられたとしてもバンディが要求されないのである。

前節で検討した、結婚時のバンディが娘の養育費や父親が支払った分の取り戻しであるとする彼らの説明の仕方は、殺人の場合と同様、こうした喪失の意識とその慰撫を、喪失すなわち欠損とタブラ(均衡)の回復というイディオムで捉えていると考えることができる。しかしながら、商取引における支払いを決してバンディとは言わないことから明らかなように、バンディは単に失なわれるものと等価の支払いなどではない。双系でしかも妻方居住が優位な形態のアエタ社会にあっては、女側親族が娘の結婚によって失なうものについて、彼ら自身、明確な概念構築をしてはいない。ただ、そこで見いだされるのは、結婚は男が女を得るという観念であり、結婚によって女側親族は娘(妹、姪)を奪われるとする認識のあり方である。彼らにとって結婚とは、男女の共住と、それに伴う家事、育児、畑仕事等の分担や協力、そして何よりも継続的な性関係がその中核を占めると考えている。性行為によって女性自身、あるいは彼女の親族が夫側に与える(奪われる)ものを彼らは文化的に精緻に意味づけることをしないが、しかし明確には特定できないにしても何かが奪われると彼らが確かに感ずるものの本質は、その女性の性そのもの(セクシュアリティー)であると推定される。

バンディの理由に関する筆者の質問に答える際にも、先に挙げた養育費や父親の支払い分の取り戻しという一般的な答えのほかに、女の膣や胸に自由に触れ、いつでも性交できるようになるためと説明する者もいた。乾期にパンパンガ州側のイナラロ集落から遊びに来ていたある男は、バンディは女の体、特に膣や胸に対する支払いであるから、女が子供さえ生まなければ何度駆け落ちや結婚を繰り返してもバンディは安くならない。しかし子供を生んで育て始めると要求できるバンディの額が低くなるのは、膣や乳房の魅力が減ずるからであるとまじめな顔をして力説した。その場に居合わせたカキリガン集落の男達は、それにあえて異を唱えず、笑いながら同意した。確かにカキリガン集落においても、子供を生まない限りはたとえ再婚であっても、バンディの額がきわだって低くなることはない。初婚の際と同様に高額なバンディを要求されることが珍しくないのである。

彼らは結婚を求愛者あるいは求婚者である男の側からの一方的かつ積極的な(時には攻撃的でさえある)働きかけにより、娘を、とりわけその性(セクシュアリティー)を奪われる企てとして捉えているために、娘への接近、求愛、求婚の過程において、時に慎重さと礼節を欠く若者の直情的で性急な行動を、挑発や侵犯として受けとめるのである。そして結婚にかかわるバンディの授受で重要なのは、それが最終的には安定した結婚に向けて事態が徐々に進んでゆくことを女側親族に容認させる働きを持つ点である。結婚すなわち娘(姉妹/姪)の剝奪あるいはその性の侵犯という出来事、別の言葉で言えば安定した諸関係が作る既存の秩序の動揺や変化に対して、バンディの授与は、結婚(性の奪取)によって親族が抱く被奪や欠損の意識あるいは怒りの情動に直接働きかけてそれを慰撫し、懐柔し、そうした出来事の結果を新たな関係の秩序として受け容れさせるのである。商取引の清算あるいは殺人の賠償としてバヤッドが支払われる場合には、明確に失われたものに対して等価とされる金銭あるいは財を与えることによって欠損の補塡を図り、元の均衡を回復して取引や問題の処理、解決を行う。しかしながら結婚におけるバンディの授受の場合には、娘の剝奪やその性の侵犯、奪取という出来事、あるいは変化の相を所与のものとして女側に甘受してもらうために与えられ、それは当事者の感情や認識に直接に作用するのである。

望ましくない事態の出現に対してアエタの人々は、まず怒りを覚えて身構える。しかし事態が完全に元の状態に戻らない場合、彼らはそうした新たな事態をやむなく追認して受け容れるか、あるいは怒りの情動にまかせてそのような事態を引き起こした責任のある者に攻撃を加えるかの、原則としてふたつの選択肢を有する。ただし後者は、可能性としては存在し、また言葉による脅しとしてしばしば発せられるものの、実際の対応として選択されることはきわめて稀である。新たな事態を受け容れがたく耐えきれない場合、他集落へ移住することによって、言わば状況そのものから逃避することも可能であるが、しかし望ましくない事態の出現が自分達の過失や責任によるものでないかぎり、逃避という選択もきわめて稀である。したがって問題は、そうした事態の出現に際して、怒りの情動をいかに鎮め、新たな事態を所与の現実あるいは既成事実としていかに追認してゆくかという点にある。ある出来事の生起によって状況が元に戻らない場合、彼らは「どうすることもできない」(*Ayin ya manyari.*)ことを認めている。日本で「覆水盆に返らず」と言えば、ある出来事によって、係わりのある個人や集団が決定的に不仲となり、決裂するような事態を指すが、アエタの人々が「どうすることもできない」と言う時、それは逆にだからこそ新たな事態の生起を所与の現実として甘受してゆかざるをえないことに力点が置かれる。そうした場合には、被害者の側の「怒り」を「取り去る」ことによって事態の容認と問題の解決が図られるのである。そして、そのために与えられる財が、すなわち結婚に際しては特にバンディであり、より一般的な侵犯に対してはランガッドであったのである。

すなわちバンディとは、侵犯や剝奪を受けた他者(女側親族)の怒りや欠損の感覚を慰撫し、懐柔することによって、緊張し対立する関係を修復し、乱された秩序を回復する目的で支払われる様々な品々を一括して意味づけるカテゴリーなのである。そうした意味ではバンディを「慰撫財」と訳出するのが最も適当である。秘密裡の恋愛の発覚や駆け落ちによる結婚の試みの際のバンディの支払いが、まさにそうした性格をもつことは明白である。しかし望ましい結婚の手続きにおいても、まずホゴ（求婚）を行って結婚が合意され、娘の贈与／剝奪が認められた後で、日を改めてバンディに関する話し合いがなされる。すなわち、望ましいとされる慎重な手続きにおいてさえも、まず初めに結婚の企てが露呈されるのである。そして、結婚という新たな事態の生起を認めることによって生ずる、女側親族の被奪や喪失の意識をなだめて柔らげ、さらにそれを実際に受け容れてもらうために、続く局面においてバンディが与えられるのである。同じ豚が、娘の胸に触れるというような比較的小さな規範や秩序の侵犯によって生じた女側親族の怒りに対して支払われる時はランガッドとなるが、娘の贈与またはかけがえのない者の剝奪、あるいは娘から他者の妻へというセクシュアリティーの帰属の変更を意味する結婚、すなわち世界の成り立ちの部分的な再編に際して支払われる時はバンディとなるのである。

三　なぜ怒るのか――逸脱、侵犯、秩序の乱れ

前節までの考察において、結婚に伴ってバンディが支払われる理由を、彼ら自身は養育費、あるいは父親が自身の結婚のために払ったバンディの取り戻しであると説明するが、それは即物的な費用の弁済や回収としてではなく、喪失、剝奪、欠損というような、生活世界に生じた侵犯や空隙の感覚と結びついたものとして、コスモロジカルな次元で理解すべきであることを示した。本節では、結婚に至る多様な過程のなかでも、とりわけ駆け落ちが、なぜ娘の両親の激しい怒りを引き起こし、その解決のために高額なバンディが必要となるのかについて考察を進める。

既に第六章二節で報告したように、パン・ガタイ氏は、「もし男と女が駆け落ちをしてしまったら、最初はまず女の父親は激怒するし、……　鶏や豚を本当に弓矢で射て、そこで目にするものを何でも全部取ってきてしまう。怒っ

ているから弓矢を全部放つし、必要なものを全部取ってきて家に戻り、（食物は）料理してしまうのだ。食べ終わってから、彼らは再び男の父親の所に話しをするために戻り、我々の子供が駆け落ちしたのだから、あなたは我々が怒らないように、そして我々の親戚が来るから、彼らもあなた方を怒らないように、我々の必要なものをすべてバンディとしてくれなければならない」と強調している。

ここで訳出した言説は、タガログ語で話してくれたために、「怒る」ことには「マガリット」（*magalit*）という語が用いられている。これに対応するサンバル語は、「マグフルック」（*maghuluk*, ビリエールではママハン—*mama-hang*）であり、両者に意味の差異はないという。この「マグフルック」あるいは「ママハン」＝「怒る」が、アエタ社会にあってどのような場合に生ずる情動であるのかを考察するために、まずその具体的な用例を、収集したイストリアの中から幾つか選び、以下に訳出して検討する。

〈悪霊に対する戦い〉

最初の時代のことだが、新婚の夫婦が焼畑で寝泊りしていた。妻が寝入っている時、男が野鶏を射ちにでかけた。そして野鶏を見つけた時、彼はそれを矢で射た。すると悪霊達が怒って、その男を殺してしまった。翌朝、殺された男の妻は、彼の兄に弟が殺されたことを伝えた。「一体どうしてだ」と兄が尋ねた。「狩猟に出かけて野鶏を射たら、それを悪霊達が怒って、殺されてしまったのです。」……（それを聞いて兄は悪霊達と戦うために山に入り、多数の悪霊を殺す。）……そして彼らがこれらの悪霊を殺した時、残った連中が叫んだ。「もう今日から我々は、誰が我々の野鶏を射ようとも決して怒ったりしません。決して怒りません。あなた方は必要なだけ射て下さい。」これから後は、この男の力のお蔭で、我々アエタは野鶏を自由に射ることができるようになったのだ（by Jose dela Cruz, Villar）。

〈猿と亀〉

最初の時代のことだが、猿と亀がいた。ある日、猿と亀がバナナの苗をふたりで分けた。亀は茎を取り、猿は先の方を取った。そして猿が、「俺はあそこの枝葉を広げている木に植え付けてみよう」と言うと、亀は、「私は地面に植えましょう」と言った。その後、猿が植えたのは木の上で枯れてしまったが、亀の苗は育っていった。

話を先に進めると、亀の植えたバナナには実がなり、熟してきた。そこで亀は猿を呼び、「猿さん、私はバナナの幹に登ることができないから、代わりに登って下さい」と頼んだ。すると猿は、「お前は地面で待っていろ、俺が登ってやる」と言った。猿は実の所まで登った時、それが亀の植えたものだということを忘れて、全部ひとりで食べてしまった。亀が「私にも投げて寄こして下さい」と言ったが、投げてやったのは皮だけだった。

そこで亀は怒った。「あなたは、そこの実の所にいて下さい、猿さん。私は水浴びに行ってきます」と言って出かけた。けれども水浴びはせずに、ドディクンという（種類の）大きなたにしを集めてきた。集め終わってから猿の所に戻った。すると猿は、「どうしてそんなに長く水浴びをしていたんだ。お前が帰ってくる前に全部食べてしまったよ」と言った。亀は「あなたが下りる場所をきれいにしておきますよ」と言って、ドディクンを猿が下りて来そうな所に置き、ガシャ、ガシャとつぶした。そして「終わりましたよ、あなたが下りる場所をきれいにしましたから、飛び下りていいですよ」と言った。猿は飛び下りた。グシャ。猿に何が起こったかと言うと、たにしの殻で腹が裂けてしまい、そのまま死んでしまったのだ。

……(その後、亀は猿を切り刻んで干し肉を作り、バスケットの底に頭を置き、その上に干し肉を入れて売りに行く。猿の仲間達に売りつけ、最後に猿の頭が現われると仲間達はびっくりして逃げる。しかし、すぐに戻って亀をつかまえる。)……「どうやってこいつを殺そうか。焼いてしまおう。」「何ですって、私の甲羅がもう既に火で焼かれて醜くなっているのがわかりませんか(火で焼かれても大丈夫ですよ)。」「それなら馬に踏みつぶさせるのはどうだろう。」「何ですって、私の背中に馬の踏み跡がついているのがわかりませんか。」「それならば水の中に放り込んでしまおう。」「そんなことをされたら死んでしまいますから、どうか投げたりしないで下さい」と言って、亀は憐みを乞うたのだ。そして猿達が亀を川に投げ入れた時、亀は笑って、「は、は、は、どうもありがとう」と言った。それで猿達は怒った。「水を干してあいつを見つけ出そう。」そして、流れをせき止めて手さぐりで亀を捜し始めた。もう少しでつかまりそうになった時、亀は山椒魚に頼んで堰に穴をあけてもらった。すると大洪水が起きて、猿達は皆溺れ死んで流されていってしまったのだ(by Po-olan, Kaki-lingan)。


〈ホワンの友達になった猿〉

ピナトゥボ山の北側のカマンギという所でホワンは育った。父は彼のためにたくさんの木を残してくれた。そしてそれらの世話を十分にするように言った。

その中に一本のジャックフルーツの木があって、四個の実をつけた。ホワンは「毎朝様子を見に来よう」と思った。ところが翌朝来てみると、実が一個なくなっていた。「一体誰が盗んだのだろう。けれどもまだ三個あるから、もう盗ませないぞ。」翌朝来てみると、また実がもう一個なくなっていた。「なんてことだ。たった二個になってしまった。どうすればいいだろう。」

そこで彼は村に行って尋ねた。「誰か蜜ろうを売ってくれる人はいないでしょうか。蜜ろう一カバンに対して米一カバンを払います。」……話を先に進めて、ホワンは蜜ろうをたくさん手に入れて家に戻った。家に着くと、手の形の彫像を四つ作り、それをジャックフルーツの木の前と後に置いた。そして蔓で木と結びつけた。

夜になって彼が見張っていると、大きな猿が姿を現わした。「何てことだ、果実を盗んでいたのは猿だったのか。」ところが、猿がジャックフルーツの木に忍び足で近づいた時、そこに張ってあった蔓をつかんでしまった。するとそのまま手の形の彫像の方に引き寄せられてしまった。猿は怒った。「こんちくしょう、お前は誰だ、邪魔するやつは。」次に猿は裏手に回ってみた。そこでもまた蔓をつかんでしまうと、再び手の彫像の方へ引き寄せられた。猿は怒った。そこでそれに向かってゆき、嚙みついたり、ひっかいたりした。すると、そこにはホワンが蜜ろうをたっぷり塗りつけてあったので、動けなくなってしまった。……（それ以後の物語の展開は、ホワンが猿の命乞いを認めて召使いにし、一方猿は後に知恵を働かせて、ホワンのために富と妻を手に入れてあげることになる。）(by Angel Cosme, Villar)。

〈リンカの話〉

新婚ほやほやの夫婦の話である。結婚式が終わっても若妻は、夫が彼女を味わうことを嫌がった。しばらくすると男は、バンディの対価をどうして得られないのか説明できなくなった。「私の払ったバンディを、お前から返してもらった方がよさそうだ。」妻の父親がこのことを聞いて娘に怒った。というのは、バンディを返すのが大変だからである。しかし、その女は本当に嫌いだったのだ。ある日のこと、夫婦は祖父母のところに出かけた。男は妻の親族に、もし妻がいつまでも処女でいようとするならば、バンディを返してくれるように言った。祖父は、「心配するな、孫よ、私がうまくおさめてやろう」と言った。彼はリンカ（*lingka*—輪の形をした鍋敷き）の作り方を教えた。「これらのリンカを、お前の妻が眠っている間につかまえてしまうために使うのだ。彼女の足と手にそれぞれはめて動けないようにするのだ。そうすればお前は何でも好きなことができるだろう。」

女はそれを味わって満足したが、その後は決してリンカを使わなくなってしまった。女は「このリンカが私を降伏させてしまったのだ」と言った。その時以来、彼女はリンカを見るたびに怒った。彼女はリンカを全部投げ捨ててしまった。だからアエタはリンカを使わない、特に新婚はそうなのだ（by Evangelino Balintay, Villar）。

以上に挙げた「怒る」の用例において、そうした感情の動きを引き起こすような状況とは、剥奪（奪取）、侵害、逸脱（期待／思惑はずれ）としてまとめることができるが、さらにそれらは、いずれも安定した秩序に対する脅威、あるいは秩序の動揺や破綻に係わっているのである。すなわち、〈悪霊に対する戦い〉で、悪霊が怒ったのは、彼らが「我々の野鶏」と言って自分達の所有物とみなしていたものを、人間が断りもなしに勝手に殺して奪ったからであった。それらはまさしく他者（悪霊）の所有物の奪取、剥奪であるが、また同時に、精霊（善霊と悪霊）の領する自然界（森）に対する人間の側からの侵略、侵犯であると見ることができるのである。それゆえ、かつて狩猟の際には、射止めた獲物の心臓と内臓の一部を細かく切って、周囲の四方に投げ、そこに住む精霊に捧げていたのである（Reed 1904: 48）。

また〈猿と亀〉でまず亀が怒ったのは、バナナを投げてくれるよう幹の上の猿に頼んだのに、猿が皮だけしか渡さなかったからであり、しかもそれは彼が植えたバナナであった。そもそも亀が猿を招いたのは、自分では登れないためであるが、同時に猿にも分け与えようとする彼の好意の現われであったのに対して、反対に猿のした仕打ちとは、亀のものであるバナナを独り占めにしてしまうことであった。それは亀の所有物の奪取である以上に、猿は当然感謝をもってバナナを渡してくれるはずとの亀の期待に対する裏切りであった。しかるべき約束事の中で、あるいは暗黙の了解事項に沿って事態が進むべきところを、猿の一方的な過失や悪意によって予想どおりに事が運ばなかったために、亀は怒ったのであった。このイストリアの展開の中で、次に殺された猿の肉を知らずに食べた仲間の猿達が、復讐のために亀を川に投げ込んだ時、逆に亀に笑われて怒ったという用例も同様である。当然亀が溺れ死んで復讐が成功するはずだったのに、その思惑に反して亀は逃げてしまい、しかも亀にだまされてそうなったために怒ったのであった。いずれの場合も、期待はずれ、欺き、予想した事態の進展の頓挫といった状況の出現に対して怒りの情動が生じているのである。

〈ホワンの友達になった猿〉において、猿が怒ったのは、目的に向かって進むところをさえぎられ、何者かの力によって意に反した方向へ引き寄せられたからであった。同様に〈リンカの話〉の中で父親が娘に怒ったのは、娘が当然予想されている夫との性関係を拒絶したことに対してであり、彼女が思い通り順調な結婚生活へと入ってゆかないためであった（次章で改めて考察するが、このイストリアは、バンディの対価が女性との性関係とりわけ女性のセクシュアリティーであると考えられていることを示唆しており、きわめて興味深い）。次にその娘がリンカに対して怒ったのは、それによって不本意なことを強制されたからであり、その怒りは予想外で望ましくない事態の出現や強要とそれをもたらした物に対してであった。さらには、前章で紹介した〈カモコ狩り〉の中でアブルン達が怒ったのも、婚入してきたピナトゥボ・アエタの若者が、彼らの期待に反してカモコではなく野豚を射止めたからであった。

すなわち、こうした個々の用例に即した考察をまとめると、アエタの人々が怒るのは、彼らにとって予想外、あるいは期待はずれの状況が、言わば突然に現われた時である。それは単に自分が所有するもの、あるいは自分に所属する世界から何かを奪われるというような、目に見える形での剝奪や規範の侵犯にとどまらない。また人間でなくとも、動物や精霊でも怒ることがあって構わない。彼らにとって思ってもみなかったようなこと、あるいは望ましくないので起きて欲しくないような事態が、突然に生起すると怒るのである。それは彼らが無意識のうちに当然なこととして措定しているような、時の流れのなかでのしかるべき事態の安定した進展からの逸脱、あるいはそれを突如としてひっくり返してしまうような出来事に対する能動的な反応なのである。

望ましくない事態が、徐々に生じてくるのならば、それに対して心の準備もできようが、そうした漸進的な変化に亀裂が生じて突如急激な変動へと移る時、それが不意打ちを喰らうように生じると、アエタの人々は「怒る」ことによって身構えるのである。すなわち「怒り」を呼び起こすような事態とは、時間の経過のなかで持続してゆくべき秩序の崩壊、あるいは措定された予想世界の破綻なのである。アエタの人々が身の回りの生活世界の中で様々な相手と結ぶ諸関係、およびそれらとの相互作用において、かくあるべしと予想し、それを前提とした秩序が構築されている時に、その一部でも壊れた場合、彼らは「怒る」のである。そのような「怒り」とは、そもそも人間や動物に対してではなく、破壊された秩序そのものに対する情動である。しかし、そうした事態を引き起こした責任のある者に、その矛先が向けられることは言うまでもない。しかも「怒る」という情動は、単に生活世界の安定して秩序ある成り立ちの破綻に対する受動的な認識ではない。それは「怒る」主体を突き動かして、制御できない振るまいに駆り立てたり、そうした事態を引き起こした者に対する報復を企てさせるような能動的で危険な情動である。「怒り」とは、予想された進行の道筋からの逸脱や秩序の破綻を引き起こした者に対する攻撃性を潜在的に秘めた情動であり、しかも実際の攻撃へと容易に転化、発現するエネルギーを内包しているのである。

たとえば、〈悪霊との戦い〉の中で、野鶏を射止めたことに怒った悪霊は、その男を殺してしまっている。しかし、その男の兄との戦いに破れた後には、今後たとえ誰が野鶏を射ようとも、決して怒らないことを約束したために、それから人間は自由かつ安全に狩猟ができるようになったのである。怒らないということは、奪取や侵犯を黙認し、受容することにほかならないのである。また〈猿と亀〉の中では、猿の裏切りに怒った亀は、たにしの殻を地面に敷いて猿を殺している。〈リンカの話〉では、リンカによって不本意なことを強制された若妻は、以後リンカを見るたびに怒り、結局リンカをすべて投げ捨ててしまったのである。さらには〈カモコ狩り〉においても、ピナトゥボ・アエタの若者が、期待に反してカモコを見逃し、野豚を射止めたことに怒ったアブルン達は、怒りのあまり殺意さえも抱き、その若者に対して犬をけしかけて後を追いかけたのである。

このようにアエタ社会における「怒り」という情動の生起と、その具体的な行動への発現、報復への動機づけという危険性の連環を見る時、本節冒頭で取り上げたパン・ガタイ氏の言説が意味するところを初めて十分に理解することができるのである。すなわち駆け落ちとは、既に見たように若者と娘が駆け出すこと、一緒に走ることであり、事態の急激な変化の生起にほかならない。それは親達の目から見れば、結婚に向かう望ましい手続きからの強引で、突然の逸脱である。しかも結婚は、本質的に娘を奪うことにほかならないと認識されているために、その手続きは女側の被奪感を刺激しないよう、さりげなく、ゆっくりと慎重に進められなければならないのに、駆け落ちの性急さは、そうした規範を侵犯するものである。さらには、娘に別の男を段取りしようと思っていた場合には、それは単にしかるべき手続きの逸脱や規範の侵犯にとどまらず、彼らが望ましい社会関係の中で構築しようとしている安定した秩序の破綻を意味する。だからこそ娘の側の両親や親族達は怒るのである。若者の側の大人達も、自分達に相談せずにそうした勝手な行動に出たことを怒るかもしれないが、娘の側の家族や親族の怒りの正当性と重大さのゆえに、またその危険性のゆえに、何よりもまず彼らの怒りを鎮めることをしなければならない。そのために男側は十分なバンディを用意し、たとえその要求がどれほど高額であっても、それを支払うことによって女側の怒りを慰撫し、関係の改善を図らなければならないのである。バンディがそうした作用をなす力をもつ財であることは既に見たとおりである。

四　剝奪との妥協――高額なバンディと妻方居住

アエタ社会における望ましい結婚の手続きとは、既に第六章で詳述したように、ホゴ（求婚）、スソン（バンディの交渉）、バンハル（結婚式）という三段階を順次経ながら、徐々に進められるべきものとされている。しかしながら、そうした三つの手順を踏んで結婚に至る例はむしろ少なく、その実態は両親による段取り婚から駆け落ちに至るまで、個々の事例が互いにそれぞれ異なり合うような拡散した多様性を示していることは既に見たとおりである。結婚式を催すことはきわめて稀であり、スソンの後にマガンポ（労働奉仕）を行い、そのままなしくずし的に結婚生活に入ることが多いのである。いずれにしても、結婚に至るまでの手続きが如何に異なろうとも、アエタ社会にあってほとんどすべての結婚と分かちがたく結びついているもの、あるいは結婚において最も重要なことは、バン

ラジオ・フォノを聴く娘達

ディをめぐる交渉とその授受である。

バンディとして支払われる品目は時代と共に変わる。たとえばリードが報告しているものは、「タバコ、トウモロコシ、砂糖キビ、ナイフ、布、森の産物、およびその他何でも持ち合わせているもの（Reed 1904: 56）」であり、フォックスによれば、「普通は弓、矢、ボロ（山刀）、布、手製のショット・ガン、および現金（Fox 1952: 190）」である。現在ではほとんどすべての結婚に際して豚の授受が行われ、その他、現金、服、布、米、ラジオ、ボロ、さらには空気銃、犬、ラジオ・フォノ（ポータブル・ステレオ）などが与えられる。近年の顕著な傾向として、平地民との接触が進み犂耕農業を始めているようなグループのあいだでは、カラバオ（水牛）が授受されるようになってきている。すなわちバンディとは象徴的な価値をもった特定の財ではなく、各々の時代の人々が手に入れたいと欲するものである。したがって、時代とともにその内容が変わり、結婚の際に贈られ、支払われるものならばあらゆる品々がバンディとなり得る。

バンディの品目としては、女の側が要求したものを男の側が用意することが原則であるが、それが不可能な場合には、男の側が所有しているものの中から選ばれたり、一方的に与えられたりする。また陸稲の収穫後にカラバオを一頭という合意が、豚三頭で代替されることもある。最近では具体的な品目を決めるのではなく、現金相当額に換算して合計で何千ペソというように、総額のみを決めることも可能となっている。ただしいずれの場合にも、バンディの内容と総額については基本的に女側に交渉の主導権と決定権がある。男側は、女側の意向や要求をむげに拒んで交渉が緊迫したりするのを避けながら、今までに示した好意や双方の友好関係(もしそれがあれば)、あるいはこれからのより良い姻戚関係を強調することによって、なるべく相手の要求を低く押さえようとするのである。

こうして合意されたバンディの内容は口頭で確認されるだけであるが、近年ではそれを覚え書き風に文章にして書きとめるようなことも行われ始めている。問題がこじれて交渉が緊迫したり、双方の拡大家族が不仲であるような場合、たとえばイロカノ商人に頼んで簡単な確認書を二通作り、時には母印を押して互いに一通ずつ持ち合うのである。(3) 表8は三、〇〇〇ペソ相当のバンディの支払いが完了したこと、そして今後もし女の意向（責任）で離婚となった場合にはバンディを返済しなければならないこと、逆にもし男の意向ならばその必要がないことを明記した証書である。表9の方は、息子の嫁が実家に帰ったきり戻ってこないので、支払ったバンディの品目の明細を列挙し、その返済かあるいは女が戻ることを暗に求めた手紙である。いずれもイロカノ商人に頼み、イロカノ語で書かれている。

バンディの総額については、妥当とされる、あるいは標準的とされる目安や値ぶみの基準がなく、すべて話し合いによる。ただしその交渉においては、リードが述べているような（Reed 1904: 56）女の美しさや気立ての良さ、働き者であるなどという彼女自身の美徳や資質はあまり重要ではない。むしろ前章で強調したように、双方拡大家族が友好的で互いに好意を示し合うか否か、あるいは結婚に至る手続きが、婉曲な申し込みに始まり、慎重で誠意

表 8　バンディ授受の確認書 I

November 18, 1980

TI ASINOMAN:

Daytoy nga kasuratan ket panpaneknekan na nga ni Mr. Antonio Romualdo ket naawat nati bandi nga balor ti P3,000 kenya da Mr. Mani Soria ken ni Mrs. Indon Bulanglang Baclay. Ket daytoy nga bandi ket maisubli no kamisina ni nababayan ken no lalake ti makisina awan ti makamat na.

Indon Bulanglang Baclay

Pan Mane　　　　Antonio Romualdo

1980年11月18日

関係者へ：

この手紙は，アントニオ・ロムアルド氏が3000ペソに相当するバンディを，マネ・ソリア氏とインドン・ブランラン夫人から受領したことを証明する。もし女側が離婚の原因となればバンディは返されるが，もし男側が離婚の原因となればバンディは返されない。

インドン　ブランラン　バクライ　拇印

パン　マネ　拇印　　　　アントニオ　ロムアルド　拇印

表 9　バンディ授受の確認書 II

Sept. 16, 1976

Bandi ni Tony at saka si Mang Pedro

1. Dalawang baboy at isang kambing
2. Dalawang radio
3. Isang daan na pera
4. P40.00 ang pera
5. P80.00 ang pera
6. Baboy saka P10.30 pesos
7. P10.00 pesos

Nonasiyaat koma ti panagpakadam kin ni asawam palabusan na ka kuma no masayaat ti pinag pakadam nga agpasyar. Haan nga naaramid ko ma daytoy surat no haan nga nadagsen ti pinagpakadam kin ni asawam iso nga naaramid daytoy surat.

1976年 9 月16日

トニーとペドロ氏のバンディ

1．豚 2 匹とやぎ 1 匹
2．ラジオ 2 台
3．100ペソ
4．40ペソ
5．80ペソ
6．豚と10.30ペソ
7．10ペソ

もしあなたがあなたの夫にちゃんと話して，彼が認めたのなら，もしあなたが出かけるについてちゃんと承諾を頼んだのなら，この手紙は書かれなかったでしょうし，もしあなたが多くのものを要求しなかったのなら，だからこの手紙を書いたのです。

を尽くした態度によって進められたか否か、その際、若者が不用意に娘に接近したり、親しげに振る舞ったり、さらには駆け落ちなど親の期待に反することをしたりして、女側を怒らせなかったかどうか等、双方の関係の質や社会的、心理的な親疎の距離、好悪の感情が交渉の経過を大きく左右する。双方の関係が親密で友好的ならば、正式の交渉であるスソンを行わないこともありうる。しかし、その場合でも、男側はバンディを贈らなければならず、その際になるべく多くを与えることが男側の好意と友好の表現であり、逆にたとえそれが少なくとも、あまり過大な要求をしないことが女側の好意と考えられている。もちろん、スソンを行わなくとも、女側はその要求を非公式に男側に伝えることが可能である。逆に親族、姻戚関係のない者同士が駆け落ちを試みたりしたら、女側は激しく怒り、その怒りは高額なバンディによって慰撫されなければならないのである。

　実際にスソンの交渉に際して、娘の父親はその美しさ、気だての良さ、働き者であることなどを繰り返し強調するかもしれない。しかし、そのように強調される美徳や資質は、バンディの額を決める価値というよりも、それだけの良い娘を手放すことになる悲しみや心の痛み、喪失感を強調するための巧みなレトリックとなっている場合が多いのである。もちろん高額なバンディを要求しようとして、激しい怒りにかられた素振りを見せるかもしれない。しかしたとえそれが演技であろうとも、スソンの交渉においては巧みな感情表現と説得的な雄弁とが、交渉を有利に導くのである。

　ただし交渉の経過や要求される額が拡大家族の内部事情によって左右されることもありうる。たとえば女の父親が自分の結婚に際して高額なバンディを払うためにオジやオバから多くの助力を得ている場合など、その分を返すためといって同様かそれ以上のバンディを要求したり、オジ、オバ自身が、自分の返済分をメイのバンディの要求額のなかに、直接繰り入れようとするかもしれない。あるいは近く結婚する息子（達）のためのバンディをできるだけ多く確保しようとして、その一人娘に対して高額なバンディを要求したりするかもしれないのである。

一般的に言って女側は多くのものを要求し、男側はなるべくそれを少なくしようと試みる。彼ら自身、バンディの額は当事者同士の交渉によって決まると明言し、また実際に前述の事例一のように、カラバオ六頭と現金一五、〇〇〇ペソを要求して結局は破談となった例もあった。しかしながら、それでも結果としてバンディの総額はおのずと一定の範囲のなかにおさまっている。いくら多くを要求しても、男側が貧しければそのすべてを得ることは不可能であり、その場合、女側に残された選択は結婚そのものを認めずに破談とするか、あるいは男側の支払い能力の範囲内で得られるもので妥協するかのいずれかなのである。

安定した結婚生活を営んでいる各夫婦について(結婚年数は長子の年齢等から推定した)、実際に支払われたバンディの品目と、それらのおおよその総額に関して調べた結果を表10にまとめた。ただし、各品目の町の市場での価格をもとにしてここで算出した額は、あくまでも一応の目安に過ぎない。また既に考察したようなバンディを伴わない数例や、結婚して間もないためにバンディの一部のみが支払われただけの例、解答を得られなかったり、信頼を置けないと判断したような幾つかの場合については省略してある。表に掲げた各事例についても、男女双方の側を重複して調べることによって、品目とその数に関してはおおよそ正しい情報を得られたと考えるが、カラバオや豚の大きさを確定し、正確な現金相当額を算出することは困難であった。男側は実際よりも数多くまた大型のものを与えたと主張し、反対に女側はそれらを少なくまた小型のものであったと主張することが普通であり、この傾向は双方の関係が必ずしも親密でないような場合に顕著となる。そのため、明らかに子牛や子豚の場合を除いては、カラバオを一、五〇〇ペソ、豚を三〇〇ペソとして計算してある。したがって、各々の総額については五〇%ほどの誤差が含まれている可能性があると考えられる。またそれら実際に授受された品目や総額が、スソンにおける合

表10　バンディの品目と総額

〈キリン・グループ〉

夫婦名	バンディの品目	概算(ペソ)	備　　考	結婚年数
Pan & Indon Karison	豚(2)，鶏(数羽)，服，現金	P1000		5
Pan & Indon Mani	カラバオ(1)，豚(4)，ヤギ(1)，布，服，ボロ	P2500	男はラバウ・グループから婚入	10
Pan & Indo Miclan	豚(1)，服，現金	P500		5
Pan & Indo Doy-oc	豚(1)，服，現金	P500		20
Pan & Indon Kerad	豚(2)，布，ボロ，空気銃	P1000		8
Tony & Ligaya	豚(3)，ヤギ(1)，現金(P240)，ラジオ(2)	P1500		3
Lampon & Betty	豚(1)，ヤギ(1)，籾米(1カバン)，現金(P70)	P500		3
Mike & Dominga	豚(1)，ラジオ(1)，犂(1)，腕時計(1)，現金(P150)	P800		3
Pan & Indon Taranta	豚(5)，ヤギ(1)，布(7巻き)	P2000		15
Pan & Indon Galaogao	カラバオ(1)，豚(3)	P2500	男はアンバラ・ネグリート	15
Pan & Indon Bisil	カラバオ(2,内1頭は子牛)，豚(3)，籾米(5カバン)，現金(P200)	P3000	男はバリウェット集落より婚入	8
Pan & Indon Bowan	豚(2)，ラジオ(1)，ボロ(3)	P1000		3
Korazon & Koliano	豚(2)，ラジオフォノ(1)，服，布	P1000		0
Damilo & Pitchay	カラバオ(1)，豚(2)，ラジオ(2)，空気銃(2)，現金(P250)	P2000	要求はP10000，男はパンパンガより婚入，事例研究1参照	0
Pan & Indon Baraks	豚(3)，ラジオ(1)，籾米(1カバン)	P1000	要求はこの他にカラバオ3頭，女の父親はアンバラ・ネグリート，事例研究6参照	2

〈ラバウ・グループ〉

Pan Melicia & Indon Kapitan	カラバオ(2)，豚(4)，布(1巻き)	P4500	女はパンパンガより婚入	10
Pan & Indon Gatay	カラバオ(1)，豚(2)，ラジオ(1)，服，現金	P2500	男はパンパンガより婚入	8
Pan & Indon Onas	カラバオ(1)，豚(3)，籾米(1カバン)	P2500	女は父の後妻の第一イトコ，パンパンガより婚入	5
Pan & Indon Ulingen	カラバオ(1)，豚(2)，布	P2500		15
Pan & Indon Bendoy	豚(2)，布(多数)	P1500		10
Pan & Indon Dawang	カラバオ(3)，布(5巻き)	P5000	男はパンパンガより婚入	8
Pan & Indon Bang-et	子豚(2)，空気銃	P700	第2イトコ同士	5
Pan & Indon Bo-et	カラバオ(1)，豚(1)，ラジオ(1)，ヤギ(1)	P2500	第2イトコ同士	3
Pan & Indon Sukat	豚(3)，籾米(2カバン)，現金(P50)	P1200		3
Pan & Indon Pereng	カラバオ(2)，ラジオ(1)	P3000	第2イトコ同士	3
Pan & Indon Lupok	豚(2)，空気銃(1)，現金(P200)	P1000		5

意とは異なることは言うまでもない。後に述べるように、スソンで合意されたバンディの全額が支払われていない場合が多いのである。

そもそもバンディの総額について筆者の質問に答える時、あるいは当事者以外の者に説明する時、各品目の数や大きさを逐一列挙する場合もあるが、しばしば大ざっぱな現金相当額に換算して表すことも多い。その場合、各品目の町の市場での価格をおおよそ三倍したものがバンディの額として計算される。たとえば、町の市場での価格が三〇〇ペソの豚は一、〇〇〇ペソとして計算され、一〇〇ペソのラジオは三〇〇ペソに換算されるのである。[4]

このような計算方法のゆえに、時にはバンディの総額が一万ペソ、あるいはそれ以上の大金として説明される場合がある。事例一や事例七で報告したように、実際に一万ペソ以上の要求がなされることもある。ただし、そもそも援助団体によって建てられた小学校に通う子供達を除いて、アエタの大人達はほとんど全員が文盲であり、数の観念に乏しく、二ケタ以上の加減計算にうといそのために彼らが現金相当額として説明するバンディの総額は、きわめておおざっぱであり、あまり当てにならない場合が多いのである。しかし表10から明らかなように筆者の調査の結果では、カラバオの授受があった場合には総額が高騰し（一九七八年当時で成牛一頭が一、五〇〇～二、〇〇〇ペソ）、最高で五、〇〇〇ペソほどになったが、多くの場合、豚、布、中古ラジオなどで支払われ、その平均はキリン・グループで一、〇〇〇から二、〇〇〇ペソ程度、ラバウ・グループで二、〇〇〇から三、〇〇〇ペソ程度であった。ここで指摘しておきたいのは、いずれのグループにあっても、いわゆる通常の婚姻圏を越えた外部のアエタとの結婚において、高額なバンディが授受される傾向が明確に読みとれることである。

そもそもバンディの要求は高額であるために、本人および両親にとって経済的に多大な負担となり、通常その支払い能力をはるかに越える。たとえばキリン・グループで最も裕福な単位家族であるパン・ダロイ夫婦の日々の生活における労働、食事、収入、支出、交換の五項目について、一九七八年三月から一九七九年二月までの一年間を通じて調査した結果によれば、援助団体のスタッフのための賃労働、農産物や採集物、および小豚や鶏などの売却あるいは交換等によって得た年間総収入は、現金相当額に換算しておよそ二、〇〇〇ペソあまりであった。また、焼畑と水田からおよそ一〇カバン（約四〇〇kg、五〇〇ペソ）の籾米収穫を得ていた（ただしこの籾米およびイモ類については、ほとんどが自家消費されており、交換に回された以外は上記収入に算入していない。詳細については付録を参照）。パン・ダロイ夫婦が所有していた家畜は、筆者の調査終了後にふたりの娘が結婚してそのバンディを得るまでは、援助団体から貸与されたカラバオ一頭と、イトコからのバンディの分配によって得た豚一頭、鶏とアヒル各一、二羽であった。その他の平均的な夫婦の場合は、年間収入が五〇〇から一、〇〇〇ペソ程度と推定される。幾つかの単位家族が自前のカラバオを持つようなラバウ・グループについても、フローでの年間収入はおよそ一、〇〇〇から一、五〇〇ペソである（ラバウ・グループのパン・ダワン夫婦についても、パン・ダロイ夫婦と同様な調査を行った）。もちろん、いずれのグループの場合でもこうしたフローの収入が、すべてバンディのためだけに用いられるわけではないことは言うまでもない。

このようにバンディは通常、夫婦（単位）家族の年間収入に比してもきわめて高額なゆえに、その支払いに際しては、拡大家族を構成する他の単位家族の協力が不可欠である。[5] またバンディが非常に高額な場合には、拡大家族以外にも協力を頼む範囲を広げ、時には別の集落に住んでいて血縁的にもそれほど近くない親族に助力を乞うこともあり得る。そのような場合は、無条件の協力ではなく、いずれは返済されることを前提とした貸し借り関係の意識が強くなっている。いずれにしても、一、〇〇〇から二、〇〇〇ペソに及ぶようなバンディは、彼らにとっては非常な重荷であるために、一度にすべてが支払われることはほとんどない。特に移動焼畑農耕のみを行っているような拡大家族においてはそうである。たとえばバンディの中心的な品目である豚を常に何頭か飼育していて、必要に応じていつでも供せられるような拡大家族は、キリン・グループではほとんど皆無であった。バンディとして必要な時には、収穫時に米と交換することによって、イロカノ商人や援助団体のスタッフから手に入れたり、あるいはまず安い子豚を求めてそれを育ててから払うのである。

逆にそのような拡大家族では、バンディとして豚を手に入れても、一年を通じて安定して飼料を確保できるほどの生産余剰があるわけではなく、雨期の終わり頃には人間の食物さえ不足したりするために、長期飼育をせず、割合に早い時期に殺してその肉を分配することが多い。他へのバンディの支払いが滞っている場合には、受領した豚をそのまま支払いに当てたりすることもある。普通は、拡大家族で一頭かせいぜい二頭の成豚を通年で飼育するのが精一杯であり、たとえば母豚を飼っていて子供を産めば、その子豚が乳離れする頃に母豚をバンディとして支払ったり、商人に売ったり他の品々と交換したり、あるいは殺して肉を分けたりするのである。残った子豚もやがて餌の用意が大変になったりするとすぐに手放され、再び一頭のみが残されて育てられるのである。それゆえに、子豚を除けば、中型、大型の豚を一度に二頭、三頭とバンディとして自力で支払うことは、ほとんどの場合、不可能となっている。豚以外の主要な品目である服や布も基本的には豚、時には、陸稲やバナナ、蜂蜜などと交換に商人から手に入れるものであるために、同様にその入手は簡単ではない。(7)

したがってバンディは、二年から三年、時にはそれ以上の長期間にわたり、何度かに分割して支払われることになる。しかもスソンにおいて合意された期限内に滞りなく支払いがなされることはむしろ稀であり、支払いはしばしば遅れ滞る。そのような場合、女の側は原則としてバンディの完済まで結婚を延期することができ、男の側に合意不履行の過失があるとして、それまでに支払われているバンディを返済する必要もない。もし既に結婚が認められて男と共に暮らしているような場合でも、男を追い出したり、あるいは娘を連れ戻したりすることができるとされている。さらには、夫方居住で結婚し、既に女の子が生まれているような時には、本人を連れ戻すことも可能だが、代わりにその女の子をバンディの不足分として取ることができるとも説明された。(8)

しかしながら、バンディの支払いが滞るたびに結婚を延期したり、合意を破棄したり、あるいは娘を連れ戻すことをしていては、ほとんどすべての結婚においてバンディは一度に支払われず、しかも分割して支払われる途中でしばしば滞るために、結婚は常に不安定なものになってしまう。したがって、理念としてはバンディを完済して夫方居住で結婚をすることが望ましいとされていながら、実際に多く行われているのは、バンディがある程度支払われた段階で、それまでの労働奉仕の延長という形で男が同居、同衾を許される妻方居住婚の形態である。労働奉仕を行っていない場合には、男が女の家に行きその父親の手助けをしながら結婚生活を始めるのであるが、それが段取り婚のような場合には普通、最初の何カ月かは女が男の近寄ることを許さず、住み込みの労働奉仕のような形態となる。

この妻方居住による結婚は、婚入してきた男の働きをバンディの一部に換算したり、あるいは一定の年限を義務として定めたりするものではない[9]。むしろ合意されたバンディが全額支払われるまでは娘を手放さずに置いておき、男もそれにつれて同居を許されているという意識が強い。したがって妻方居住の形態で結婚生活を始めることが許されたとしても、男の拡大家族はその後も約束のバンディを支払うことが期待されており、それが支払われなければ、支払いが完了するまで女側は男を追い出すこともできるとされている。しかしながら、一定額さえ支払われていれば、普通は一年、二年と経つうちに支払いの催促もなおざりとなる。駆け落ちによる結婚ならば、当初女側は激しく怒るが、バンディの交渉の際や結婚生活のきわめて初期に破談とならなければ、その後、遅れながらも順次支払われるバンディによって女側は次第に懐柔され、態度を軟化させてゆく。そして男を追い出すこともなく、そのまま妻方居住を続けさせ、結局スソンにおいて合意されたバンディが全額支払われないまま結婚が安定することが少なくないのである。

もっとも、バンディを払い終わるまでは妻方居住となる例が多いが、逆に支払いを完了すれば夫方居住となることが多くなる。バンディは確かに男側にとってはきわめて重い負担となっているのであるが、ひとたびスソンで合意されたバンディをすべて払いきれば、女に対して強い力を持つことができるとされている。居住地の決定も男側の意志が尊重され、夫方居住が好まれるのである。以下の事例はバンディの完済に応じて居住地が妻方から夫方へ移る事情をよく物語っている。

事例一一　バンディの完済と夫方への移住

二年ほど前にドラン・ドランはロサという娘と結婚し、ボワグ集落にある彼女の両親の家で、その畑仕事を手伝いながら暮らしていた。スソンで合意されたバンディの半分ほどを支払っただけで同居を許されたのであったが、残りの支払いが滞っていたために、妻の両親からしきりに催促されていたという。彼は両親をなくした孤児で、ラバウ・グループのオジのパン・フクリに育てられ、バンディも負担してもらっていたのである。しかし残りのバンディの支払いを急ぐようにとパン・フクリをせかすこともできず、結局そこに居づらくなって一年足らずでラバウ・グループに戻り、イトコ（パン・フクリの二男）のパン・ベンドイの家に住んでいた。

ドラン・ドランがラバウに戻ってしばらくすると、ロサはパンパンガから来たという男に求婚され、その男の方に気持ちが傾き始めた。そのことを知ったドラン・ドランはパン・フクリに頼み、一九七八年一二月に妻の両親とその主だった親族をカキリガン集落に招き、パンパンガの男とは結婚させないようにパン・フクリを通じて要請した。その席で、残りのバンディを払いさえすれば二人の同居を認めることが確認され、パン・フクリは中型の豚一頭と小豚二匹を必ず近々中に引き渡すことを約束した。しかしロサ自身は、ドラン・ドランとよりを戻すことに不服であった。そのため彼女の両親は、彼がいかに働き者であるかなどとほめながら、彼と結婚する利点を説き、パンパンガの男のことをあきらめるように説得した。最後にはロサも不承不承に納得したために、両親と親族はボワグ集落に帰り、ロサはひとり残されてドラン・ドランと共にパン・ベンドイの家で暮らし始めたのである。この話し合いの間じゅう、ドラン・ドランとロサはそれぞれ別々に人々の集まりから少し離れて座り、互いに話したり目を見合わせたりすることもなかった。

ドラン・ドランのバンディに関する話し合いのために集まった親族

石を動かして確認しながら交渉を進める。

ただしバンディの支払いを完済する前の妻方居住と、完済後の夫方居住は定められた厳密な規範ではなく、完済前にも話し合いによって妻方が認めれば夫方居住を行う場合がある。その逆に妻が親元を離れるのをどうしても嫌がったりする場合には、バンディの完済後も妻方居住を続けたりすることがある。いずれにしても居住の決定に際しては、バンディの支払いが大きな影響を及ぼすとはいえ、双方の話し合いと合意もまた重要となっているのである。

以上述べてきたように、現在のピナトゥボ山南西麓アエタのあいだでは、バンディを支払って妻を迎え入れる形での結婚、つまり夫方居住婚が一応の原則、あるいは望ましい形態と考えられている。しかしながら、確かにそうした結婚も少なくないが、高額なバンディのゆえに一定額のバンディが授受された段階で妻方居住によって結婚が認められ、しかもバンディの全額が支払われることなくそのまま結婚生活が続けられ、結果として夫が妻の拡大家族の成員として吸収される事例が多く見いだされる。

合意された全額を完済せずとも、こうして妻方居住による妥協の道が残されているために、バンディの授受をとおした拡大家族間の富の移動が、結果的には拡大家族間の富の平準化を進める働きをしている。スソンの交渉において重要なのは、双方の拡大家族間の社会的、心理的な距離や関係の良し悪し、女側親族の被奪感や怒りの程度であり、男側の経済力や支払い能力に関する考慮はむしろ二義的である。したがって、スソンで女側から要求され、合意されるバンディの額は応々にして普通の拡大家族の支払い能力をはるかに越え、ラバウ・グループのように例外的に「豊かな」拡大家族でどうにか払えるほどに高額なものとなる。そのために、実際の授受の段階においては、「豊かな」拡大家族からは合意どおりに多くのものを得られるが、普通の拡大家族からは彼らが用意できる範囲内の少ないものであきらめざるを得ない。それゆえ、「豊かな」拡大家族から普通の、あるいは「貧しい」拡大家族へとバンディとして流れる財の総量が、その逆の方向に流れるよりもはるかに多くなり、経済格差の是正に寄与しているのである。

たとえばラバウ・グループで見られる四例の第二イトコ婚の場合、ふたりの娘、インドン・カルブハイとインドン・バンウットの結婚の際に彼らが得たバンディは、前者の場合にはゼロ（事例二参照）、後者の場合には子豚二匹と空気銃が一丁であった。それに対してグループのふたりの息子、パン・ボウットとパン・プルンがそれぞれ第二イトコと結婚した時、バンディとして彼らは前者の場合でカラバオ一頭、豚とヤギを各一匹、ラジオ一台を与え、後者の場合にはカラバオ二頭とラジオ一台を与えていた。イトコ婚の場合、普通は双方の拡大家族が友好的かつ親密な関係を保っているために、バンディの交渉が行われたとしても、怒りの顕示や過大な要求が強硬に主張されることはない。交渉というよりは、希望の表明と好意の表現が基本的な態度となる。ラバウ・グループの場合、娘の結婚に際して相手に十分な経済的余裕がなければ、そもそも多くのものを要求せず、逆に息子の結婚の際にはできる限り相手の希望に沿うように多くのものを与えているのである。(10)

カキリガン集落において、移動焼畑農耕を主たる生業としながら、依然として旧来の生活様式を保持している拡大家族、すなわちほとんどのキリン・グループと一部のラバウ・グループのなかで、ローカリティーのはっきりしている婚姻三三例を調べた結果、妻方居住は二〇例、夫方居住は一三例であった。このうち、結婚してまだ一、二年と日が浅く、妻方への労働奉仕の延長としての妻方居住であり、いずれ近日中にバンディを払いきって夫方居住となる可能性を有する二、三の例を考慮に入れても、妻方居住が過半数を越えている。(11) いずれにしても現在では、妻方、夫方の両様の結婚居住制が行われているために、拡大家族の基本的な構成が、両親の単位家族およびその結婚した子供（息子と娘）達の単位家族から成っているのである。

こうした拡大家族の構成は、一九〇〇年代の初頭にリードが、ピナトゥボ・アエタの基本的な社会集団は、両親とその結婚した息子達（夫方居住婚）からなると報告しているのとは異なっている（Reed 1904: 70）。またステュワードは、サンバレスーバターン・ネグリートのバンドの構成が、前世紀の末から今世紀にかけて、父系（patrilineal）から複合（composite）へと変化したという興味深い指摘を行っている（Steward 1955: 130-131）。

このような変化をもたらしたものは、今までの考察から推察されるように、高額なバンディと、それを払えない場合の妻方居住婚の実施である。バンディの高額化は、生業の変容あるいは多様化と密接に結びついて生じたと考えられる。たとえば再びラバウ・グループを例にとると、焼畑におけるイモ栽培と狩猟採集による自給自足的な生活から、戦後まずカラバオの飼育を始め、次いで水稲耕作を試み始める。その一方では豚の連続的な飼育を行うとともに、焼畑でバナナや箒草などの商品作物の栽培を行うようになる。こうして焼畑でのイモ栽培による食糧の安定供給を継続的に確保しながら、他方で交換あるいは贈与に用いられる経済的な余剰を獲得したことが、全体的なバンディの高額化を生み出した背景として重要であると考えられるのである。[12] ただし妻方居住婚が行われるようになったのは、単にバンディに新たな品目が加わったり、そのために総額が上昇したからではなく、生産余剰の増加を上回る割合でバンディが高騰したため、つまり多くの拡大家族にとって、その支払い能力の上昇に比して、それ以上にバンディの相対的な高額化が進んだためである。

すなわちラバウ・グループは、ピナトゥボ山南西麓アエタのなかでは、むしろ例外的に「豊か」であり、彼らの経験した経済生活の変容は、南西麓アエタ社会において、同時に全面的に生じたわけではない。他のアエタ・グループは、ラバウ・グループと同方向の変容途上にはあるものの、彼らより何年か、おそらくは何十年か遅れてその道を歩んでいる。バンディが高額となった現在においても、ラバウ・グループでは、息子のためにはバンディを全額支払って妻を迎え入れ、夫方居住婚を行っている。逆に娘の場合には、高額なバンディを払えない夫を吸収して妻方居住婚を行わせている。つまりバンディがその支払い能力を越えるために男を婚出させ、妻方居住婚を行わせているのは、ほとんどが自家消費用のイモ栽培を中心として、自給自足的な生活を送っている拡大家族なのである。[13]ラバウ・グループとキリン・グループの対比で見られるような経済的な分化については、既にフォックスも、より隔絶された奥地のグループと、より文化変容の度合いが大きいグループというように二つの異なるグループ分けをしており（Fox 152: 183）、そうした文化変容の程度に応じて、経済生活の変容と経済的な分化の契機がその頃既に生じていたことが十分推測される。さらにスペイン末期においても、「征服されたグループ」と「征服されないグループ」のあいだに、既に同様な差異の萌芽が生じつつあり、「征服されたグループ」を通して、新たなバンディ品目の導入や、それに伴うバンディの高額化が始まっただろうと推測されるのである。

このようにバンディの高額化と妻方居住への移行という変化については、生業の多様化と生産余剰の増大、および地域グループ間におけるそうした変容の程度や進捗の差異、さらには新たなバンディ品目の出現事例に刺激された、経済学で言うところの「デモンストレーション効果」などにその要因を求めることができる。しかし第六章と本章の考察をふまえて推察されるように、そうした異なるグループ間においても結婚が行われるようになったこと、すなわちそれまでの限られた通婚圏の枠を越えて遠い相手とも結ばれるようになったことの重要性を見逃すことができないのである。[14]

現在、地理的にも社会的にも遠い存在であり、素性もよく知らぬような若者に娘が求婚され、あるいはそのかされて駆け落ちをした時、娘を奪われることの怒りや失うことの痛みから、女側は高額なバンディを要求する。男側はそうした結婚の企てによって生ずる女側の敵意や反目をなだめ懐柔するために、なるべく多くバンディの品々を用意して送りとどける。もちろんその支払い能力には限界があって、要求どおりのものをすべて一度に払えるわけではない。そうした際に妻方居住の制度は、バンディの完済による夫方居住婚、すなわち娘の全面的な剝奪と、他方、結婚の拒絶、破棄というコミュニケーションの断絶との二者択一の隘路を逃れるために、きわめて巧妙な便法となっているのである。

そもそも高額なバンディの支払いを男側が短時日のうちに済ますことは不可能である。また女側にとっても娘が遠くの若者のもとに行って住むという、急激で全面的な剝奪には耐えがたい。そこでたとえ若者との結婚を許そうとも、とりあえずは娘を手放さずに妻方居住をさせることにより、女側の喪失や剝奪の意識は多少ともやわらぎ、またその怒りが激昂の頂点に至ることが回避される。さらには若者の誠意や働きぶりを実際に見ることができるし、娘があいだに入って若者の弁護に努めるかもしれない。そしてその後にバンディの支払いが順次追加されることによって、女側の怒りは次第に慰撫され、その態度は軟化する。妻方居住によって、結婚に伴う剝奪の痛手と打撃を最少限におさえ、緊張した関係から友好的な姻戚関係へと導かれる可能性がひらかれるのである。すなわち、駆け落ちの企てや疎遠な拡大家族のあいだでの若者主導による結婚の試みは、出来事としての衝撃をもたらすが、バンディの支払いによる怒りの慰撫と妻方居住による妥協という緩衝化を通して、その出来事性は懐柔され、新たな社会関係の広がりを安定と秩序のうちに生み出すような契機、あるいは外部に通じた回路として受容されるのである。

第九章　結　論

本書では、ピナトゥボ・アエタの人々が、その経済、宗教、社会生活の各局面において生じる出来事にいかに対処しているか、またそうした出来事の衝撃が破壊的な事態を引き起こすことなく、既存の体系によっていかに馴化され、受容されていくかを明らかにした。出来事と体系との相互作用のなかのひとつの位相として、どのように彼らの実際の日常生活が組織されており、現実の生活世界が構成され、存続しているかを考察したのである。具体的に取りあげたのは、経済生活における定着犂耕農業プロジェクト、宗教生活に係わる病いとアニト・セアンス、社会生活の局面に関する結婚と駆け落ちであり、そうした出来事を通して、出来事への反応、対処、受容として現われるアエタ社会の存在様式を浮き彫りにしたつもりである。

序論のなかで筆者は、アエタ社会が「冷い社会」と「熱い社会」を両極とする座標軸の上で、より前者に近い所に位置することを言及したが、アエタ的な「冷い社会」とは、静的で不動の安定を保持すべき規則や枠組みによって実現、維持されているわけではない。彼らの日常生活を見れば、それは慣習的に定められた手続きの踏襲や規範の遵守ではなく、出来事として総称できるような、自分自身の、あるいは他者によるそこからの逸脱や予期せぬ行為、新たな事態等々に対する対応や処遇として、慣習をふまえながら即興的に組織されているのである。このことを最も凝縮した形で明確に示しているのが、第三章で考察したアニト・セアンスの事例であった。そこではパチアナックからビナグーナンへと病気原因の所在を異なった精霊に移し変えながら、病者の病いの体験を了解可能とするような物語を、出席者全員が参加する即興劇として作りあげていたのである。

確かにアニト・セアンスという儀礼的な時空間は、病いという出来事の形で結晶化してゆく病者の過去の生活史を、遡行的に整理して理解しつつ、同時にその病いの原因といかに対処すべきかについて、人々に共有される形で統一的な認識を作り出してゆくための特別な場となっている。しかしながら、そこで見いだされる過程、すなわち出来事として現われる現実の在り方とそれへの柔軟で即興的な対応の組織化とは、アニト・セアンスのみに限られたものではなく、日々の日常生活そのものの在り方にも共通して見いだされる。日常生活においても、出来事の連鎖的な生起と、それへの対処と受容を通して、すなわち出来事性の懐柔という過程の繰り返しとして、現実世界が構成されているのである。それゆえ彼らの日常生活は、厳密に言えば各々の出来事のあいだで一時的な安定の相を示して存在しているのであり、出来事の衝撃によって生じた現実世界の構成の揺らぎや部分的な綻《ほころ》びを吸収、弥縫し、無化すると同時に、その過程で自らを再組織化し、異なった様相（微細な変化に過ぎないにしても）のもとに再び一時的な安定を回復するという経過を繰り返しているのである。その具体的な過程については、出来事としての結婚という視点から、第七章と第八章で詳細に分析した通りである。

アエタの人々の社会生活におけるあらゆる行為、実践は、多かれ少なかれ出来事としての潜在的な性格を秘めている。それが何らかの衝撃力を伴った出来事として立ち現われる時、その出来事は体系との相互作用を通して、体系によってその衝撃性を稀釈され馴化されながら受容されてゆく。しかし、それと同時に、逆に体系もその様にして取り込んだ出来事の逸脱性、非日常性、新機軸によって自らも再組織化を行ってゆく。そうした動態的な編成のなかで、一貫して持続し、繰り返し現出するパターンが存在するゆえに、アエタ的な社会の「冷さ」が生まれてくるのである。すなわち、結果として現われるアエタ社会の安定性や持続性の背後には、過程としてのダイナミズムが存在しているが、そのダイナミズムが再び安定と秩序の相の内に収斂するようなメカニズムのゆえに、あたかも静態的に見えるような社会が維持されているのである。そうした出来事の熱さを鎮静し、再び秩序と安定のうちに取り込んでゆくための文化の仕掛けが、たとえば宗教生活におけるアニト・セアンスであり、経済生活においては食糧獲得のための選択肢の拡大と多角的な生業手段の確保という生存の戦略であり、また結婚においてはバンディの支払いによる女側親族の慰撫と融和であった。

出来事として立ち現われる現実、あるいは諸個人の即興的な行為の相互的反響の積み重ねとして存在する社会生活、さらには、そうした行為や出来事と体系との相互作用のなかのひとつの位相として実際の生活世界が組織され、存在しているという筆者の視点、論文の主眼は、既に各章の個別の論述のなかに具体的に示されている。

アエタ社会をより深く理解するためには、結果が生ずる過程の方を、結果そのものや、その背後に見いだされ結果を規定する体系よりも重要であると筆者は考える。極言すればアエタ社会には、同一結果の繰り返しを自動的に規定するような確固として不動の体系などは存在せず、間歇的に現出する出来事の懐柔という不断のプロセスのなかで、一時的な安定の相が不連続に存在しているに過ぎないのである。こうした筆者の視点は、ブルデューがレヴィ=ストロースを批判する視座と共通のものである。すなわちブルデューは、集団間や諸個人間の社会的相互行為、たとえば交換の問題をめぐって、レヴィ=ストロースが当事者に内的に経験された行為そのものと、それらの不可逆的な一連の応酬の時間的経過を無視し、外部から見た結果のみから分析モデルを作っていると批判する。そして、どれほど蓋然性が高くなろうとも、一〇〇%の確定性とのあいだには本質的な差異があることを強調し、相互行為の過程における時間性と、そのなかでの個人の戦略の重要性を指摘しているのである(Bourdieu 1977: 1-9)。

ブルデューが指摘したような行為、あるいは出来事の受容の過程に着目し、それをアエタ社会の理解の方法として描き出そうとした筆者の意図は、ひとつの民族誌として本書を論述する過程の中に既に実現されていると言うことができる。その意味では、そうした各章の論述から帰納されたものとして、ここで新たな結論を引き出すことはできない。したがって、以下では、本論考の主題であるピナトゥボ・アエタ社会の動態的な編成のなされ方を、まず総合的かつ簡潔にまとめる。続いて、剝奪の意識や怒りの情動を慰撫し、出来事の衝撃を溶解するバンディの働きという筆者の見解を、従来の婚資をめぐる議論の流れのなかに位置づけ、さらにフィリピンの他の二つの焼畑民社会の事例を合わせて検討することを通して、小規模双系社会における婚資の理解に寄与するための新たな見通しについて述べておきたいと思う。

ピナトゥボ地域全体を俯瞰するような視点から見れば、アエタ社会の成り立ちは、幾つかの拡大家族が山中に散在する集落に一時的に共住しているが、集落自体が病人や死者の頻出、家の建てかえなどによって、しばしばその位置を変える上に、拡大家族もまた、集落内の他の拡大家族との緊張を嫌ったり、有利な生活条件の土地を求めて、時にその本拠とする集落を移し変えている。拡大家族の全員が一緒に移らずとも、世代交替に伴って分節する時、その一部が他集落に転出することが珍しくない。そうした移住の際に引き寄せられる先、頼りとされる関係の多くは、拡大家族成員のひとりが婚出している、あるいはそこから誰かが婚入して来ているような姻戚なのである。特にそうした姻戚が、自分達の集落と近隣の集落とから成るような、日常の生活世界の外部に住む他の拡大家族であるような時、そのような関係は普通、若者の自由意志や駆け落ちによる結婚が生み出したものである。

このようなピナトゥボ・アエタ社会の動態的編成のパターンは、次のようにまとめることができる。すなわち、その集団化の在り様は、基本的には親達による段取り婚や身近な者との結婚によって、特定集落およびその近隣集落に住む拡大家族とのあいだで、既存の関係を強化、重複、あるいは凝集、内旋させるような渦巻として存在している。しかし、その渦巻は若者の企てる駆け落ち結婚に導かれて、そうした限られた生活世界の外部に住む拡大家族が属している別の渦巻と通じ合い、結びつくことによって、一時的な乱れを生ずるが、バンディの支払いを通して安定に向かう過程において互いにその集団化の焦点を引き寄せ合うようになってゆく。そうした動態的編成をピナトゥボ山全域にわたる空間的なひろがりと、長期的な時間軸のなかで見れば、拡大家族の集団化の渦巻が各所に幾つも存在し、しかもその渦巻自体が移動したり消えたり、新たに生まれたりしているのである。そうした状況は、たとえてみれば鳴門海峡に生ずる幾多の渦潮を俯瞰的に見た場合と相同のパターンとして思い描くことができる。そのような渦巻流の多発生成およびそれらの持続や移動、消滅という反復するパターンこそは、ピナトゥボ・アエタ社会における集団化のダイナミズムの背後を通走する体系として捉えることができるのである。駆け落ちというひとつの出来事は、一時的にそうした体系の一部を揺るがし、時にはその部分の集団編成を組み変えたりするのであるが、体系自体の柔軟さによって出来事の影響はその部分で吸収され、全体の体系には変化が生じないのである。こうした部分的な変化の相を組み込みながら、安定的に持続するアエタ社会の編成のされ方を、双系社会のひとつの柔構造の現れと見ることができると筆者は考える。

本論を終えるにあたって特に述べておきたいのは、アエタ社会において結婚時に支払われるバンディの意味とその働きが、婚資に関する従来の社会人類学の諸説の理解と大きく異なっており、それらの理論に適合できない性質を持つという点である。

婚資に関する代表的な論考としては、たとえば、結婚に係わる主体間の損得勘定（cost-benefit ratio）を均衡させるために用意されるとするスパイロ（Spiro 1975）。アフリカの諸事例から、結婚は女に対する諸権利の束の出自集団間での授受であり、婚資をそうした諸権利の移譲に対する支払いと見るグディ（Goody 1973）やフォーテス（Fortes 1962）。アフリカの六〇の社会の事例の検討から、婚資はすべて婚姻の合法化と係わっていることを見いだしたとするオグブ（Ogbu 1983）。女は女とだけ交換されるとして婚資の問題を正面から扱うことを避けながらも、バンツー諸族のロボラ（*lobola*—婚資）については、女の交換が順次実現されてゆくための象徴的な債権あるいは通貨として捉えるレヴィ=ストロース（1978）。あるいは、婚資に相当するような財の授受は長期にわたる相互的で全体的な交換の一部をなすに過ぎず、全体の交換システムを均衡的に成立させるためのひとつの要素、または交換を通じた関係の連続が更新されるための一契機と見るニーダム（Needham 1958）やストラザーン（Strathern 1980）。最近では、婚姻給付一般の意味は、それ自身では本質的な意味を持たない同棲を社会的に意味のある過程に組み入れ、それを諸関係の領域（universe of relations）のなかに位置づけるものであるとするコマロフ（Comaroff 1980）らの名前を挙げることができる。あるいはそれぞれ、機能主義、構造機能主義または法的アプローチ、構造主義および交換理論、象徴論的アプローチとしてまとめることができる。

こうした婚資理解のいずれもが、バンディをめぐる多様な事象を十分に説明できないのは、ピナトゥボ・アエタの社会が、それらの諸理論が資料を依拠している社会と異なった成り立ちをしているためであると筆者は考える。すなわちピナトゥボ・アエタは既に述べたように、ラバウ・グループのような少数の例外を除けば、イモ類を中心として粗放的な移動焼畑農耕を営んでおり、その社会は双系である。そこではボロ（山刀）一本で簡単に家を立てたり焼畑を開いたりできるため、スパイロが損得勘定を均衡化するために与えられる婚資の例証として挙げた中央タイのように、生活手段（土地、家屋、農具）の所有や相続が重要性を持つことはない。それゆえ、妻方居住による結婚の理由も、中央タイの場合とは全く異なっている。また構造機能主義あるいは法的アプローチが暗黙裡に前提としているような（c.f. Comaroff 1980: 15–16）父系出自集団は存在しない。各個人が出自規則等により、ひとつの集団に明確に帰属して厳密な意味でのコーポレート・グループを形成するようなことがないのである。

さらにピナトゥボ・アエタは、規定婚の制度を持たず、バンディの授受を除けば、誕生から死に至る人の一生の過程で、また通年サイクルのなかで、何らかの財やサービスの交換が姻戚間で規定的に行われることもない。またバンディには標準的な、あるいは慣行によって定まった額がなく、当事者の話し合いにまかされているために、支払いの総額は多い場合にはカラバオ（水牛）三頭になることもあるが、少ない場合にはバンディなしというものもあり、多様である。そのために、娘を手放して得たバンディで次には息子のために妻を得るということが、必ずしも保証されてはいないのである[1]。しかもバンディを伴わない結婚も、多額のバンディによる結婚も、妻や生まれてくる子供の社会的地位とはほとんど関係がない。そもそも正式な結婚とそうでない単なる同棲、あるいは合法、違法というような区別を可能とする基準は存在しない。バンディの有無多少にかかわらず、女側が認めれば結婚ができ、認めなければ破談となる。したがってバンディを伴わない結婚もあれば、逆に多額のバンディを払いながらお結婚（同居や同衾）が認められない場合もある。中途半端な同棲状態というのはあり得ないのである[2]。

婚資をめぐる従来の諸説が前提としている社会とアエタ社会が異なるのは、上述の諸点のほか、とりわけ男と女の文化的な性差（ジェンダー）をめぐる彼らの観念である。アエタ社会において、結婚は男が女を得ることと認識されている点を既に指摘したが、結婚に際して男が女のなかに得るものは、その労働力や再生産力ではなく、女の性そのもの（セクシュアリティー）と意識されているのである。(3) クリエー&ロサルドは、狩猟採集民および粗放的焼畑民の諸社会においては、女の豊穣性（fertility）という観念が欠落し、性そのもの（sexuality）が強調されていると指摘しているが（Collier & Rosaldo 1981: 275-289）、アエタ社会においても、結婚は夫方、妻方居住にかかわらず、男が女の性そのものを得る、あるいは奪うものと考えられているのである。第八章で取りあげた〈リンカの話〉において、「結婚式が終わっても若妻は夫が彼女を味わうことを嫌がった。しばらくすると男は、バンディの対価をどうして得られないのか説明できなくなった。〝私の払ったバンディをお前に返してもらった方がよさそうだ〟」と語られる部分は、バンディの支払いがまさしく性そのものの獲得、あるいは侵犯と直接に結びついていることを示している。アエタ社会における婚姻とは、グッドイナフが主張する定義、すなわち「女性への性的接近の権利に対する持続的要求権の確保（1977: 17）」として捉えるのがふさわしく、より実態に即して言えば性的侵犯の持続的容認と見ることができるのである。(4)

　フィリピンの他の粗放的焼畑民社会においても、アエタの場合と同様に、性差の認識については女の性そのものの強調や、豊穣性の観念の欠落を見いだすことができる。たとえばロサルド自らが調査したルソン島東部のイロンゴット（Ilongot）族では、男の狩猟と女の農耕が対立しながら、同時にその成果である獲物と米とは象徴的に等価であるとされている。しかし、男の狩猟が首狩りと結びつけられ、さらには生命を奪うという、価値ある男の暴力と結びつけられているのに対して、女の農耕は生命を与える豊穣性や出産とは結びつけられていないのである（「男の狩猟＝奪生」対「女の農耕≠与生と豊穣性」）。生命力の源泉は青年時代に具現化された「リゲット」（*liget*—怒り、同時に力、情熱、エネルギーという意味を持つ）であり、子供は精液に凝縮された男の「リゲット」から生まれると考えられている。それゆえ、イロンゴットでは女性の再生産力や母親であることの特別さを儀礼的に祝うようなことはしないのであり、女性の本質や重要性の所在も性そのもの、あるいはその性的魅力であるとされているのである（Collier & Rosaldo 1981: 308-311）。

しかもイロンゴット社会において、結婚に際しての贈り物や財の授受は、女性に対する諸権利や特権を「買う」ことではない。女性の豊穣性という観念がきわめて稀薄な上に、結婚は原則としてすべて妻方居住であるために、結婚時に贈られる財が女性の再生産力（出産）や生産力（労働）に対する支払いでないことは明白である。しかしそれは女の性の独占に対する支払いというわけでもない。ロサルドが強調するのは、結婚および殺人の際の贈り物や財が、それによってこうむる損失に対してではなく、そうした行為によって挑発され、引き起こされた「怒り」に対して直接に「支払われる」点である（Collier & Rosaldo 1981: 287, M. Rosaldo 1984: 150）。敵を求めて遠征し、襲撃して首を狩る行為と、娘を求めて遠出し、求愛する行為とは、ともにリゲット（怒り、情熱、力）と称され高い文化的価値を付与された心の情動にもとづいており、しかも結婚と首狩りとは、娘あるいは首を奪うことによって自らのリゲットの高さや強さを誇示し、相手に対する優越や侮辱となるために、ひとしく相手の「怒り」を引き起こすのである（詳しくは M. Rosaldo 1980 を参照）。

したがって求愛、求婚を試みる若者は、相手の「怒り」を引き起こさないように、細心の注意を払って娘とその親族に近づかなければならず、労働奉仕の最中にも、その娘に対する性的な興味などは全く持っていないかのように振る舞わなければならない。そして結婚のために要求される試練の厳しさや労働奉仕の期間、婚資の内容などは、女側親族の「怒り」および剥奪の意識の程度と密接に関係しているのである。言い換えれば、それらは双方親族間の社会的、心理的な距離、あるいは溝の深さにもとづいて要求されるのである。そうした距離や溝を生み出す具体的な要因として挙げられているのは、一、双方親族間で結ばれる最初の結婚か否か、二、親族関係の近さ、三、地

表11　イロンゴット族における親族間の距離と結婚の手続き

〈かつて敵意を持っていたグループ間での最初の結婚〉	〈中間的な形態〉	〈親族関係と居住地が互いに近く友好関係を持つグループ間での結婚〉
・長期にわたる労働奉仕 ・厳しい試練 ・婚資の要求大	・話し合いのための集会や贈り物あり ・婚資は必要なし	・話し合いのための集会や婚資は必要なし ・労働奉仕がなしくずしに結婚生活へ

理的な距離、四、同一のベールタン（*bertan*: 双系的出自集団—bilateral descent group—）か否か、五、両親族間の（かつての首狩等をめぐる）遺恨、六、娘の父親や兄弟達が怒っているか否か、である。こうした諸要因によって生み出された両者の関係の質によって、実際の結婚の手続きは、表11に示すような両極のあいだに位置づけられるのである（M. Rosaldo 1980: 159-173, R. Rosaldo 1980: 175-196）。

このようにイロンゴット族においても、結婚に際しての婚資の支払いの有無や額、労働奉仕の期間等は双方親族間の関係の質によって左右されており、そのことは逆に言えば、結婚のために与えられる財やサービスは、女側親族の怒りを慰撫したり、懐柔したりする力を有しており、緊張をはらんだ関係を良好なものに転換させてゆく働きをなしているのである。

ミンドロ島の粗放的焼畑民であり、双系のブヒッド（Buhid）族においても、女性の豊穣性が強調されることはない。そこでは子供（胎児）の儀礼的実質は父親の精液であると考えられており、妊娠のためには数カ月にわたる連続的な性交が必要とされている。ギブソンによれば、妊娠前に女性が複数の男性と定期的に性関係を持っていた場合には、彼らはすべて生まれてくる子供のジェニター（生物学的父親）と見なされるのである。成員の獲得として子供の誕生に関心を持つ集団は存在せず、子孫を持ちたいという個人的な欲求も強くないために、新生児を森に遺棄することも行われている。そして子供の成長は、大地の諸精霊に対してコミュニティーの成員が参加して行う継続的な供儀によって可能になると考えられている (Gibson 1985: 399-400, 406)。すなわち、彼らの社会における真の豊穣性の源泉は、ブロック&パリー (Bloch & Parry 1982) が主張するように、文化的に、あるいはイデオロギーによって構築されたものであるが、ブヒッドの場合はそれが祖先ではなく、生者達のコミュニティーとされているのである。

ブヒッド社会においてキンシップ (親族関係) は、拘束や依存—従属関係という否定的な価値と結びついており、社会秩序の維持に対する脅威と見なされている。望ましいのは、キンシップと対立するコンパニオンシップ (仲間関係) という自律と対等性にもとづいた関係であり、彼らの社会で一時的な集団編成あるいはコミュニティーが存在しうるのは、コンパニオンシップ、すなわち共通の目的を持った人々が活動を共有すること(sharing of activity)を通してであると考えられている。結婚はそうしたコンパニオンシップにもとづいて、自律的で対等な男女が一時的に居住や、農業、家事労働、および食物と性関係を共有することと考えられている。結婚を成り立たせるコンパニオンシップ関係は、他の同様な関係のなかでも最も強く機能するものであるにもかかわらず、そこでは男女の関係が基本的に対等かつ自由であるために、離婚が頻繁に生じている。ブヒッドは普通、数回の結婚をするが一〇回以上というのも珍しくないのである (Gibson 1985: 392-394)。

そもそもブヒッド社会では、女性の豊穣性のみならず、女性の側だけの性 (セクシュアリティー) が強調されることもない。性交は互いに相手を手段として、個人的な欲求を満足する行為と考えられているのである。そして結婚は対等な男女の自発性によって実現されるものであるために、結婚に際して男側から女側へと贈り物や財の授受が行われることはなく、また結婚を画する正式の儀礼も存在しない。彼らの社会で特徴的なのは、「逆婚資」(inverted bridewealth) あるいは離婚資とも呼ぶべき財の授受の規定である。すなわち離婚に際しては、先に配偶者のもとを去って別の相手との同居、結婚生活を始めた側が、その別離によってもたらした、かつての配偶者の感情的な苦悩に対して、賠償を支払わなければならないのである。その要求額は、感情が激している当初はきわめて高額であるが、時間の経過とともに落ちついてくると減額されるようになるという（*ibid*: 394-395)。

同じくブヒッド族を調査しているロペス＝ゴンサガも、結婚に際して通常は財の授受がなされないが、男女双方の家族のあいだに悪感情が存在している場合には、互いに一頭ずつ豚を出し合って殺し、共食すると指摘している。また彼女は、ある結婚に際して、娘のオジが若者の父親に対して長年抱いていた土地の争いをめぐる不満と敵意を静めるために、女側が男側に対してヒヌヨ（*hinuyo*）という賠償を支払うよう要求した事例を報告している（Lopez-Gonzaga 1983: 70-81)。このヒヌヨについて、ロペス＝ゴンサガは「怒りの慰撫財」(anger-apeasing gift）と訳出しているが、それはアエタ社会のバンディの意味と全く同一であり、きわめて興味深い。

先に触れたクリエー＆ロサルドは、女性と豊穣性の観念が結びつけられず、その性そのものが強調されているような社会においては、結婚に際して男側から女側へと与えられるサービスや財は、通常は求婚者である若者自身の労働力またはその労働によって得られる程度のものであるのに対して、女性の豊穣性が強調される社会では、若者の家族や親族の者達の長年月の労働を必要とするような財が授受されることから、前者を労働奉仕型社会、後者を婚資型社会と呼んで区別した。そしてこの二つのタイプのうち、前者は狩猟採集民社会あるいは粗放的焼畑—狩猟民社会と、そして後者は焼畑—部族民社会とほぼ対応していると指摘している。ただし、この生態学的区別は必ずしも二つのタイプと正確に対応するのではなく、重要なのは社会関係を特徴づけるシステムの方であることを断っている（Collier & Rosaldo 1981: 278-279)。

アエタ、イロンゴット、ブヒッドの三つの社会は、いずれも粗放的焼畑民であり、それぞれ比重は異なるものの、現在でもしばしば狩猟を行っている。その意味では、それらはクリエー＆ロサルドが呼ぶところの労働奉仕型社会となる可能性が高いのであるが、実際にはブヒッドでは結婚時において財やサービスの授受が原則としては必要とされず、イロンゴットでは少額の財やサービスが与えられ、アエタでは通常、家族や親族の者達の長年月の労働の成果であるような高額な財の支払いを必要としている。同じフィリピンに住み、双系で似たような生業を営んでいるにもかかわらず、婚資に係わる慣行には大きな違いが見られるのである。しかもアエタとイロンゴットでは、ともに女性と豊穣性を結びつける観念が稀薄であり、女性の性そのものの強調という似たような性差の認識が見られるにもかかわらず、アエタなどはむしろ婚資型社会に含めるのが妥当なバンディの慣行を持つ。すなわち、少なくともフィリピンにおいて婚資の慣行は、生態学的条件のみならず、文化的な性差（ジェンダー）の観念とも対応していないのである。

そうした中で、三つの社会に共通しているのは、ひとつには同一社会における個々の事例のあいだで見られる、財やサービスの額や量の多様性であり、第二には、逆にそうした多様性にもかかわらず、それらに一貫して見いだせる、婚資に相当する財やサービスを与えることの意味である。すなわち、アエタとイロンゴットの両社会では、男女双方の親族間の社会的、心理的な距離や溝のひろがりと、支払われる財やサービスの量がおおよそ対応している。さらに言えば、そうした支払いは、怒りの情動や剝奪の意識に対して直接になされているのである。この点については、ブヒッド社会においても男女双方の親族間で、いずれか一方が他方に対して恨みや不快感を抱いている例外的な場合に限り、財が支払われることを指摘した。そしてブヒッドの場合は、結婚ではなく、離婚に際して残された者の方が「慰謝料」を要求するのであるが、それは配偶者を喪失する痛み、あるいは日常生活の成り立ちの破綻によって引き起こされた激しい感情に対して支払われるのである。

婚資が、結婚によって娘（の性）を若者に奪われると感じて娘の家族や親族の者達が抱く、怒りの情動や剝奪の意識に対して支払われることは、イロンゴットの事例でより明確に示されている。そこでは、首狩りの理由についてイロンゴット自身が、「親族を失うことによって生じた悲嘆と〝不快感〟（*'uget*; bad feeling）とが、いつまでも心の重さや重荷として感じられ、その心の重さは、声も出せない犠牲者の肉体に〝達する〟ことができ、それに切りつけてその首を高く放りあげるまでは決して晴れることがないから（M. Rosaldo 1980: 138-139）」、あるいは、「悲嘆から生じた怒りが首を狩るように（自分を）突き動かす。犠牲者の首を切断し、投げ捨てることによって初めて、親しい者に先だたれて残されたことの怒りにはけ口を与え、捨て去ることができる（R. Rosaldo 1984: 178）」と説明している。そして、首狩りの報復や応酬を解決するために、あるいは結婚をするために支払う財は、首狩り殺人や結婚によって生じた損失ではなく、怒りそのものに対して直接に支払われるものであり、その支払いによって怒りは慰撫され、溶解して消え去るのである。すなわちイロンゴットでは、ロサルド夫妻および欧米人の（そしておそらく日本人も含めて）常識が理解するところを越えて、「怒り」に「支払いをする」ことと、それによって「怒り」を「忘れる」ことが、きわめて当たり前の行為と考えられているのである（M. Rosaldo 1984: 144, 150）[5]。

以上から明らかなように、双系で粗放的な焼畑農耕を営むイロンゴットとブヒッドの社会においても、婚資に相当するような財の授受は、出来事としての結婚あるいは離婚に伴って生ずる怒りや激しい感情（苦悩）の慰撫と直接に係わっているのである。このことは、筆者がアエタ社会に関して強調した点、すなわち怒りの情動が、事態の予定された進行の道筋からの逸脱や、安定のうちにあるべき秩序の破綻、あるいは剥奪や侵犯という行為に対して生ずること、そしてバンディすなわち婚資に相当する財の支払いが、剥奪や侵犯を受けた者の怒りや被奪感を慰撫することによって、新たに生起した事態や変化の相を所与の現実として甘受することを促し、再び安定した秩序のうちに諸関係を配置あるいは再構築するということを、改めて裏づけるものである。

最後に再び本書の主題である、出来事をめぐるアエタ社会の「熱さ」と「冷さ」の問題に立ち返ると、関連して重要なのは、アエタの人々がきわめて現在的な時間感覚の生を生きていることである。彼らの歴史認識は、過去の出来事を物語のかたちで貯え、景観と結びつけて想起するゆえに、過去は常に可視空間の背後に同時代性を伴って潜在している。また食糧獲得手段の多様化とその最大活用という生存の戦略は、狩猟採集などの古いタイプの生業を捨て去ることなく、新しい生業との「重層的併存」というかたちで現在にも活かし続けている。アニト・セアンスにおける、病いの解釈としての病者の過去の体験の組織化（または再組織化）の作業も、現在時の病いに収斂して病いの必然を納得すると同時に、それから脱する方途を示す物語を紡ぎ出す試みであるがゆえに、現在の状態の意味づけを集中して行なっているのである。

一方、結婚においても親達は既存の生活世界の内部で子供達が結ばれることを好み、現在ある世界の成り立ちの安定した存続を図ろうとする。しかし地理的あるいは社会的に遠い若者との娘の結婚、ましてや駆け落ちの試みは、そうした世界の一部を揺り動かし変化を生み出す企てである。その場合は高額なバンディの支払いによって、女側親族が娘の剝奪をやむを得ないものと甘受し、出来事の生起の後の変化の相を所与の現実として追認してゆくことが求められる。

すなわち彼らの社会は、現在の調和のうちにあるべき世界の成りたちが存続してゆくことが期待されながら、実際には様々な出来事によって変化の相のなかに投げ入れられてゆく。そうした変化に対してアエタの人々は、当惑や怒りを覚えて立ち向いながら、結局は、以前の状態の回復を求めるよりも、その変化を受けいれてゆく。その意味では、生成する変化のなかにある「熱い社会」と言うことができる。しかし個々の出来事によって生成する変化が、社会のあり方を全面的に変えてしまうことがないという意味では逆に「冷い社会」と言うこともできるのである。こうしたアエタ社会の一見すると相反するふたつの相貌は、しかし出来事と構造のどちらが優位かという対立の表われとしてあるのではなく、そうした二元論の陥穽を越えて、ふたつながらをひとつにした「熱い冷さ」とでも呼ぶべきものとして捉えなければならない。変化を生成しつつ同時にその変化を組み込んだ自己組織化によって柔軟かつ安定的に存続するものこそアエタ社会なのである。(6)

アエタ社会が、微細な変化を生成しながら、結局それによって決定的な変化をこうむらずに存続してきた理由は、何よりも彼らがピナトゥボ山一帯に排他的な生活領域を維持し続けたことにある。平地民社会と空間的に隔てられ、平地民と緊張をはらんだ関係を保ち続けたことは、平地民の文化が圧倒的な力と勢いを伴って押し寄せてくることを阻んできた。それゆえにアエタ社会は、平地民文化の諸要素がアエタ固有の制度や慣行を攪乱したり衰退させたりすることなく、それらと適合あるいは併存するかたちで所を得るような仕方で、個々の文化要素を選択的かつ制限的に導入することができたのである。定着犂耕農業プロジェクトが失敗したのも、第四章で詳しく検討したように、アエタの人々がそれを生業の一部として制限的に導入しようとしたためであった。また現在では援助団体を通じて医薬品や町の病院での医療が徐々に紹介されながら、他方で旧来のアニト・セアンスは、それが病いを意味づける物語を生成させる場であるゆえに、依然として重要な役割を果たしているのである。一方、社会の内部から生ずる出来事に対しては、伝統的であると同時に現在の文化や社会を精彩あるものとして構成している諸制度や諸慣行が、出来事の熱さを冷やす仕掛けとして働いている。たとえば、遠い若者との結婚には高額なバンディの長期にわたる支払いと妻方居住を行わせ、娘の全面的な剝奪を許さなかったように、出来事の衝撃力が生活世界の成り立ちを短期間に大きく変えることが巧みに制御され、阻止されているのである。

彼らにとって過去の出来事は、現在と切り離された特定時点における諸関係の脈絡のなかで理解されるよりも、現在と不可分に結びついて現在に収斂し、かくある姿の現実を作りあげている一因として意味づけられ位置づけられる。同様に将来についても、多少の変化が生ずることを想定しながらも、基本的には現在ある世界の成り立ちの枠組みが継続してゆくべき延長として捉えられている。すなわち、アエタ社会の「熱い冷さ」を生み出しているのは、過去の祖型や範型へ回帰しようとする意図や理念ではなく、現在の生活世界を構成する諸関係と諸制度や諸慣行とを柔軟に維持し、時に新たな要素を付加しながら、「今」「ここ」に生きている世界の存続を企図し続ける、強烈な現在中心主義なのである。もちろん、特定の出来事による変化の相の前の局面と後の局面とでは、持続し重複する部分が多いものの、全く同一のかたちが復元されるのではなく、微細な差異を生じさせていることは言うまでもない。出来事の生起による変化ごとの微細なズレを積み重ね、たえずズレ動きながら、しかし一定の形相を常にとどめて持続しているものとして、アエタ社会の「熱い冷さ」を理解することができるのである。

付録　パン・ダロイ夫婦家族の経済生活

パン・ダロイ夫婦家族を考察の対象として選んだのは、一九七七年度の援助団体主催による収穫・農民祭において、彼が援助団体の指導に最も忠実で顕著な成果を収めたとして表彰されたこと、そして筆者の観察からも、キリン・グループの中でいちばん豊かな生活を送っていたからである。その経済生活の実態を把握するために筆者は、一九七八年三月から翌年二月までの一年間にわたり、彼の夫婦家族の日々の生活における労働の種類、食事の内容、農産物等の売却、必需品の購入、その他の交換の五項目について調査した。[1] 彼の夫婦家族を選んだのは、彼がきわめて数少ない成功例であるほか、焼畑の維持や管理はほとんど娘にまかせ、自分は援助団体から貸与された常畑での陸稲栽培と、カキリガン集落から二㎞ほど離れた土地に自力で開いた水田（約〇・二〜〇・三ha）での水稲耕作に専念して、家を留守にすることが少なく、日々の記録が可能であったこと、そして、夫婦家族としての独立性が高く、他では頻繁に見られる拡大家族内での食料分配や共食をあまり行わなかったからである。その家族構成は、夫のパン・ダロイ氏が四〇代後半、妻のインドン・ダロイが四〇代前半、長女のピイチャイが一四歳、次女のコラソンが一二歳、三男のブロックが七歳、四男ルーディが五歳、五男のヒロが零歳の七人であった。（年齢は推定。またパン・ダロイ氏とインドン・ダロイは共に再婚であり、前妻、前夫とのあいだにもうけた各々の子供は既に結婚して婚出している。）

パン・ダロイ夫婦家族の一年間の食生活については、表13にまとめた。[2] それをフォックスが調査した一九四〇年代後半の西麓アエタの食事内容（表12参照）と比べてみると、何よりもまず米の占める割合が激増している点が目につく。後者では米は〇・五％を占めるのみで、主食はサツマイモ（五三％）およびトウモロコシ（一四％）であったのが、パン・ダロイ夫婦家族の場合では、米が完全な主食となっており、一年間で一〇六七回の食事のうち、九七四回（九一％）米を食べているのである。

米食中心の主食と、日に三度の食事がほぼ可能なことは、カキリガン集落でも、彼らが例外的に〝豊か〟であることの現われであるが、その米の入手方法を詳しく見ると必ずしも自家米を食べているわけではない。調査期間中の稲の収穫は、一九七八年五月にナプヌグの水田から五カバン、十月にはカキリガン農場から一カバンとオンダヨンの焼畑から二カバン、そして一九七九年二月にナプヌグの水田から二カバンの合計十カバンに過ぎない。しかも一九七八年五月の収穫分のうち二カバンは、トラクター賃借料およびカラバオ代金等の返済として援助団体に支払っており、実際に自家用に供したのは籾米八カバン、精米にすると四カバン程度に過ぎない。これだけでは夫婦と四人の子供の計六人の家族で食べる三カ月分ほどにしかならず、年間必要量にはとても間に合わない。したがってその足りない分を援助団体スタッフとの物々交換で手に入れたり（精米二カバン余）、あるいはスタッフが経営する二軒のサリサリ・ストアや町の市場で買ったりして（六三八ペソ、精米約五カバン相当）補っている。[3] すなわち、援助団体の自営自立農民の育成という方針にもかかわらず、その援助の最も成功した例と考えられるパン・ダロイ夫婦家族は、その生活の基盤を援助団体スタッフの家々に大きく負っているのである。

具体的には、パン・ダロイ氏がスタッフの常畑のための犁耕に雇われたり、娘のピイチャイやコラソンがその後の除草のために雇われたり、そうした家族成員の賃労働によって現金を得、それで米を買っているのである。[4]それ以外にも、平地民資産家がリザベーション内に不法に開いた砂糖キビ・プランテーションの植え付け時期に、短期季節労働者として雇われたりすることもある。また、アバウと呼ばれるこがね虫や薬草を採集して町で売ったり、援助団体を訪れる関係者や見学者に弓矢を買ってもらったり、あるいは小豚を育てて売ったりして現金を得、米を買うことも多い。さらにはカボチャや豆などの種を援助団体からもらって栽培し、それをスタッフの家々に持ち込んで米と交換したりしているのである。(もちろん調査者〈筆者〉との間でなされた経済取引を無視することはできない。その点も含めた一年間の経済収支の詳細については表14を参照。)

表12　ピナトゥボ西麓アエタ1940年代後半の食生活

食物名	割合(%)
サツマイモ	53
トウモロコシ	14
肉　類	8
野生植物（イモ類，野菜，果実，キノコ，野生バナナ，種子，等）	8
タロイモ	7
ヤムイモ	5
バナナ（栽培種および半栽培種）	5
カッサバ	1.5
栽培植物（野菜，果物）	1
米（ほとんどが外部より持ち込まれたもの，文化変容の進んでいるグループでは一部で栽培を始める。）	0.5
	100

(Fox 1952 "The Pinatubo Negritos: Their Useful Plants and Material Culture" Table 1. Annual Subsistence, recent (historical) より)

表13　パン・ダロイ夫婦家族の食生活
(1978年３月～1979年２月)

月　：	3	4	5	6	7	8	9	10	11	12	1	2	計	割合(%)
食事回数：	81	90	78	90	92	93	90	93	90	93	93	84	1067	①
1）デンプン食（主食）														
米	70	68	71	87	88	91	73	78	82	89	93	84	974	(91)
タロイモ	5	5	2	—	—	—	6	25	4	11	14	18	90	(8)
サツマイモ	2	14	3	1	—	8	13	6	5	2	4	—	58	(5)
ヤムイモ	1	—	1	1	—	—	—	8	—	—	—	—	11	(1)
トウモロコシ粉②	1	—	—	—	—	—	3	4	—	1	—	—	9	
ビーフン	—	—	—	2	1	—	—	—	3	2	—	—	8	
カッサバ	1	1	—	—	—	1	—	3	1	—	—	—	7	
トウモロコシ	—	1	2	—	2	1	—	—	—	—	—	—	6	
パ　ン	—	2	1	—	—	—	—	—	1	—	—	—	4	
ビスケット，クラッカー	—	1	—	—	—	—	—	—	—	1	—	—	2	
オートミル	—	—	—	—	—	1	1	—	—	—	—	—	2	
大麦粉③	—	—	—	—	—	—	2	—	—	—	—	—	2	
中華麵	—	—	—	—	—	—	—	—	—	1	—	—	1	
2）缶　詰														
サ　バ	—	—	5	—	—	—	—	—	—	—	—	—	5	
イワシ	—	—	—	—	—	1	3	—	—	—	—	—	4	
ミートローフ	—	—	2	—	—	—	—	—	—	—	—	—	2	

3）肉　類													
豚④	1	1	—	1	1	1	7	4	3	5	3	2	29
鳥	1	—	1	2	6	1	4	—	—	—	2	2	19
鶏	—	1	1	3	3	1	—	—	—	1	1	—	11
コウモリ	1	2	—	—	—	1	3	3	—	—	—	—	10
アヒル	—	—	—	—	—	4	—	—	—	—	—	—	4
牛	—	—	—	—	—	—	1	—	—	—	—	1	2
犬	—	—	—	—	—	—	—	—	—	—	1	1	2
馬⑤	—	—	—	—	—	—	—	—	—	1	—	—	1
ヤギ⑥	—	—	—	—	—	—	—	—	—	1	—	—	1
蛇	—	—	—	—	—	—	—	—	1	—	—	—	1
玉　子	2	—	—	—	1	1	—	—	—	1	—	—	5
4）川魚等（淡水産）													
魚，エビ，ウナギ	11	9	3	4	—	1	2	—	—	—	2	1	33
巻　貝	1	2	5	—	—	—	2	—	12	1	2	2	27
カエル	—	—	2	6	4	10	—	—	—	—	2	—	24
5）干魚等（海産）													
干　魚	2	8	1	5	8	9	8	—	4	2	9	1	57
干エビ	7	—	—	—	—	—	—	—	—	2	—	1	10
鮮　魚	2	1	—	2	—	—	—	—	—	1	—	—	6
lolomo（海草の１種）	—	—	—	—	—	—	—	—	—	—	—	1	1
bago-ong	1	3	3	—	1	3	2	5	4	6	—	4	32
6）昆虫類													
abaw	5	3	3	—	—	—	—	—	—	—	—	1	12
kated	—	—	—	—	—	—	—	—	5	2	—	—	7
ambaling	—	—	—	—	—	—	2	—	—	—	—	—	2
ハチミツ	1	—	—	—	—	—	—	—	—	—	—	—	1
7）野菜，豆類等													
otong	16	13	2	—	—	—	—	3	5	5	—	1	45
トマト	16	9	3	—	—	—	—	—	—	—	8	8	44
サツマイモの新芽	3	3	2	3	2	6	5	8	3	2	—	—	37
タロイモの子株	—	6	10	1	10	—	—	—	—	—	1	1	29
パパイヤ	—	—	—	2	6	9	1	1	2	—	—	—	21
タロイモの若茎	1	—	3	—	3	—	1	—	4	1	—	—	13
tobongaw	—	—	1	4	1	—	—	—	—	—	1	4	11
antak	3	2	—	—	—	1	—	—	—	4	—	—	10
patola	—	—	—	—	—	1	4	1	—	—	—	—	6
マンゴ	2	1	2	—	—	—	—	—	—	—	—	—	5
大　根	—	—	—	—	—	—	—	—	—	—	4	—	4
カボチャ	—	2	1	—	—	—	—	—	—	—	—	1	4
ピーナツ	2	—	—	—	—	—	—	—	1	—	—	—	3
maronggay	—	—	—	1	1	—	—	—	—	—	1	—	3
バナナ	—	—	—	2	—	—	—	—	—	—	—	—	2
白　菜	1	—	—	—	—	—	—	—	—	1	—	—	2

キャベツ	1	—	—	—	—	—	—	—	—	—	—	—	1
玉ネギ	1	—	—	—	—	—	—	—	—	—	—	—	1
balatong	—	—	—	—	—	—	—	—	1	—	—	—	1
kangkong	—	—	—	—	—	—	—	—	—	—	1	—	1
lasona	—	—	—	—	—	—	—	—	—	—	1	—	1
sawoti	—	—	—	—	—	—	—	—	—	1	—	—	1
tangkoy	—	—	—	—	—	—	—	—	—	—	—	1	1
kalamansi	—	—	—	—	—	—	1	—	—	—	—	—	1
otong の新芽	—	—	—	—	—	—	—	1	—	—	—	—	1
8）野草等													
kowat	—	—	—	26	2	3	—	—	2	—	—	—	33
poho	—	1	—	3	2	2	5	3	1	4	1	2	24
aya	—	1	7	1	1	—	—	—	—	1	5	4	20
apalyat	—	—	—	2	1	1	1	2	1	1	—	—	9
竹の子	—	—	—	3	—	1	—	—	—	—	—	—	4
alokon	—	—	1	—	2	—	—	—	1	—	—	—	4
onti	—	—	—	1	—	—	—	—	—	—	1	1	3
keketban	—	—	—	—	—	1	—	1	—	—	—	—	2
saloyot	—	—	—	—	1	—	1	—	—	—	—	—	2
lomboy	—	1	—	—	—	—	—	—	—	—	—	—	1
kalot	—	—	—	—	—	—	—	1	—	—	—	—	1

注

① 食事に供された回数の総計であるため，例えば米とタロイモを一緒に食べた時には，それぞれ1回と数えてある。したがって各品目のパーセントの合計は100%を越えることになる。

②③ いずれもカトリックの団体が援助団体を通じて配給している。パン・ダロイ夫婦家族の場合は経済的に余裕があるために，それに頼ることは少ないが，他の貧しい家族の場合には重要な位置を占めていることもある。

④ 豚肉が手に入った時にはまずそれを料理して腐らないようにした後，2，3回続けておかずにすることが多い。

⑤⑥ いずれも平地民から分けてもらったものである。

abaw; Lepidiota sp. こがね虫の1種。

alokon; Allæanthus luzonicus var. *blaber* (warb.) Merr. 若芽を野菜として利用する。

ambaling; ぞうむしの1種（*uang. Rhychophorus* sp.）の幼虫。

antak; Phaseolus lunatus Linn. リマ豆の1種。

apalyat; Momordica charantia Linn. 若芽を野菜として用いる。

aya; Amaranthus viridis Linn. & *Amaranthus spinousus* Linn. 野生ホウレン草の1種，トゲを取り除き，若芽の部分を食べる。

bago-ong; 海の小魚を塩づけにしたもので，日本の塩からに似ている。お湯でうすめてスープのだしにしたり，そのままごはんのおかずにしたりする。

balatong; 日本の小豆に形も大きさも似ているが，色は濃いうぐいす色をしている。

kalot; Dioscorea hispida. 野生のヤムイモの1種。

kangkong; Ipomea reptans aquatica. 水辺に生え，ツルが水面上にひろがって伸びる。新芽の部分を食べる。

kalamansi; Citrus microcarpa Bunge. その小さな実を料理の味付けに用いたり，絞ってジュースなどにして飲んだりする柑橘類。

kated; こがね虫類の幼虫。
keketban; ear-fungi（サルノコシカケ）の類。
kowat; きのこ。
lasona; 玉が小さく赤い色をしたネギ。
lomboy; Syzygiumcumini (Lin) プラムの１種。
maronggay; Moringa Oleifera. 葉をスープにして食べる。
patola; Luffa acutangula (Linn.) Roxb. カボチャの１種。
poho; バナナの花のつぼみ。特に野生バナナのそれを野菜として食べる。
saloyot; corchorus acutangulus Lam. 若芽を野菜として用いる。
tabongaw; Lagenaria siceraria. カボチャの１種。
tangkoy; 実の形はアボガドに似ており，野菜として用いられる。
onti; Solanum nigrum Linn. 葉を野菜として用いる。
otong; Phaseolus Vulgaris Linn. いんげん豆の１種。
（学名の同定は Fox 1952 による）

表14　パン・ダロイ夫婦家族の経済生活
（1978年３月～1979年２月）

Ⅰ．収　入	（単位はペソ）	（割合）
1．現　金	**1850.7**	（100　%）
ｉ．賃　金	**726**	（39.2%）
パン・ダロイ	279	
インドン・ダロイ	50	
ピイチャイ	297	
コラソン	82	
ダミロ（ピイチャイの求婚者）	18	
ii．売　却	**1041.7**	（56.3%）
abaw（こがね虫）	161	
小豚２匹	160	
弓矢数組＋ビステ（漁撈用の小さな銛）１本	145	
pangnigang（妊婦，産婦の造血剤として用いられる木の根）	115	
薪	51	
boyboy（箒の材料となる草）	50	
びく２個	50	
あひる２羽	40	
バナナ	38.2	
トウモロコシ	34	
tabongaw（カボチャの１種）８個＋カボチャ５個＋トマト２kg	30	
antak（リマ豆）	30	
hila-hila（カラバオにひかせる竹製の橇）	30	
１バルディ籾米（カリボ品種）	20	
鶏１羽	20	
tabongaw	13.75	
tabongaw＋トマト＋バナナ	8	
otong（いんげん豆）＋トマト	6.5	

カボチャ	5
hoklay（竹製の櫛）	5
karonci（野生蘭の1種）	5
otong	2
lidek（淡水巻貝）	1
トマト	0.25
援助団体クリスマス祭での Ginebra（ジン）の小売差益 {4（売値）−2.5（買値）}×12（本数）	18
援助団体クリスマス祭でのチューインガムの小売差益 {0.15（売値）−0.09（買値）}×50（個数）	3

iii．平地民知人からのプレゼント及び借金 ……………………………**53**　(2.8%)

iv．銀行預金の全額引き出し（1977年に預け入れ） ……………………**30**　(1.6%)

2．交換によって得られた精米…2カバン＋2サロップ＋6ガタン　≒**253**

abaw	2バルディ5サロップ	5ガタン
サツマイモの新芽	5　〃	5　〃
boyboy	5　〃	
トマト	3　〃	2　〃
otong＋カボチャ＋トマト	3　〃	8　〃
タロイモ	2　〃	5　〃
tige（豚のエサにする野草）	2　〃	4　〃
タロイモの子株	1　〃	4　〃
タロイモの若茎	1　〃	
バナナ	1　〃	
トウモロコシ	1　〃	
kangkong（水辺に生えるツル草）	1　〃	
poho（野生バナナの花のつぼみ）	1　〃	
野生の鶏	1　〃	
tabongaw＋カボチャ		5　〃
サツマイモ		2　〃
カエル		2　〃
パン・ダロイの1労働日	2　〃	
ピイチャイの1労働日	1　〃	

3．交換によって得られたその他のもの…………………………………≒**116.15**

バナナ	*bangos*（ミルクフィッシュ）＋*galonggong*（いわし）(3)， パン(4.5)，コンデンスミルク3缶(6)，干魚(2) タバコ(1)，塩(0.5)
古着	*angtoko*（手製水中メガネ）(10)
弓1本＋矢2本	中古懐中電燈(10)
サツマイモの新芽	砂糖(1.6)，酢(1)，洗濯セッケン(1)，味の素(1)
トマト	*bagoong*（海の小魚の塩漬け）(2.9)
タロイモ	コンデンスミルク(2)，食用油(0.15)，味の素(0.1)
tige	コンデンスミルク(2)
poho	*bagoong*(1)
otong＋タロイモの子株	干魚(1)

タロイモ	砂糖(0.8)
1ガタン川エビ	ランプ・オイル(0.35)
トマト	マッチ(0.15)
2バルディ籾米	タバコ50本(25)
4ガタン精米	コンデンスミルク(2)
1　〃	1.5ガタン *birabid*(淡水巻貝)(0.5)
4サロップ精米	―*―ネスカフェ・コーヒー(6.2)，砂糖(4.5)，塩(4)，洗濯セッケン(4)，干魚(3)，*bagoong*(3)，コンデンスミルク(2)，マンゴ(2.5)，食用油(1.9)，醤油(1.5)，パン(0.55)，マッチ(0.15)，タバコ(3.3)

＊この交換はピイチャイがメイドとして働いている家との間でなされた。陸稲収穫の1部をパン・ダロイ夫婦がおすそ分けとして持ち込み，そのお礼として上記の品物を受け取ったものである。差額(20－36.6)は"*otang nin ihip*"(内なる借り)と説明される。

4．賃労働に対する現物による支払い …………………………………………≒**79**

パン・ダロイ	3労働日	魔法びん	25
	1　〃	*sarapa*（犁の部品）	18
	1　〃	ナイロンロープ	20
	1　〃	鶏1羽	6
インドン・ダロイ	1　〃	中古懐中電燈	10

5．稲の収穫……………………………………………………………10カバン≒**500**

1978年5月	ナプヌグ水田	5　〃
1978年10月	カキリガン農場常畑	1　〃
	オンダヨン焼畑	2　〃
1979年2月	ナプヌグ水田	2　〃

6．ランガッド（ピイチャイの胸に触れた事に対する男側からの賠償）
……………………………………………………………………≒**400**

中古ラジオフォノ	300
籾米1カバン	50
犬1匹	50

7．台風災害に対する赤十字のレーション ………………………………≒**35**

5サロップ精米	25
イワシ缶詰5個	10

II．支　出 ………………………………………………………………**1746.75**　(100%)

1．食糧品 ………………………………………………………………**1194.2**　(68.4%)

精米……………………………………………………………………**638.75**

その他…………………………………………………………………**555.45**

コンデンスミルク	130.9
砂　糖	51.45
コーヒー	44.4
干　魚	39.4
bagoong	33.6
パ　ン	33.15

塩	16.25	
牛　肉	16	
サバ缶詰	14.3	
食用油	13.3	
lasona（ネギ）	9.25	
halo-halo（かき氷と煮豆や果実などを混ぜあわせたもの）	8.15	
イワシ缶詰	7.75	
豚　肉	7	
ミートローフ缶詰	5.4	
ビーフン	5	
干エビ	5	
鮮　魚	5	
魚のひらき	5	
清涼飲料水	3.5	
玉　子	3.5	
酢	2,75	
キャベツ	2.6	
アイスクリーム	2.5	
ビスケット	2.5	
トウモロコシ	2.5	
味の素	2,25	
bibingka（米粉のパンケーキ）	2	
醬　油	2	
tinapang-bangos（ミルクフィッシュの燻製）	2	
キャンディー	1.75	
マンゴ	1.6	
玉ネギ	1.25	
tinapa（燻製魚）	1	
patis（魚を塩漬けにした時できる上澄み液の調味料）	1	
スイカ	1	
バナナ	1	
bisokol（淡水巻貝）	1	
lolomo（海草）	1	
buko juice（若いココナツの実のジュース）	0.5	
santol	0.5	
ニンニク	0.45	
kalamansi	0.1	
タバコ	33.7	
Ginebra（ジン）	20.7	
町での食事代	10.5	
2．衣　服……	**159.5**	（9.1%）
洋　服	58	
T-シャツ	36.5	
ゾウリ	18	

帽　子	9.5	
サンダル	9	
洋服生地	8.5	
ショートパンツ	7	
パンティー	6	
イヤリング	4	
ハンカチ	2	
指　輪	1	
3．ノコギリ …………………………………………………………	**90**	(5.2%)
4．交通費(町へのジープニー代等) ………………………………	**85.8**	(4.9%)
5．家庭用品 …………………………………………………………	**82.6**	(4.7%)
ランプオイル	19.1	
乾電池	15.1	
鍋	14	
懐中電燈	13	
洗濯セッケン	10.6	
懐中電燈用バルブ	5	
浴用セッケン	4.2	
カーバイド	1	
マッチ	0.6	
6．医療費，薬代等 …………………………………………………	**58.5**	(3.3%)
ピイチャイの医療費	35	
ヒロの医療費	10	
哺乳びん2本	6.5	
目　薬	3	
Tiki-Tiki（乳児用栄養液）	2.5	
Vicks	1.5	
7．調査開始前の借金の支払い ………………………………………	**23**	(1.34)
8．平地民知人よりもらったギターの修理代 ………………………	**15.5**	(0.9%)
修理代	3.5	
ニ　ス	3.5	
接着剤	1	
弦	7.5	
9．ラジオフォノ借用謝礼 ……………………………………………	**10**	(0.6%)
(ヒロの病気なおしのためのダンスに用いる)		
10．化粧品 ……………………………………………………………	**9.2**	(0.5%)
ヘアーカラー	3	
口　紅	2	
町でのヘアーカット代	2	
歯磨粉	1.2	
櫛	1	
11．精米所代金 ………………………………………………………	**7**	(0.4%)
12．その他 ……………………………………………………………	**11.45**	(0.7%)
ノート	3.3	

糸	3.25
ガーター	2.5
財　布	2
安全ピン	0.4

＊　調査開始時の所持金はゼロであり，調査終了時には80ペソの所持金があった。現金収入と支出との差額104ペソは，買った品物の書き忘れ，おつりの誤りなどがその理由として考えられる。(パン・ダロイ，インドン・ダロイ，ピイチャイは文盲で簡単な計算にもうといので，町での買物の際におつりをごまかされることもある。)

＊　上記収入の中には，調査者（筆者）とのあいだでなされた経済取引によるものも含まれている。すなわち，調査者の家の補修のために，パン・ダロイとダミロは合わせて6労働日を働き，現金24ペソと魔法びん（24ペソ相当）を得た。またピイチャイは1978年12月より調査者の家にハウス・メイドとして住み込み，月60ペソで合計180ペソの収入を得た。(既に調査者の家には5人の子供（8～14歳）が住み，家事を手伝ってくれていたが，その子供達には給料等は支払っていなかった。) 賃金以外には，売却によって155.5ペソ(弓矢：55，びく：50，野菜：25.5，鶏：20，櫛：5)，野菜やバナナ等の交換によって精米3サロップ（≒15）とコンデンスミルク3缶(6)を得た。

注釈

第一章

（1）出来事に着目して当該社会の相貌を捉えようとする試みには、たとえばサウィト事件の分析を通して現代インドネシアの政治文化全体の構図を明らかにしようとした関本（1982）や、ある村人の死をめぐる一連の出来事の記述のなかにトラジャの文化と社会のひとつのありようを提出しようとした山下（1979）などがある。本書の題名は、山下論文と重複するが、そのことについて快諾して下さった氏に感謝します。

（2）両者の区別はまた、「停滞的歴史」対「累積的歴史」、「惰性的歴史」対「前進的歴史」、「動かない歴史」対「動く歴史」の対立としても捉えられている（1970a: 35-38）。

（3）たとえばフォックスによれば、西麓ピリエール村のアエタのあいだでは、竹製のふいごを用いる鍛冶屋がおり、その技術の継承はスペイン来航以前にさかのぼるかもしれないという。しかしながらその鍛冶技術は、平地民から得た鉄を加工して五〇種類以上の異なった型の矢尻を製作し、サンバレス—バターン山脈全域のネグリート達に供給したこと以外には、彼らの経済、社会編成を組み変えるような変化をもたらさなかったのである（Fox 1952: 352-357）。また筆者の調査時においても、鳥を射るためには竹製の矢尻を使う者がいた。

（4）もちろんその際に「隔絶した他者」を捏造するという誤謬と、「他者性の解体」という危険（浜本 1985: 107）を避けるために、細心の注意を払ったことは言うまでもない。この問題については、山口（1978: 198-199）やM・ロサルド（M.Rosaldo 1980: 22-24）も同様な注意を促している。

（5）動物はまず畑地の作物に惹き寄せられる。実際に伐採後の初年度に植え付けた作物は五〇～一〇〇％の損害を受け、次年度以降に畑が完全に整備されても一五～二〇％の被害を受けるという。また同時に動物は、森と畑あるいは森と草地との境（edge）、すなわち推移帯と呼ばれる地域にも惹きつけられる。たとえば一九六三年に材木会社が、一㎞の長さの簡易飛行場と材木伐採のためのキャンプを開き、翌年に放棄したが、そこに隣接する地域で焼畑地を伐採した家族は、一九六四、六五年で五〇〇頭、その翌年には一〇〇頭の野豚を罠で仕留めたという(Peterson 1977: 64-65, 1982: 38)。

（6）社会、文化変容を単線的で一方向のみの変化と捉えることの誤りについては、同様に船曳がヴァヌアツのマレクラ島の事例に即して強調している（船曳 1983: 60)。

（7）カキリガン集落の既婚女性の全出産例（死産や乳児死亡を含む）をもとに、斉藤が人口動態モデルを作成し、算出したものである（Saitou 1981: 22-25)。

（8）ただし、一九八四年末にはサン・フェリペ町からカキリガン集落へと向う途中にあって、雨期には氾濫して渡河を困難にしていた河に橋が架けられ、さらに翌年には河から集落までの道が整備された。いずれ将来は舗装され、最終的にはカキリガン集落を抜けて西部ルソンと中部ルソンの平野部を結ぶ横断道路が建設される予定であるという。橋と道路により、雨期でもまた四輪駆動車を使わずともカキリガン集落まで容易に入ってゆけるようになり、それまで一定程度に限られていた平地民との接触が、今後飛躍的に増大してゆくことが予想される。

フィリピンの他地域のネグリート社会が、平地民と頻繁で緊密な接触を持つようになると、ほとんどの場合、現金市場経済を媒介として、ネグリートの側に経済的な困窮化と社会的な最下層への組み込み、時には文化的な解体をも引き起こすという（Rai 1982, Eder 1987)。その意味では、筆者の調査時のアエタ社会は、いまだ経済的にはほぼ自足し、社会的には自律していたであろう。それゆえピナトゥボ・アエタの前途も、必ずしも楽観視を許さないがゆえに、固有の文化伝統が輝きを放っていた時代の最終局面にあったかもしれない。

しかしピナトゥボ・アエタの場合、まず何よりも人口母体が大きく、またスペイン期以来の平地民との一定程度の接触を通じて、自らに必要な文化要素や技術を選択的に摂取しつつ、同時に民族のアイデンティティーを堅持してきた。その経験を生かすことにより、予想される多難な前途を力強く切り開いて、固有文化を存続させてゆく可能性も決して小さくはない。筆者の心配が杞憂であることを祈っている。

（9）ルソン島北部山地のイロンゴット族についても、彼ら自身が社会生活を即興的な行為によって展開してゆくものと認識し、結婚も長老の指示や婚姻規定ではなく、「心のおもむくままに従う」ことによって実現されると考えているにもかかわらず（Rosaldo 1980: 23）、そこには潜在意識を通して実践されている構造が存在することを、サーリンズが指摘している（Sahlins 1983: 525）。

なお出来事に係わる問題として、体系と構造の各々の概念の相違については、レヴィ＝ストロースが次のように簡潔に説明しており、筆者もそれに依っている。「すなわち〝構造〟とは、要素と要素間の関係とからなる全体であって、この関係は、一連の変形過程を通じて不変の特性を保持する。…体系もやはり、要素と要素間の関係とからなる全体と定義できるのですが、体系には変形が可能ではない。体系に手が加わると、ばらばらになり崩壊してしまう。これに対して、構造の特性は、その均衡状態になんらかの変化が加わった場合に、変形されて別の体系になる、そのような体系であることなのです（1979: 37–38）。」

第二章

（1）フィリピン・ネグリートの諸グループについて、集団遺伝学の調査を続けている尾本教授によれば、中央アフリカのピグミーとのあいだには、特に密接な近縁関係はなく、互いに独立に熱帯雨林の生活に適応した結果、類似した適応的形態を示すに至ったと考えるのが妥当であるという（Omoto 1981、および教授との談話による）。

（2）フィリピンのネグリートは、今からおよそ二五、〇〇〇～三〇、〇〇〇年ほど前の寒冷期に海表面が低下した時、地続きとなった部分を通って大陸部から移住してきたと考えられている（Agoncilio, T. & Alfonso 1960: 18–19）。

（3）たとえばレヴィ＝ストロースは、『野生の思考』の第一章「具体の科学」のなかで、ピナトゥボ・アエタに関するフォックスの次のような報告を、驚嘆をこめて紹介している（1976: 5–6）。

「ネグリトは、自分の暮らしている環境に完全にとけ込んでいる。そして、さらに重要なことは、ネグリトが自分をとりまくあらゆるものを絶えまなく研究していることである。私はつぎのような例を何度も目にした。何という植物かはっきりわからないと、その実の味を調べ、葉の匂いを嗅ぎ、茎を折って観察し、生えている場所を検討する。ネグリトはこれらのデータをすべて考慮したのちはじめて、問題の植物を知っているとか、知らない植物だとか述べるのである。」

「ピグミーの鋭い観察力、植物と動物の生態の関係についての完全な知識のみごとな例は、各種のコウモリの習性についての彼らの論議である。ティディディンはヤシの枯葉の上に棲息し、ディキディックは野生のバナナの葉かげに、リットリットは竹林に、コルンボイは、木の幹にあいた洞に、コナナバーは茂った森にいる…といった調子である。」

「ネグリト・ピナツボ族は、このようにコウモリ一五種の習性を識別する。もっとも、彼らのコウモリの分類もやはり形態上の類似と差異を中心にしており、その点は昆虫類、鳥類、哺乳類、植物の分類についても同じである。」「ネグリトの男は大てい誰でも、きわめて容易に少なくとも植物四五〇種、鳥類七五種、蛇、魚、昆虫、哺乳類のほとんどすべて、さらには蟻二〇種の名称を言うことができる。またマナナーンバルと呼ばれる呪術医の男女は、術を施すのにいつも植物を用いているので、彼らの植物に関する知識たるや、まったく驚嘆に値する。」(R. B. Fox 187-188)。

(4) カキリガンで用いられているサンバル語の方言には、四つの母音/a, e, i, o/がある。/a/は日本語のア、/i/はイ、/o/はオに近い。/e/は〔ë〕になったり〔e〕=エになったりする。〔ë〕は唇を横に広げたまま日本語のウをだそうとすればよい。借用語に現れる-e-はすべて〔e〕である。子音は/b, c, k, d, g, h, l, m, n, ng, p, r, s, t, q, w, y/の十七ある。言語に関して詳しくは、Shimizu and Yamashita (1982) を参照。

(5) アエタに限らずフィリピン全土において、こうしたプロセスが進行したことについては、リードがスペイン時代の歴史文書を紹介しながら明らかにしている (Reed 1904: 15-17)。

(6) 現在でも、平地民のなかにはそうしたことをたくらむ連中がいると信じている者が少なくない。たとえばある時、焼畑地へ調査に行くために、乾期には干上がってしまう川の砂地を歩いていた時、遠くでかすかに自動車のエンジンの音が聞こえた。すると一緒にいたふたりの少女は、あわてて走り出し、ふり返りながら筆者と山下氏にも急ぐようにせきたてた。そしてコーマオ (*komao*—人さらい) かもしれないから、身を隠さないとつかまえられてどこかに連れてゆかれてしまう、そうした事件が少し離れた集落で実際にあったのだと真顔で説明したのである。

(7) 同様に一九七六年にもアエタによるカラバオ泥棒の嫌疑に対して、サンタフェ村の平地民の自警団が討伐隊を組織し、山中でキャンプ中のグループを襲って八人を虐殺した事件が起きている。この事件の詳細については第八章を参照。

（8）クラーク基地と東麓側アエタとの関係の歴史、および基地に依存した現在の東麓アエタの経済については、ガアブカヤン（Gaabucayan 1978）が詳しい。

（9）同様にイロンゴット族もピスタイムという範疇を、「日本軍が来る前」、「戦前」、あるいは「ずっと以前」という意味で用いている（R. Rosaldo 1980: 40-41）。

（10）このように、共時態としての歴史については、レヴィ＝ストロースが、オーストラリア原住民社会においてチューリンガが神話時代の可触証人となっていることを指摘しながら考察を加えている（1976: 284-293）。またR・ロサルドも、イロンゴット族の歴史意識の特徴は、それが物語のなかに埋めこまれ、さらに時間が空間化される点にあると指摘している（R.Rosaldo 1980: 55-56）。同様に山口は、トポロフの論文に依拠しながら、出来事の物語化と空間への配置について、次のように簡潔にまとめている。「いわゆるアーカイックな社会において、歴史と呼ばれるものは宇宙論的神話および伝説の中に吸収されていた……。こうしたスタイルのディスクールでは、歴史記述におけるように線的に構想記述される出来事間の因果関係よりも、諸事象の同時空間における構造論的、いいかえれば宇宙論的分布表としてのパラダイムの方が優位性を示していた（1978: 271-272）。」

第三章

（1）筆者達は初め、援助団体のディレクターであるティマ氏の家の一室に寄寓したが、一九八七年十月からエスト君の父親が所有する家に移り住んだのである。最初の一年近くは、慎重で遠慮がちな、積極的調査というよりはむしろ受身的な観察に重点を置いた滞在であった。その間に集落の全員と顔見知りとなり、相互の血縁姻戚関係を把握し、社会の成り立ちと年間生活サイクルのおおよそを理解することができた。そうした後、エスト君のグループの家々のまん中に住むことによって、雑多で子細な情報の数々が、質量ともに飛躍的に増大して得られるようになったのである。

振り返って考えてみると、調査前半の受身的な係わり方が、出来事を通して社会の理解を進めるという筆者のアプローチを導いたとも言うことができる。すなわち、一般的なたてまえや規範を聞き書きするのではなく、何らかの問題が出来事として生じて集落が活気を帯びる時に、筆者もまた「参与観察」ならぬ「野次馬的観察」に出かける。そして問題の解決のための人々の対応対処の仕方を直接に見聞し、後に説明してもらい、あるいはしばらくの間それを話題として人々が話に興ずる際の論じ方を調べることによって、彼らの社会のひとつの局面の成り立ちや組織化のされ方を見究めようとした調査方法が、本書の形で提出する民族誌の叙述方法を規定しているとも言えるのである。

（2） 援助団体が来る以前、あるいは現在でも山中に残って暮らしている人々は、竹を割いて蔓でつなぎ合わせ、棺の代わりとなるものを作る。

（3） 墓地は援助団体によってやぶ地を開いて作られ、セメンテリオと名付けられている。山中に住む人々はそうした特定の墓地を持たず、死者が出るたびに、集落あるいはキャンプ地の近くの適当な場所に埋葬するのである。

（4） ただし、その際に集まってきた人々に食物を用意しなければならず、できたら米と豚肉の料理が望ましいとされているために、実際にパミサを行う事例はきわめて少ない。パン・フクリ氏の場合は、集落で最も豊かな拡大家族のひとつであり、また平地民との接触も多かったためにパミサを行ったのである。

（5） ピナトゥボ山西麓の中心的な村で、平地民の混入と混血が進んでいる。

（6） エスト君の場合も、単に変容期の苦悩というよりは、エダーも指摘しているように、少数民族の社会が平地民との接触を通して全体社会のなかに組み込まれてゆく時、彼らにとってきわめて不利な社会・経済的条件のもとで周縁的あるいは底辺の部分に位置づけられるゆえに、民族の誇りとアイデンティティーを奪われてゆく点に、その苦悩の本質があったと言える（Eder 1987: 225）。エダーはそうした環境のなかでは、たとえ平地民との通婚が行われたとしても、その子供達は少数民族の固有文化を伝承せず、また平地民文化も完全には体得せず、さらには政治的諸権利や経済的サービスを享受できず、文化変容（acculturation）ならぬ文化剝奪（deculturation）が生ずると警告している（*ibid*: 130-131）。

（7） 今まで書き進んできたことをふり返ってみると、結局エスト君の〝アモック〟という行為の原因については、状況証拠のみを書きつらねてきたに過ぎないように思われる。また彼の心理状態については、推測の形による記述が多く、その正しさを裏づける確かな証拠が少ないことを認めなければならない。事件以後、彼と親しく言葉を交わす機会を持ち得ず、彼から直接答えを聞き出すことができなかったこと、すなわち臨床心理学的な資料が欠落していることが、そうした切り込みのもどかしさにつながっているのである。

しかし筆者が原因として挙げたものは、筆者の勝手な推断によるものではない。それは彼を取りまく周囲の人々が――彼らもエスト君から直接に詳しく話を聞くことはできなかったのであるが――持ち合わせる限りの知識と情報から考えて、最も妥当なところとして語り合ったことに基づいている。もちろん筆者なりの考察も加えられているが、基本的には周囲の人々の理解の仕方に沿ったものである。あるいは、周囲の人々の解釈や意見を、筆者が相互に関連づけてまとめたものであると言うこともできる。

また本章の目的のひとつは、現在、急激な変容を迫られつつあるピナトゥボ山南西麓アエタ社会が内に潜ませている苦悩を、エスト君の事件を通して記述することにあった。そうした意味では彼個人の直接的な動機よりも、そのような状況証拠を集め、事件に対する周囲の者達の受け止め方を論ずる方が、アエタの人々全員が置かれている状況の雰囲気を、結果としてより良く伝えることができたと信じている。

第四章

（1）ただし、最初に開発プロジェクトを立案し、関係者を説いて回ったのがマニラのU・S・AID（Agency for International Development）の幹部職員であり、またピナトゥボ山が、東にクラーク空軍基地、南西にスービック海軍基地、西にサン・ミゲル通信基地を見下ろす戦略要衝地に位置していることを考えると、そこに米軍の意図を見ることも可能かもしれない。

（2）カキリガンにPC兵士が短期駐在することになったのは、PCによるアエタ殺害や暴行事件の対応策として、カキリガン集落や近隣に住むアエタ達に反政府的な意図のないことを明らかにし、かつ安寧の維持を図るために、援助団体がその派遣を要請したためである。

（3）キリンとラバウ両グループの不信感の表出を示すものとして、以下に報告するような事件も生じている。

一九七七年一一月六日、ラバウ・グループのパン・ウリグンの一〇歳ほどになる娘のロザリナが、町の病院で死亡した。病院に運ばれる前の数日間、風邪のために自宅で寝込んでいたのだが、容態が急激に悪化して病院に運ばれ、そのまま死んでしまったのである。後に援助団体のディレクターが医師に死因を確かめたところ、肺炎とのことであった。

カラバオに引かせたカリソン(竹製のソリ)に乗せられて返ってきた遺体を改めて見なおした母親のインドン・ウリグンは、遺体の眉間と左脇腹に不審なアザがあることを認め、マンココラム(*mangkokolam*—妖術師)の仕業に違いないと主張した。(マンココラムとはコラム—*kolam*—という邪悪な力を遣わして、自分が怒ったり不快に思ったりした相手に災難や病気をもたらす人物である。ただし、本人がコラムを持っていることを自覚しているとは限らない。血縁や姻戚関係にない者に対しても物を乞われれば与えなければならず、親切にしなければならないという、分配や客人歓待の義務を強調する理由として、マンココラムの危険を指摘する者が多い。同様なマンココラムの信仰は、平地民のあいだでも広く見られる。)

それからラバウ・グループの間で、「以前インドン・ウリグンがインドン・ダロイ(キリン・グループ)から煙草を幾本か分けてもらって、それっきり一本も返さないのを、インドン・ダロイがひどく怒っていたから、インドン・ダロイこそマンココラムに違いない」との噂が広まった。その噂は初めラバウ・グループ内でのみ語られていたのだが、その名前を伏せながらも脈絡から誰がマンココラムとされているか明らかになるような形で、すぐに外部にも広まっていった。

一一月一一日にその噂を耳に入れたインドン・ダロイは、名指しはされなかったものの、自分が疑われているに違いないと確信し、まず夫のパン・ダロイと共に援助団体の運転手のアンドイの家が経営しているサリサリ・ストアでビールとイワシの缶詰を買ってその場で飲み始め、アンドイの妻に無実を訴えた。次いで少々酔ったところで、当時カキリガン集落に駐在し始めたエフレン軍曹の所に行き、泣きながら無実を証明してくれるように頼んだのである。

そこでエフレン軍曹は翌日、ラバウ・グループの主だった者達を自分の家に招き、また集まってきた見物人を含めて、そもそもマンココラムなどは存在せず、ロザリナの死因は肺炎であるとわかりやすく説明し、説得した。一方パン・ダロイとインドン・ダロイは、ラバウ・グループの成員であるカルメリータがかつて病気で長いあいだ寝込んでいた時、誰が何をやっても治らなかったが、自分達のお守り(*anting-anting*)を体にこすりつけて祈り、薬草を調合してあげたらやがて全快したことを挙げ、ラバウ・グループに対して好意すら持て、決して悪意や敵意は持っていないと力説した。(カルメリータの父親のポオランは、ラバウ・グループのキャプテンのパン・メリシアのオジに当たるが、グループと不仲であるために、カキリガンへの移住にあたっては、キリン・グループ側に近い方に家を建てていた。)

それに対してインドン・ウリグンやその他のラバウ・グループの成員達は、皆ロザリナの死因がマンココラムによるものと疑っただけで、決してインドン・ダロイがそうであると決めつけたわけではないと弁解した。双方の主張が対立したわけではないので、和解工作は簡単に終わり、その別れ際、エフレン軍曹の勧めに従ってパン・ダロイとインドン・ダロイはラバウ側の人々と握手した。

(4) おそらくは、平地民に使われて材木の切り出しに従事していたようなグループ (c.f. Domingo-Perez 1680: 292-293) が、伐採後に焼畑の試みを始めたのが、焼畑農耕の最初の受容の仕方であったかもしれない。

(5) カキリガン集落から七~八㎞ほど南の山腹で銅の採掘をしている合併ベンゲット株式会社 (Benguet Consolidated Inc.) の資料によれば、一九七六年から七九年までの四年間の平均年間降雨量は五、三〇九ミリである (Brosius 1983: 126)。

(6) 米の需要はきわめて高いが、生産性が低いうえ、収穫後には借金 (ツケ買い) の返済としてイロカノ商人に取られたり、あるいは他の必需品を得るために交換されたりするために、伐採を始める時期まで自家米を所有している家族は少ない。そこで普通はバナナを売ったり、野生蘭やアバウ (こがね虫の一種) を採集して売ったり、あるいはふもとの砂糖キビ・プランテーションの刈り入れや植え付けのための賃労働者として雇われたりして現金を入手し、米やその他の副食を買いそろえるのである。

(7) このことは伐採に限らず、他の農作業においてもほぼ同様である。ただし雨期は比較的涼しいので作業能率が上がる反面、降雨によってその労働時間が左右される。

(8) 焼畑の所有単位は夫婦家族 (単位家族) であるが、通常は夫、妻、時には子供がそれぞれの焼畑のタイトルを有し、ひとつの夫婦家族で二枚から三枚の焼畑を持つ。ただしアエタ社会における「所有」は、そこから得られるものの排他的な専有権を意味してはおらず、たまたま他より多くの収穫を得た場合などは、拡大家族を構成する他の夫婦家族に等しく分配されてしまう。また日常生活においても、拡大家族内での頻繁な食糧分配や共食が見られるのである。

(9) 諸作業の詳細については、清水(1981c)を参照。

(10) 一九七〇年代前半から中盤にかけて、共産党武装ゲリラの新人民軍がピナトゥボ山中に潜伏したため、フィリピン警察軍が集中的な掃討作戦を何度か行った。一時は新人民軍に賛同するアエタも出たが、かつて平和であったのに新人民軍が来てから問題が起きるようになり、だから悪いのは新人民軍であるとして、再びそこから離れてしまったという。一九八二年に筆者が同地を再訪した折には、戒厳令が撤廃された後のためか、実は地中に埋めて隠しておいたと言って、だいぶ古びた銃身に真新しい木製の銃床がついた散弾銃を見せてくれた者がいた。しかし散弾を持っていないために、実際に使用してはいなかった。

(11) またフォックスは、弓、弦、矢、矢尻などの材料やその製作技術、各種の罠の作り方、仕掛け方などについて詳細な報告をしている(Fox 1952: 286-299)。

(12) フォックスによれば、アントーコとビステを用いる技術は、本来平地民のものであり、それがピナトゥボ山西麓のビリエール地区に導入されたのは、一九二五年頃であった(1952: 279)。南西麓への導入はそれよりさらに遅れたと推定される。

(13) 植物毒やフィッシュ・トラップを用いる方法の詳細については、フォックス(Fox 1952: 276-279, 284-285)を参照。

(14) バナナは、長さ約三〇㎝の太い筆先の形をした無限花序が垂直に立って、その日のうちに下垂し、濃赤紫色の包みを一枚ずつ開くごとに二列に重なったバナナの花が現れる。多くて十数段の花(雌花)の子房がバナナの実になる。花序は先になるほど子房(中性花および雄花)の発達が貧弱であるから果実にならず、長い花軸だけが残る(平凡社『世界大百科事典』より)。

(15) 一九七〇年代の初め、Minority Development Committee から農業指導員としてカキリガン地域に派遣されたミノール氏の話によれば、彼は初めサンタフェ村に住んで、時々カキリガンに通っていたのだが、後にそこに家を建てて住もうとした時、危険だからやめるようにと村や町の人々に何度も止められたという。当時でも平地民のなかには、南西麓のアエタに対して、野蛮で法をわきまえぬ危険な連中という印象を抱いていた者達が多かったのである。もっとも彼によれば、それはアエタとの交換を独占していた数人の商人が、自分達の既得権益を守るためにあえて流した誤った情報によるところも大きいかもしれないという。

(16) 援助団体プロジェクトの主眼は、定着犁耕農業の推進と教育の普及にあり、キリスト教の宣教はまったく行わなかった。

(17) また援助団体自体の理念や善意とは別に、現地スタッフが必ずしも善意や奉仕の精神から参加したわけでないことは、プロジェクトの効果的で弾力的な運営がなされず、失敗に終わった遠因となっている。雇用されたスタッフのうち二名は平地民であり、ディレクターを始め他の四名は自身が少数民族で、特にその中の二人はアエタとの混血であった。しかし出身のいかんを問わず、スタッフのほとんどはアエタのためというよりも、自分自身の生活のための職を求めて援助団体の募集に応じたものであり、仕事に対する情熱もはなはだ頼りないものであった。そのうえさらに、彼らの給与が十分でないために（ディレクターの月給が一五〇〇ペソ、他のスタッフは五〇〇〜七〇〇ペソ）、彼ら自身が自らの生活の向上を求めて、結果としてそれがアエタの利益と相反するようなことをせざるを得ないこともあった。援助団体側もその内部に問題を抱えていたのである。

(18) ラバウの水田はおよそ二ha弱であるが、雨期にはカキリガンとのあいだの河が増水して渡河が困難となるために、移住後は放棄されている。ただし、援助団体から貸与された常畑での陸稲栽培の収穫があまり思わしくないので、再び水稲耕作を始めることを考えているという。

(19) 一カバンは七五リットルで、通常は石油缶を用いて測り（一杯で一バルディ＝約一八リットル）、その四杯分を一カバンとしている。乾燥した籾米は一カバンで約四五kgになる。

(20) 一九七八年度の耕作者が前年と一部変わっているのは、父親に代わって息子が耕作者（名義人）となったり、あるいは拡大家族の成員間で耕地の融通をし合ったりしているためである。一般に稲の収穫に際しては、作業を手伝ってくれた者や、ただやって来て分配を乞う者に対して（必ずしも近しい親族とは限らない）収穫の一部を分け与えたり、あるいは畑全体の収穫以前にその一部を刈り取って食べてしまったりするために、正確な収量を把握することは不可能である。したがって本書の数字も耕作者自身が答えてくれた概算にもとづいている。

（21）最初は昼食を提供せずに一日八ペソであったが、平地民に比べると勤勉ではなく作業能率が悪いとして、途中から六ペソに値下げされ、さらにその後、支払いの遅れや不払いの問題が生じた。

（22）援助団体が来る以前に陸稲栽培を試みた時、種籾はしばしば商人から入手していたが、その場合、収穫は両者のあいだで折半されたという。

第五章

（1）そもそも儀礼をいかに定義するかについては、研究者のあいだでも統一された見解はないが（船曳 1984: 528）、吉田が簡潔にまとめているように（1984: 60-61）、コミュニケーションの体系という側面を強調する論者（c.f. Tambiah 1981）と、一定の効果を期待する側面に着目する論者（c.f. Lewis 1980）とに、きわめて大雑把に分けることができる。そしてリーチ（Leach 1954: 10-14）のように前者の側面を強調し、特定の行為のうちに目的達成のために不可欠の技術的な部分と、それ以上の剰余的周縁部すなわち儀礼的な部分とを認める視点に立てば、アエタ社会においてもほとんどの行為に儀礼的側面を見いだすことが可能である。

（2）ガルバンは、かつて戦いが行われていた頃には、戦士の魂が天に上がり、自然死をした者の魂はピナトゥボ山頂に行くと考えられていたと報告している（Garvan 1964: 214）。

（3）北部ルソン山岳諸民族の宗教について詳細な比較研究を行ったデラエトによれば、焼畑耕作を主たる生業としている場合には祖霊が生者に敵対的であるが、水稲耕作を行うようになると、相続財として棚田が重要になり、祖霊も友好的で恩恵を与えるものと見なされるようになるという（DeRaedt 1964: 331）。

（4）フォックスは、パータイは本来、平地民のあいだで行われていた稲の収穫儀礼であったが、それが近年（一九四六年の調査当時）アエタに受容されるとトウモロコシの収穫儀礼に変化し、トウモロコシと共にタバコが捧げられるようになったと報告している（Fox 1952: 195）。当時陸稲がほとんど栽培されていなかったために、トウモロコシの収穫儀礼として受容されたのであろうが、現在では陸稲の収穫時に行われている。

（5）アータンは初穂儀礼のほか、たとえば新しく焼畑を開く時にその土地に住む精霊（アニト）に捧げられたりする。そのような場合、供物は米とは限らず、タバコや赤い布きれなども用いられている。

（6）エンディコットの報告によれば、マレー半島のバテック・ネグリートにおいても、雷雨の際に物を燃やして出る煙が、ハラ（*hala'*—超自然的存在）に届き、雷雨を止めてもらうことができると信じられている（Endicott 1979: 141）。また様々なタブーの侵犯が落雷や大雨をもたらすという観念が、ピナトゥボ・アエタのみならず、その他のフィリピン・ネグリートやマレー・ネグリートのあいだにもひろく見いだされ、興味深い（*ibid*: 68-79, Maceda 1975: 115-120）。

（7）具体的な病いとその対症療法として用いられる薬草に関しては、フォックスが詳しい報告をしている（Fox 1952: 315-346）。

（8）アニトと交流すること、およびアニト＝守護霊に憑依される者のいずれもマガニトと呼ばれる。

（9）時には、トランスに入ったマガニトが自身のアニト＝守護霊ではなく、病気を起こしている悪霊や精霊に直接憑依されることもあるという（Fox 1952: 317-319, Cosme 1974: 319-323を参照）。

（10）フォックスによれば、ビナグーナンは悪霊であり、馬の姿をしていて頭から尾にかけて火のようであるという（Fox 1952: 308-309）。またラモスは、フォックスの報告するビナグーナンと、平地キリスト教民であるタガログが信じているティクバラン（*Tikbalang*）とがきわめて似ていると指摘している（Ramos 1971: 24）。

（11）詳しい説明は得られなかったが、おそらく、太平洋戦争の末期にピナトゥボ山中に逃げ込んだ日本兵を襲撃した時のことと考えられる。

（12）このセアンスとは全く別の機会に採録したイストリアのなかに、人間の友として守護霊になり得る小人（パチアナック）について語っているものがあり、以下に訳出して紹介する。

「かつて人々は小人のことを信じていた。小人は子供のようで、小川のほとりで見かけることができる。彼（女）らは、カエルやエビを採るのがとても上手である。岩の上に小さな足跡やカエル、エビなどの殻が落ちているのを見つけたら、小人がそこにいたということだ。

小人は人間の良い友達だと言われている。もし（あなたが）小人と友達になりたいのならば、彼（女）をつかまえて、その髪の毛を少しもらえばいいのだ。そうすれば彼（女）は、それ以後ずっと友達になってくれる。けれども、骨付きの豚肉を食べると、彼（女）は（あなたから）逃げてしまうだろうから、食べないようにしなさい。

小人が一緒にいてくれる限り、危険や戦いの際に（あなたを）救ってくれる。鉄砲の弾だって当たらないと言われている。小人と一緒にいて良いことのもうひとつは、あなたがお金を持っていてそれで何かを買った時、使ったお金を取り返してきてくれることだ。それに米びつが空になった時も米を入れておいてくれるそうだ。（by Po-olan, Kakilingan）

（13）最近の南西麓アエタのあいだでは、東麓のクラーク米軍基地の近くに住むアエタを通じて、中古の小型ポータブル・ステレオを手に入れる者が出てきており、特別な機会の折にだいぶ流行遅れの中古レコードをかけ、深夜まで踊るのである。かつては手製のギターを伴奏にして、病いの回復を祈ったり治癒を感謝するために多く行われたが、現在はそうした宗教的意味あい抜きにレクリエーションとして催されたりすることもある。

（14）病者に対する周囲の者たちの精神的支援と、それを表現する儀礼や場がいかに重要であるかについて、エダーが強調している。すなわち、パラワン島のバタックにおいては治病儀礼が行われなくなって既に久しく、病者に対しては積極的な治癒の方策がとられないために、バタック全体の社会的ストレスに対する適応力が著しく低下しているという（Eder 1987: 201-204）。

（15）たとえばパン・ダックンという男が重病に陥った際に催されたアニト・セアンスにおいては、以前に死者を埋めた場所の近くで彼が焼畑の伐採をしたために、その時、カマナ＝悪霊が取り憑いたとされた。またフォックスが紹介しているセアンスの事例では、かつて病者が焼畑の火入れの際に知らずに焼いてしまったパパイヤの木に住んでいたというアニト＝善霊が、マガニトに憑依して現れ、病いを引き起こしていることを認めた上で病者によって加えられた危害に対する賠償を求めている（Fox 1952: 317-319）。

（16）精霊が直接に病いと関与していない場合でも、たとえばパン・ベンドイの妻の流産の繰り返しが彼の血の汚れのためとされ、ジンと豚の血とボロによって儀礼的に除去されたように、それ自身あいまいな病いは、まず病者の過去の経験や行状をめぐって特定の原因が遡行的に索出され、次いでそれが何らかの目に見える形で明らかにされた後、除去されるのである。病いの直接的な原因である魂の衰弱や離脱については、目に見える形でそれを取り戻したり強めたりしなくとも、そうした状態を引き起こしている原因（精霊や汚れ）を取り除くことによって回復されると考えられている。

（17）アニト・セアンスにおけるこうした認識の形成や再編のプロセスの特徴は、浜本が「卜占の場において卜占の結果と人々の状況理解を同時にまきこんで展開する、解釈のプロセスの特徴（1983: 42）」と呼んだものと同一である。すなわち、それはスペルベルが「象徴表現を文脈から出発して解釈することではなく、むしろ文脈を象徴表現から解釈する（1979: 119）」ことによって発動すると指摘した、認知のメカニズムの特徴である。

第六章

（1）筆者の後にカキリガン地域に接して、より山中の高所に住む人々のあいだで調査を行ったブロシウスは、「キャンプ」が共食の単位となっており、それが共同で焼畑作業を行い、生活を維持する単位となっていることを報告している（Brosius 1983: 136）。

（2）こうして彼らの関心がきわめて高いからこそ、人々の名前(通称)が結婚やバンディの授受をめぐる印象的な出来事にちなんで付けられている場合が多くなっているのである。

そもそもピナトゥボ・アエタ社会では、人の名前は出生時の印象的な出来事や自然現象、またはその時たまたま近くにあった動植物などにちなんで付けられるか（Reed 1904: 55）、あるいは、しばらくのあいだ単に赤ん坊という意味でクラウ（*kolaw*）、末っ子という意味でポト（*poto*）などの一般名称で呼ばれる。その後、病気がちだったら名前を変えたりする。カキリガン集落の場合には、一時期、保育園がひらかれていた時にはその保育園で、あるいは小学校に入る時などに平地民風の名前をつけてもらったりする。さらにその後の人生途上で人々の特別の関心を呼ぶような事件を起こしたりすると、その事にちなんだあだ名や通称で呼ばれるようになり、それが本名のように定着するのである。ただし、あだ名、通称、本名などという区別はない。人によっては三種類ほどの異なった名前で呼ばれていることも珍しくない。

そうした名前の付け方で抜きんでて多いのは、結婚のいきさつやバンディの授受をめぐる事件にちなんだものである。カキリガンの全夫婦のうちのおよそ⅓近くが、そうした結婚に至る過程での、またはその前後の印象的な出来事によって名前を付けられており、彼らの結婚とバンディに対する関心がいかに高いかを物語っている。具体的な名前の例とそのいわれは、以下の通りである。

1) Pan & Indon Karison; 女がカリソン（*karison*—カラバオに引かせて荷物を運ぶための竹製のソリ）に腰をおろしている時、男が女の手を握りしめ、結婚することになった。男が女の体に意図的に触れた場合、賠償を払うか、結婚をしなければならない。この場合は、実際に手を握る前から互いに好き合っていたという。

2) Pan & Indon Bang-et; 男は以前オロンガポ郊外のカバラン集落に住み、スービック米海軍基地でごみ拾いなどをして働いていたことがあった。その頃、男はアエタの女は臭い（*bang-et*）から嫌だ、絶対に平地民の女と結婚すると言っていたのだが、結局アエタの女と結婚した。

3) Pan & Indon Bo-et; ふたりは実際には第二イトコであったが、結婚前の双方の家族の関係がきわめて親密で、周囲の者から第一イトコ同士の結婚と思われた（*bo-et* は雌雄同体の動物で自分で自分と性交すると考えられている。他集落では同様な結婚で Pan & Indon Aho—*aho* は犬—と呼ばれている事例がある）。

4) Pan & Indon Barak; ふたりの結婚を女の両親に反対されていたために、ある晩駆け落ちを試みた。しかし当時カキリガン集落に駐在していたＰＣ（国家警察軍）のエフレン軍曹に運悪く見つかって怪しまれ、バラック（barrack）と呼ばれる彼の家に軟禁されてしまった。しかもその翌日、そこでスソン（バンディの交渉）が行われたのである（詳細は事例六を参照）。

5) Pan & Indon Patawarin; 女が拡大家族とともにカバラン集落に住んでいた時、そこでサマール島出身の平地民の男に求婚されて結婚した。しかし、男が十分なバンディを払わなかったため、そのことについて娘が両親に「どうか私を許して下さい（*patawarin ninyo ako*）」と言ってあやまった。一説によると男の方が、「貧乏なために十分なバンディを払わないで結婚することを許して下さい」と言ったという。

6) Pan & Indon Sukat; ホゴ（求婚）とスソン（バンディの交渉）を終えて結婚を目前に控えながら、女は別の男と駆け落ちしてしまった。しかし女の父親が怒って娘を連れ戻し、もとの男と結婚させた。こうして男を二度も取り換えた（*sukat*）ので、まず女が Indon Sukat (Mrs. Change) と呼ばれ、次いで男も Pan Sukat (Mr. Change) と呼ばれるようになった。

7) Pan & Indon Pereng; 女は段取り婚によって別の男と結婚させられたが、それを嫌ってすぐに逃げ帰ってしまい、以前から好き合っていた男と結婚した。ふたりは第二イトコで血縁的、社会的にも近かったために、そのことを照れて、人前でしばしば目をしばたいた（*pereng*）。

8）Pan & Indon Bisil; 女の父親が、支払いの遅れているバンディの催促に行った時、男の側が食事の用意をせず、そのために腹がぐうぐう鳴った（*bisil*）。

9）Pan & Indon Onas; 男が砂糖キビ（*onas*）を噛んでいて、その食べかすをふざけて女に投げつけたら、それが胸に当たってしまい、結婚することになった（事例四を参照）。

10）Pan & Indon Bowan; ふたりが駆け落ちする時、ちょうど月（*bowan*）が出ていた。

11）Pan & Indon Tapwac; ふたりが駆け落ちする時、窓から逃げ出した（*nagtap-wac*）。

12）Pan Modos & Bini; 男が先妻と結婚するとき、焼畑にカッサバ（*modos*）を取りに行くと言って駆け落ちした。

13）Pan & Indon Olingen; ふたりは、火入れした後の焼畑（*oling*, 火入れ前は *gahak*）へ駆け落ちして結婚した。

14）Pan & Indon Hi-ang; 女が男の家に行き、そこで夜を過ごして朝までいたために結婚することになった。別の説によると、朝日が射してきた頃に駆け落ちした（*hi-ang* は朝日が射すこと、またはその光の意）。

Pan は結婚した男、Indon は結婚した女の名前に付けられる接頭辞である。結婚時の印象的な出来事によって付けられた名前が、その後再び変わることも珍しくはない。たとえば子供が小学校に入って Dawan という名を与えられたために、それ以後その父親が Pan Dawan、母親が Indon Dawan と呼ばれるようになった例がある。

なおライフサイクルによって区分された一般名称は以下の通りである。

	男	女
赤ん坊	*kolaw*	*kolaw*
少年／少女	*miyawhay*	*dalaga*
婚約時代	*mangahawa*	*pangahawa*
結婚後子供なし	*Pan boktot*	*boktot*
子供ができる	*Pan kolaw*	*nangolaw*

（子供が死ぬ　*Pan kadyang*　*Indon kadyang*）
子供が成長　*lakay*　*baket*

（3）氏は当時、五〜六歳と三〜四歳のふたりの娘をもつ父親で、年齢はおよそ三〇歳。西麓のビリエール村に生まれ、子供の時に東麓のイナラロ村に移り住んで成長した。独身時代にクラーク米空軍基地でガードマンとして働いたことがあり、外部世界の事情に明るく、タガログ語をよく話した。また実母が霊力のきわめて強いマガニト（*man-ganito*: 守護霊に憑依されて治病セアンスを行う）であり、義理の父親（妻の父）は、ラバウ・グループのキャプテンであった。しかし一九八三年の秋、胃を患ってそのまま亡くなったという。ここに、氏の惜しみない協力にあらためて感謝すると同時に、つつしんで哀悼の意を表したい。

（4）サンバル語ではこのような結婚を一語で示す単語はない。そうした結婚を説明する時は、「両親によって好まれた結婚」（*hay kahal ya pinilabay nin to-a.*）、あるいは「彼らは両親によって好まれた結婚をした」（*ni-ahawa hila bana ha pinakilabay nin to-a na.*）と表現される。

（5）ピナトゥボ山の東麓に住むアエタのあいだでは、労働奉仕の期間中は、女側親族の年長者に対して常に敬意を態度で示し、慎重に振舞うことが重要であると考えられている。たとえば水を汲みに行ってそれをこぼしながら戻ったり、拾い集めてきた薪を地面に投げ出して音を立てたりすることは不作法な行動と考えられており、そのたびごとに贈り物によって陳謝しなければならないとされている（Gaabucayan 1978: 197-199）。

第七章

（1）太平洋戦争後、とりわけ一九六〇年代以降は、ピナトゥボ地域に限らずフィリピン各地のネグリートが、平地民の侵入と圧迫のために、社会経済生活に大きな影響を受け、時にその変容を余儀なくさせられている（Noval-Morales & Monan 1975: 137-169）。

（2）Summer Institute of Linguistics の略。聖書をその土地の言葉に翻訳することを通して、キリスト教の布教活動を行う団体。一九八〇年七月からそのＳＩＬに所属する夫婦がカキリガンに住み、日曜学校や成人のための読み書き教室を始めていた。

（3）政治的党派（faction）間における紛争の起源をめぐって、それぞれが異なる「神話」のヴァージョンを持つことをリーチが詳しく検討している（Leach 1954: 85-100）。

（4）籾米は、やって来た親族に食事を出し、もてなすために女側が要求したものである。

（5）バンディとして授受される豚などは殺されて料理されることが多いが、ラジオやラジオ・フォノなどの場合は、バンディの授受のたびに拡大家族のあいだを順ぐりに回ってゆくことが普通である。所有者は乾電池を入手したら、他の者にも聞こえるように、なるべく大きな音量でラジオやレコードを聴くことが期待されている。

（6）かつて狩猟が食糧獲得の重要な手段であった時、犬は猪や鹿などを追い立てるために不可欠であり、狩猟のこともマガホ（*mangaho*:「犬を使う」の意）と表現する。その頃、犬を食べることはなかったと推定され、また彼ら自身も、以前は犬を食べなかったと言明している。今でも食べない者も多く、また女はほとんど食べない。犬を食用とする習慣は、イロカノから受け容れたと考えられるが、現在では援助団体のスタッフが割合と頻繁に犬を殺して食べるので、その影響を無視できない。

（7）結婚前の労働奉仕はマノヨ（*manoyo*）またはマガンポ（*mangampo*）と呼ばれる。

（8）原文は"*Napitabla hilan mi-ahawa. Ayin anan kamat ya hatoy ma-in tawo ta napitabla hilayna.*"（The couple, they were drawn tie. The relatives of the couple had no complaint because they were drawn tie.）。互いに打撃や損失を受けて痛み分けの状態になることを示す *tabla*（a draw, a tie）、あるいは *napitabla*（ended up in draw or a tie）の概念は、一方の過失または故意によって相手方に損害を与えた場合、その損害の償いが賠償支払いによってではなく、加害者の側に同様の損害が与えられることによってもなされ得ることを示している。特に殺人の場合には、*napitabla* によって損害の均衡が得られることが問題解決のために重要であると考えられている。

（9）パンパンガ州との分水嶺近くの山中に住むアエタ達のあいだでは、ずっと以前には農業をせず、衣服や木の皮も身にまとわない、たいへん野生的な人々（*amukok*）が住んでおり、それが最初の人間で彼らの先祖であったと言われている（Brosius 1983: 137）。

（10）アエタの人々は死者や死後の世界に対する関心がきわめて薄く、死者の記憶は時間とともに消えてゆく。特にキリン・グループではその傾向が顕著であり、単に遠い親戚とされた者のなかにも第二イトコ同士の結婚が含まれているかもしれない。

（11）リードも、ピナトゥボ山西麓および南西麓に住むアエタでは、「血縁親族」(blood relatives) のあいだでの結婚が禁止されていると報告している (Reed 1904: 61)。その「血縁親族」については何の説明も与えられていないが、当然のことながら第一イトコは含まれると考えられる。ただし第二イトコや第三イトコ等の遠い親族については、必ずしもそうではないであろう。むしろ問題なのは血縁の実際の距離よりも社会的な親疎の距離であると考えられる。

（12）商人から適当な苗字を付けてもらったりする。ラバウ・グループの場合は仲の良い平地民の苗字をもらったという。

（13）当時、征服されたグループは平野部に近い低域に住み、森の産物の交換などを通して平地民と平和的、友好的な関係を保っていた。それに対して征服されないグループは山中に住み、食糧不足の時などに平地民の村を襲ったり、カラバオを盗んだりしたという (cf. Lesaca 1901: 3, Guido 1916: 2-5, del Fierro 1918: 1-3, Pascasio 1920: 2-3, Imperial, 1924: 2)。

第八章

（1）もっともレガロはアエタ固有の語ではなく、平地民からの受容と考えられ、しかも単語自体はスペイン語 (regalo) である。

（2）なお参考のために、ガルバンの報告しているバターン半島北部のアエタ達の結婚式の詳細を以下に紹介する。

「花嫁は女性親族達に囲まれて新しい家の中に座っており、皆が泣いていた。花婿と数人の男達は前日に作られた結婚式用の台 (marriage platform) の床に野生のバナナの葉を敷いた。この台は四メートルほどの高さの柱に支えられた、二メートル四方の床を竹で囲んだものである。この台まで上がるために三本の木を並べて渡してあった。

一五分ごとぐらいで交替しながら、男達のダンスがもう一時間以上も続いていた。女達が花嫁を家から空き地のまん中へと連れ出してきた。ゆっくりと注意深く護衛をしている—両側と前、後ろにひとりずつ付き添い、そのまわりをさらに女達が手をつないで輪を作っている。突然、男達のドラムとゴングの音がいっそう強く鳴らされると、女達はつないでいた手を放し、互いの腰巻きの後ろをしっかりとつかんで花嫁をまん中にして円をつくった。この時、少女達は近くの森の中に走ってゆき、輪になっている女達のところに戻ると、ひとりひとりに棒を渡した。花婿は頭に赤い布をターバン風に巻いているほかは、フィリピン風の装いをしていた。女達はドラムとゴングの単純なリズムに合わせ、男のように揃って跳び跳ね、足を地面に踏みつけるとばたばたと踏みならしたのであるが、男達よりももっとずっと膝の関節を深く曲げ、体を投げ出し、尻を突き出していた。花婿は結婚のために着飾っており、女達の動きとは反対方向に回り始めた。彼は時に速く、時にゆっくりと旋回し、時々立ちどまると、輪になって守っている女達の方に向かって切りつけた。こうした時にはゴングとドラムはいっそうやかましく鳴らされ、女達の輪も素早い動きで反応した。時々、花婿はその輪を突き破って花嫁を「捕らえ」ようとし、三〇分ほどのあいだは棒を振り回されて追い払われるだけであったが、やがて彼は自分の武器を投げ捨てて、なおもその輪を突破しようとした。そして最後にはとうとう花嫁のところにたどりつくと、何分かのあいだ彼女を腕で抱きしめ、そのあいだ男達と子供達は是認の歓声をあげた。

音楽は止み、女の踊り手のなかの四人が腕に花嫁をかかえて、台に渡した坂を上がってゆき、台のまん中に彼女を座らせた。この途中で彼女を落としてしまうことは、たいへん不吉であると考えられている。彼女が台の上に運ばれてゆくあいだ、彼女の男性親族は台に渡した坂の上り口の所や両側にそって待機した。花婿は踊り回りながらボロを振り回し、空想上の敵やその坂を守っている者達の方に向かって切りつけた。彼が近付いてくるたびにその男達は挑戦的な叫び声をあげ、切りかかる振りをして彼の接近を阻んだ。こうした過程はおよそ一五分ぐらい続き、その間に花婿の女性親族が布や武器、その他の品々を花嫁の両親や年とった女性親族に贈り、そうした後で花嫁の両親は贈り物を携えて台に至る坂を上がっていった。この時点でドラムとゴングは前に倍するような激しさと速いリズムで鳴りひびき、護衛している者達は武器を振りかざして揃って足をふみならし、一方花婿はつま先旋回をしながらおよそ一五分ほどのあいだ、挑戦的な顔つきで威嚇するようにボロをふり回して護衛に近づいたかと思うと、引き返しては森の中の架空の敵に向かって武器をふり回し、地面に切りかかった。そして台に渡した坂の端に近付きながら彼は武器を放り出し台の上にいる人々を熱いまなざしで見つめた。突然、数ヤード後にさがると、かん高い断続的な叫び声をあげながら全速力で突進してゆき、両側にいる護衛がわざとはずして、切りつけてくるなかを台の上にたどりつき、「捕えた娘」の横に座ると、その首に腕を回した。彼の両親が今度は上がってきてふたりの前に座り、後ろには花嫁の両親が座っていた。下にいる者達は賛意の歓声をあげ、男同士、女同士が一列になって、それぞれ反対方向に向かって踊った。台の上ではふたりの父親と母親が最後の助言と忠告を与えた。次いで花婿の父親が身ぶりで静かにするように合図をしてからこう言った、「見てくれ、兄弟達よ、息子が妻をめとったぞ。」その後、花嫁の父親は娘の頭に手を置き、一方花婿の父親も同様に息子の頭に手を置き、数回ふたりの頭をぶつけ合わせた。これは再び歓呼と生き生きとした踊りを呼び起こし、そのあいだに新郎は新婦を肩にかついで台を下り、人だかりのまん中に用意されたバナナの葉の敷物の上に置いた。この後に続く部分では、ふたりが他の人々とは別に自分達の食事を用意したことを除けば、特別に注目すべきことはなにもなかった（Garvan 1964: 98-100)。」

（3） 援助団体がカラバオや常畑、その他様々な農具や便益をアエタ達に貸与する時、必ず英文の借用書をタイプで作成し、母印の押捺を求めるのでその影響かもしれない。

（4） このような計算方法は、カキリガン地域に入り込んでくるイロカノ商人との取引に関係があると考えられる。カキリガンの上流一kmほどのバガン（Bangan―山地と平地との境に位置しており、語の意味は「扉」）という場所の川岸に商人の仮小屋があり、そこで山から下りてきたアエタ達との物々交換が行われている。たとえば、町の市場で二ペソのイワシの缶詰は、種類によって異なるが一〇〇本から一五〇本ほどのバナナ（市場では六～七ペソ）と交換される。イロカノ商人が持ち込む品々は、普通で三倍、ひどい時には数倍の値段に相当するような農産物、その他と交換されているのである。それゆえ、バンディの品物を現金額に換算する時には、このような三倍掛の計算方法が用いられると考えられる。

（5） ただし、たとえ本人のオジやオバであっても、婚出した者からは協力を期待することは困難である。なぜなら男が婚出するのは通常バンディの支払いが終わっていないためであり、逆に女が婚出するのは十分なバンディを支払われたからであり、いずれにしても婚出先の拡大家族の成員として吸収されているからである。ただし双方の関係が良好ならば、たとえそのような場合でも協力を依頼することができる。

（6） 様々な財のうち、基本的には豚と米のみが、商人とアエタのあいだを両方向に移動する。

（7）バンディの支払いを緊急に必要とする時には、商人から借金の形で入手することもあるが、収穫時にそれを返済する際には、利子と合わせてその二倍の額に相当するものを払わなければならない。

（8）しかしそのような具体例は一例も見いだせなかった。ただし娘が成長して結婚する時に、そのバンディから、母親に対して本来はその夫方から支払われるべきであったバンディの未納分を取ることができると考えられている。

（9）結城によれば、ミンダナオ島のブキドノン族では、結婚後の一定期間は妻方同居婚を行い、ウラカ（*ulaka*）という儀礼が済むと若夫婦は独立できる。しかしその際、妻方の集落に住まなければならず、その後さらに夫方居住をするためには別の儀礼が必要となる（結城 1983: 321-322）。

（10）こうしたバンディの授受を見る限りでは、確かにラバウ・グループと他の拡大家族とのあいだに、一時的には富の平準化が認められるが、しかし長期的には必ずしもそうは言えないかもしれない点に注意しなければならない。なぜならラバウ・グループの場合、同様に豊かなパンパンガ側に住むアエタとの結婚を除いて、ほとんどすべての場合に子供達の配偶者を婚入させているからである。一時的には息子のために多額なバンディを失ない、娘のためには得べかりしバンディを得られなかったとしても、そのかわりに貴重な労働力や生まれてくる子供を確保しているのである。

（11）この比率は、既に焼畑と共に水稲耕作を行い始め、さらにはススキに似た穂を出してホウキの材料となるボイボイ（*boyboy*）という商品作物を栽培している、ラバウ・グループの中核をなす三つの拡大家族においても、ほぼ同様であった。そこではローカリティーの明らかな一六例のうち、妻方居住が九例、夫方居住が七例であった。しかしながら、このグループのように生産余剰の大きい拡大家族では、ほとんどの結婚において、息子のためには妻を、娘のためには夫をという具合にその配偶者を婚入させている点で、キリン・グループやラバウ・グループの一部の拡大家族のように、焼畑で主に自家消費用の作物を栽培し、生産余剰の少ない拡大家族と大きく異なっている。すなわち、結婚に際しての拡大家族成員の婚出入の割合が後者では三七例中、婚出一八例、婚入一九例とほぼ同数であるのに対して、前者では一六例中、婚出三例、婚入一三例と圧倒的に婚入が多くなっているのである。つまりラバウ・グループの中核となっている拡大家族のように、水稲耕作や換金作物の栽培などによって大きな生産余剰を得ている拡大家族では、息子のためにはたとえ高額なバンディを要求されても、それを払いきって妻を迎え入れ、逆に娘のためにはたとえ低額なバンディであっても、妻方居住をすることで結婚を許して夫を迎え入れているのである。

(12) たとえば一九二五年の北部ルソンのネグリートに関する報告のなかでヴァノヴァーバーグは、その社会は確定的に父方・夫方居住であり、かつ一夫一婦婚であると指摘しているが（Vanoverbergh 1925: 426）、彼らの生業は移動しながら行う狩猟と採集が中心であり、農耕はたとえ行われたとしてもきわめて粗放的な段階にとどまっていた（*ibid*: 413–415）。

(13) たとえ「豊か」でない普通の拡大家族であっても、たとえば段取り婚によってバンディが低く押さえられた場合、あるいは娘の結婚によって得たバンディを拡大家族内で分配せず、そのまま息子のバンディとして用いた場合、さらには米の豊作に恵まれた場合など、合意されたバンディが支払われて夫方居住となることが多い。

(14) もちろん、かつてはあまり交渉がなく、時には敵対していたような地域にまで、近年、自由かつ安全に出かけられるようになったこと、すなわち、ピナトゥボ山の全域を覆うようなメタ共同体が成立したことが、若者の遠出を可能にし、そうした集団化の再編成を進める下地となったことは言うまでもない。古くは、スペイン植民支配の末期に西側のボトランやサン・フェリペの町にアエタの人々を招き、贈り物や食糧を与えて定住と融和を説いたこと（Reed 1904: 70–71）、今世紀初頭、東麓に接する地域にクラーク空軍基地の前身が建設され、また一九二〇年代の中葉にピナトゥボ山頂の直下の峠にサンチェス砦が築かれ、それ以降、米軍がアエタに対してレーション配布をはじめ様々な特権を与えて積極的な懐柔策を採ったこと（Gaabucayan 1978: 118–136, 189–194）、西麓のビリエール村に一九二〇年頃にアエタの子弟のための農業学校が建てられたこと（Pascasio 1920: 7–8）、先の大戦の危機的な状況のなかで、それまで分散して住んでいた人々が山奥に逃げ込んで接触が密になり、外敵（日本軍）に対して共通の利害得失とアイデンティティーを持ったこと（清水 1984）、などがメタ共同体の出現を徐々に促したと考えられる。

第九章

(1) プルムを取りあげたニーダムや、東インドネシアやニューギニアの事例にもとづく他の論者（c.f. Barnes 1980,

Strathern 1980）の交換論的アプローチに関しては、その様な全体的なシステムが存在している社会では確かに有効であると考えられる。ただし彼らも、そうしたアプローチの通文化的な普遍性自体を主張しているのではなく、アフリカの事例からの一般理論への試みが決して普遍性を持つものではないことを明らかにする点に、主たる意図があると言えよう。本書の主題は、それらともまた異なった社会における異なった婚資の意味を明らかにすることであり、同様の意図にもとづいていると言える。ただし規定婚を行うプルム族においてさえ、結婚の企てが女側親族の怒りを呼ぶ可能性があり、怒りの発現をおさえるために贈り物が与えられることについて、ニーダムは次のように興味深い報告をしている。「彼の息子をある娘と結婚させようと望む男は、その娘の父親のところへ『怒ら』ないように頼んで、贈り物として酒をもってゆく（1977: 134）」。

また結婚には女性の剝奪という側面があり、婚資にはその喪失に対する賠償や償いという性格があることについては、ラドクリフ＝ブラウンが指摘しているが、しかしその指摘のすぐ後で、そうして支払われた婚資がその女性の兄弟のために嫁を得ることに使われる点が強調されている（Radcliffe-Brown 1950: 49-50）。

（2）　コマロフの説明は結局のところ、その有無が結果論として結婚と同棲とを分けるところの婚姻給付の象徴的意味、言い換えれば弁別機能に着目しているのであるが、しかしそれでは、そもそもなぜに婚資の授受がなされるのかという初発の動機を明らかにすることができない。単に弁別するために存在すると見るならば、彼自身がしりぞけている単純な機能論に陥ってしまう。

（3）　そのことと関連して、アエタ社会ではみだりに女性の体に触れることが禁じられている。とりわけ強い禁止が課せられているのは膣と乳房であり、それと関連して下腹部、尻、足首から踵（腰をおろすと膣の周辺に当たる）、および胸と上腕（腕を組むと乳房に当たる）の各部位である。近年では平地民文化の影響を受けて、特別な踊りの場において軽く抱き合って踊ったり、あるいは小学校でふざけて体に触れたりすることが見受けられるが、本来は決して許されない行為である。小学校以外の場所や、普段の日常生活においては、現在でもそうしたことは禁止されている。意図的であると否とにかかわらず、女性の体、特に性と関係のある部位に触れた場合、男はランガッド（慰謝料）を払うか、あるいはバンディを払って結婚をしなければならないのである。

（4）　あるいはリーチが、結婚に際して移譲され得る諸権利や、結婚によって生ずる諸関係を列挙した一覧表のうち、アエタの場合は、とりわけ「夫に妻の性に対する独占権を与える」ことが強調されているのである（1974; 182-183)。

（5） 怒り、あるいはより広く不快感や悪感情に対する支払いの問題については、ミンダナオ島の焼畑農耕民であるティルライ（Tiruray）族について、シュレゲル（Schlegel 1970）が興味深い民族誌を残している。すなわち、本章の考察と関連して興味深いのは、結婚に際して支払われるようなタムク(*tamuk*)と一括される財が、一般に紛争の解決に際しても同様に支払われるという点である。タムクとされる財は、金や銀のネックレス、装飾のついた短剣、戦闘用の槍、陶磁器の皿、ゴングなど、家畜を除けばすべて外部から持ち込まれたものである（*ibid*: 22-23）。

彼らの社会においては、個人のフェデウ(*fedew*)すなわち感情または気持ちがきわめて重要であると考えられており、彼らの道徳や法的観念の根幹をなすものである。フェデウには良い状態フィヨ(*fiyo*―平穏)と悪い状態テテ(*tete*―恐れ、怒り、嫌悪)がある。そして他者の侵犯行為によって悪感情を引き起こされた者は、その怒りのゆえに復讐を行うこともきわめて正当であり、「人間の本性」として理解できるとされている。したがって、テテの状態になった者は、そうした過失を犯した者に対して賠償（タムク）を要求することができ、過失を認めた者は、その悪感情をなだめて良い状態にするためにタムクを払わなければならないのである（*ibid*: 32-57）。

そうした紛争や緊張の解決のために催される公開の話し合いはティヤワン（*tiyawan*）と呼ばれ、ケフェドワン(*kefeduwan*)と称される、慣習と前例に精通した法的権威者による調停がなされる。ティヤワンの目的は、過失の認定をし、その責任を認める者がタムクの支払いをすることに合意することによって、全員の感情が良い状態になるように導くことである。その際に重要なことは、当事者の主張のいずれかの勝ち負けを決めることではなく、全員が納得できるような裁定を求めることである。あらゆる問題の解決のためにティヤワンが催されるが、結婚に関するものが最も一般的で、かつ重要となっている（*ibid*: 59-68）。

（6） リーチは、「人類学は〈社会の自然科学〉か？」と題された論文のなかで、ラドクリフ=ブラウンの静態的で実態的な社会構造の概念を批判し、次のように言う。「あらゆる科学の中心的関心は自然法則の発見であるというラドクリフ=ブラウンの素朴な確信は、結局、自然科学者自身によってはるか以前、少なくとも一九三七年（！）以前に放棄された。現在科学者が理解しようとしている物理学的、化学的、生物学的宇宙は、太古に造物主の手で課せられた不変法則に支配される「存在の偉大な連鎖（The Great Chain of Being)」といった変化のない風景ではない。それは、生成するシステムであり、そこでは、変化し続ける構成要素間の関係は、絶えず新たな組み合わせの新たなパタンをとっていくのである（1982: 159)。」

一方レヴィ＝ストロースもまた、自然科学の研究の進展をふまえ、次のように示唆している。「見方をかえていえば、構造と事件の二元論をのりこえる必要があるのではないでしょうか。最近の自然科学の研究はそこへと招いています。といいますのは、人間諸科学と対話するのを受けいれむしろ推進しさえしている物理学者と化学者たちは、流体熱力学、反応速度論、数世紀間を通じての都市形成史など非常にことなる領域において、明白な非対称性、渦乱流、不安定性が、自己組織的なものでありうることや、無秩序が規則性を生み出しさえすることを示しているからです（1985: 52)。」

付　録

（1）初めの2カ月ほどは毎夕食後に彼の家を訪ね、五項目に関しての質問調査を行った。パン・ダロイ夫婦が筆者の調査意図と要領を理解してくれた後は、次女コラソン（小学校三年生）に質問カードを預けて日々それに記入してもらい、三〜四日毎に回収した。その際不明な点があれば両親に質し、正確を期した。

（2）ただし食事の際に食べた食物の品目のみを調べ、その回数を集計しただけであるため、それらの摂取量や総カロリー等については不明である。また家族成員の誰かがどこかへ行く途中、道端に生えている木の実や果実を取って食べたというような場合も除外されている。そうした形での採集による野生植物の利用が多いことはいうまでもない。

（3）赤ん坊のヒロは米を食べないが、母親の乳が十分でないこと、それから市販のミルクの方が栄養価が高く子供が元気になると信じているために、インドン・ダロイはコンデンスミルクで授乳することを好み、それを米と同様な手段で手に入れている。

（4）政府公定価格は、精米一kgで二・一ペソとなっているが、彼らは通常kgではなく、容量単位（一サロップ＝三リットルで約六ペソ）で購入している。

参考文献

Agoncilio, Teodoro A. and Oscar M. Alfonso, 1967, *History of the Filipino People.* Quezon City: Malaya Books (revised ed: first ed, 1960).

Barrato, Calixto Jr. and Marvyn N. Benaning, 1978, *Pinatubo Negritos.* (Revised) Field Report Series No. 5, Philippine Center for Advanced Studies Museum, University of the Philippines.

Berger, Peter L. and Thomas Luckman, 1966, *The Social Construction of Reality: A Treatise in the Sociology of Knowledge.* New York: Doubleday & Company. (一九七七、山口節郎訳『日常世界の構成』新曜社)

Bhowmick, Sarita, 1980, "The Andamanese: Then and Now." In Singh and Bhandari (eds.) *The Tribal World and Its Transformation.* New Delhi: Concept Publishing Company.

Bloch, Maurice and Jonathan Parry, 1982, "Introduction." In Bloch, Maurice & J. Parry (eds.) *Death and the Regeneration of Life.* Cambridge: Cambridge University Press.

Bourdieu, Pierre, 1977, *Outline of a Theory of Practice.* Cambridge: Cambridge University Press.

Brosius, Peter, 1983, "The Zambales Negritos: Swidden Agriculture and Environmental Change." *Philippine Quarterly of Culture and Society.* Vol. 11, No.2.

Cadelina, Rowe V., 1973, "Comparative Remarks on the Negritos of Southern and Northern Negros." *Philippine Quarterly of Culture and Society.* Vol. 1, No.3.

——,1974, "Notes on the Beliefs and Practices of Contemporary Negritos and the Extent of Their Integration with the Lowland Christians in Southern Negros." *Philippine Quarterly of Culture and Society.* Vol. 2, Nos. 1-2,

Clifford, James, 1986, "Introduction: Partial Truth." In Clifford, James and George Marcus (eds.) *Writing Culture: The Poetics and Politics of Ethnography.* Berkeley: University of California Press.

Collier, Jane F. and Michelle Rosaldo, 1981, "Politics and Gender in Simple Societies." In Ortner, Sherry B. and Harriet Whitehead (eds.) *Sexual Meaning: The Cultural Construction of Gender and Sexuality.* Cambridge: Cambridge University Press.

Comaroff, John, 1980, "Introduction." In Comaroff, John (ed.) *The Meaning of Marriage Payments.* London: Academic Press.

Cooper, John M, 1940, "Andamanese-Semang-Eta Cultural Relations." *Primitive Man.* Vol.13, No.2.

Cosme, Ernesto, 1974, *Inarraro Negrito: A Case Study in Education and Culture.* Ph. D. dissertation, Centro Escolar University, Manila.

Demetrio, Francisco R., 1975, "Philippine Shamanism and Southeast Asian Parallels." In Demetrio, Francisco (ed.) *Dialogue for Development.* Cagayan de Oro: Xavier University.

Domingo-Perez O. P., 1680, "Relation of the Zambals." In Blair, Emma & J. Robertson (eds.) *The Philippine Island.* Vol.47. Mandaluyong: Cachos Hermanas.

Dozier, Edward P., 1967, *The Kalinga of Nothern Luzon, Philippines.* New York: Holt, Rinehart and Winston.

Dumont, Louis, 1971, *Introduction A Deux Theories D'Anthropologie Sociale.* Paris: Vitgeverij Mouton. （一九七六、渡辺公三訳 『社会人類学の二つの理論』 弘文堂）

Eder, James F., 1977, "Modernization, Deculturation and Social Structural Stress: The Disappearance of the *Umbay* Ceremony Among the Batak of the Philippines." *Mankind.* Vol. 11, No2.

——,1977, "Portrait of a Dying Society: Contemporary Demographic Conditions Among the Batak of Palawan." *Phlippine Quarterly of Culture & Society.* Vol. 5, No. 1.

——,1978, "The Caloric Returns to Food Collecting: Disruption and Change Among the Batak of the Philippine Tropical Forest." *Human Ecology.* Vol. 1, No.1.

——,1982, "Physiological and Demographic Consequences of Culture Contact and Social Stress in a Philippine Negrito Group." Paper presented at the National Conference on Social Stress Research, University of New Hampshire, Oct. 11-12, 1982.

——,1984, "The Impact of Subsistence Change on Mobility and Settlement Patterns in a Tropical Foraging Economy: Some Implications for Archeology." *American Anthropologist.* Vol. 86, No. 4.

——,1987, *On the Road to Tribal Extinction: Depopulation, Deculturation, and Adaptive Well-Being among the Batak of the Philippines.* Berkeley: University of California Press.

Endicott, Kirk, 1979, *Batek Negrito Religion.* Oxford: Clarendon Press.

Estepa, Pio C., 1980, "The Myth of Love in Filipino Komiks." In Mercado, Leonardo (ed.) *Filipino Thought on Man and Society.* Tacloban City: Divine Word University Publications.

Estioko, Agnes A. and Bion Griffin, 1975, "The Ebuked Agta of Northeastern Luzon." *Philippine Quarterly of Culture and Society.* Vol. 3, No.4.

Estioko-Griffin, Agnes and Bion Griffin, 1981, "Woman the Hunter: The Agta." In Dahlberg, Frances (ed.) *Woman the Gatherer.* New Haven: Yale University Press.

Evans-Pritchard, E.E, 1931, "An Alternative Term for 'Bride-price." *Man* Vol. 31, No.1.

——,1951, *Kinship and Marriage among the Nure.* (一九八五、長島信弘・向井元子訳『ヌアー族の親族と結婚』岩波書店)

del Fierro, Vito, 1918, "The Aetas of Zambales." *Beyer's Collection.* (Negrito-Aeta Paper No.85)

Fortess, Meyer, 1962, "Introduction." In Fortes, M.(ed.) *Marriage in Tribal Societies.* Cambridge: Cambridge University Press.

Fox, Robert B, 1952, "The Pinatubo Negritos: Their Useful Plants and Material Culture." *The Philippine Journal of Science.* Vol. 81, No.3-4.

船曳建夫、一九八三、「Kastom と Skul—ヴァヌアツ、マレクラ島の社会変化に関する微視的検討と理論的考察—」『東洋文化研究所紀要』93冊。
——、一九八四、「儀礼」『平凡社大百科事典』第4巻。
Gaabucayan, Samuel, 1978, *A Socioeconomic Study of the Pinatubo Negritos of the Pampang-Tarlac Area.* Ph.D. dissertation, University of the Philippines, Quezon City.
Garvan, John, 1955, "Pygmy Personality." *Anthropos.* Vol. 50.
——, 1964, *The Negritos of the Philippines.* (edited by Hermann Hochegger) Horn, Wien: Verlag Ferdinand Berger.
Geertz, Clifford, 1973, *The Interpretation of Cultures.* New York: Basic Books.（一九八七、吉田禎吾・他訳『文化の解釈学』岩波選書。）
van Gennep, Arnold, 1960, *The Rites of Passage.* London: Routledge and Kegan Paul.（一九七五、綾部恒雄・綾部裕子訳『通過儀礼』弘文堂）
Gibson, Thomas, 1985, "The Sharing of Substance Versus the Sharing of Activity Among the Buhid." *Man.* Vol.20, No. 3.
合田　濤、一九八九、『首狩りと言霊—フィリピン・ボントク族の社会構造と世界観—』弘文堂。
Goodenough, Ward, 1970, *Description and Comparison in Cultural Anthropology.*（一九七七、寺岡襄・古橋政次訳『文化人類学の記述と比較』弘文堂）
Goody, Jack, 1973, "Bridewealth and Dowry in Africa and Eurasia." In Goody, J. and S.J. Tambiah (eds.) *Bridewealth and Dowry.* Cambridge: Cambridge University Press.
Goody, Jack. and S.J. Tambiah (eds.) 1973, *Bridewealth and Dowry.* Cambridge: Cambridge University Press.
グリフィン、バイエン、一九八五、「ルソン島北東部のアグタ族の生計経済と集落」『えとのす』27（西村正雄訳）。
Griffin, Bion P. and Agnes Estioko-Griffin (eds.) 1985, *The Agtas of Northeastern Luzon: Recent Studies.* Cebu City: San Carlos Publications.
Gray, Robert F., 1960 "Sonjo Bride-Price and the Question of African 'Wife-Purchase'." *American Anthropologist.* Vol. 62, No. 1.

Guanzon, Jaime Jr. and Aquiles Crispino., 1978, *Socio-Economic Survey of San Felipe, Zambales.* Institute for Small-Scale Industries, University of the Philippines.

Guido, Jose, 1916, "The Negritos Near Botolan, Zambales." *Beyer's Collection.* (Negrito-Aeta Paper No. 11)

浜本　満、一九八三、「卜占(divination)と解釈」　江淵一公・伊藤亜人編『儀礼と象徴』九州大学出版会。

——、一九八五a、「文化相対主義の代価」『理想』六二七号。

——、一九八五b、「呪術―ある〝非科学〟の素描―」『理想』六二八号。

Headland, Thomas N., 1975, "The Casiguran Dumagats Today and in 1936." *Philippine Quarterly of Culture and Society.* Vol. 3, No.4.

——, 1980, "Cultural Ecology, Ethnicity, and the Negritos of Northeastern Luzon: A Review Article." *Asian Perspectives.* Vol. 21, No. 1.

——, 1985, "Imposed Values and Aid Rejection among Casiguran Aguta." In Griffin, Bion and A. Estioko-Griffin (eds.) *The Agtas of Northeastern Luzon: Recent Studies.* Cebu City: San Carlos Publications.

今村仁司、一九八二、『暴力のオントロギー』勁草書房。

Imperial, Gerardo, 1924, "The Negritos of Zambales Province." *Beyer's Collection.* (Negrito-Aeta Paper No.101)

川田順造、一九七六、『無文字社会の歴史―西アフリカ・モシ族の事例を中心に―』岩波書店。

小泉潤二、一九八三、「ギアツの解釈」江淵一公・伊藤亜人編『儀礼と象徴』九州大学出版会。

黒田悦子、一九七二、「マニラ・タイムズに顔を見せた少数民族」『民族学研究』三六巻四号。

Larkin, John, 1972, *The Pampangans: Colonial Society in a Philippine Province.* Berkeley: University of California Press.

Leach, Edmund, 1954, *Political System of Highland Burma.* Boston: Beacon Press.（一九八七、関本照夫訳『高地ビルマの政治体系』弘文堂）

——,1961, *Rethinking Anthropology.* London: The Athlone Press.（一九七四、青木保・井上兼行訳『人類学再考』思索社）

——,1976, "Social Anthropology: A Natural Science of Society?" (一九八二、白川琢磨訳「人類学は〈社会の自然科学〉か?」『現代思想』一〇巻八号)
——,1982, *Social Anthropology*. Oxford: Oxford University Press. (一九八五、長島信弘訳『社会人類学案内』岩波書店)
Lesaca, Potenciano, 1901, "Report on the Negritos of Zambales." *Beyer's Collection*. (Negrito-Aeta Paper No.26)
Levi-Strauss, Claude, 1952, *Race et histoire*. Paris: Unesco. (一九七〇a、荒川幾男訳『人種と歴史』みすず書房)
——,1960, Leçon inaugurale faite le Mardi 5 Janvier 1960 par Claude Levi-Strauss, professeur, College de France, chaire d'Anthropologie sociale. (一九七〇b、中沢紀雄訳「人類学の課題」『今日のトーテミズム』収録、みすず書房)
——,1962, *La Pensée Sauvage*. Paris: Librairie Plon. (一九七六、大橋保夫訳『野生の思考』みすず書房)
——,1969, *The Elementary Structures of Kinship*. (translated by J.H.Bell, J.R.Von Strurmer and R.Needham), London: Eyre & Spottiswoode. (一九七八、馬渕東一・田島節夫監訳『親族の基本構造』番町書房)
——、一九七九、『構造、神話、労働』 大久保夫編、みすず書房。
——,1983, "Histoire et ethnologie," paru dans la revue Annales, 38e année-No 6, novembre-decembre. (一九八五、杉山光信訳「歴史と人類学」『思想』七二七号)
Lewis, Gilbert, 1980, *Day of Shining Red: An Essay on Understanding Ritual*. Cambridge: Cambridge University Press.
Lopez-Gonzaga, Violeta, 1983, *Peasants in the Hills: A Study of the Dynamics of Social Change among the Buhid Swidden Cultivators in the Philippines*. Quezon City: University of the Philippines Press.
Maceda, Marcelino N., 1975, *The Culture of the Mamanua (North Mindanao): As Compared with that of the Other Negritos of Southeast Asia*. Cebu City: University of San Carlos Publications.
Magannon, Esteban T., 1972, *Religion in a Kalinga Village*. Quezon City: University of the Philippines Press.
Marcus, George E. and Michael M.J. Fischer (eds.) 1986, *Anthropology as Cultural Critique: An Experimental Moment in Human Sciences*. Chicago: The University of Chicago Press. (一九八九、永淵康之訳『文化批判としての人類学』紀伊國屋書店)

宮本　勝、一九八六、『ハヌノオ・マンヤン族―フィリピン山地民の社会・宗教・法―』第一書房。

中根千枝、一九七〇、『家族の構造』東京大学出版会。

Needham, Rodney, 1958, "A Structural Analysis of Purum Society." *American Anthropologists.* Vol. 60, No. 1.

——,1962, *Structure and Sentiment: A Test Case in Social Anthropology.* Chicago: University of Chicago Press.（一九七七、三上暁子訳『構造と感情』弘文堂）

——,1971, "Remarks on the Analysis of Kinship and Marriage." In Needham, R (ed.) *Rethinking Kinship and Marriage.* London: Tavistock Publications.

Noval-Morales, Daisy and James Monan, 1979, *A Primer on the Negritos of the Philippines.* Manila: Philippine Business for Social Progress.

大崎正治、一九八七、『フィリピン国ボントク村―村は「くに」である―』農山漁村文化協会。

大林太良、一九八四、「序章　東南アジアの民族文化」大林太良編『民族の世界史６・東南アジアの民族と歴史』山川出版社。

——、一九八五、「東南アジアの狩猟民」『歴史公論』第11巻 5号。

小川英文、一九八五、「ペニアブランカ・ネグリート」『えとのす』27。

Ogbu, John, 1983, "Marriage Payments: A Riddle for Anthropologists." *American Anthropologist.* Vol.85, No.2.

Omoto, Keiichi, 1981, "The Genetic Origins of the Philippine Negritos." *Current Anthropology.* Vol.22, No.4.

Parker, Luther, 1964, "Report on Work among the Negritos of Pampanga during the Period from April 5th to May 31st, 1908." *Asian Studies.* Vol.2.

Pascasio, Juan,1920,"Relations between the Negritos and the Lowland People of Zambales Province."*Beyer's Collection.* (Negrito-Aeta Paper No.100)

Peterson, Jean T., 1977, "Ecotones and Exchange in Northern Luzon." In Hutterer, Karl L. (ed.) *Economic Exchange and Social Interaction in Southeast Asia: Perspectives from Prehistory, History, and Ethnography.* (Michigan Papers on South and Southeast Asia. No.13)

——,1978a, "Hunter-Gatherer/Farmer Exchange." *American Anthropologist.* Vol.80, No.2.

——,1978b, *The Ecology of Social Boundaries.* Chicago: University of Illinois Press.

——,1981, "Game, Farming, and Inter-ethnic Relations in Northeastern Luzon, Philippines." *Human Ecology.* Vol.9, No.1

——,1982, "The Effect of Farming Expansion on Hunting." *Philippine Sociological Review.* Vol.30, Nos.1-4

Peterson, Jean T. and Warren Peterson, 1977, "Implications of Contemporary and Prehistoric Exchange Systems." In Golson, Jack & R. Jones (eds.) *Sunda and Sahul.* London: Academic Press.

Peterson, Warren, 1981, "Recent Adaptive Shifts Among Palanan Hunters of the Philippines."*Man.* (N. S) Vol.16,No.1.

DeRaedt, Jules, 1964, "Religious Representation in Northern Luzon." *Saint Louis Quarterly.* Vol.2, No.3.

Radcriffe-Brown, A.R., 1950, "Introduction." In Radcriffe-Brown, A.R. (ed.) *African System of Kinship and Marriage.* Oxford: Oxford University Press.

Rahmann, Rudolf and Marcelino N. Maceda, 1955, "Notes on the Negritos of Northern Negros." *Anthropos.* Vol.50

Rahmann, Rudolf, 1963, "The Negritos of the Philippines and Early Spanish Missionaries." *Studia Institute Anthropos.* Vol.18.

——,1975, "The Philippine Negritos in the Context of Research on Foodgatherers during this Century." *Philippine Quarterly of Culture and Society.* Vol.3, No.4.

Rai, Navin K., 1982, *From Forest to Field: A Study of Philippine Negrito Foragers in Transition.* Ph.D. dissertation, University of Hawaii, Manoa.

Ramos, Maximo, 1971, *Creatures of Philippine Lower Mythology.* Quezon City: University of the Philippines Press.

Reed, William Allan, 1904, "Negritos of Zambales." *Department of the Interior Ethnological Survey Publications.* Vol. II, Part I.

Rice, Delbert and Rufino Tima, 1973, *A Pattern for Development: A Baseline Research Report on the Negrito Reservation in Zambales.* Christian Institute for Ethnic Studies in Asia, Quezon City. (Mimeographed.)

Rolls, Antonio, 1901, "The Negritos and Their Manner of Living." *Beyer's Collection* (Negrito-Aeta Paper 29.)

Rosaldo, Michelle Z., 1980, *Knowledge and Passion: Ilongot Notions of Self & Social Life.* Cambridge: Cambridge University Press.

——,1983, "The Shame of Headhunters and the Autonomy of Self." *Ethos.* Vol.13, No.3.

——,1984, "Toward an Anthropology of Self and Feeling." In Shweder, Richard & R. LeVine (eds.) *Culture Theory: Essays on Mind, Self and Emotion.* Cambridge: Cambridge University Press.

Rosaldo, Renato, 1980, *Ilongot Headhunting, 1883-1974: A Study in Society and History.* Stanford: Stanford University Press.

——,1984, "Grief and a Headhunter's Rage: On the Cultural Force of Emotions." In Bruner, Edward (ed.) *Text, Play and Story: The Construction and Reconstruction of Self and Society.* Washington: American Ethnological Society.

Sahlins, Marshall, 1983,"Other Times, Other Customs: The Anthropology of History." *American Anthropologist.* Vol. 85, No.3.

Saitou, Naruya, 1981, *Estimation of Ages of the Variant Genes in the Negrito Populations.* M.A. thesis, Department of Anthropology, University of Tokyo.

Schlegel, Stuart, 1970, *Tiruray Justice:Traditional Tiruray Law and Morality.* Berkley: University of California Press.

関本照夫、一九八二、「サウィト事件の文化論的考察」鈴木中正編『千年王国的民衆運動の研究』東京大学出版会。

——、一九八八、「フィールドワークの認識論」伊藤幹治・米山俊直編『文化人類学へのアプローチ』ミネルヴァ書房。

——、一九八九、「人類学にできること」田辺繁治編『人類学的認識の冒険』同文舘。

Service, Elman, 1971, *Profiles in Ethnology.* (2nd edition).（一九七六、増田義郎監修『民族の世界』講談社）

Shimizu, Hiromu and Michiko Yamashita, 1982, "Grammatical Analysis of Kakilingan Sambal, the Language of the Southwestern Pinatubo Negritos." 『東京大学人文科学科紀要』第七六輯。

Shimizu Hiromu, 1980, *The Social Structure of Mt. Pinatubo Negritos, Zambales: Research Peport on Kakilingan Aetas.* MS. submitted to the Institute of Philippine Culture, Ateneo de Manila University, Quezon City.

——,1983, "Communicating with Spirits: A Study of *Manganito* Seance among the Southwestern Pinatubo Negritos."

East Asian Cultural Studies. Vol.22, Nos. 1-4.

——,1986, "The Meaning of *Bandi* (Bridewealth) and Elopement among the Pinatubo Aytas." 『九州人類学報』第一四号

——,1989,*Pinatubo Aytas: Continuity and Change.* Quezon City: Ateneo de Manila University Press.

清水 展、一九八一a、「Mt. Pinatubo 南西麓ネグリート社会における結婚と婚資—集団構成の変容をめぐって—」『民族学研究』四六巻1号。

——、一九八一b、「フィリピンの山の民—ネグリートへの圧迫と援助—」『季刊民族学』一八号。

——、一九八一c、「Mt. Pinatubo ネグリートの経済生活—定着犁耕農業プロジェクトの成否とその影響を中心として—」『東洋文化研究所紀要』八七冊。

——、一九八三a、「変容するネグリート社会の苦悩—ある若者のアモック事件をめぐって—」『東洋文化』六三号。

——、一九八三b、「精霊との交流—ピナトゥボ・ネグリートの治病セアンス—」江淵一公・伊藤亜人編『儀礼と象徴—文化人類学的考察—』九州大学出版会。

——、一九八四a、「採集狩猟民社会の変貌—歴史のなかのピナトゥボ・ネグリート—」大林太良編『民族の世界史6・東南アジア』山川出版社。

——、一九八四b、「剝奪と慰撫—*Bandi*(婚資)の意味をめぐって—」『東洋文化研究所紀要』九六冊。

——、一九八七、「双系社会と婚資—フィリピン焼畑民の事例から—」伊藤亜人・関本照夫・船曳建夫編『現代の社会人類学2・儀礼と交換の行為』東京大学出版会。

Sperber, Dan,1974, *Le Symbolism en General.* Paris: Hermann.(一九七六、菅野盾樹訳『象徴表現とはなにか』紀伊國屋書店)

Spiro, Melford, 1975, "Marriage Payments: A Paradigm from the Burmese Perspective." *Journal of Anthropological Research.* Vol.31, No.2.

Steward, Julian, 1955, *Theory of Culture Change.* Chicago: University of Illinois Press.

Stewart, Kilton,(出版年不明), *Pygmies and Dream Giants.* London: The Scientific Book Club.

Strathern, Andrew J., 1980, "The Central and the Contingent: Bridewealth among the Melpa and the Wiru." In Comaroff, John (ed.) *The Meaning of Marriage Payments.* London: Academic Press.

Tambiah, S.J., 1981, "A Performative Approach to Ritual."(Radcliffe-Brown Lecture, 1979) *The British Academy.* LXV.

寺田勇文、一九八三、「サント・ニーニョ―フィリピンのフォーク・カトリシズム―」『季刊民族学』二五号。

寺見元恵、一九八一、「解説」、エドガルド・レイエス『マニラ―光る爪―』文遊社。

Tima, Rufino G., 1975, "Adaptation to Settled Agriculture: The Case of the Negritos in the San Felipe (Zambales) Reservation." Background Paper in Seminar-Workshop on the Clarkfield-Negrito Relocation Project, Development Academy of the Philippines, Tagaytay City, Jan. 22-24, 1975.

Tiongson, Nicanor, 1982, "Four Values in Filipino Drama and Film." In Lumberra, Cynthia N. and T. Maceda (eds.) *Rediscovery: Essays in Philippine Life and Culture.* (revised edition) Manila: National Book Store.

Turner, Victor, 1974, *Drama, Fields, and Metaphor.* Ithaca: Cornell University Press.（一九八一、梶原景昭訳『象徴と社会』紀伊國屋書店）

友杉　孝、一九八四、「貨幣の象徴性について―社会科学における象徴論―」青木保編『現代の人類学4・象徴人類学』至文堂。

Valeri, Valerio, 1980, "Notes on the Meaning of Marriage Prestations among the Huaulu of Seram." In Fox, James (ed.) *The Flow of Life: Essays on Eastern Indonesia.* Cambridge: Harvard University Press.（一九八三、富尾賢太郎・上野千鶴子訳「交換の象徴的意味作用」『現代思想』一一巻四号）

Warren, Charles P., 1964, *The Batak of Palawan: A Culture in Transition.* Research Series No.3, Philippine Studies Program, University of Chicago.

Woodburn, James, 1982, *"Social Dimensions of Death in Four African Hunting and Gathering Societies."* In Block, Maurice and Jonathan Parry (eds.) *Death and the Regeneration of Life.* Cambridge: Cambridge University Press.

Worcester, Dean C., 1906, "The Non-Christian Tribes of Northern Luzon." *Philippine Journal of Science.* Vol. 1
——,1913, *Slavery and Peonage in the Philippine Island.* Department of the Interior, Government of the Philippine Islands.
山口昌男、一九七八、『知の遠近法』岩波書店。
Yamashita, Michiko, 1980, *Kakilingan Sambal Texts with Grammatical Analysis.* M.A. thesis, Department of Linguistics, University of the Philippines.
山下晋司、一九七九、「出来事の民族誌—サダン・トラジャのある村人の死をめぐって—」『社会人類学年報』第五巻。
——、一九八九、『儀礼の政治学—インドネシア・トラジャの動態的民族誌—』弘文堂。
吉田禎吾、一九八四、『宗教人類学』東京大学出版会。
結城史隆、一九八三、「ブキノドン族の協力組織—焼畑耕作民の日常的活動および農作業における協力組織の動態的分析—」『民族学研究』四七巻四号。

あとがき

一九七〇年代末のカキリガン集落に住み込んで暮らした二〇カ月ほどの体験は、筆者にとって決定的な意味を持っている。夜は早くに就寝し、夜明けとともに起き、昼食後の昼寝と夕方の水浴びを日課とした、事件が起こらない限りは単調な日々の繰り返しのなかで、日本にいる時とは全く異質な時間が流れた。無為の快感は異文化のなかで暮らす緊張感と混じり合い、精神の解放と覚醒とが同時にもたらされた。それはまさに筆者自身のための通過儀礼としての、分離と移行の期間であったと思う。その時に生じた意識の変化は、それ以後、研究者としてまた個人的にも、筆者の生き方のスタイルに影響を与え続けている。

本書で試みようとしたことは、そうした生活体験を通して、筆者がその滞在中に、そして今日に至るまで続けてきた「彼ら」に対する理解の模索の成果を、民族誌のかたちで記述することであった。より正確に言えば、「彼ら」の社会や文化がどのようなものとして存在しているのかを、「彼ら」のまなざしを通して描こうとしたのである。しかし結局、私が「彼ら」の誰にもなれない以上、それは「彼ら」の瞳に映った世界を、外側からのぞき込んで読み取ろうとする企てであった。もちろん世界の全体そのものが、丸ごとに何の修正や変形も受けずに「彼ら」の瞳に映っているわけではない。むしろ世界のありようは、ギアーツの言うように文化という「意味の網」(Geertz 1973: 5) を投げかけることによって、はじめて現出するものである。世界があるがままに「彼ら」の瞳に映っているのではなく、逆に「彼ら」の瞳が文化というメガネを通して、世界をひとつの統一的な色調や歪曲のもとに見ているのである。

したがって「彼ら」を理解したいと思う私の実際の作業は、「彼ら」が文化を通して見ている世界のありようについて、それが「彼ら」にどう見えているのかを「彼ら」自身の説明によって教えてもらうことであった（関本 1988, 1989)。そして世界に対する「彼ら」の認識の仕方が私の認識の仕方と違っている時、すなわち世界を見ている見方のズレが大きければ大きいほど、「彼ら」のまなざしの近くに身をすり寄せて、「彼ら」が見る世界のありようを「彼らの肩越しに読み取ろうとする」(Geertz 1973: 452) 私の試みは困難を伴った。しかし同時に、そうした困難こそが、「他者性の捏造」か「他者性の解体」(浜本 1985: 107) のいずれかによって安易に「彼ら」を分かった気になることを許さず、今までとは違ったふうに世界を見るように粘り強く私を追い立ててくれたのである。したがってそれは、単なる困難である以上に、詩人の感性を欠く私が新しく世界を見いだしてゆく過程であり、知的冒険の醍醐味を与えてくれるものであった。ただし、「彼ら」との出会いと交流と理解の試みを通して、相互作用のこちら側で生じた私自身の内なる変化については、いまだそれを記述するスタイルを持ち得ていないために、本書で触れることができなかった。将来の課題である。

このようにして得られた私の「彼ら」に対する理解が、果たして理解であるのか、それとも思い込みや誤解であるのかについて、客観的に判断したり証明したりする材料や手段を筆者は持たない。調査地において筆者の目が節穴ではなく、耳が空耳ではなかったことを願うのみであるが、少なくとも筆者が得た理解を論文や報告書に書きとどめる際に、嘘つきとだけはならぬよう常に自戒した。出来事の生起とそれへの対応という局面に着目して、アエタ社会の独自の相貌を捉えようとした筆者の理解の試みを、民族誌として書きとめた本書の記述のスタイルそのもののうちに、ささやかな独創性や人類学の知見への寄与が認められれば幸いである。

私の理解といえども、本書を書きあげるに至るまで、多くの方々の指導と助言と協力を得ている。そうした人々に支えられ、また導かれることによって、遅々とした研究の歩みをここまで進めてこれたというのが筆者の偽らざる気持である。とりわけ東京大学大学院生としての五年間と、その後の東京大学東洋文化研究所助手の五年間のあいだ、指導教官として教え導いて下さった中根千枝先生には、言い尽くせぬほどの学恩を受けている。指導教官をお引き受け頂いた時に、フィールドワークはスキーや山歩きとは違うという心構えから始まり、博士論文の執筆に際しての的確で示唆に富む助言に至るまで、先生の寛厳な御指導と叱咤と励ましのお蔭で研究を続けることができたと深く感謝している。

また一九八六年七月に『変化と持続――ピナトゥボ・アエタ社会における出来事の受容をめぐって――』と題した学位請求論文を東京大学大学院社会学研究科に提出した際には、論文審査の主査を再び中根先生に担当して頂いた。副査には大林太良先生、伊藤亜人先生、原洋之介先生、船曳建夫先生がなられた。船曳先生には、博士論文執筆中に幾つかの有益な助言を頂いた。

一九七六年一〇月に文部省アジア諸国派遣留学生として、アテネオ・デ・マニラ大学附設のフィリピン文化研究所に留学して以来、メアリー・ホルンスタイナー先生やリカルド・アバド先生ら研究所の歴代の所長の方々には調査のための様々な便宜をはかって頂いた。カキリガン集落に滞在中は、援助団体ディレクターのルフィーノ・ティマ氏とその御家族をはじめ、団体のスタッフの方々に大変お世話になった。とりわけ集落に住むアエタの人々が筆者を暖かく迎え入れ、野次馬や観客や時には役者のひとりとして受け入れてくれることがなければ、そもそも筆者の調査は不可能であったろう。また彼らが、あらゆることを折にふれて親切に根気よく筆者に教示してくれることがなければ、彼らを理解したいと願う筆者の試みがまったくの不成功に終わったであろうことは疑いない。その意味では集落の方々全員が調査の協力者であった。既に亡くなれたパン・メリシア氏とパン・ガタイ氏のほかは、原則として仮名を用いているために、逐一お名前を挙げることはできないが、本当に心からお礼を申し上げたい。わけても住居をお貸し頂いたパン・フクリ氏と、家計調査に御協力をお願いしたパン・ダロイ氏には、仮名のままながら特に感謝の意を表したい。

本書は筆者の学位論文に大幅な加筆修正を行ったものである。九州大学教養部に赴任して以来続けている読書会において、畏友の浜本満福岡大学助教授から受けた直接間接の刺激と示唆が、論文を本書のかたちに書き直す際に大いに役立った。結論部の手直しには、同僚の古谷嘉章助教授から貴重な助言を頂いた。また国際文化会館の新渡戸フェローシップを受けて、一九八六年から一九八七年まで再び一年間フィリピン文化研究所に留学できたことにより、学位論文を英訳して出版する機会を与えられた。その際にフェルナンド・チャルシタ教授をはじめとして、アエタ社会に興味を持つ研究者から幾つかの重要な指摘と助言を与えられ、本書のための加筆修正に役立った。

最後になったが、カキリガンで共に調査を行った山下美知子氏からは、サンバル語とイストリアに関して多くのことを教えて頂いた。氏の協力が筆者の調査の最も大きな助けとなったことは言うまでもなく、深く感謝している。また本書の準備中の今年夏に亡くなった父と、老いた母は、言葉少なで遠慮がちながら、遠くから常に筆者を気遣ってくれた。感恩の気持をここに表わすことにより、ささやかなお礼としたい。

本書の刊行にあたっては、平成元年度文部省科学研究費補助金「研究成果公開促進費」の交付を受けた。出版に際して、九州大学出版会編集部の藤木雅幸氏と永山俊二氏にお世話になった。先に触れたすべての方々とともに、あらためて深い感謝の意を表したい。

一九八九年十二月十六日

清水　展

著者紹介

清水　展（しみず　ひろむ）

1951年横須賀生まれ
東京大学教養学部教養学科卒業
東京大学大学院社会学研究科博士課程中退
東京大学教養学部助手，東京大学東洋文化研究所助手，
九州大学教養部助教授，九州大学大学院比較社会文化研究院
教授，京都大学東南アジア研究所教授を経て，
現在，関西大学政策創造学部特別任用教授
社会学博士（東京大学），専攻　社会人類学
2017年　第107回 日本学士院賞受賞

出来事の民族誌
— フィリピン・ネグリート社会の変化と持続 —

1990年2月28日　初版発行
2019年9月15日　新装版発行

著　者　清　水　　展
発行者　笹　栗　俊　之
発行所　一般財団法人　九州大学出版会
〒814-0001　福岡市早良区百道浜 3-8-34
九州大学産学官連携イノベーションプラザ 305
電話 092-833-9150
URL　https://kup.or.jp/
印刷／青雲印刷　　製本／日宝綜合製本

　ISBN978-4-7985-0266-3

九州大学出版会刊

*表示価格は本体価格（税別）

噴火のこだま
ピナトゥボ・アエタの被災と新生をめぐる文化・開発・NGO

清水　展　A5判・三八〇頁・五、二〇〇円

本書は、フィリピン・ピナトゥボ山の大噴火で被災したアエタたちの10年にわたる生活再建の歩みの記録であり、いわば噴火後の「出来事の民族誌」である。噴火を契機として、彼らが先住民としての自覚を強め、民族として新生していった経緯を明らかにする。

信念の呪縛
ケニア海岸地方ドゥルマ社会における妖術の民族誌

浜本　満　A5判・五四四頁・八、八〇〇円

30年にわたるフィールド調査により、「未開」社会に特有と思われていた「妖術」の信仰体系を、他の社会にもインストール可能なプログラムと捉え、特異な信念が人々を束縛しつづける過程を解明する。「信じる」ということを問い直す契機ともなる一冊。

アフリカの老人　老いの制度と力をめぐる民族誌

田川　玄・慶田勝彦・花渕馨也　編

A5判・二五四頁・三、〇〇〇円

アフリカでは人はいかに老いていくのか。アフリカをこよなく愛する文化人類学者たちが、当地の老人たちの多様な姿を長年にわたるフィールドワークにより描き出す比較民族誌。地球規模の高齢化が叫ばれるなかで、老いることの価値と目標を問い直す。

エ・クウォス
南スーダン・ヌエル社会における予言と受難の民族誌

橋本栄莉　A5判・四五〇頁・五、二〇〇円

「エ・クウォス（それは予言の成就である）」。民族紛争に揺れる南スーダンのヌエル族の社会においては、植民地時代から伝わる大予言者の予言が信じられている。日常生活から内戦までさまざまに解釈される予言の信仰体系を探る。

パプアニューギニアの「場所」の物語
動態地誌とフィールドワーク

熊谷圭知　A5判・五六〇頁・七、四〇〇円

人類最後の「秘境」パプアニューギニア。そこに暮らす人びとは、自らのよりよき生の実現を求めて、ダイナミックに動き続ける人びとだった。辺境の村から都市のスラムまで、40年間フィールドワークを続けてきた著者が描く、「場所」と人びとの物語。